Les partis politiques et la construction de l'état de droit constitutionnel en RDC

Logiques Juridiques
Fondée par Gérard Marcou
Dirigée par Thomas Perroud

Le droit n'est pas seulement un savoir, il est d'abord un ensemble de rapports et pratiques que l'on rencontre dans presque toutes les formes de sociétés. C'est pourquoi il a toujours donné lieu à la fois à une littérature de juristes professionnels, produisant le savoir juridique, et à une littérature sur le droit, produite par des philosophes, des sociologues ou des économistes notamment.
Parce que le domaine du droit s'étend sans cesse et rend de plus en plus souvent nécessaire le recours au savoir juridique spécialisé, même dans des matières où il n'avait jadis qu'une importance secondaire, les ouvrages juridiques à caractère professionnel ou pédagogique dominent l'édition, et ils tendent à réduire la recherche en droit à sa seule dimension positive. À l'inverse de cette tendance, la collection « Logiques juridiques » des éditions L'Harmattan est ouverte à toutes les approches du droit. Tout en publiant aussi des ouvrages à vocation professionnelle ou pédagogique, elle se fixe avant tout pour but de contribuer à la publication et à la diffusion des recherches en droit, ainsi qu'au dialogue scientifique sur le droit. Comme son nom l'indique, elle se veut plurielle.

Dernières parutions

Guy Armel TAMKAM SILATCHOM, *Droit et médiation dans l'espace OHADA. Le cadre juridique de l'Acte uniforme relatif à la médiation*, 2026.
Francisco VELASCO CABALLERO, *Administrations publiques et droits administratifs*, 2026.
Patience KINSHIE LENYE, *La discipline et l'application du canon 1399 du Code de droit canonique face aux cas de scandales dans l'Église*, 2026.
Barthélemy TAŸ-PAMART, *Les préjudices émotionnels autonomes, Étude comparée des droits français et anglais*, 2026.
Louis KARCENTY, *Le Conseil constitutionnel, juge de l'impôt, État des lieux de 15 ans*, 2025.
Solitris LYTRAS, *La notion de sanction dans l'univers répressif européen. De sa naissance à sa consécration*, 2025.
Carlo IANELLO, *L'État du pouvoir. Politique et droit dans l'ère de la post-liberté*, 2025.

Laurent Onyemba Djongandeke

LES PARTIS POLITIQUES ET LA CONSTRUCTION DE L'ÉTAT DE DROIT CONSTITUTIONNEL EN RDC

Contribution à la théorie du multipartisme rationalisé en droit constitutionnel congolais

Préface de Évariste Boshab Mabuj
Avant-propos de Dieudonné Kaluba Dibwa
Postface d'Auguste Mampuya Kanunk'a-Tshiabo

L'Harmattan

Du même auteur :

La promotion du constitutionnalisme par le pouvoir judiciaire sous la Constitution du 18 février 2006 telle que révisée à ce jour en République démocratique du Congo : ce que la société démocratique veut de nos juges, in CADH, vol. 4, 26e année, n° 76, 2022, pp. 65 et s.

De la saisine du juge constitutionnel congolais en matière électorale : approche critique, *Revue de la chaire de la dynamique sociale*, n° 81, 2013.

Ordre démocratique et État de droit : plaidoyer pour une opérationnalisation de la Cour constitutionnelle en RDC, *Revue de la chaire de dynamique sociale*, n° 80, 2013.

Partis politiques et État de droit démocratique en République démocratique du Congo, CADHD, 16e année, n° 037, vol. II, 2012.

5-7, rue de l'École Polytechnique, 75005 Paris
http://www.editions-harmattan.fr
ISBN : 978-2-336-59319-7
EAN : 9782336593197
Dépôt légal : mars 2026

IN MEMORIAM

KOKANA AMAK'ANTU Béatrice
DJONGANDEKE DIKETE Pierre

DÉDICACES

à
Béana-Délices
Princesse-Ruth
Lorenzo-Mael
Elikya-Aureole
Prospère
Malaika-Aurore
Et
Rachel

Principales abréviations

AFDI	Annuaire français de droit international
AFDL	Alliance des forces démocratiques pour la libération du Congo
AGNU	Assemblée générale des Nations Unies
AJDA	Actualité juridique de droit administratif
AJIL	American Journal of International Law
ASBL	Association sans but lucratif
ABAKO	Alliance des Bakongo
ADF-NALU	Allied Democratic Forces-National Army of Liberation of Uganda
ADURE	Alliance des démocrates unitaristes pour le redressement du Congo
AFDC	Alliance des forces démocratiques du Congo
Agalev	Parti vert de la Belgique néerlandophone
AMP	Alliance pour la majorité présidentielle
ANC	African National Congress (le Congrès national africain)
Ann. CDI	Annuaire de la commission du droit international
ASADHO	Association africaine de défense des droits de l'homme en RD Congo
BA	Bulletin des arrêts de la Cour suprême de justice
BALUBAKAT	Baluba du Katanga
BCNUDH	Bureau conjoint des Nations Unies aux droits de l'homme

CA	Cour d'appel
CDI	Commission du droit international
CEDH	Convention européenne de sauvegarde des droits de l'homme
CEI	Commission électorale indépendante
CIJ *Rec.*	Recueil des arrêts, avis consultatifs et ordonnances de la Cour internationale de justice
CIJ	Cour internationale de justice
CIJP	Centre international pour la justice transitionnelle
CNDP	Conseil national pour le développement du peuple
COCJ	Code d'organisation et de compétence judiciaires
CPI	Cour pénale internationale
CPJ	Commission politique et juridique
CPJI	Cour permanente de justice internationale
CSJ	Cour suprême de justice
CACH	Cap pour le changement
CADICEC	Centre d'action pour dirigeants et cadres d'entreprise au Congo
CD & V	Christen Democratisch en Vlaams ou chrétiens-démocrates et flamands
CDH	Centre démocrate humaniste
CEDI	Centre protestant d'études et de diffusion
CEDIN	Centre de droit international de Nanterre
CENI	Commission électorale nationale indépendante
CEREA	Centre de regroupement africain
CFA	Communauté financière africaine
CLC	Comité laïc de coordination
CNL	Conseil national de libération
CNMD	Conseil national de mise en œuvre et de suivi du processus de décentralisation
CNRD	Conseil national congolais de résistance pour la démocratie

CNS	Conférence nationale souveraine
Com. EDH	Commission européenne des droits de l'homme
CONACO	Convention nationale congolaise
CONAKAT	Confédération des associations tribales du Katanga
Cour Cass.	Cour de cassation
CPP	Comités du pouvoir populaire
CSAC	Conseil supérieur de l'audiovisuel et de la communication
CSP	Christlich Soziale Partei ou Parti social-chrétien
DAI	Documents d'actualité internationale
DES	Éditions Droit et Société
DIC	Dialogue inter-Congolais
DIH	Droit international humanitaire
DUDH	Déclaration universelle des droits de l'homme
Doc.	Document
éd.	édition(s)
EIC	État indépendant du Congo
et al.	et alliés (et les autres)
et s.	et suivant(s)
ETA	Euskadi ta Askatasuna (« Pays basque et liberté » en basque, plus connu sous l'acronyme ETA) en Espagne
ETD	Entités territoriales décentralisées
EUA	Éditions universitaires africaines
Ex-FAZ	Ex-forces armées de la République du Zaïre
FARDC	Forces armées de la République démocratique du Congo
FCC	Front commun pour le Congo
FDLR	Forces démocratiques pour la libération du Rwanda
FIDH	Fédération internationale des ligues des droits de l'homme

FNI	Front nationaliste et intégrationniste
FRPI	Force de résistance patriotique en Ituri
FRU	Front révolutionnaire uni
FDF	Front démocratique des francophones (1964-2010) ou Fédéralistes démocrates francophones (actuel DéFi :Démocrate fédéraliste indépendant)
FEDEKA	Fédération ethnique du Kasaï
FGTB	Fédération générale du travail de Belgique
FILIMBI	« Coup de sifflet » en swahili Filimbi est un collectif, un mouvement citoyen non partisan réunissant des organisations de jeunes (milieux associatifs, universités, etc.) mais également des activistes, artistes, entrepreneurs, cadres, etc. originaires de la République démocratique du Congo qui en partagent la vision ainsi que les objectifs
FLN	Front de libération nationale
FMI	Fonds monétaire international
FN	Front national
FNLC	Front de libération nationale corse (Fronte di liberazione naziunale corsu)
HRW	Human Rights Watch
ILR	International Law Reports
Ibidem-ibid.	Même auteur, même ouvrage cité et à la même page
Idem	Au même endroit
IDH	Indice de développement humain
Inst.	Instance
IRA	Irish Republican Army (Armée républicaine irlandaise)
JCP	Jurisclasseurs périodiques
JDI	Journal du droit international

JORDC	Journal officiel de la République démocratique du Congo
JT	Journal des tribunaux
JTO	Journal des tribunaux d'outre-mer
LGDJ	Librairie générale de droit et de jurisprudence
LRA	Lord resistance army
Loc. cit.	Article ou locution déjà citée
MES	Mouvement et enjeux sociaux
MLC	Mouvement de libération du Congo
MONUC	Mission de l'Organisation des Nations Unies au Congo
M23	Mouvement du 23 mars
MC	Moniteur congolais
MCC	Mouvement des citoyens pour le changement
MIRIZ	Mouvement révolutionnaire pour la libération du Zaïre
MNC	Mouvement national congolais
MNC-K.	Mouvement national congolais-Kalonji
MNC-L.	Mouvement national congolais-Lumumba
MONUSCO	Mission d'observation des Nations Unies en République démocratique du Congo
MP	Majorité présidentielle
MPF	Mouvement pour la France
MPLA	Mouvement populaire de libération de l'Angola ou Movimento Popular de Libertação de Angola
MPR	Mouvement populaire de la révolution
MR	Mouvement réformateur
N-VA	Nieuw-Vlaamse Alliantie
OCJ	Organisation et compétences judiciaires
ONG	Organisation non gouvernementale
ONU	Organisation des Nations Unies
OLP	Organisation de libération de la Palestine

ONUC	Organisation/Opérations des Nations Unies au Congo
Op. cit	Ouvrage déjà cité
Open VLD	Open Vlaamse Liberalen en Democraten
p.	Page
PA	Les Petites affiches
PPRD	Parti du peuple pour la reconstruction et la démocratie
PS	Parti socialiste
PUC	Presses universitaires du Congo
PUF	Presses universitaires de France
PUZ	Presses universitaires du Zaïre
PALU	Parti lumumbiste unifié
PCF	Parti communiste français
PFF	Partei für Freiheit und Fortschritt (Parti pour la liberté et le progrès)
PNP	Parti national du peuple
PNUD	Programme des Nations Unies pour le développement
POB	Parti ouvrier belge
pp.	Pages
PRD	Parti républicain du Dahomey
PRG	Parti radical de gauche
PRL	Parti réformateur libéral
ProDG	Pro Deutschsprachige Gemeinschaft en allemand, Pro-communauté germanophone en français
PRP	Parti pour la révolution populaire
PSA	Parti solidaire africain
PSC-CVP	Parti social-chrétien-Christelijke Volkspartij
PUK	Presses universitaires de Kinshasa
PVV	Partij voor Vrijheid en Vooruitgang (le Parti de la liberté et du progrès – PLP)

RBDI	Revue belge de droit international
RCADI	Recueil des cours de l'académie de droit international de La Haye
RCD/N	Rassemblement congolais pour la démocratie/nationaliste
RCD	Rassemblement congolais pour la démocratie
RCD/KML	Rassemblement congolais pour la démocratie/Kisangani-Mouvement de libération
R. Const.	Rôle constitutionnel (numéro de rôle au greffe de la Cour constitutionnelle)
RDC	République démocratique du Congo
RDISDP	Revue de droit international, des sciences diplomatiques et politiques
RGDIP	Revue générale de droit international public
RJCB	Revue juridique du Congo belge
RSA	Recueil des sentences arbitrales
RSFY	République socialiste fédérale de Yougoslavie
RTDH	Revue trimestrielle des droits de l'homme
RTNU	Recueil des traités des Nations Unies
RD Congo	République démocratique du Congo
RDD	Rassemblement démocratique du Dahomey
Rec.	Recueil
Rés.	Résolution
RP	Rôle pénal
RTNC	Radio-télévision nationale congolaise
S	Recueil Sirey
SDN	Société des Nations
SFDI	Société française pour le droit international
SLP	Social Liberale Partij (Parti social libéral)
SP	Socialistische Partij
SWAPO	South West Africa People's Organization
T	Tome

TGI	Tribunal de grande instance
TwP	True whig Party
UA	Union africaine
UE	Union européenne
UPDF	Uganda People's Defense Forces (Ouganda)
UDD	Union démocratique dahoméenne
UDF	Union pour la démocratie française
UDPS	Union pour la démocratie et le progrès social
UMP	Union pour un mouvement populaire
UNC	Union pour la nation congolaise
UNIKIN	Université de Kinshasa
UNIMO	Union des Mongo
URSS	Union des Républiques socialistes et soviétiques
VEGA	Verts pour une gauche alternative
Voy.	Voyez

Préface

Évariste BOSHAB MABUJ
Professeur Ordinaire
Chef de département honoraire de droit public interne
à l'Université de Kinshasa
Président honoraire de l'Assemblée nationale de la RDC
Ministre de l'Intérieur honoraire de la RDC

Dépréciés et exclus autrefois des analyses juridiques, les partis politiques ont pris leur revanche, non seulement en devenant l'élément central du pluralisme politique, l'un des piliers de l'État de droit, mais aussi et surtout, ils ont été constitutionnalisés dans la plupart des pays, pour tempérer et moderniser la vie politique : ils expriment une dimension nouvelle et essentielle du droit constitutionnel.

De même que le géoconstitutionnalisme revendique les constitutionnalismes et en rejetant l'idée du constitutionnalisme qui serait une sorte de « lit de Procuste », les partis politiques ont une histoire située. Il n'empêche cependant pas de dégager les traits communs dans le mode de fonctionnement, les stratégies pour accéder au pouvoir, le contexte de création et l'espace dans lequel évolue chaque parti politique demeurent des éléments non négligeables des logiques partisanes.

Ces précautions d'usage prises, le rôle de la préface – de l'excellent ouvrage de Laurent Onyemba Djongandeke, tiré de sa brillante thèse de doctorat de droit public *Les partis politiques et la construction d'un État de droit constitutionnel en République démocratique du Congo*, ayant comme sous-titre *Contribution à la théorie du multipartisme rationalisé en droit constitutionnel congolais* – ne semble pas celui de passer en revue les différents chapitres que découvrira le lecteur, mais plutôt d'ouvrir les perspectives, de chercher les clés d'explication, de raviser les discussions soulevées pour rendre hommage à un jeune auteur dont la profondeur des analyses, la méticulosité des prises de position et la fertilité dans l'observation des phénomènes ne peuvent qu'augurer un avenir prometteur dans une situation de désenchantement général où tout change sans rien bouger comme le dirait Bertrand Mathieu[1].

Étudier les partis politiques aujourd'hui, c'est une question complexe. D'abord, les partis politiques en Occident, après avoir instauré la particratie, une démocratie frelatée, ont connu une descente aux enfers en raison des assauts des extrémistes, se disloquant pour s'adapter aux discours des extrémistes de gauche et de droite, ils se sont liquéfiés au point qu'ils sont devenus méconnaissables. Les instruments sinon les critères utilisés autrefois pour les classifier ont perdu leur pertinence. Il se pose aujourd'hui la question de savoir quel est encore le rôle des partis tant les réseaux sociaux, par leur envahissement de tous les secteurs, fabriquent des modèles, inventent des nouveaux dieux, créent des leaders n'ayant nullement suivi le rigoureux cursus honorum des partis politiques. Est-ce à dire, par là, que les partis politiques n'auraient plus d'impact sur la vie des citoyens et tendraient, sans discipline, vers le modèle américain de simples machines électorales ? En effet, en Europe et aux États-Unis d'Amérique, n'a-t-on pas assisté à un véritable séisme en voyant les ouvriers, censés être de gauche, voter massivement pour l'extrême droite ? Est-il permis de soutenir encore que la fonction d'encadrement des masses serait encore assumée par les partis politiques ? De même que la Constitution se trouve maltraitée[2], le même traumatisme se répercute sur les partis politiques.

Ensuite, en Afrique, après avoir vaincu la peur du monopartisme autoritariste à la lumière des conférences nationales, les partis politiques sont sortis de la clandestinité, apportant beaucoup d'espoirs en ce que le pluralisme instaurerait la concurrence et obligerait les acteurs politiques de se concentrer davantage pour des solutions adéquates face aux maux de tous ordres qui assaillent l'Afrique en la désorbitant de sa trajectoire. Par ailleurs, la problématique de la transhumance[3] incite à se demander s'il y a, en Afrique noire, des partis politiques avec une idéologie qui forgerait des convictions, de sorte que l'appel à la mangeoire, un appât pour capturer les souris, ne récolterait que du vent. Or, on constate avec une facilité déconcertante, comment les acteurs politiques en Afrique noire, après chaque élection présidentielle, traversent le Rubicond prétendument au nom de leurs électeurs. En réalité, on ne vote pas pour un quelconque parti politique, mais

---

[1] B. MATHIEU, *Constitution : rien ne bouge et tout change*, Paris, LGDJ, 2013, p. 192.

[2] L. FONTAINE, *La Constitution maltraitée. Anatomie du Conseil constitutionnel*, Paris, Éd. Amsterdam, 2023.

[3] L. ONYEMBA, *Les partis politiques et la construction d'un État de droit constitutionnel en République démocratique du Congo, contribution à la théorie du multipartisme rationalisé en droit constitutionnel congolais*, p. 263 ; « à ce jour, cette transhumance est renforcée par un arrêt de la Cour constitutionnelle qui, en mettant fin au principe du mandat impératif des députés, qui empêchait les parlementaires de quitter leurs partis au risque de perdre leurs sièges, a plombé les espoirs de la démocratie congolaise qui a essentiellement pour socle les partis politiques. Dans l'arrêt du 15 janvier 2021, la Cour constitutionnelle déconstruit toute la quintessence de la discipline des parlementaires et consacre un régime liberticide. En se prononçant ainsi, le député y voit une faveur politique juridiquement couverte pour nourrir l'idée de la transhumance qui a toujours caractérisé le parlementaire congolais ».

plutôt au profit d'un individu en raison de ses racines tribales. Tribalité quand tu nous prends ! Les tribus se vautrent encore dans le soutien mécanique des leurs pour attendre, en retour, des rétributions en nature ou en ascension sociale, sans mérite, dans les charges de l'État privatisé. Portée au point culminant, la tribu instaure le tribalisme, une arrogance excluant sans raison les autres du champ du discours politique. C'est ainsi que les partis politiques tribaux souffrent de sclérose : aucune innovation ne peut être envisagée en ce que les chefs de ces partis se transforment en chefs coutumiers. Ils n'ont pas de bilan à présenter. L'unique objectif qu'ils s'assignent est de participer à l'exercice du pouvoir. Que celui-ci vienne de Dieu ou du diable, c'est le pouvoir : il faut s'y retrouver.

Fermons cette parenthèse du comportement néfaste des entrepreneurs politiques africains, pour nous replonger dans l'ouvrage de Laurent Onyemba Djongandeke qui constitue un jet de lumière dans une nuit sombre, un chemin qui enchante un voyageur perdu en lui redonnant l'espoir, un véritable kaléidoscope qui transporte l'esprit au niveau de ce que les anciens Grecs appelaient l'ataraxie, une merveille en ces temps de dessèchement où la réflexion ne semble plus du goût du jour.

Là où réside tout l'intérêt de l'important ouvrage de Laurent Onyemba Djongandeke est qu'il n'isole pas les partis politiques comme un virus dans un laboratoire, il les intègre plutôt « *dans la dynamique de la reconstruction des institutions politiques congolaises, gage d'un État de droit démocratique et constitutionnel* »[4]. Ainsi donc, les partis politiques congolais, malgré leurs tares congénitales prohibant toute assomption, en se dissolvant face aux multiples missions qu'ils ne peuvent assumer,[5] en interaction avec les exigences d'un État de droit constitutionnel, renaissent en enfants non désirés qui ne peuvent, en aucune circonstance, faire le bonheur de leurs parents. Sauf, évidemment, servir de marchepied pour prétendre, dans l'étoffe de trahison des clercs, aux avantages mieux aux prébendes politiques.

Toutefois, les remarques qui précèdent – dans l'intention de nourrir et relancer le débat – ne peuvent en aucun cas, ni réduire la richesse des idées contenues dans cet ouvrage remarquable, ni minorer la valeur scientifique des recherches menées par l'auteur s'interdisant tout raccourci : toute trouvaille est tournée et retournée pour s'assurer de son poids réel sans pourtant négliger la cohérence qui maintient la trame, de sorte qu'aucun poil ne tombe dans la soupe si minutieusement préparée. Ce n'est pas l'unique qualité de l'auteur : il décortique et découpe des notions complexes pour les rendre accessibles à tous en évitant, de manière

---

[4] L. ONYEMBA, *Les partis politiques et la construction d'un État de droit constitutionnel en RDC, contribution à la théorie du multipartisme rationalisé en droit constitutionnel congolais*, *op. cit.*, p. 6.

[5] *Idem*, p. 61 : « somme toute, les partis politiques congolais ne remplissent les fonctions déterminées aussi bien par la Constitution que par la loi. Appelés à exercer leurs activités dans le respect de la loi, l'intégrité territoriale et la souveraineté nationale, ils ne remplissent pas les exigences civiques fondamentales dans la formation et l'éducation de leurs membres, rôle cardinal pour leur participation à la construction d'un État de droit constitutionnel ».

subtile, de s'enfermer dans une taxinomie opaque qui ne semble pas avantageuse pour l'Africain dont, souvent, la langue de l'écriture ne coïncide pas nécessairement avec celle dans laquelle le chercheur a intériorisé les berceuses.

Les définitions que l'on croyait acquises – confirmant par là les appréhensions de Pierre Brunet[6] – sont recadrées, les limites franchies, la relativisation devient la règle ; de la sorte, Laurent Onyemba Djongandeke construit en dur afin que la digue ne puisse céder face à la tectonique sociale qui précipite l'histoire en Afrique. Même la teigne qui affecte les partis politiques n'est pas en reste : une thérapie d'éradication est proposée.

En raison de la judiciarisation de la vie politique, l'auteur démontre, avec preuves à l'appui, que sans l'indépendance du pouvoir judiciaire appelé à trancher multiples problèmes qui naissent dans le fonctionnement des partis politiques, tous les espoirs suscités par l'instauration d'un État de droit constitutionnel vont s'évanouir : il ne restera que le vent qui détruit tout sans devoir participer à la reconstruction.

La judiciarisation de la vie politique n'échappe pas aux regards explorateurs de Laurent Onyemba Djongandeke. Même si c'est un truisme d'affirmer que l'indépendance d'une Cour constitutionnelle n'est pas fonction de la clarté des textes qui l'organisent, ni des compétences que le constituant ou le législateur lui reconnaît, mais plutôt de la capacité des membres d'oser, d'imaginer, en ayant comme étalon la détermination d'enraciner l'État de droit, les partis politiques subissent les coups et les contrecoups du pusillanisme de la Cour constitutionnelle. De ce point de vue, « *il est alors possible d'affirmer que les partis politiques perdent leur capacité de mobilisation et d'en tirer la conclusion qu'un pas supplémentaire doit être franchi vers... la démocratie délibérative* »[7]. Par ailleurs, les transformations du droit public africain francophone posent le sérieux problème de la construction de l'État africain postcolonial.[8] Or, les partis politiques, dans leur mission d'encadrement de l'opinion pour la conquête du

---

[6] BRUNET, P. « L'infini de la définition en droit, in *RDP*, 200K, 2024, p. 131, reste qu'une définition n'est pas qu'un résultat, elle est aussi un acte interprétatif car le contexte de la communication linguistique et celui l'argumentation juridique ne sont pas ceux de la communication ni de l'argumentation ordinaire : ils font intervenir un vaste ensemble de locuteurs qui, tous, se livrent à un jeu quasi infini de redéfinitions des définitions posées. Dans ces conditions, se fier à l'usage ordinaire, ce n'est pas découvrir un usage mais prescrire que tel usage doive être respecté. Les définitions ne sont en définitive peut-être pas des normes, en revanche, l'acte de définir est incontestablement normatif en ce qu'il détermine un certain nombre de normes ».

[7] ROGER, A., « Requalifier la démocratie pour disqualifier les partis politiques, la promotion des groupes d'intérêt dans l'Union européenne », *Mélanges en l'honneur de Slobodan Milacic*, Bruxelles, Bruyant, 2000, p. 940 : « plusieurs procédés permettent de disqualifier les partis politiques et de promouvoir en lieu et place des groupes d'intérêt ».

[8] GALLETTI, F., *Les transformations du droit public africain francophone entre étatisme et libéralisation*, Bruxelles, Bruyant, 2004, p. 172 : « en Afrique de l'Ouest, la question essentielle relative à la Nation a été posée sous la forme suivante : l'État des Indépendances n'est-il pas antérieur à la Nation ? D'où l'inexistence de l'État-nation au lendemain des Indépendances, les projets de l'État-nation ont édifié depuis ».

pouvoir, ne peuvent évoluer que dans un environnement où l'État n'est ni décadent ni à rechercher.

Chercheur pointilleux, dans la relation qu'il établit entre la Constitution et les partis politiques, particulièrement leur constitutionnalisation, comme Luc Sindjoun[9] – il arrive à la conclusion selon laquelle on ne peut, aujourd'hui, parler du constitutionnalisme, mais plutôt des constitutionnalismes en ce qu'il importe de tenir compte de toutes les expériences qui tendent à soumettre le pouvoir politique à des règles précises en vue de défendre les droits fondamentaux. Ceci explique, à suffisance, que dans l'étude des partis politiques, l'auteur ait tenu compte des coordonnées spatio-temporelles, pour éviter des généralisations abusives.

C'est un ouvrage à lire, à relire et à faire lire non seulement parce qu'il aborde, de manière inégalable, un sujet délicat que tout le monde croit connaître, en revanche, il renouvelle la pensée en démontrant non seulement les plaies qui infectent et affectent ces organisations politiques, mais également la manière de procéder sans heurter ni l'éthique ni la morale, dans la défense des intérêts collectifs, en récusant les intérêts personnels qui disqualifient les formations politiques face aux groupes d'intérêt.

Riche, profond, facile à lire en ce que l'enchainement des idées, et donc la cohérence, est tel que l'on ne peut s'arrêter à mi-chemin. Il faut donc aller jusqu'au bout ; et le bout, c'est l'ambroisie que les Grecs servaient aux dieux pour bénéficier de l'immoralité. Si les dieux s'en délectent, faut-il s'étonner que les humains s'en disputent ? C'est un livre à recommander à toutes les catégories sociales.

---

[9] SINDJOU, L., « De la problématique de l'existence des constitutionnalismes populistes en Afrique », in *RDP*, 2024/4, p. 68 : « le constitutionnalisme occidental est historiquement dans une certaine mesure un constitutionnalisme de l'entre-soi, un constitutionnalisme au singulier en phase avec l'homogénéité de la société internationale qui, soit se limitait alors géographiquement à l'Europe aux États-Unis d'Amérique. Quant au constitutionnalisme au pluriel, il correspond à l'hétérogénéisation du monde marquée par la prolifération étatique, la confrontation idéologique et le pluralisme des valeurs ».

Avant-propos

Dieudonné KALUBA DIBWA
Professeur ordinaire
Chef de département de droit public interne à l'Université de Kinshasa
Président de la Cour constitutionnelle honoraire
de la République démocratique du Congo

Il est des œuvres universitaires qui, au-delà de leur rigueur méthodologique et de leur valeur scientifique intrinsèque, s'imposent par leur acuité critique, la profondeur de leur regard et l'engagement intellectuel qu'elles manifestent. La présente thèse de M. Onyemba Djongandeke, consacrée aux partis politiques en République démocratique du Congo, appartient sans conteste à cette catégorie d'écrits rares, où l'analyse des structures politiques s'articule étroitement à une réflexion profonde sur les implications sociales, juridiques et morales du fait partisan.

Dans une démarche à la fois historique, sociologique, juridique et politologique, l'auteur interroge avec rigueur les dynamiques qui, depuis l'aube de l'indépendance congolaise jusqu'à nos jours, façonnent le paysage partisan national. Il ne s'agit pas ici d'une simple chronique du fonctionnement des partis, ni d'un inventaire des mouvements politiques, mais bien d'une investigation systématique sur la nature, les fonctions, les dévoiements et les perspectives d'évolution des partis politiques dans un contexte postcolonial fragile, encore en quête d'institutions stables et d'une culture politique enracinée.

À travers une analyse fine des textes constitutionnels, des lois organiques, des pratiques électorales et des discours politiques, l'auteur parvient à démontrer que les partis politiques en RDC ont été largement instrumentalisés, vidés de leur substance idéologique et transformés en véhicules d'intérêts particuliers. Loin de constituer les piliers de la démocratie pluraliste, ces structures s'apparentent souvent à des instruments d'ascension sociale, de clientélisme et de reproduction des élites, perpétuant ainsi une gouvernance patrimoniale et déconnectée des aspirations populaires.

Une des grandes forces de cette recherche réside dans sa capacité à articuler l'analyse institutionnelle à une lecture critique des rapports sociaux. L'auteur montre comment le phénomène du multipartisme, pourtant réintroduit avec espoir à la faveur de la transition démocratique des années 1990, s'est rapidement heurté aux logiques d'atomisation politique, aux conflits d'intérêts, et à une culture politique imprégnée de défiance, de méfiance et de rapports clientélistes. Il en résulte une scène politique éclatée, dominée par l'opportunisme et minée par la perte de sens.

Mais la thèse ne s'arrête pas au constat, aussi lucide soit-il. M. Onyemba Djongandeke assume avec conviction une posture critique, tout en formulant des propositions audacieuses et solidement argumentées. Il plaide pour une refondation du système partisan congolais, qui passerait par une réforme en profondeur du cadre juridique des partis, l'instauration de mécanismes de financement public soumis à des obligations de transparence, la mise en place d'un contrôle citoyen effectif, et surtout, par un véritable travail d'éducation politique.

L'auteur appelle ainsi à dépasser la conception instrumentale des partis, pour les reconsidérer comme des espaces de formation, de médiation, de dialogue démocratique et d'élaboration d'un projet collectif. Cette ambition suppose, selon lui, un double engagement : celui de l'État, qui doit créer les conditions d'un jeu politique équitable et d'un pluralisme effectif ; et celui de la société civile, qui doit renforcer son rôle de veille, de critique et de proposition.

L'œuvre de M. Onyemba Djongandeke se distingue également par sa maîtrise des outils conceptuels, son recours à une documentation vaste et pertinente, ainsi que par un style d'écriture clair, soutenu et exigeant. Il s'agit là d'une thèse mûrie, ancrée dans une connaissance intime des réalités congolaises, mais ouverte sur les débats théoriques contemporains relatifs à la démocratie, à la gouvernance et aux mutations du politique en Afrique. L'auteur fait dialoguer avec brio les apports de la théorie politique classique et ceux des penseurs critiques du postcolonial.

Les conclusions auxquelles il parvient, pour inquiétantes qu'elles soient parfois, n'invitent ni au fatalisme ni à la résignation. Au contraire, cette recherche trace les lignes d'un possible renouveau, en invitant à repenser les partis politiques non comme des reliques d'une modernité imposée, mais comme des instruments à refonder, au service d'un projet démocratique authentiquement enraciné. L'enjeu, nous dit l'auteur avec justesse, n'est pas tant de multiplier les structures partisanes que de restaurer la confiance dans le politique, à travers des partis crédibles, inclusifs et responsables.

C'est donc avec un grand respect pour la profondeur de l'analyse, la justesse des diagnostics et la richesse des propositions que je salue cette thèse, qui constitue une contribution précieuse à la compréhension du politique en République démocratique du Congo. Elle mérite d'être lue, discutée, diffusée, tant elle apporte un éclairage lucide, courageux et constructif sur l'un des défis majeurs de la démocratie congolaise contemporaine.

Profondément ancrée dans l'intelligence des faits et la hauteur de vue, cette œuvre est aussi un acte de foi en la capacité du peuple congolais à réinventer ses institutions, à faire des partis politiques non des obstacles mais des vecteurs de la souveraineté populaire. Ce pari, difficile mais nécessaire, trouve ici un fondement intellectuel solide et une expression remarquable.

Liminaires

La constitutionnalisation des partis politiques consolide le périlleux processus de leur conquête identitaire, dictée par les liens que l'histoire de la démocratie a, peu à peu, tissés entre eux et l'ordre constitutionnel, « *tant ils ne sont plus ces acteurs de la vie publique qu'une certaine doctrine constitutionnelle, méfiante à la vue de leur essor, jugeait extérieurs au monde juridique* »[1]. La construction de l'État de droit constitutionnel est aujourd'hui une des questions brûlantes d'actualité en République démocratique du Congo (RDC). On peut avancer qu'elle constitue l'une des questions les plus contemporaines de la théorie constitutionnelle moderne[2], qui met en exergue, désormais, la valeur, jadis muette, de leurs fondements dans le champ du droit constitutionnel moderne congolais.

Historiquement, l'évolution politique et constitutionnelle de la grande majorité des États africains est passée par le régime parlementaire hérité de la colonisation, du régime présidentiel transformé en présidentialisme nécessité par le renforcement du pouvoir personnel, de l'absolutisme appuyé par une monarchie assise sur le parti unique et le régime semi-présidentiel tirant ses racines dans le multipartisme intégral du genre occidental[3].

Le jugement que porte la doctrine majoritaire sur le multipartisme aujourd'hui est sans appel : prolifération des partis politiques, absence de programme[4], faible implantation, maigres ressources financières, régionalisation et tribalisation de la vie politique, risque de déstabilisation des États. Le plus radical postule que le multipartisme est une erreur politique[5].

---

[1] Lire *Les partis politiques et l'ordre constitutionnel, Histoire(s) et théorie(s) comparées*, (dir.) HUMMEL, J. ; BRUIXAN, A. ; DAUGERON, B. ; DENQUIN, J.-M. ; GICQUEL, J.-E., HUMMEL, J. ; LAFFAILLE, F. ; LAQUIEZE, A. ; LE BOUEDEC, N. ; DIVELLE, A. ; RAYNAUD, P., mare§ Martin, Paris, France, 2016.

[2] SINDJOUN, L., *Les grandes décisions de la justice constitutionnelle africaine. Droit constitutionnel jurisprudentiel et politiques constitutionnelles au prisme des systèmes politiques africains*, Bruxelles, Bruylant, 2009, pp. 185-310.

[3] GONIDEC, P. F., *Institutions publiques africaines et malgache*, Paris, PUF, 1996, pp. 77-79.

[4] KAMUKUNY MUKINAY, A., *Contribution à l'étude de la fraude en droit constitutionnel congolais*, Academia-L'Harmattan, 2011, p. 123.

[5] OMAR DIOP, E. H., *Les partis politiques et processus de transition démocratique en Afrique noire. Recherches sur les enjeux juridiques et sociologiques du multipartisme dans quelques pays de l'espace francophone*, Paris, Éd. Publibook, 2006, p. 23.

D'où entreprendre une recherche sur les partis politiques et la construction de l'État de droit constitutionnel s'avère être une aventure scientifique risquée et périlleuse. Seulement, la noblesse de ce risque est méritée, dans la mesure où elle s'inscrit dans la perspective de réactualisation de l'apport des partis politiques dans un État qui se veut démocratique.

Si hier, les partis politiques étaient de simples groupes inorganisés, ils sont devenus, aujourd'hui, des structures hiérarchisées et piliers de la démocratie moderne[6], dont l'objectif est la conquête et l'exercice du pouvoir politique. Les contingents historiques ont montré la nécessité pour les démocraties de se doter d'un appareil juridique pour se protéger des partis et d'encadrer l'exercice de leurs droits et libertés. C'est ainsi qu'ils ont été consacrés dans les Constitutions. Cette constitutionnalisation s'est accompagnée de l'adjonction de lois sur les partis ainsi que de dispositions législatives règlementant ce qu'il convient d'appeler, aujourd'hui, « le droit des partis politiques ».

Ainsi, associer une étude des partis politiques à la question de la construction de l'État de droit constitutionnel par une rationalisation du multipartisme politique en RDC peut s'apparenter à une entreprise forcée, voire artificielle, tant la notion de parti politique semble, à première vue, extérieure au monde juridique et au droit constitutionnel. C'est l'enjeu véritable de la recherche en droit comme dans toute autre discipline[7].

Par ailleurs, il y a lieu de reconnaitre que dans le fonctionnement de la démocratie contemporaine reposant sur le principe de la représentation politique, les partis politiques assis sur une base idéologique solide en sont devenus la cheville ouvrière. Ils sont à la croisée des chemins de la participation démocratique des citoyens à la gouvernance publique. De ce point de vue, ils se placent en intermédiaire entre le peuple qui les choisit et les soutient, et les institutions qui s'appuient sur eux pour obtenir les élus avec lesquels ils fonctionnent. Ils structurent ainsi la démocratie, façonnent l'offre électorale, organisent l'accès à l'élection[8], de surcroit au pouvoir d'État et consolident l'État de droit constitutionnel ou démocratique.

Si la problématique du constat formulé par Max Weber en 1919 constitue encore aujourd'hui un passage obligé de toutes les synthèses sur les partis, le parti politique, dans sa forme moderne à savoir une organisation relativement pérenne et distincte des autres corps intermédiaires, serait apparu dans les sociétés occidentales des XIXe et XXe siècles sous l'effet de la démocratisation de leurs institutions[9]. Cette recherche part du constat selon lequel il existe un statut des

---

[6] SEILER, D.-L., *Les partis politiques*, Paris, Armand Colin, 2e éd., 2000, p. 24.

[7] BERGEL, J.-L., « Esquisse d'une approche méthodologique de la recherche juridique », in *Revue juridique de la recherche en droit prospectif*, 1993, p. 1059.

[8] Rapport du 4e Forum tenu les 21, 22 et 23 juin 2018 qui a abordé la question des partis politiques sous la direction de DEROSIER Jean-Philippe à l'Université de Lille, EA 4487, CRDP-Centre « Droit et perspectives du droit », France, 2018.

[9] GABORIAUX, C., *Naissance des partis politiques*, sous la direction de HAEGEL, F. et PERSICO, S., Paris, Bruylant, 2023, p. 27.

partis politiques dans tous les États, tant la réglementation étatique des partis politiques est devenue de plus en plus courante, allant des idées qu'ils sont en droit de promouvoir et des activités qu'ils peuvent réaliser dans l'espace public, à leurs structures internes et leur mode de fonctionnement qui sont encadrés de manière précise[10].

Somme toute, les partis politiques sont, dans l'évolution de la science juridique, indispensables au fonctionnement de notre système politique, comme ils le sont dans toutes les sociétés politiques démocratiques. Ils le sont parce qu'ils ont une double fonction. La première est, d'abord, politique. Elle consiste principalement dans la mobilisation des citoyens en vue de s'en servir pour la conquête du pouvoir, ou, à tout le moins, pour influencer significativement le jeu politique, mais aussi pour assurer la défense des valeurs de liberté et de démocratie dont la préservation conditionne leur propre existence[11]. La seconde est, ensuite, pédagogique. Ils concourent à la formation de l'opinion par l'explication de leur programme ou la diffusion de leur idéologie, mais aussi par la critique des idées et des actions adverses.

Au début des années 1940, le politiste américain Elmer E. Schattschneider indiquait que *les partis politiques avaient créé la démocratie, alors que cette dernière était impensable sans eux*. Ce postulat rejoint l'idée que les partis politiques sont les muscles ou les nerfs de la démocratie, comme l'affirmait dans une métaphore classique de la fin du XIXe siècle, le juriste et homme politique britannique James Bryce, un des pionniers de l'étude sur les partis[12].

Entendu ainsi, les partis politiques sont liés à l'État dont la structure matérielle et fonctionnelle peut bouger à la disparition du parti dominant[13], ou même à la simple réduction de la place de ce parti dans la vie institutionnelle[14]. C'est dans ce sens que la doctrine s'interroge sur le fait de savoir si l'État-institution parviendrait à fonctionner normalement et correctement sans cette inter-liaison permanente (pivot), pour reprendre l'expression de Florence Galletti, du parti dominant[15].

---

[10] POIRMEUR, Y., *La régulation des partis politiques*, Paris, LGDJ, 2019, p. 13.

[11] KAMTO, M., *L'Urgence de la pensée. Réflexions sur une précondition du développement en Afrique*, Yaoundé, Éd. MANDARA, 1989, p. 66.

[12] ANDOLFATTO, D. et GOUJON, A., *Les partis politiques, ateliers de la démocratie*, Bruxelles, Éd. de l'Université de Bruxelles, 2016, p. 7.

[13] Il est fait ici allusion au parti auquel l'État s'était lié, le parti qui accède au pouvoir et l'exerce pendant une période relativement longue.

[14] GALLETTI, F., *op. cit.*, p. 511.

[15] Voy. GALLETTI, F., *op. cit.*, p. 511.

Au frontispice de nouvelles démocraties africaines ayant vu le jour à compter des années 1990 est inscrit, en lettre d'or, le concept de l'État de droit[16], postulé à travers un usage effervescent tant dans les discours politiques que dogmatiques[17].

L'État de droit est devenu, en Afrique, une référence majeure du discours de légitimation politique et juridique[18]. À la venue de la vague du multipartisme en Afrique dans les années 1990, le concept État de droit faisait surface dans les démocraties naissantes[19]. Il est revendiqué comme étant la finalité des régimes issus des Constitutions adoptées souvent à la suite de larges concertations dénommées « conférences nationales ». Ces conférences nationales ont eu lieu principalement en 1990 dans la mouvance du processus de démocratisation de tous les régimes[20]. Il s'était ensuivi l'élaboration des Constitutions rigides et leur adoption par référendum à travers la quasi-totalité des États africains qui, de ce fait, s'étaient résolus de rompre définitivement avec les régimes vécus sous la houlette des dictatures infâmes ; comme une nuée de sauterelles, de nouvelles Constitutions ont donc essaimé à travers tout le continent[21].

Dès lors, l'Afrique s'était plongée irréversiblement dans la galaxie des pays démocratiques[22], via le nouveau constitutionnalisme africain avec en toile de fond la protection de la Constitution, gage de l'État de droit constitutionnel. Le syntagme de « nouveau constitutionnalisme africain » doit être appréhendé à l'aune de nouvelles Constitutions qui ont essaimé à travers l'Afrique noire francophone dans les années 1990, rompant avec le constitutionnalisme d'avant 1990. La protection de la Constitution tend à garantir la survie des valeurs qui constituent la trame, la vie et le socle de la Loi fondamentale et, donc, de tout l'édifice constitutionnel[23].

En République démocratique du Congo, ce processus affiche une sorte d'idéal avorté par l'unique illustration référentielle et protocolaire à l'article 6[24], en ce sens que ces quelques mentions liées à la conquête et à l'exercice du pouvoir

[16] MBOKO DJ'ANDIMA, J.-M., *État de droit constitutionnel. Ancrage et implications de réalisation en République démocratique du Congo*, thèse de doctorat, Université de Kinshasa, faculté de droit, 2009-2010, p. 516 ; CHAGNALLAUD, D., *Droit constitutionnel contemporain*, t. 1. *Théorie générale. Les régimes étrangers*, 5e éd. Paris, coll. « Cours Dalloz-série Droit public », 2007, p. 2 ; KABUYA LUMUNA, C., *Histoire du Congo. Les quatre premiers Présidents*, Kinshasa, Éd. Secco, CEDI, 2002, pp. 9-10.

[17] BUMAKANI, B., « L'État de droit en Afrique », in *Pouvoirs*, 2005, p. 446, DJOLI ESENG'EKELI, J., *Droit constitutionnel. L'expérience congolaise*, Paris, L'Harmattan, 2013, p. 37.

[18] GUEYE, B., « La démocratie en Afrique : succès et résistance », in *Pouvoirs*, n° 129, 2009, p. 5.

[19] VUNDUAWE te PEMAKO, F., et MBOKO D'JANDIMA, J.-M., *Droit constitutionnel du Congo*, Academia L'Harmattan, Louvain-la-Neuve, 2012, p. 671.

[20] VUNDUAWE te PEMAKO, F., et MBOKO D'JANDIMA, J.-M., *Droit constitutionnel du Congo*, *op. cit.*, p. 672.

[21] GAUDUSSON, J.-B., *Les Constitutions africaines en langue française*, Paris, t. I et t. II, Éd. La Documentation française, 1997, p. 70.

[22] GUEYE, B., « Démocratie en Afrique. Succès et résistance », *op. cit.*, p. 6.

[23] ESAMBO KANGASHE, J.-L., « La Constitution congolaise du 18 février 2006 : valeurs, élaboration et utilité », in *Congo-Afrique*, octobre 2014, n° 488, p. 673.

[24] Lire l'article 6 de la Constitution congolaise du 18 février 2006.

évoquées dans la Constitution, ont pour seul objet de garantir la soumission des partis politiques[25] loin d'en faire des acteurs majeurs dans « *l'irréversible conquête de l'ordre étatique accomplie par le pluralisme social et une entreprise de dévoilement du droit constitutionnel qui permet de prendre la mesure des interactions entre l'ordre juridique formel et l'ordre politique réel* »[26].

La problématique de la présente étude consiste à préciser notamment la contribution des partis politiques à la construction de l'État de droit constitutionnel.

En effet, le droit constitutionnel s'appuie considérablement sur les théories relatives au fondement et à l'opérationnalisation de l'État. Cependant, ce dernier a, jusqu'à ce jour, affiché « l'insuccès persistant des tentatives et modèles de rationalité à proposer les conditions optimales de la stabilité politique en Afrique et en RDC, en particulier. D'où le besoin qui emmène plus d'un scientifique à revisiter à nouveaux frais, les bases fondamentales de cet État de droit, question sempiternelle qui cristallise l'attention des juristes constitutionnalistes et philosophes »[27].

Dès lors, il importe de s'interroger sur le rôle que peuvent jouer les partis politiques dans la construction de ces États, en général, et en RDC, en particulier, dans la dynamique de la reconstruction des institutions politiques congolaises, gage d'un État de droit démocratique et constitutionnel.

Ainsi, cette étude procède à la recherche, à travers les actes des dirigeants politiques et des responsables des partis politiques en République démocratique du Congo, des mécanismes destinés à contribuer à la construction de l'État de droit constitutionnel. L'intérêt à la fois théorique et pratique de la recherche s'affirme dans la contribution à la théorie de la rationalisation du multipartisme, le leitmotiv de ce qu'il convient d'appeler *le nouveau droit constitutionnel congolais des partis politiques.*

Par ailleurs, *le droit n'étant qu'un des éléments d'un système culturel global propre à chaque société*[28], il impose un arbitrage aux prétentions des antagonistes au sein de l'État[29], entre les partis et les autres acteurs des institutions étatiques, autant toute force ou tout régime politique de tout État peut s'étudier, s'identifier et se définir à partir des partis politiques.

Au-delà de son actualité, l'intérêt que comporte cette recherche ressort de la symétrie entre les partis politiques, en tant qu'essence pluraliste de la rationalité

---

[25] L'article 5 de la loi n° 04/002 du 15 mars 2004 portant organisation et fonctionnement des partis politiques, in *JORDC*, 45e année, numéro spécial, Kinshasa, 18 mars 2004.

[26] Lire Hummel J. (dir.), *Les partis politiques et l'ordre constitutionnel*, *op. cit.*, p. 3.

[27] BOSHAB MABUDJ, E., Préf., *in* MAKIASHI, W., « Refonder l'État en Afrique, en République démocratique du Congo », Paris, Academia-L'Harmattan, 2018, p. 7.

[28] ROULAND, P., *Anthropologie juridique*, Paris, PUF, 1988, p. 62.

[29] LEROY, P., *Les régimes politiques contemporains*, cité par DJOLI ESENG'EKELI, J., in « Droit et développement », EDUPC, 2007, p. 176.

électorale[30], visant à affermir les principes démocratiques, sous la conduite de la Constitution qui détermine les modes d'accession, de dévolution et d'exercice du pouvoir politique.

La réforme primordiale proposée est la rationalisation du système multipartiste congolais, comme socle théorique de la contribution à l'élaboration de nouveaux fondements et modalités d'exercice démocratique du pouvoir en République démocratique du Congo[31]. Pour y parvenir, nous analysons les fondements et modalités d'exercices du pouvoir politique à partir de la naissance présumée du multipartisme en 1990, en parcourant l'histoire constitutionnelle de la RDC jusqu'à la Constitution du 18 février 2006, telle que révisée à ce jour, sans omettre les lois n° 04-002 du 15 mars 2004 et n° 07-008 du 4 décembre 2007, portant respectivement organisation et fonctionnement des partis politiques et statut de l'opposition politique en RDC, en faisant recours à la méthodologie juridique.

Subdivisée en deux titres équilibrés, cette recherche aborde, au titre premier, la notion des partis politiques et la construction de l'État de droit constitutionnel. Ce titre scindé en chapitres traite respectivement du cadre épistémologique des partis politiques et de l'État de droit constitutionnel, des partis politiques dans le champ substantiel de l'ordre juridique congolais, et des fondements théoriques de l'État de droit constitutionnel.

Le deuxième titre porte, quant à lui, sur la place des partis politiques dans la participation démocratique. Il est subdivisé en deux chapitres. Le premier s'attelle à analyser l'impact des partis politiques dans la structuration et la déstructuration de l'État congolais, et le second examine la problématique de l'instauration du multipartisme rationalisé en droit constitutionnel congolais. Cette démarche a abouti à l'identification du cadre juridique comme champ de cette rationalisation du système multipartisan à même de jeter le fondement du nouveau droit constitutionnel des partis politiques en République démocratique du Congo. La conclusion générale démontre que les investigations qui découlent de cette étude n'auront pas eu pour effet de faire lire, mais plutôt de faire penser ; et que cela inaugure un nouveau champ de recherche en droit constitutionnel et en science politique.

---

30 ONAOTSHO KAWENDE, J., *Démocratie, Technoscience et Écologie. Champs pragmatiques de la rationalité pluraliste*, Louvain-la-Neuve, Academia-L'Harmattan, 2016, p. 18.
31 *Idem*, p. 19.

TITRE I.

Les partis politiques et la construction de l'état de droit constitutionnel

Conçue comme étant le système de gouvernance le moins mauvais[1], la démocratie est adoptée par les États modernes comme le ferment du développement participatif. Cette participation met en exergue l'exigence de la transparence dans la gestion des ressources et l'élaboration des politiques publiques que les partis politiques s'activent à concevoir dans la perspective de les mettre en œuvre lors de l'exercice du pouvoir. Ce processus jette les fondements de la construction de l'État de droit constitutionnel et démocratique. Les partis politiques y jouent un rôle très nuancé à travers la prérogative de concourir à l'expression du suffrage.

Ainsi, proposer une réflexion sur l'apport des partis politiques dans la construction de cet État de droit constitutionnel semble être une entreprise audacieuse, voire artificielle, tant elle fait référence à des éléments hétérogènes – le droit et les partis politiques – aux relations à première vue antinomiques. Aussi, le phénomène partisan et le système des partis sont le produit de facteurs propres à chaque pays, même s'ils peuvent être ordonnés dans des taxinomies convaincantes. Il s'agit de facteurs historiques, idéologiques, éthiques et religieux relatifs au mode de scrutin, à la forme de l'État, à la conception de la nation ou au rapport avec la nature, en expliquant les spécificités. D'où la notion de partis est étroitement liée à celle de l'État de droit tout court et de l'État de droit constitutionnel.

Il convient, dès lors, de scruter le cadre épistémologique des partis politiques et de l'Etat de droit constitutionnel (Chapitre 1er), avant d'analyser les partis politiques dans le champ substantiel de l'ordre juridique congolais (Chapitre 2) puis d'aborder les fondements théoriques de l'État de droit constitutionnel (Chapitre 3).

---

[1] « Le pire des régimes, à l'exception de tous les autres », selon l'expression de Winston Churchill. ZARKA, J.-C., *Introduction au droit constitutionnel*, Paris, 5e éd., Ellipses, 2014, p. 79.

CHAPITRE I.

Cadre épistémologique des partis politiques et de l'état de droit constitutionnel

Le cadre épistémologique des partis politiques interroge la nature ainsi que la valeur des principes, des concepts et des méthodes relatifs à leur contribution à la construction d'un État de droit constitutionnel. Il sied de relever de prime abord que la plupart des manuels de droit constitutionnel ne traitent que de façon incidente, voire pas du tout, de la question des partis politiques. La raison en serait que malgré leur incidence réelle sur le fonctionnement des institutions politiques et même sur la qualification des régimes politiques, les partis demeurent des faits privés, des institutions extraconstitutionnelles[1]. Aussi, bien que leur existence soit aussi ancienne que la politique elle-même, les partis politiques ne furent point la préoccupation de vieilles Constitutions dans leurs dispositions. Même plus, les constituants de la période révolutionnaire en France les assimilaient à des fonctions incompatibles avec le caractère représentatif du mandant parlementaire et leur avaient été en principe hostiles[2].

Ayant compris leur rôle exact sur l'ensemble des systèmes politiques qu'ils sont appelés à influencer, les Constitutions modernes ont accordé de l'importance aux partis politiques en leur réservant d'amples dispositions, en indiquant leur rôle dans le fonctionnement de l'État[3]. Aujourd'hui, la majorité des Constitutions dans le monde, y compris dans les régimes monarchiques, accordent une place prépondérante aux partis politiques.

Ainsi, il est loisible d'analyser leurs fondements juridiques afin d'appréhender correctement la portée des partis politiques au sein de l'ordre juridique interne de l'État.

---

[1] KAMUKUNY MUKINAY, A., *Droit constitutionnel congolais*, Kinshasa, EUA, 2011, p. 259.
[2] CHANTEBOUT, B., *Droit constitutionnel et Institutions politiques*, Paris, LGDJ, 1998, p. 210.
[3] KAMUKUNY MUKINAY, A., *Droit constitutionnel congolais*, *op. cit.*, p. 110.

SECTION I.
Les fondements des partis politiques

Les contingences historiques ont montré la nécessité pour les démocraties de se doter d'un appareil juridique pour se protéger des partis, mais également pour garantir leurs droits et libertés[4]. C'est ainsi qu'ils ont été consacrés dans les Constitutions. Cette constitutionnalisation s'est accompagnée de l'adjonction de lois sur les partis politiques.

En Afrique, en général, et en République démocratique du Congo, en particulier, face à la décomposition de l'État et à la déconstruction des institutions s'accélérant à un rythme infernal, les partis politiques sont apparus, de par la volonté tant de la classe politique que du constituant, comme des instruments de la lutte démocratique à même de sauver l'État et la nation du chaos[5].

Ce vœu de voir les partis politiques concourir à l'expression du suffrage et à la formation de la conscience nationale[6] est loin de traduire l'ensemble de leurs missions ou de consolider toutes les espérances fondées en eux pour sauver l'État.

Pour bien saisir la portée normative des partis politiques congolais, il est nécessaire d'évaluer l'ampleur de l'analyse à partir de leur champ théorique.

§1er. Cadre théorique des partis politiques

Évoquer la question de parti politique laisse croire que tout le monde peut en avoir une image, dans la mesure où chacun pense avoir une idée plus ou moins nette de son contenu, ou du moins est censé le maîtriser compte tenu de son ubiquité dans l'actualité politique. Parfois, son champ théorique renvoie encore plus à sa définition qu'à son contenu.

Pourtant, toute définition est arbitraire et celle des partis n'échappe pas à la règle d'autant plus qu'elle est recherchée par les acteurs politiques, comme le soutient Dominique Chagnollaud de Sabouret, afin de justifier leur place sur l'échiquier politique. Il s'agit moins, selon l'auteur, de rechercher les « vrais critères de définition que de caractériser, d'un point de vue contemporain, les traits saillants de ce qu'on nomme "parti politique" »[7]. D'où la nécessité de partir de sa définition en vue de pénétrer la portée de l'amplitude légale et doctrinale des partis congolais.

A. Le préalable théorique

En son article 6, la Constitution dispose que « *les partis politiques concourent à l'expression du suffrage, au renforcement de la conscience nationale et à*

---

4 SEILER D.-L., *Les partis politiques*, Armand Colin, 2e éd., 2000, p. 24.

5 BOSHAB MABUDJ, E., « Chronique de la déconstruction d'un État (24 avril 1990-24 avril 1995) », in *Le Potentiel*, n° 613, pp. 6-7.

6 Article 2 al. 2 de la loi n° 04/002 du 15 mars 2004 portant organisation des partis politiques en République démocratique du Congo.

7 CHAGNOLLAUD DE SABOURET, D., *Introduction à la science politique*, *op. cit.*, p. 223.

l'éducation civique. Ils se forment et exercent librement leurs activités dans le respect de la loi, de l'ordre public et de bonnes mœurs »[8].

L'article 2, alinéa 1 de la loi portant organisation et fonctionnement des partis politiques définit le parti politique comme « *une association des personnes physiques de nationalité congolaise qui partagent la même idéologie et le même projet de société en vue de conquérir et d'exercer démocratiquement et pacifiquement le pouvoir d'État* »[9].

La définition consacrée par cette disposition est proche de celle retenue par le droit belge qui considère le parti politique comme étant une association de personnes physiques, dotée ou non de la personnalité juridique, qui participe aux élections prévues par la Constitution et par la loi [...] et qui, dans les limites de la Constitution, de la loi, du décret et de l'ordonnance, tente d'influencer l'expression de la volonté populaire de manière définie dans ses statuts ou son programme[10].

La doctrine abondante met également l'accent sur l'idée d'une union de volontés. Dans ce sens, Odimula Lofunguso relève que le parti politique fait appel à une « union de volontés, mieux un accord intervenu entre les membres d'un groupe de personnes ».

Il s'ensuit qu'un parti politique doit être entendu comme une association de personnes physiques ayant pour but la conquête et l'exercice du pouvoir conformément au droit en vigueur, suivant un projet de société conçu sur base d'une idéologie acceptée.

Dans une visée conciliante, Seiler opine qu'un parti politique est une organisation qui vise à mobiliser des individus dans une action collective menée contre d'autres pareillement mobilisés afin d'accéder, seuls ou en coalition, à exercer des fonctions de gouvernement et que cette action collective et cette prétention à conduire la marche des affaires publiques sont justifiées par une conception particulière de l'intérêt général[11].

Les approches évoquées dégagent quatre logiques tenant successivement à l'objet poursuivi, à l'organisation, à la mobilisation et à l'idéologie qui sous-tendent l'action de tout parti politique[12], qui en soi, doit être une association de personnes physiques d'une même nationalité, partageant la même idéologie et le même projet de société, en vue de conquérir et d'exercer démocratiquement et pacifiquement le pouvoir politique dans un État[13].

---

[8] Art. 6, Constitution du 18 février 2006.

[9] Loi n° 04/002 du 15 mars 2004 portant organisation et fonctionnement des partis politiques, *JORDC*, 45e année, numéro spécial, Kinshasa, 18 mars 2004.

[10] Article 1er de la loi belge du 4 juillet 1989 relative à la limitation et au contrôle des dépenses électorales engagées pour l'élection de la Chambre des représentants.

[11] SEILER, D.-L., *op. cit.*, p. 22.

[12] KABUYA LUMUNA SANDO, C., *Manuel de sociologie politique*, Kinshasa, PUK, 2011, pp. 326-327.

[13] Article 1er al. 1 de la loi n° 001-2001 du 17 mai 2001 portant organisation et fonctionnement des partis et regroupements politiques, Kinshasa, *Larcier*, 17 mai 2001.

Le cadre définitionnel des partis politiques quel que soit le continent ou le pays, se consolide autour de quelques indicateurs nés de leurs fonctions et missions qui font d'eux un regroupement de personnes qui partagent un certain nombre d'idéologies et qui se mettent ensemble pour défendre un projet de société sur base duquel elles vont conquérir et exercer le pouvoir politique.

De là, il est visiblement clair que toutes les définitions retiennent la conquête du pouvoir comme l'objectif primaire de tout parti politique qui propose ses fonctions et ses rôles dans une société donnée.

Cependant, dans une démarche scientifique, il est indispensable de s'accorder sur le contenu des concepts de l'étude afin de dissiper tout malentendu. Cela s'avère d'autant plus essentiel que, comme plusieurs écrits le soutiennent, le langage juridique est la première enveloppe du droit qu'il convient de traverser pour aborder l'étude du contenu[14]. Celui-ci est toutefois d'une richesse exceptionnelle[15]. Il en va ainsi du sens même des concepts clés de cette étude sur la « contribution des partis politiques à la construction de l'État de droit constitutionnel en République démocratique du Congo ».

Compte tenu du tableau sombre des partis politiques congolais dans leurs rapports avec l'État, il est soutenable que la déstructuration des institutions soit normativement liée à la crise congénitale de légitimité des institutions et de leurs animateurs[16] et même au caractère embryonnaire de notre démocratie[17]. Dans ce contexte, mener une étude pour la réécriture des fondements de notre système partisan et leur mise en adéquation avec les valeurs démocratiques favorables au développement intégral de notre société relève d'une démarche complexe.

Le préalable théorique a consisté à considérer que notre démarche n'était pas seulement celle d'apporter des réponses aux questions, mais aussi et peut-être surtout, de poser les bonnes questions. C'est pourquoi nous avons ainsi veillé à ce que notre questionnement ne se noie pas dans une marée de problématiques soulevées par ceux qui l'ont précédé. L'originalité de notre démarche étant à ce

---

[14] CAPITANT, H. cité par DE VILLIERS, M., *Dictionnaire du droit constitutionnel*, Paris, Armand Colin, 2003, p. 1.

[15] *Idem.*

[16] L'exposé des motifs de la Constitution du 18 février 2006, in *JORDC*, Kinshasa, 5 février 2011, 52e année, numéro spécial, p. 79.

[17] JUMA ZIBERI, P., « La problématique de la crise de légitimité et la fraude électorale en République démocratique du Congo, Joseph Kabila, acteur principal : de 2001 à nos jours. Analyse et perspectives », 2019, in https://www.academia.edu, consulté le 17 décembre 2022 à 13 h 05 ; BUANGI PUATI, R., « Crise de légitimité en RD Congo : vers quelles perspectives ? », in www.congoindependant.com, consulté le 17 décembre 2022 à 13 h 11 ; HRW, Présentation à l'occasion de la table ronde intitulée « Crise politique, électorale et des droits humains en République démocratique du Congo : tirer des enseignements de l'expérience de l'Afrique du Sud et de la Région de la SADC », in https://www.hrw.org/fr/news/2018/04/09, consulté le 17 décembre 2022 à 13 h 18 ; KADUNDU KARHAMIKIRE, P., « Violence et crise de légitimité en RDC. Comprendre la communication politique des acteurs et leurs enjeux », in https://www.researchgate.net/publication/343341689 consulté le 17 décembre 2022 à 13 h 27.

prix, il est impérieux de nous livrer à un bilan critique des travaux antérieurs réalisés sur des sujets ayant trait à notre champ de recherche.

B. Cadre définitionnel

L'appréhension de la question des partis politiques gravite autour de sa valeur définitionnelle, de sa portée typologique et de la marge sémantique avec ses notions voisines.

Définir un concept, c'est dégager son idée générale, sa portée par une représentation abstraite.

La réflexion du juriste et du politologue sur la définition du parti politique constitue désormais l'élément indispensable de ce qui paraissait comme valeur muette et ignorée de leur apport tant dans l'ordre politique que dans l'ordre juridique d'un État et dans la vie de la démocratie moderne. Hans Kelsen a écrit, à cet effet, que « la démocratie ne peut sérieusement exister que si les individus se regroupent d'après leurs fins et affinités politiques »[18].

Simple en apparence, la définition du concept *parti politique* appelle son étymologie, avant les différentes définitions doctrinales. Il peut paraître superflu de définir la notion de parti politique tant elle semble bien connue. Mais, en réalité, chaque définition peut avoir des implications insoupçonnées.

Le mot « parti » représente l'un des termes les plus anciens du lexique qu'utilisent les sciences sociales. Selon Jean Charlot, le vocable « parti politique » précède de deux bons siècles celui des classes sociales dans le vocabulaire savant[19]. Son origine même prête déjà à controverses. Ainsi, pour le sociologue et politiste norvégien Stein Rokkan, suivi en cela par la science politique anglo-saxonne, l'expression « parti politique » dérive d'un vieux concept français. Elle viendrait, en effet, du verbe « partir » qui signifiait « découper les parts », « diviser » et qu'on retrouve, aujourd'hui, dans « répartir » et « se départir ».

De ce fait, « pars » est employé au Moyen Âge, afin de désigner les Guelfes et les Gibelins, les deux factions qui se combattent dans les communes et dans les Républiques urbaines d'Italie du Nord et lors de la querelle du sacerdoce et de l'empire. Ainsi, l'expression *pars imperii* sert de synonyme noble pour le sobriquet de Gibelins qui désigne les partisans de l'empereur[20].

Si une partie de la doctrine récente recense quelques débats non moins pertinents engagés par la classe politique actuelle, à l'échelle africaine, autour des réformes relatives aux partis politiques, à la Constitution, aux systèmes électoraux, à la commission électorale et aux modes de scrutin, en République démocratique du Congo, plusieurs débats de la même nature, relatifs à la place des partis politiques dans la consolidation d'un État de droit constitutionnel

---

[18] Cité par NTUMBA LUABA LUMU, A., *Le droit constitutionnel général*, Kinshasa, EUA, 2005, p. 120.
[19] SEILER, D.-L., *op. cit.*, p. 9.
[20] *Idem.*

inaugurent un nouveau chantier scientifique avec sa plus grande réforme qui est la rationalisation de son système partisan appelé multipartisme rationalisé.

De même, les partis politiques influent énormément sur les débats publics et politiques. Les positions des uns et des autres sont toujours interprétées en fonction de leurs appartenances politiques. Les débats qui ont ébranlé et ébranlent encore la classe politique ont été marqués par l'une des plumes les plus riches en science juridique dont le caractère controversé de sa publication ne loge que dans son intitulé : La révision de la Constitution et l'inanition de la nation[21].

Élaborée sous un style peu accessible aux non-initiés, cette publication a été au centre de tous les débats sans offrir les garanties d'une approche comprise par les amateurs de la contradiction. Ces agitations d'une certaine frange tant de politiques que du monde académique ont conforté en nous la conviction selon laquelle, quel que soit l'amour qu'on puisse cultiver pour la science juridique, on ne peut y pénétrer toute la théorisation sans des acquis constitutionnalistes et anthropologiques conséquents. D'où la saisine de la politique par le droit et le débat public préoccupe la relecture de fondements d'un droit des partis politiques.

C'est pourquoi, clouée d'intentions politiques, doublée des accusations tendant à soupçonner la publication de nourrir la secrète intention de donner des béquilles au pouvoir en place[22] pour réviser la Constitution à sa guise, il apparaît clairement que l'auteur était victime d'un procès d'intentions politiques. Victime ? Oui, de la violation de sa liberté de pensée pour uniquement avoir soutenu que tout ce qui est intangible n'est pas de droit.

Position que nous partageons ici, au regard de la revisitation de la Constitution que nous proposons. D'où la raison de l'illustration de ce débat. En soutenant qu'il faut tenir compte de l'évolution de la mentalité qui nous fait assister, par exemple, à la dépénalisation progressive des infractions d'hier, il soutient juste qu'étant donné que la société est en perpétuelle évolution, la norme juridique doit aussi s'adapter à son évolution car l'écriture de la norme de droit procède d'un acte politique et juridique autant que la constitutionnalisation des partis sous-tend l'avènement d'un nouveau droit constitutionnel congolais des partis. Aussi, cela ne consoliderait-il pas en surface la question de la juridification du politique et l'idéologie de la purification du politique[23] dans une société ?

Ainsi, selon Georges Burdeau, le parti politique est un groupement d'individus qui, professant les mêmes vues politiques, s'efforcent de les faire prévaloir, à la fois en y ralliant le plus grand nombre possible de citoyens et en cherchant à

---

[21] BOSHAB, E., *Entre la révision de la Constitution et l'inanition de la nation*, Bruxelles, Larcier, 2013.

[22] Les acteurs de ce débat attribuaient à la publication l'intention de justifier la révision constitutionnelle en vue de permettre au Président Joseph Kabila de se maintenir au pouvoir après 18 ans de règne.

[23] Lire MUZALIWA, R., *Le politique est-il au cœur du juridique ? L'enjeu des théories des crises politiques.* Thèse présentée et défendue le 18 mars 2016 à la faculté de philosophie de l'Université catholique du Congo, 449, pp. 37-77.

conquérir le pouvoir ou, du moins, à influencer ses décisions[24]. L'accent sur la volonté affichée d'un groupe de personnes partageant les mêmes vues est ici mis en exergue. John Hallowell, pour sa part, insiste sur l'intérêt général qui doit sous-tendre toute organisation politique pour être définie comme parti politique. C'est ce qui se dégage de sa définition du parti politique qui renvoie à un groupe d'hommes unis pour favoriser, par leurs efforts communs, l'intérêt national (général), fondé sur un certain principe sur lequel ils s'accordent tous[25].

Partant de ces deux approches, Maurice Duverger fait avancer la question en mettant en relief un certain nombre d'éléments déterminants. Pour lui, un parti politique n'est pas en soi une communauté tout court, mais un ensemble de communautés, une union de petits groupes disséminés à travers le pays (sections, comités, associations locales, etc.) liés par des institutions coordinatrices[26].

Si la doctrine ancienne avait une compréhension quelque peu limitée de la notion de parti politique, le pluralisme politique a beaucoup influencé sa compréhension aujourd'hui. Trois approches principales méritent d'être signalées. La première insiste sur les éléments constitutifs des partis politiques, tandis que la deuxième se fonde sur leurs fonctions, la vocation de contrepoids au pouvoir faisant l'objet de la troisième.

Joseph Lapalombara et Myron Weiner ont tenté de les concilier en voyant dans le parti politique « une organisation durable, agencée du niveau national et au niveau local visant à conquérir et à exercer le pouvoir, en recherchant à cette fin le soutien »[27]. En 1971, Max Weber voit, dans les partis politiques « des associations reposant sur un engagement (formellement) libre ayant pour but de procurer à leurs chefs le pouvoir au sein d'un gouvernement, à leurs militants actifs des chances – idéales ou matérielles – de poursuivre des buts objectifs, d'obtenir des avantages personnels, ou de réaliser les deux ensemble »[28].

Cette dernière définition reste très discutable, comme le souligne Dominique Chagnollaud de Sabouret, puisqu'elle s'applique à des « partis » avant l'apparition du suffrage universel comme aux partis modernes caractérisés par la professionnalisation de l'activité dans le cadre de la domination légale, rationnelle, étayée par la démocratisation du suffrage. Elle souligne néanmoins le caractère d'« entreprise » en quête du pouvoir des partis politiques[29].

Pour Makwala Ma Mavambu, il s'agit d'une association de citoyens partageant la même idéologie et le même projet de société, c'est-à-dire les mêmes opinions sur les questions d'intérêt public et qui s'organisent pour conquérir et

---

[24] BURDEAU, G., *Traité de science politique*, 2e éd., T. III, *La dynamique politique*, Paris, LGDJ, 1968, p. 268.

[25] HALLOWELL, J., *Les fondements de la démocratie*, Paris, Éd. Nouveaux horizons, 1997, p. 54.

[26] DUVERGER, M., *Les partis politiques*, Paris, Armand Colin, 1968, p. 34.

[27] OFFERLE, M., *Les partis politiques*, Paris, PUF, 1987, p. 8, cité par LA PALOMBARA, J. et WEINER, M., *Political Parties and Political Development*, PUP, 1966, p. 11.

[28] Voy. CHAGNOLLAUD DE SABOURET, *Introduction à la science politique*, *op. cit.*, p. 223.

[29] CHAGNOLLAUD DE SABOURET, *Introduction à la science politique*, *op. cit.*, p. 223.

exercer le pouvoir d'État, dans la prise de responsabilité du bien commun[30]. Cette association doit être un regroupement volontaire organisé ayant une philosophie claire, prétendant assumer, seul ou en coalition, au nom de l'intérêt de la communauté, des fonctions de gouvernement.

Du point de vue « fonctionnel », le parti est considéré « par référence aux buts ou objectifs poursuivis par un regroupement d'individus, par exemple, la conquête et l'exercice du pouvoir ou la sélection des personnes devant faire partie de la classe dirigeante ». L'approche « génétique » du parti politique insiste sur « l'origine du rassemblement des individus (les partis d'origine électorale et parlementaire et les partis de création extérieure) »[31].

Sans trancher, selon le dictionnaire Linternaute, un parti politique est un « groupe de personnes réunies en association, autour des idées politiques communes »[32]. Seiler ajoute que « cette organisation politique a pour objectif d'influencer l'opinion publique ainsi que les actions du gouvernement en place »[33] et qu'elle « propose également des candidats pour les élections[34] ».

Suivant l'appréciation de chacun, nous ne pouvons trouver ici le mérite ou le tort de définir la notion de parti politique en y associant ses fonctions et le rôle qu'il est appelé à jouer. Actuellement, les études mettent davantage l'accent sur la préoccupation essentielle des partis politiques à savoir l'intention ou la volonté de conquérir le pouvoir et de l'exercer, qui en demeure le nœud de distinction.

Kabange Ntabala évoque deux éléments essentiels à retenir pour que les personnes physiques se considèrent comme appartenant véritablement à un même parti politique. Il s'agit du partage d'une même idéologie et d'un même projet de société, c'est-à-dire l'ensemble d'idées et de convictions qui sous-tendent leurs actions, les objectifs à atteindre et les moyens à mettre en œuvre pour exercer le pouvoir et organiser la nation en vue de réaliser le bien-être des populations[35].

À tout prendre, la doctrine présente ainsi quatre traits caractéristiques qui distinguent le parti politique des autres organisations qui mènent des activités politiques :

1° La durée : l'espérance de vie d'un parti politique doit être supérieure à celle de ses fondateurs et de ses dirigeants ; l'idéologie d'un parti politique doit être le socle de sa vitalité et de sa longévité ; la grille explicative de sa conception de la vie, du combat politique, de la conquête du pouvoir, de son projet de société donnerait un sens à l'existence du parti après ses initiateurs ;

2° Une structure locale bien établie et durable permettant d'entretenir des rapports réguliers et variés avec l'échelon national ;

---

30 MAKWALA MA MAVAMBU YE BEDA (dir.), *Les partis politiques et la promotion des libertés associatives*, Kinshasa, Konrad Adenauer Stiptung, 2009, p. 25.

31 ODIMULA LOFUNGUSO KOS'ONGENYI, L., *Manuel de science politique*, *op. cit.*, p. 164.

32 https://www.linternaute.fr/dictionnaire/fr/definition/parti-politique/ (consulté le 21/02/2022).

33 SEILER, D.-L., *Les partis politiques*, *op. cit.*, p. 9.

34 *Idem.*

35 KABANGE NTABALA, « Organisation d'un parti politique : aspects juridiques », *loc. cit.*, pp. 9-22, p. 11.

3° La volonté délibérée des dirigeants de prendre et d'exercer le pouvoir ;

4° La recherche du soutien populaire pour accéder au pouvoir et donc à la gestion institutionnelle.

Compte tenu de leur importance, ces caractéristiques des partis politiques appellent quelques précisions. S'agissant de la durée, il y a lieu de souligner que la doctrine est unanime pour reconnaitre que l'espérance de vie d'un parti politique doit être supérieure à celle de ses fondateurs et de ses dirigeants.

Sur ce point, il y a lieu de relever que tout parti politique qui ne s'inscrit pas dans la durée n'est qu'une boutique politique provisoire, montée par un groupe d'individus pour des fins personnelles. Aussi curieuse qu'elle puisse paraître, cette pratique n'en est pas moins courante en République démocratique du Congo où elle s'observe à la veille de chaque dialogue ou concertation nationale ou même à la convocation électorale.

En effet, les acteurs politiques montent des boutiques politiques en vue de se positionner au centre du partage du pouvoir. Aussitôt l'évènement passé, le parti politique disparaît *de facto.* Cela permet de relativiser l'idée que nous avons du nombre de partis politiques dont la majorité est constituée essentiellement de partis mallettes. En réalité, il n'y a qu'une vingtaine de partis politiques actifs répondant aux « normes légales ».

En ce qui concerne leur structure, il y a lieu de relever que bien que l'existence des partis politiques soit aussi vieille que celle de la politique elle-même[36], les anciens partis n'ont quasiment rien à voir avec ceux de notre temps. Associations peu structurées, les premiers ne constituaient en réalité que des groupements spontanés des personnalités, animées d'un même idéal, en vue de se concerter sur les problèmes de l'heure. Il n'était pas question pour eux d'imposer à leurs membres une attitude commune[37].

Il a été soutenu, à tort ou à raison, que les partis politiques ne sont pas un élément constitutif de la démocratie, bien qu'en fait, celle-ci soit aujourd'hui indissociable de leur existence. Ce sont des groupements organisés de citoyens qui ont pour but de faire prévaloir une doctrine politique et les intérêts de leurs membres, par la participation aux institutions politiques et administratives et à

---

[36] CHANTEBOUT, B., *Droit constitutionnel*, Paris, 28e éd., Dalloz, 2011, p. 188. Déjà, dans son analyse des institutions de la République athénienne, Aristote distinguait le parti de la côte, celui de la plaine et celui de la montagne. Plus tard, même sous la monarchie absolue, à la Cour de Louis XIV, on parlait encore de partis : ainsi, le duc de Saint-Simon et Fénelon étaient réputés appartenir au *parti des Grands*, qui s'opposait à la politique royale trop portée à favoriser l'essor de la bourgeoisie. Dès que se réunirent les assemblées révolutionnaires, les partis ou *clubs* se formèrent spontanément en leur sein : partis des Feuillants, des Jacobins ou des Cordeliers (ainsi désignés du nom des anciens couvents où se réunissaient leurs membres), des Girondins (appelés ainsi parce que leurs personnalités les plus marquantes étaient élues de la Gironde) et des Montagnards (parce qu'ils siégeaient sur les travées les plus hautes de l'hémicycle).

[37] *Idem.*

l'accession complète ou partielle au pouvoir[38]. Cette étude aura le mérite de relativiser la portée d'une telle affirmation.

Forme organisée et durable de participation à la vie politique, un parti est un rassemblement de citoyens qui se proposent, par la recherche du soutien populaire, à conquérir le pouvoir, à l'exercer et à le conserver le plus longtemps possible. Cet objectif qui suppose une activité sur les deux plans de l'élaboration des programmes et de la sélection des candidats aux élections, distingue clairement les partis d'autres formes de groupement comme le groupe de pression (qui est un organisme de défense d'intérêts professionnels ou catégoriels, et dont un des principaux moyens d'action est le lobbying : il s'agit de « faire les couloirs des Assemblées ou des ministères pour obtenir que soient prises des décisions favorables aux intérêts de leurs membres »).

Si l'origine des partis est historiquement liée au développement des Assemblées dont le mode de travail conduit, par la généralisation du vote, à la formation des groupes parlementaires, la généralisation du phénomène partisan a été la conséquence de l'institution du suffrage universel à partir de la seconde moitié du XIXe siècle. À côté de l'histoire, la forme de l'État (unitaire ou fédéral) et du gouvernement (parlementaire ou présidentiel), les règles électorales, l'existence d'autres modes d'organisation de la vie sociale (comme le syndicalisme) expliquent que chaque pays ait son système de partis et chaque parti sa structure (parti de cadres ou de notables, parti de masse ou d'électeurs)[39].

Le passage de la conception traditionnelle des partis politiques à l'actuelle s'est opéré de manière très progressive au cours du XIXe siècle. Cette évolution a été la conséquence directe de l'élargissement du corps électoral. Bien que les constituants révolutionnaires soient, par principe, hostiles à l'existence des partis politiques qu'ils assimilaient à des factions incompatibles avec le caractère représentatif du mandat parlementaire, les membres des Assemblées se regroupèrent spontanément. Siégeant sur les mêmes bancs en fonction de leurs affinités politiques, ils tenaient des réunions pour délibérer ensemble de la tactique à suivre. Cette tradition se perpétua, et de ces groupements spontanés devaient naitre les groupes parlementaires, formations parlementaires dotées d'une certaine cohésion bien que non reconnues officiellement.

Il en résulte que les gouvernés peuvent, au regard des convictions profondes qu'ils partagent, compte tenu des visées qu'ils ont en adhérant à telle ou telle autre association, être groupés dans des organisations et associations où ils expriment leurs opinions en toute liberté et responsabilité. À notre avis, il est tout de même indispensable de souligner que ces associations et organisations constituent la volonté populaire, qui est la semence idéologique de cette population.

---

[38] LE JEUNE, Y., *Droit constitutionnel belge. Fondements et Institutions*, Bruxelles, 3e éd., Larcier, 2017, p. 475.

[39] DE VILLIERS, M. et LE DIVELLEC, A., *Dictionnaire du droit constitutionnel*, Paris, 7e éd., Dalloz, 2009, pp. 247-248.

Dans son analyse récente, Jean-Louis Esambo soutient qu'on a coutume de définir le parti politique par rapport à sa composition et ses finalités. Il considère le parti politique comme une association, structure de personnes physiques unies par une idéologie et poursuivant la conquête, l'exercice et, au besoin, la conservation démocratique du pouvoir. L'auteur insiste sur plusieurs éléments négligés dans l'ancienne doctrine. Il retient que le parti politique est, avant tout, une association volontaire de personnes physiques et ensuite une organisation structurée et durablement établie favorisant les rapports permanents entre membres. C'est en fait un cadre harmonieux de collaboration fonctionnelle entre les différents organes[40].

Pour différencier les partis politiques d'autres organisations politiques, la doctrine propose quatre traits caractéristiques de distinction. La doctrine insiste sur une structure locale bien établie et durablement permanente ainsi que sur la présence de rapports réguliers et variés avec l'échelon national. Sur cette dimension, une organisation sans structures locales n'est pas un parti politique. Le constat en République démocratique du Congo est que, dans la majorité des cas, les partis politiques n'ont pas de représentation locale au-delà des groupes de jeunes entretenus par l'octroi de quelques emplois ou recommandations dans la territoriale. Et généralement, les représentants n'ont que quelques drapeaux qu'ils brandissent le jour où le leader fait le déplacement.

Dans la pratique, avant toute manifestation, une équipe précède à l'avance l'arrivée du leader politique sur le terrain. De quoi crédibiliser la thèse selon laquelle aucun parti politique n'a de véritable ancrage, parce que celui-ci ne se dessine qu'à coups de mobilisation ponctuelle et financière.

Quant à la volonté délibérée des dirigeants de prendre et d'exercer le pouvoir, il n'est pas sans intérêt de souligner qu'il est essentiel qu'un groupe d'individus réunis soit en mesure de convaincre l'opinion sur leur capacité à proposer une autre gouvernance qui profiterait au peuple. Ainsi, en lieu et place de débats d'idées, plusieurs partis politiques ont-ils érigé l'injure et les revendications de réseaux sociaux en mode de gouvernance, même quand ils tiennent les rênes du pouvoir. Les exemples de l'UDPS et du PPRD sont riches pour illustrer cette affirmation. Deux partis politiques ayant partagé un temps la coalition FCC (PPRD et ses alliés) – CACH (UDPS et ses alliés de l'Union nationale congolaise et d'autres) qui a gouverné de 2019 à fin 2020.

Enfin, la recherche du soutien populaire pour accéder au pouvoir, et donc, à la gestion institutionnelle, constitue la quatrième caractéristique principale des partis politiques.

Depuis la fin du règne du Président Mobutu, le soutien populaire a laissé la place à la force de l'armée. L'accession au pouvoir n'avait pour règle que la suite classique des négociations entre belligérants jusqu'à impacter l'ordre constitutionnel et ses acquis comme le destin de toute une nation.

---

[40] ESAMBO KANGASHE, J.-L., *Traité de droit constitutionnel congolais*, *op. cit.*, p. 274.

Après ce voyage sémantique sur la notion de parti politique, il est nécessaire d'en évoquer les typologies.

C. La nature ambivalente des partis politiques

Avant d'aborder la notion de la nature ambivalente de partis politiques, il y a lieu de souligner qu'en droit positif congolais, les partis politiques sont dotés de missions et exercent des fonctions. Les partis politiques font partie du corps politique. Ils peuvent être comparés à des vaisseaux sanguins, lesquels assurent une circulation active entre les volontés individuelles et les vues politiques de l'État.

En outre, par le truchement des partis politiques, les citoyens appartenant à un parti politique ont une prise sur l'État et lui transmettent leurs préoccupations. L'État cesse, par conséquent, de s'imposer comme un fait univoque comparable à une tyrannie. Car lorsque l'État, présenté ici comme pouvoir public, est soumis aux critiques et aux appréciations des partis politiques, il retrouve sa raison d'être qui consiste à mettre au service des intérêts de la population[41]. Les partis politiques remplissent aussi une panoplie de fonctions politiques. Ils jouent le rôle de rapporteurs du peuple dont ils traduisent les aspirations et les desiderata.

Du point de vue politique, les partis politiques jouent la fonction pédagogique par l'éducation civique. Cette formation assure la fonction de prévention des dérives politiques et de l'instauration de toute forme de dictature dans un État. Par la formation, les partis politiques parviennent à identifier les meilleurs de leurs sympathisants pour la sélection du personnel politique en vue d'assurer l'animation du parti.

Ainsi, la problématique de la nature ambivalente des partis politiques congolais convoque la question bien identifiée en science politique et en droit public africain, dans lesquels les partis politiques oscillent entre un rôle formellement démocratique et un rôle informel, patrimonial ou clientéliste.

Il existe ainsi une confrontation entre le champ juridique et celui qui est para-juridique ou politico-sociologique qui relève de la praxis politique purement congolaise. La typologie des partis politiques qui sera analysée présentera l'image de cette pratique.

En effet, les partis politiques congolais, quoiqu'étant des associations privées à leur création, deviennent des institutions d'intérêt public par leur reconnaissance légale comme acteur et levier incontournables de la consolidation du pluralisme politique. La Constitution[42] congolaise à son article 6 confie la mission de concourir à l'expression du suffrage, au renforcement de la conscience nationale et à l'éducation civique aux partis politiques.

---

[41] Lire MAKWALA MA MAVAMBU YE BEDA J., et MUMBA MUKOLE M., *Les partis politiques et la promotion des libertés associatives*, in *Les partis politiques et la promotion de la liberté associative*, Konrad Adenauer Stiftung, Kinshasa, 2009, p. 34 et 35.

[42] Lire utilement l'article 6 de la Constitution congolaise du 18 février 2006 telle que révisée.

Le constituant de 2006 interdit l'institution d'un parti unique sur une partie ou l'ensemble du territoire national[43]. Autant dire que les partis politiques sont le sanctuaire de l'insaturation du pluralisme politique en République démocratique du Congo. Ils se chargent de la désignation des candidats, de la compétition électorale, de la formation de la majorité au Parlement, de la participation aux institutions comme le Parlement, le gouvernement, aux Assemblées provinciales ou locales.

Ainsi, la dimension ambivalente est dictée par le fait que les partis souffrent de caractères mi-juridiques, mi-informels. La praxis démontre que les partis politiques congolais sont des partis-appareils présidentialistes avec un fonctionnement interne peu démocratique laissant un couloir au clientéliste politique et à une logique patrimoniale. La majorité des partis politiques congolais se crée autour d'un leader plutôt que d'un leadership et d'un programme. Nés dans ces conditions, les partis deviennent des instruments de conquête et de conservation du pouvoir et non pas de production et d'encadrement idéologiques.

De ce qui précède, du point de vue du champ du droit constitutionnel des partis politiques et du droit électoral, la nature ambivalente des partis politiques congolais se situe à l'intersection de leur reconnaissance constitutionnelle, de la protection de leurs libertés politiques et de la préservation de leurs principes démocratiques internes. Des conditions de création, règles d'organisation, de fonctionnement, de dissolution et des exigences de transparence. De la participation aux scrutins, du statut des élus et du financement de la vie politique.

L'ambivalence est à la croisée entre le juridique et le réel, le prescrit et la praxis. Autant conclure que le champ juridique de la nature ambivalente des partis politiques est celui du droit constitutionnel des partis politiques et du droit électoral, au sein desquels les partis sont juridiquement conçus comme acteurs démocratiques, mais dont les pratiques réelles entrent en contradiction flagrante avec les normes prescrites pour virer la personnalisation du pouvoir, le clientélisme politique.

§2. Partis politiques et typologies d'usage courant

Tant par leur mode d'organisation et de fonctionnement que par les pouvoirs conférés à leurs dirigeants, les partis politiques congolais se classent en plusieurs catégories. Pour autant, ils doivent être différenciés de certaines notions qui s'y apparentent.

Toute typologie suppose la détermination d'un certain nombre de variables à partir desquelles il semble possible de faire entrer, dans une catégorie, l'organisation ou les phénomènes étudiés.

[43] Lire l'article 7 de la Constitution congolaise du 18 février 2006 telle que révisée.

La doctrine la plus répandue retient quatre critères qui paraissent mieux répondre à la recherche d'une classification des partis politiques qui ont vu le jour en 1990 en République démocratique du Congo[44].

D'après cette doctrine, la classification d'un parti dépend de la façon dont il se situe par rapport au régime ancien. Ces critères peuvent paraître subjectifs et même trompeurs car l'on sait que le discours peut être en contradiction avec l'agir quotidien. Malgré ce handicap, ce critère demeure pertinent car, comme nous le verrons, il y a bien d'autres éléments qui interviennent dans l'analyse et qui permettent de l'objectiver. Il s'agit en premier lieu de l'influence des dirigeants.

A. Typologies des partis politiques selon l'influence des dirigeants

La reconnaissance des valeurs qu'incarne un parti politique se perçoit à travers l'engouement qu'il suscite auprès du public. Le degré d'appropriation du parti par les adhérents signale donc l'influence qu'ils sont appelés à y exercer ainsi que l'autorité dont ils sont investis individuellement par rapport aux organes. Cette influence est différente selon que les créateurs du parti se considèrent comme tels ou se placent sous un ordre juridique qui les traite en parfaite égalité avec tous les autres membres. Peuvent se retrouver dans cette catégorie les partis de masse et les partis de cadres. Quel est ainsi l'indicateur d'identification d'un parti de masse ?

1. Partis de masse

Le mot « masse » renvoie à la multitude. Il s'agit d'un ensemble de personnes se trouvant autour d'une circonstance quelconque. La masse, bien que souvent compacte, laisse cependant place à la diversité, de sorte que les partis de masse sont en réalité des partis dont l'essence est inconciliable avec la pensée unique.

Sur le plan politique, la masse rappelle donc la ruée des masses populaires vers l'activité politique. L'on peut voir en leur évolution l'aboutissement de cette phrase célèbre, marquant les grandes révolutions populaires, qui affirme que « *si vous ne vous occupez pas de la politique, la politique s'occupera de vous* ». Il faut remonter à la Révolution française ainsi qu'à la Révolution bolchévique pour retrouver les origines véritables des partis de masse.

Leur essor est lié au développement de la démocratie représentative et à l'élargissement de la base électorale avec le suffrage universel. Issus du mouvement ouvrier européen et visant à prolonger sur le plan politique les luttes sociales, ces partis permettent d'encadrer celles des catégories jusqu'alors exclues du droit de vote, ayant pour objet la recherche de l'adhésion formelle du plus grand nombre[45].

---

[44] BOSHAB, E., *République démocratique du Congo. Entre les colombes et les faucons*, *op. cit.*, pp. 7 et s.
[45] CHAGNOLLAUD DE SABOURET, *Introduction à la science politique*, *op. cit.*, p. 228.

Dans cette catégorie se retrouvent les partis dont les structures intègrent la base. Ils sont généralement ouverts au public, à telle enseigne que les adhérents détiennent un véritable pouvoir dirigeant à travers, notamment, leur participation aux assemblées générales ainsi que d'autres manifestations de suffrage. Ce faisant, ils peuvent désigner les personnes que leur parti entend porter aux fonctions politiques. Le financement de ces partis passe par une forte mobilisation des contributions des membres à l'échelle nationale.

Apparus plus tard avec l'élargissement du droit de suffrage, pour reprendre Mpongo Bokako, il s'agit des partis des militants tels que l'UDPS ou le PPRD qui, ne pouvant être financés par des gens fortunés, ont multiplié leurs adhérents. Leurs structures locales (sections, cellules) se sont créées avant leur groupe parlementaire[46].

Les partis de masse ont généralement une durée de vie indéfinie dans la mesure où ils ne s'identifient pas à leurs fondateurs. Leurs dirigeants sont les personnalités portées à leur tête par des mécanismes de désignation objectifs passant généralement par des élections organisées à l'interne.

Un exemple généralement avancé est celui des partis communistes. Dans la mesure où de tels partis ne comptent pas sur des individus pourvoyeurs de fonds pour les financer, ils recherchent le maximum possible d'adhésion pour faire leurs comptes grâce aux cotisations des membres. Néanmoins, qu'il s'agisse des partis communistes ou des autres partis de masse, ces cotisations sont souvent insuffisantes à garantir, à elles seules, le fonctionnement optimal de toutes les structures du parti. C'est pour cette raison que, dans les pays où l'État de droit n'est pas suffisamment consolidé, ces partis ont tendance, lorsqu'ils sont au pouvoir, à accaparer l'appareil étatique. Il arrive même que les adhésions soient forcées. Cela est arrivé le plus souvent en Afrique noire où les militants, ayant été inscrits sur les registres de partis de masse détenant et exerçant le pouvoir, ne se sont jamais sentis dans l'obligation de participer à leurs finances. Qu'est-ce qui les différencie des partis de cadres ?

2. Partis de cadres

Dominique Chagnollaud définit les partis de cadres comme étant ceux visant à rechercher l'adhésion des notables dont l'influence, en vertu de leur prestige et/ou de leur richesse, associe l'organisation de réseaux et un financement des campagnes électorales. Pour lui, leur développement est lié à celui de la démocratie représentative dans le cadre du régime parlementaire et, à l'origine, au suffrage restreint[47].

C'est par Maurice Duverger que peut être suivie leur évolution. Cette catégorie de partis est née en Grande-Bretagne. Ils ont d'ailleurs précédé les partis de masse. Ils naissaient autour de l'initiative d'un homme socialement et financièrement puissant qui, nourrissant des ambitions politiques, s'attirait la participation des

---

[46] MPONGO BOKAKO, « Stratégie de conquête de pouvoir », *loc. cit.*, pp. 56-57.

[47] CHAGNOLLAUD DE SABOURET, *Introduction à la science politique*, *op. cit.*, p. 225.

personnes qui acceptaient de le suivre dans les démarches politiques censées le mener à l'exercice du pouvoir politique. Il s'agit donc d'une agrégation autour d'un homme rassembleur.

Également appelés « partis de notables », les partis de cadres ne comptent pas de militants à proprement parler. Les personnes qui participent à leur action ne leur sont pas dévouées de manière permanente. À la place d'un engagement permanent des militants, ces partis se contentent du poids qu'ont les notables qui les créent ou les administrent pour influencer leur participation ainsi que leur orientation électorale[48].

À l'inverse des partis de masse, les partis de cadres donnent aux personnes qui les ont créés l'essentiel des pouvoirs de direction et de décision. Ces partis sont présents dans les pays où les fonctions politiques ont tendance à être utilisées pour des intérêts partisans. Leur émergence témoigne toujours d'une tendance croissante de corruption et d'autres prévarications facilitées par l'exercice du pouvoir d'État. En quoi ils sont différents des partis de rassemblement ?

3. Les partis de rassemblement

Au déclin des idéologies, il est apparu des partis dits « fourre-tout ». Ils s'organisent autour de thèmes divers et ne se limitent pas à une catégorie quelconque, à telle enseigne que peut y adhérer, toute personne partageant leurs idées. L'exemple le plus présenté au sujet de cette catégorie est celui du Mouvement gaulliste en France, créé en 1958. Aux États-Unis, ils sont appréhendés sous l'appellation « partis attrape-tout » (all catch party). Il s'agit de partis reconnus pour leur grande capacité de mobilisation et de rassemblement. Cette capacité est principalement due au fait qu'ils n'ont pas d'idéologie particulière, de sorte qu'ils demeurent ouverts aux militants de tous profils.

B. Typologies des partis politiques selon le rôle des militants

La place des militants dans un parti politique peut permettre de les distinguer et, à cet égard, l'observation des réalités de la scène politique congolaise nous permet de découvrir, ainsi que les a perçus l'opinion congolaise dans de succulentes expressions, des partis mallettes, des partis alibis, des partis satellites, des partis fantômes et des partis palmiers.

1. Partis mallettes

La catégorie de partis mallettes fait référence à ces partis qui n'existent que de nom. Généralement, leurs initiateurs sont de fins stratèges de la scène politique. Ils créent des partis qui, à la faveur d'événements majeurs, se positionnent en faveur d'un acteur politique d'envergure pour profiter de son aura et participer à l'exercice du pouvoir grâce à la position de ce dernier.

---

48 MPONGO BOKAKO, « Stratégie de conquête de pouvoir », *loc. cit.*, pp. 56-57.

L'existence de tels partis se limite souvent à leur enregistrement par l'administration compétente, alors que leurs sièges sont, la plupart du temps, clos. Ils sont sans militants véritables et n'hésitent pas à mobiliser des fonds pour recruter à l'emporte-pièce des jeunes à l'occasion de certains événements où leur visibilité est souhaitée. Plutôt que de conquérir et d'exercer le pouvoir, de tels partis poursuivent, au contraire, la satisfaction d'un besoin social ou de survie politique, quelle qu'en soit la manière[49].

2. Partis alibis

La catégorie de partis alibis fait référence à des personnes sensiblement critiques à l'égard de l'ordre ancien mais se présentant plus en victimes de leur destin[50].

Ici, on ne travaille pas pour des bailleurs de fonds qui sont invisibles, mais pour soi-même, tout en étant conscient qu'on n'accroche personne[51].

Cette catégorie représente la révolte intérieure, le sentiment du ras-le-bol. Il s'agit d'une certaine justification de la raison d'être. Une façon d'affirmer tout haut que l'on existe. C'est l'opposition saine, une célébration quasi mystique de la liberté, le refus de l'écrasement par les tortionnaires vendeurs de mots et cachant des maux[52].

Ces partis prônent les valeurs vraies et éternelles : justice, équité, réarmement moral, etc. Toutefois, ils reconnaissent leur impuissance devant la complexité des tâches de la reconstruction nationale et face à l'étroitesse des moyens et au peu d'audience qu'ils ont auprès du public[53].

Leur procédure d'adhésion est clairement définie. Il semble plus juste de les caractériser comme des clubs de réflexion, clubs d'amis n'ayant aucune emprise sur la société. Ils reconnaissent volontiers n'être pas capables de conquérir le pouvoir un jour, mais demeurent par contre convaincus de leur force de moralisation du pouvoir par le prix des positions face aux grands problèmes du pays. « Contribuer à équilibrer les forces sociales par une vigilance quotidienne vaut mieux que se noyer dans une gestion sans vertu », disent-ils[54].

3. Partis satellites

Les partis satellites sont particulièrement actifs lors des rendez-vous électoraux. Ils servent ainsi à apporter à un parti déjà existant une capitalisation de voix aux scrutins. Ces partis, dont l'existence tient à celle des partis auxquels ils doivent leur création, sont généralement des partis de cadres, ceux-ci étant au départ membres de partis originaires desquels ils découlent. Leur rôle, assez

---

[49] ESAMBO KANGASHE, J.-L., *Traité de droit constitutionnel congolais*, *op. cit.*, p. 277.

[50] BOSHAB, E., *République démocratique du Congo, entre les colombes et les faucons*, *op. cit.*, p. 12.

[51] *Idem.*

[52] *Ibidem.*

[53] *Ibidem.*

[54] *Ibidem.*

controversé sur le plan moral, consiste à disperser les voix des adversaires politiques en détournant une partie de leurs militants.

En République démocratique du Congo, en vue des élections législative et présidentielle de 2011, des partis politiques ont été créés ou ressuscités pour permettre au PPRD d'empiler des sièges au Parlement ; un phénomène identique fut observé lors des scrutins de 2023 au profit de l'UDPS et de ses alliés.

4. Partis fantômes

Lieu de rencontre de tous les plombiers chargés de miner la tuyauterie du Congo, les partis fantômes se caractérisent par l'inexistence d'un idéal précis. En réalité, il s'agit d'un rassemblement de véritables chargés de mission, érigé en parti politique pour brouiller les cartes en abusant de la bonne foi des gens simples[55].

Ces partis sont des recruteurs pour le compte d'autres partis. Ils se démarquent par un flou idéologique et par leur attitude ambiguë à l'égard de l'ordre ancien, c'est-à-dire l'ordre dictatorial. Ils ne prêchent ni table rase ni symbiose, mais ressassent à longueur de journée que la critique est une arme mais de faiblesse[56].

La procédure d'adhésion n'existe pas dans ces partis. Le commanditaire se charge de tous les détails. Par un mécanisme complexe de l'étude du marché, un marketing de pointe, les bailleurs de fonds ont lancé sur le marché un produit qui tient en haleine tous les consommateurs[57].

Les partis de cette catégorie ne proposent rien de précis. Ils ouvrent une boutique bien achalandée pour le compte des bailleurs moyennant commission. La foi en l'avenir est la moindre de leurs préoccupations. Se retrouvent dans ce marché de la honte, non seulement les aventuriers de tous âges, les repris de justice bien connus, aussi que des intellectuels confirmés, mais qui n'inspirent aucun respect aujourd'hui. Faudra-t-il se demander s'ils n'ont pas un peu de conscience[58] ?

À cette classification proposée par Évariste Boshab, nous avons identifié, dans le cadre de cette recherche, une forme de partis caractérisés par la parentalisation structurelle. Son analyse s'avère indispensable dans une approche positiviste qui pourrait faire l'objet d'études dans d'autres disciplines, comme la sociologie.

5. Partis palmiers

Il s'agit de partis organisés autour d'une personnalité politique sous forme d'un arbre généalogique. Ils sont perceptibles dans les pays à faible pratique démocratique. On retrouve pour *membres* un président avec les membres de sa famille, de sa tribu ou de son groupe ethnique.

---

[55] *Ibidem*, p. 11.
[56] *Ibidem*, p. 9.
[57] *Ibidem*.
[58] *Ibidem*, pp. 11-12.

Toute la vie du parti tourne autour d'un homme porteur de la vision du parti. Cet homme considère ce parti comme un investissement politique personnel. À chaque occasion qui se présente, le leader se propose seul pour occuper les charges publiques. La physionomie de ses collaborateurs est le résultat de la composition de chaque entité de sa circonscription électorale en vue de préparer sa réélection. Le jour de la disparition de ce leader, le parti et l'idéologie disparaissent avec lui.

C. Typologies des partis politiques selon les idéologies

En prenant en compte les idéologies des partis, l'on peut distinguer entre les partis conservateurs, réactionnaires, radicaux et progressistes.

1. Partis conservateurs et réactionnaires

La catégorie des partis conservateurs et réactionnaires regroupe tous les partis qui estiment que l'ordre ancien n'est pas totalement mauvais, mais que néanmoins, des efforts doivent être déployés pour corriger les erreurs du passé.

Dans cette perspective, les changements antérieurs paraissent bénéfiques. Une rupture totale avec ce qui avait prévalu serait une catastrophe pour la communauté, car il y aurait tous les acquis utiles à préserver.

Il est important de faire remarquer que dans cette catégorie, les liens entre le parti et ses membres sont très lâches. Les conditions d'admission ne sont pas clairement définies. Sont membres de ces partis ceux qui le déclarent. Il n'y a donc aucune exigence particulière. Il semble que le vide idéologique serait à la base du relâchement car en réalité, les partisans n'ont pas un projet précis à défendre. Ils vivent dans une sorte de nébuleuse où ne transparaissent que des valeurs relatives.

Ces partis ne développent aucune politique de recrutement des membres. Ils comptent sur une large assise matérielle pour conquérir le pouvoir.

Comme la plupart des partis politiques congolais n'ont aucune incidence sur la société car ne portant pas son destin, ils ne rencontrent même pas ses préoccupations. « Les conservateurs auraient-ils raison de croire que dans la misère généralisée dans laquelle se trouve plongé le peuple congolais, personne ne pourra souscrire à un quelconque programme politique et que la majorité pourrait plutôt se faire autour du plus offrant ? » s'interrogeait Évariste Boshab[59].

On notera que la considération selon laquelle il y a quelque chose de positif dans l'ordre ancien et qu'il faut conserver les héritages du passé, influence sensiblement les partis politiques de cette obéissance qui ne peuvent pas s'en détacher. Leurs actions et revendications politiques tournent autour du passé nostalgique, même s'ils estiment que, suivant le contexte, les améliorations sont possibles.

---

[59] *Ibidem*, p. 8.

2. Partis radicaux et progressistes

Aux antipodes des conservateurs, les partis radicaux sont ceux qui rejettent en bloc l'ordre ancien. Pour eux, l'échec a été total. Il faudrait donc faire table rase pour recommencer à zéro, comme après l'apocalypse[60].

Tourner le dos au passé, comme on le voit, peut être capitalisé lorsque les partis politiques de cette obédience s'inscrivent dans une logique de reconstruction, de refondation. Avec des visions politiques claires et des projets de société réalistes, ils participent à la construction de l'État de droit constitutionnel. En d'autres termes, partant du travail autour de l'homme politique congolais, les partis politiques doivent viser l'éradication du mal identitaire, mais, bien plus, la participation à la quête du bien-être collectif dans le respect du nouvel ordre constitutionnel.

Cependant, pour donner un peu de chance de réussite au nouveau départ, il ne faut pas oublier le passé dont les stigmates provoqueront encore, pour longtemps, délires et déchirements ; un passé déshumanisant qu'il faudrait toujours rappeler pour que plus jamais ne réapparaisse un système aussi odieux[61].

Malheureusement, le passage du monolithisme au multipartisme a été tronqué et piégé. En effet, tout a été mis en œuvre pour la reconduction, par des voies détournées, des privilèges du modèle ancien. Pour s'en convaincre, il suffit de faire allusion à plusieurs arrangements particuliers intervenus au Congo entre les forces dites du changement et ceux maintenant de l'ordre ancien. Ces arrangements ne signifient rien d'autre que tailler la loi, dans un trafic honteux, à la dimension du dictateur[62].

À propos des partis radicaux, il s'observe qu'une grande solidarité lie les membres qui, là où ils existent, doivent démontrer que seul le triomphe de l'idéal prôné par le parti pourra changer les conditions de vie, pour plus d'équité et de justice. L'adhésion au parti n'est pas automatique. C'est la cellule de base qui agrée un membre après une période probatoire allant de trois à six mois[63].

Les cotisations des membres passent pour l'oxygène du parti. Ces partis ne détiennent ni de gros moyens de production, ni des grosses fortunes leur permettant de se passer des cotisations des membres. Le défaut de cotisations pendant une longue période peut, d'ailleurs, amener à l'exclusion d'un membre du parti[64].

Seule la foi quasi religieuse, la foi capable de déplacer les montagnes, cette foi des radicaux en leur projet de société, leur procure la force nécessaire à faire entendre leur voix. La loi suffit-elle pour changer des structures et créer un homme

---

60 *Ibidem*, p. 9.
61 *Ibidem*, p. 10.
62 *Ibidem.*
63 *Ibidem.*
64 *Ibidem.*

nouveau soucieux du devoir, respectueux du bien commun et défenseur des libertés publiques[65] ? La réponse est non.

Dans ce registre, on retient que le radicalisme, parfois dans une intolérance sans précédent, influence la vision du parti et le discours des membres, de surcroit la vie et certaines décisions de l'État.

D. Typologies des partis politiques selon la prééminence collectiviste

Dans les démocraties qui s'alimentent du modèle français, l'on distingue généralement les partis de gauche, les partis de droite ainsi que les partis modérés. Cela est parti de la position que les membres des organes délibérants prirent l'habitude d'occuper lors des débats aux hémicycles en France.

1. Partis de gauche ou socialistes

Les membres de la gauche sont généralement socialistes. Ils ont une conception collectiviste de la société et considèrent le secteur privé comme devant céder le pas à la société. Ils ont tendance à défendre les droits sociaux qui, d'après eux, doivent s'alimenter des impôts à charge des plus riches, au nombre desquels se retrouvent les grands employeurs. On considère les socialistes comme les défenseurs des ménages. Ils se caractérisent par une propension prononcée à la laïcité. Si les formes et les contenus de l'État social relèvent de constructions différenciées suivant les traditions et les actions envisagées, *le modèle social-démocrate* de l'État social, par exemple, est souvent défini par quelques traits essentiels[66] :

– Un interventionnisme étatique dans les relations sociales et la politique économique, supposant une certaine neutralité de l'État dans l'agencement des relations entre organisations patronales et syndicales. L'action des organisations publiques vise à « réguler » les échanges économiques afin d'assurer une distribution plus égalitaire des fruits de la croissance ;

– La mise sur pied de formes de concertations institutionnelles entre groupements représentant les travailleurs et organisations exprimant le point de vue des employeurs ;

– L'établissement d'un système de sécurité sociale ayant pour objet de garantir plusieurs prestations sociales fondamentales : accès à la santé, perception d'allocations de chômage, d'allocations familiales, pensions en fin de carrière, congé de maternité, etc. ;

– La garantie d'un niveau de l'emploi extrêmement élevé ;

– L'exercice du pouvoir s'effectue dans le cadre d'une économie mixte dont l'objectif consiste en l'accomplissement d'une redistribution entre les classes

[65] *Ibidem*, pp. 10-11.

[66] DELWIT, P., *Où va la social-démocratie européenne ? Débats, enjeux, perspectives*, Éditions de l'Université de Bruxelles, 2004, pp. 9-10.

sociales en présence. Un « double compromis » intervient dès lors : entre l'État et le marché, et entre le capital et le travail.

Se retrouvent dans cette catégorie les partis politiques prônant les principes d'égalité et de fraternité en exclusion d'une révolution violente ou d'une dictature du prolétariat, les élections constituant pour eux le moyen privilégié d'accession au pouvoir. Ceux-ci considèrent que le socialisme peut être réalisé progressivement par des réformes, mettant de l'avant un État interventionniste ou un État-providence fort.

Très diversifiés et selon les conjonctures et les pays, les partis socialistes ont présenté des programmes et des leaders spécifiques, très différents, qui n'ont souvent comme dénominateur commun que les points ci-haut présentés. Pour ceux dits sociaux-démocrates à même d'assurer cette construction, ils ont généralement été des « partis d'origine extérieure » et des « partis de masse » ou des « partis d'intégration sociale » avec un encadrement remarquable de la classe ouvrière par les organisations sociales-démocrates. Ces partis sont dotés d'une organisation de masse structurée autour d'un appareil d'une grande puissance à la fois militante et financière. Leur force tient donc dans une large mesure à la loi du nombre[67].

Dans la majeure partie, les projets de société des partis socialistes, leurs actions et revendications sont fortement influencés par les contextes et enjeux sociaux. Ils prétendent toujours agir, à tort ou à raison, au nom du peuple pour qui ils se réclament seuls « défenseurs ». Ils peuvent se métamorphoser au fur et à mesure que l'opinion publique change, ou du moins s'ils accèdent au pouvoir. Dans ce dernier cas, le peuple désigne, pas forcément tous les citoyens ou la majorité, mais, bien plus, ceux des citoyens qui soutiennent leur action politique, qu'elle soit précise ou non.

2. Partis de droite ou libéraux

Les partis de droite sont libéraux. Ils encouragent l'initiative privée et considèrent que le meilleur moyen de protéger les ménages est de favoriser le patronat. Ils ont tendance à mettre en place des impôts bas afin d'encourager la création des entreprises appelées à résorber la crise sociale par le plein-emploi.

Inspirés d'une certaine forme de libéralisme, ils défendent des idées libérales. À travers le monde, ces partis ou ceux dits apparentés, se positionnent de manière très variée sur l'échiquier politique et ne sont pas nécessairement fondés sur le libéralisme, au sens classique. Ce dernier concept est entendu comme une doctrine prêchant la liberté politique et la liberté de conscience. En fait, il s'agit d'un ensemble de doctrines tendant à garantir les libertés individuelles dans la société[68].

Dans leurs projets de société, fonctionnements, actions, mouvements et revendications, les partis libéraux sont fortement influencés par la quête de la reconnaissance et du respect des libertés individuelles fondamentales, garanties

---

[67] *Idem*, p. 9.

[68] *Le Petit Robert*, Paris, 1993, p. 1435.

ou non par la Constitution. Ils s'opposent à la pensée unique et à la monopolisation du pouvoir politique.

3. Partis modérés ou centristes

Les partis composant cette typologie prônent, pour leur part, un équilibre, voire un compromis entre les catégories sociales. L'essentiel ne serait pas de poursuivre l'égalité complète, mais de concevoir ou de tolérer une certaine hiérarchie sociale. Il devrait s'ensuivre une modération de l'interventionnisme, sans pour autant donner lieu à un laisser-faire, qui serait préjudiciable aux plus faibles.

Cette tendance avait marqué la France de Georges Pompidou, homme de l'ouverture permanente, même si les calculs stratégiques et la soumission au principe de réalité n'ont jamais perdu leurs droits. Pour lui, il était question de laisser de côté ce qui ressort plus spécifiquement de l'expérience antérieure personnelle, au profit d'un noyau de convictions morales ou philosophiques et de la construction d'un idéal de concorde civile combinant la visée gaullienne du rassemblement avec le souci constant, et très vif, de réconcilier les Français et de contribuer à la cicatrisation des blessures de l'Histoire[69].

À propos des partis modérés, un auteur écrit qu'ils ne se caractérisent pas par des ambitions moindres, mais par un plus grand réalisme. Leur éventuel idéalisme tient compte de l'inertie du réel. Pour faire bouger le monde, ils pensent mieux procéder par étapes, en partant de l'existant pour le faire évoluer. Ces partis des courants modérés savent que le changement véritable suppose du temps. Ils acceptent, bon gré mal gré, la situation présente qu'il s'agit d'infléchir souplement[70].

De ce qui précède, il y a lieu d'affirmer que l'idéologie est la caractéristique majeure des partis qui contribuent à la refondation d'un État de droit.

E. Typologies des partis politiques suivant le rapport avec gouvernement

À l'issue des élections législatives, il se dégage toujours une famille politique qui, soit après avoir glané la majorité absolue des voix, soit après des négociations, s'est constituée pour s'assurer une telle majorité.

Dans l'hypothèse où une telle majorité est obtenue à la suite d'arrangements, c'est la plateforme, constituée de plusieurs partis politiques, qui s'identifie à la majorité parlementaire. L'appartenance à la majorité parlementaire a du sens en droit congolais, dans la mesure où dans le régime semi-parlementaire comme celui de la RDC, c'est à celle-ci qu'il appartient de désigner le Premier ministre[71].

---

[69] LE BEGUEC, G., « Georges Pompidou, les centristes et les modérés », in *Un politique : Georges Pompidou*, 2001, pp. 259-276.

[70] AULNAS, P., « Extrémistes et modérés : la distinction majeure ? », posté le 20 nov. 2014, in *Extrémistes et modérés : la distinction majeure ? – Contrepoints*, consulté le 2 mars 2023 à 18 h 06.

[71] Article 78 de la Constitution du 18 février 2006.

1. Partis de la majorité

La majorité désigne l'ensemble des forces politiques acquises aux idées ainsi qu'au programme exécuté par le gouvernement conçu en concertation entre le Premier ministre et le président de la République. Le terme « majorité » qui est appliqué à ces forces politiques se réfère au fait que l'existence d'un gouvernement appliquant une politique est toujours consécutive à une majorité parlementaire en laquelle elles se reconnaissent. Dans le langage politique courant, il n'est pas exclu qu'il survienne une différence entre une majorité parlementaire et une majorité présidentielle. Rencontrant ainsi l'hypothèse de la cohabitation, ce cas de figure demeure encore étranger à la pratique institutionnelle de la RDC. Par des concertations et des arrangements divers, les opérateurs politiques sont toujours parvenus à éviter ce risque au point que, en 2018, à la suite des élections législatives qui avaient porté à la présidence la famille politique du CACH, alors que le pouvoir législatif était acquis au FCC, les deux familles politiques avaient activement agi pour mettre en place un gouvernement consensuel, considéré alors comme le moindre mal.

2. Partis de l'opposition

Les partis de l'opposition désignent ceux qui ne partagent pas la vision défendue par la majorité qui exerce le pouvoir. L'opposition est généralement placée dans des conditions de fonctionnement telles que son action est particulièrement ardue.

Depuis 2007, le Parlement a adopté la loi n° 07/008 du 4 décembre portant statut de l'opposition politique[72], qui a cependant du mal à trouver pleine application. Aux termes de l'article 2 de cette Loi organique, l'opposition politique s'entend comme le parti politique ou le regroupement des partis politiques qui ne participent pas à l'exécutif et/ou ne soutiennent pas son programme d'action aux niveaux national, provincial, urbain, municipal ou local. Elle est parlementaire ou extra-parlementaire selon qu'elle est au sein ou en dehors d'une Assemblée délibérante[73].

Pour bien appréhender la notion de l'opposition politique, il est nécessaire de partir du contexte historique de son avènement.

a. Contexte historique de l'opposition politique

Au-delà du cadre juridique et de son embryon social, l'opposition politique relève d'un état d'esprit et de la portée des valeurs à défendre. L'opposition doit être considérée par le pouvoir comme un de ses attributs. Il n'existe pas de pouvoir démocratique sans une opposition politique effective et vouée à la cause commune. Sans opposition, le pluralisme politique est dévié de ses objectifs et vidé de tout son fondement pour s'apparenter au totalitarisme.

---

[72] *JORDC*, n° spécial, 48e année, Première partie, Kinshasa, 10 décembre 2007.

[73] Article 2, Loi portant statut de l'opposition politique.

Depuis 1960, la République démocratique du Congo a traversé et traverse encore plusieurs crises de légitimité des institutions et de leurs animateurs, lesquelles ont mis à mal la cohésion nationale, le respect des libertés publiques et le principe de la démocratie. L'acceptation réciproque du pouvoir et de l'opposition a souvent fait défaut pour assurer une démocratie apaisée. D'où la nécessité de la mise en place d'un statut de l'opposition politique était une innovation très encourageante du système juridique relatif à l'opposition[74].

À ce sujet, la question qui préoccupe les chercheurs est celle de savoir si l'opposition congolaise est à inventer ou à consolider, au regard de son caractère atypique. Pour répondre à cette préoccupation, il faut partir de la notion même de l'opposition avant d'opter pour sa création ou sa consolidation.

b. Notion d'opposition politique

L'opposition désigne l'ensemble des personnes physiques ou mouvements qui contestent les décisions, les orientations de gestion, les politiques publiques des détenteurs du pouvoir public. Aussi, est-il affirmé que tout régime démocratique implique la reconnaissance et la libre expression des forces dites d'opposition, qu'elles soient parlementaires ou extra-parlementaires. De même, dans les Assemblées délibérantes et les autres institutions étatiques, les élus qui ne font pas partie de la majorité parlementaire incarnent ce courant d'opinion appelé « opposition ».

En effet, l'opposition est définie en doctrine comme étant une association politique organisée et développant, dans un cadre légal, des idées différentes de celles du gouvernement au pouvoir[75]. Une analyse rigoureuse du fonctionnement de l'opposition politique en République démocratique du Congo devrait néanmoins déboucher sur l'affirmation contraire. En effet, l'opposition congolaise est à réinventer. Sa dimension existentielle est sujette à caution. Elle est l'œuvre de frustrations politiques plutôt qu'une construction basée sur des perceptions différentes de la gouvernance publique.

En outre, si cette définition fait allusion à l'idée d'une union des partis ou regroupements politiques en désaccord avec le gouvernement ou le régime en place[76], mais insistant sur la dimension fonctionnelle et structurelle de l'opposition politique[77], alors l'opposition congolaise est, à la limite, à consolider.

Le concept « opposition politique » est un terme qui couvre plusieurs sens[78]. Pour Debbasch, elle est désignée comme « *les groupes politiques qui, dans un cadre légal, ont la possibilité de manifester des idées différentes de celles du*

---

[74] Exposé des motifs de la loi n° 07/008 du 24 décembre 2007 portant statut de l'opposition politique.

[75] MBODJ, E.-H., « Statut de l'opposition et financement des partis politiques », in *Rapport au président de la République du Sénégal*, 1999, p. 28.

[76] DEBBASCH, C., *Droit constitutionnel et institutions politiques*, Paris, Economica, 1990, p. 178.

[77] ESAMBO KANGASHE, J.-L., *Traité de droit constitutionnel congolais*, *op. cit.*, p. 283.

[78] ESAMBO KANGASHE, J.-L., *La Constitution congolaise du 18 février 2006 à l'épreuve du constitutionnalisme*, *op. cit.*, p. 200.

gouvernement en place, dans l'intention de conquérir le pouvoir »[79]. D'après certains auteurs, le terme est considéré comme « *l'ensemble des partis ou regroupements politiques qui sont en désaccord avec le gouvernement ou le régime politique* »[80]. La notion renvoie dans la doctrine constante à l'ensemble des groupes ayant un but plus ou moins politique et qui, dans le cadre juridique existant, professent des vues différentes de celles du gouvernement en place et donne une expression concrète à ces idées dans l'intention, le plus souvent, de conquérir le pouvoir[81], particulièrement le pouvoir d'État, au détriment du régime en place ou en évinçant celui-ci.

À partir de cette évolution, une certaine doctrine, visiblement méfiante, insiste sur la reconnaissance de ladite opposition sous peine d'être « condamnée à demeurer dans la clandestinité et donner à la lutte pour le pouvoir le caractère d'une résistance. Pour cette dernière, cet exercice démocratique ne doit pas se situer au niveau du simple dissentiment ou désaccord avec le gouvernement. Il doit être précédé d'une critique, non pas individuelle, mais collective et organisée, sur la manière dont le pays est gouverné »[82].

Ce qui est complexe, dans la reconnaissance de cette opposition politique, est le fait que c'est le même pouvoir que combat l'opposition qui est censée la reconnaître comme telle. Le pouvoir en place détient ainsi tous les mécanismes de l'accepter tantôt comme opposition politique, tantôt comme un groupe de pression, un mouvement citoyen, une résistance ou tout simplement comme un simple courant de pensée ou d'idéologie.

Pour Jacques Djoli Eseng'Ekeli, l'opposition politique est un groupement organisé d'hommes partageant un certain nombre de vues et critiques sur le gouvernement ; assise toujours par des idées, un projet ou un programme, elle s'exerce dans le respect du cadre légal établi en vue de la conquête du pouvoir[83].

De ce qui précède, on peut affirmer que l'opposition politique relève d'une question de positionnement politique. Elle peut aussi s'observer à partir de l'orientation scientifique et spirituelle que prennent les animateurs avec leurs partis. Ces derniers proposent des idées différentes à celles du pouvoir où ceux acquis à la cause du pouvoir forment d'office un courant au sein de la majorité.

---

79 DEBBASCH, C. *et alii.*, *Droit constitutionnel et institutions politiques*, *op. cit.*, p. 178.

80 DUHAMEL, O. et MENY, Y., *Dictionnaire de droit constitutionnel*, *op. cit.*, p. 677, cité par ESAMBO KANGASHE, J.-L., *La Constitution congolaise du 18 février 2006 à l'épreuve du constitutionnalisme*, *op. cit.*, p. 200.

81 OMAR DIOP, E. H., « Le statut de l'opposition dans les démocraties africaines », *loc. cit.*, p. 123.

82 ESAMBO KANGASHE, J.-L., *La Constitution congolaise du 18 février 2006 à l'épreuve du constitutionnalisme*, *op. cit.*, p. 201.

83 DJOLI ESENG'EKELI, J., « Problématique de l'opposition politique en Afrique noire postcoloniale : cas de la RDC : mythe ou réalité », *in* BAKANDEJA WA MPUNGU, G., MBATA MANGU, A., KIENGE KIENGE, R., *Participation et responsabilité des acteurs dans un contexte d'émergence démocratique en République démocratique du Congo*, Bibliothèque de la faculté de droit de l'UNIKIN, PUK, 2007, p. 85.

Jean-Louis Esambo pense que « l'opposition politique peut être aussi entendue comme un regroupement de partis et regroupements politiques qui ont une orientation politique différente de celle du parti ou de la coalition politique majoritaire au pouvoir »[84]. Son entendement résume le champ théorique de cette notion, en ce sens que ces partis et regroupements politiques défendent, dans le cadre juridique établi, des vues différentes de celles du gouvernement en place.

À ce sujet, nous relevons que l'essentiel d'écrits relatifs à la fonction de l'opposition politique dans la doctrine congolaise insiste sur la posture scientifique et politique du choix des animateurs de cette structure politique en ce qu'elle doit se faire sur base de contre-propositions nourries d'un choix idéologique et des arguments objectivement soutenables. Cela éviterait la transhumance politique qui caractérise actuellement les opposants.

De toutes les définitions retenues ou à retenir dans la doctrine qui est, du reste, diverse et diversifiée, il faut souligner que l'opposition est, en RDC, le souci d'un positionnement personnel plutôt qu'une question d'idéologie.

Aucune démocratie ne peut se concevoir sans pluralisme politique. Sans opposition, on ne peut pas parler de pluralisme. Ici, rappelons que « *le pluralisme est un signe caractéristique de sociétés politiques occidentales et c'est ce pluralisme qui rend tout à la fois plus impérieuse et plus difficile la recherche d'un équilibre* »[85]. Et c'est quand le pluralisme est mal assumé qu'il désoriente les sociétés africaines, particulièrement, le refus ou la méfiance des perdants.

En sus, la démocratie a toujours préqualifié le besoin de la diversité d'opinions. Malheureusement, cette diversité transpire entre la banalisation des droits de l'opposition politique et le silence loquace du constituant. Toute cette théorisation sur l'opposition politique n'aurait aucune importance si elle ne jetait pas les bases d'une contribution aux fondements de la démocratie.

Du point de vue normatif, la loi n° 07/008 du 4 décembre 2007 portant statut de l'opposition politique doit ses lettres de noblesse au constituant de 2006 qui a sacralisé ce statut, conduit par la volonté de consolider les acquis de longues luttes pour la démocratie.

Toutefois, il faut faire remarquer l'absence de volonté politique des animateurs des pouvoirs publics dans la mise en œuvre effective de cette loi.

Par-delà l'absence affichée d'une volonté à donner à l'opposition politique les moyens de sa politique en la dotant d'un porte-parole, les opérateurs politiques se sont illustrés dans la programmation de la transhumance politique. Il est des Congolais qui font de l'opposition politique soit une Chambre de résonance du pouvoir, soit une antichambre de ce dernier, soit encore un statut professionnel, au point d'en faire une carrière.

---

[84] ESAMBO KANGASHE, J.-L., *La Constitution congolaise du 18 février 2006 à l'épreuve du constitutionnalisme, contraintes pratiques et perspectives*, *op. cit.*, p. 201.

[85] DEBBASCH, C., PONTIER, J.-M., BOURDON, J.-C., RICCI, *Droit constitutionnel et institutions politiques*, 4e édition, Paris, Economica, 2001, p. 213.

Convaincus de la politique clientéliste qui les caractérise, les dirigeants politiques du pouvoir font de l'opposition leur pépinière de recrutement. Aux termes de chaque rendez-vous politique qui aboutit à un partage de pouvoir, une bonne partie d'opposants mènent des démarches pour basculer vers la majorité en occupant des postes dans les institutions, en échange de leurs soutiens politiques.

Comment donc concilier l'appartenance à un gouvernement, au fait de « manifester des idées différentes de celles de ce même gouvernement, dans l'intention de conquérir le pouvoir »[86], d'être en désaccord avec le régime politique[87] ? Cela convoite la thèse ci-haut avancée de la nécessité d'inventer une opposition politique sérieuse à même de participer au pluralisme politique, à l'alternance démocratique et au débat républicain par la constance politique. Cela permettra de nourrir le jardin doctrinal d'un État de droit constitutionnel et démocratique en République démocratique du Congo.

L'actuelle loi sur l'opposition politique comporte plusieurs avancées. Elles peuvent se résumer à travers les facteurs ci-après :

– La forme de l'État créant plusieurs niveaux de pouvoir ;

– Le calendrier électoral propre au système constitutionnel de la RDC ;

– L'instabilité du système multipartite intégral ;

– La rupture avec la culture politique de l'exclusion, de la violence et du recours à la force comme mode de règlement des conflits politiques.

Pour bien appréhender la notion d'opposition politique en RDC, il faut questionner le contenu de son statut tel qu'organisé par la loi congolaise.

c. Statut de l'opposition politique

La notion de l'opposition étant polysémique, il y a lieu, dans son étude, de se situer à partir de ses spécificités selon qu'elle est parlementaire ou extra-parlementaire. Le constituant a voulu que son statut s'articule autour de six principes cardinaux que sont :

- Le caractère sacré des droits de l'opposition ;
- La prévalence du critère démocratique dans la définition de l'opposition ;
- La différenciation de l'opposition suivant les niveaux de pouvoir ;
- L'équilibre entre les devoirs et les droits de l'opposition ;
- La désignation démocratique du porte-parole de l'opposition et ;
- La sanction de la violation des droits et devoirs de l'opposition.

À ce sujet, il faut le rappeler, la reconnaissance de l'opposition politique en République démocratique du Congo est la conséquence logique de la pénalisation de l'institution d'un parti unique et son érection, par la Constitution, en une infraction imprescriptible de haute trahison[88]. Si cette reconnaissance affiche une ambition positive dans la consolidation de la démocratie, les droits liés à cette

---

86 DEBBASCH, C., *Droit constitutionnel et institutions politiques*, *op. cit.*, p. 178.

87 DUHAMEL, O. et MENY, Y., *op. cit.*, p. 677.

88 Article 7 al. 2 de la Constitution du 18 février 2006.

stature sont pratiquement chimériques à partir du moment où la vie de l'opposition s'exerce particulièrement dans les revendications de la rue et dans l'exercice de la manifestation de la liberté constitutionnellement garantie[89].

À ce niveau, les pouvoirs publics ont encore des efforts énormes à fournir car la consécration de toute manifestation sur les voies publiques ou en plein air n'impose aux organisateurs que le droit d'informer par écrit l'autorité administrative compétente. Celle-ci, aussitôt saisie, doit prendre toutes les dispositions d'encadrement et ne peut justifier l'inobservance de cette disposition constitutionnelle.

Dans la doctrine récente, une vive discussion est engagée au sujet de la loi portant statut de l'opposition politique. Il y est soutenu que cette loi met en évidence le double objectif poursuivi par tout système démocratique à savoir souscrire au pacte républicain, la garantie de l'alternance démocratique au pouvoir par des voies pacifiques, en l'occurrence, par l'élection ; et conférer à l'opposition une protection rigoureuse dans son rôle de critique et d'alerte à toute atteinte à la démocratie. La Loi organique consacre les exigences démocratiques y afférentes, lesquelles constituent un gage de stabilité politique dans le cadre du fonctionnement des institutions issues des élections démocratiques[90].

La pertinence du débat est certaine, à un moment où la reconfiguration politique impose aux députés le devoir de faire de nouvelles déclarations d'appartenance en pleine législature et à l'issue d'une session extraordinaire convoquée par un bureau d'âge sur pied de l'arrêt de la Cour constitutionnelle rendu sous R. CONST. 1453/1463/1464 en interprétation de l'article 101 de la Constitution du 18 février 2006, telle que révisée le 20 janvier 2011.

Nous pensons, en ce qui nous concerne, que les réponses aux questions qui se posent sont à chercher dans la combinaison de quelques dispositions de la loi.

En effet, l'arrêt sus-évoqué a le mérite de souligner le caractère non impératif du mandat parlementaire et d'afficher une volonté jurisprudentielle de dénouer avec la dictature des dirigeants fondateurs des partis. Toutefois, le juge constitutionnel a mal dit le droit, en permettant au député national de déposer au Bureau de l'Assemblée nationale une déclaration de son appartenance à l'opposition ou à la majorité, en méconnaissance de l'article 26 du Règlement intérieur de l'Assemblée nationale, déclaré conforme à la Constitution, qui consacre de façon exclusive cette compétence aux partis et regroupements politiques.

Ce revirement jurisprudentiel met une tache d'huile sur l'arrêt R. CONST. 891 du 1er avril 2019. D'où l'on est en outre en droit de se poser la question sur le sens du conflit qui se dessine dans ce balbutiement jurisprudentiel de la Cour constitutionnelle et sur le contenu à donner aux articles 6, 8, 101 de la Constitution et 26 du Règlement intérieur de l'Assemblée nationale.

---

[89] Article 26 de la même Constitution.

[90] BANYAKU LUAPE EPOTU, E., *Recueil*, *op. cit.*, p. 7.

L'arrêt de la Cour évoqué plus haut devrait rester dans le principe en recommandant à l'Assemblée nationale la question de la nullité du mandat impératif dans son Règlement intérieur, car la conséquence logique est d'en tirer toutes les évidences de droit concernant la déclaration individuelle d'adhésion de chaque député national à la majorité ou à l'opposition.

Comme prévu à l'article 26 susvisé, l'appartenance à un groupe parlementaire, conformément à l'article 54, est enfin la présentation de candidature à chaque poste du bureau de l'Assemblée nationale.

À notre avis, si cet arrêt était motivé par le vœu de consolider le caractère non impératif du vote d'un député national, cela ne pourrait se concevoir que dans l'exercice de son mandat qui émane directement du peuple. Le siège, quant à lui, appartient soit à un parti soit à un regroupement politique.

Sur le plan normatif, il est loisible de souligner quelques particularités de cette loi portant statut de l'opposition. Aux termes de son article 2, tout parti politique ou tout regroupement politique qui ne participe pas à l'exécutif et/ou ne soutient pas son programme d'action aux niveaux national, provincial, urbain, municipal ou local, appartient à l'opposition. La pratique congolaise consistant à se considérer comme appartenant à l'opposition tout en ayant des membres au gouvernement est donc en contradiction avec cette loi[91].

La deuxième particularité de la loi portant statut de l'opposition est à déceler dans l'intelligence de l'article 3 qui met en exergue l'obligation faite aux partis politiques de faire, auprès des bureaux respectifs de l'Assemblée nationale, du Sénat, de l'Assemblée provinciale, des conseils urbain, communal et de secteur ou de chefferie, une déclaration d'appartenance à la majorité ou à l'opposition politique. L'article 4 affirme, en plus, que tout parti politique ou regroupement politique qui accepte de partager les responsabilités, comme nous l'avons dit ci-haut, à tout niveau quelconque du pouvoir, entendu ici comme l'exécutif, est réputé avoir renoncé au statut de l'opposition politique.

Le constat à faire est aussi que la loi sous examen reconnaît l'existence des regroupements politiques dont il est fait allusion dans ses textes contrairement à la loi n° 04/002 du 15 mars 2004 portant organisation et fonctionnement des partis politiques qui les exclut de son champ d'application. D'où la nécessité de reconsidérer impérieusement la qualification du statut de l'opposition.

Au regard de l'analyse précédente sur l'opposition politique, il convient de présenter les réformes liées à la Constitution en vue de la formalisation d'un droit constitutionnel congolais des partis politiques.

1. Contexte politique national et international

En 1990, la guerre froide a pris fin par la chute du mur de Berlin. Le socialisme a été renversé en Union soviétique et en Europe de l'Est. Pour l'Occident, c'était

[91] Le cas de RASSOP de OLENGAKOY qui, au même moment, représentait l'opposition au CNSA après le dialogue dit de la Saint-Sylvestre, mais dont le parti (FONUS) avait des membres au gouvernement.

le signe qu'il était temps de passer progressivement à une administration plus efficace au Congo. L'obstacle principal était en réalité le monstre engendré et chéri pendant trente ans par Washington, Paris et Bruxelles[92].

À partir du début des années 1980, la dictature de Mobutu est tombée en disgrâce à cause de la fraude et de la corruption démesurées. Mais, comme la guerre froide durait, l'Occident avait besoin de Mobutu. La gestion économique du Zaïre était directement aux mains du FMI et de la Banque mondiale. À cette époque, les réunions, les groupes de travail et les études portant sur l'économie congolaise se sont multipliés. Les conseillers des institutions ont fini dans les cabinets des ministres à Kinshasa, y dictant la politique à suivre[93].

Lorsqu'après la fin de la guerre froide est venu le temps de se débarrasser également de Mobutu lui-même, l'Occident a forcé le dictateur à supprimer le système du parti unique. Cette suppression a eu lieu le 24 avril 1990. Le 7 août 1991, sous la pression, Mobutu a initié la conférence nationale souveraine.

Mais, au lieu d'aller vers la modernisation et le renouvellement, la classe politique zaïroise de l'époque s'est lancée dans des intrigues interminables et des manœuvres politiques. Ce qui restait des activités politiques et des infrastructures a très vite disparu. Mobutu lui-même s'est révélé un génie en matière de manipulation et, à aucun moment, il n'a lâché les manettes du gouvernement au milieu de tout ce chaos soigneusement orchestré par lui-même[94].

Après la chute du mur de Berlin, Mobutu a donc été chargé d'organiser sa propre succession et de lancer un processus de démocratisation. Il ne s'agissait pas d'accorder plus de démocratie au peuple congolais, mais de garantir le futur contrôle politique et économique du pays. Cela nécessitait un renouvellement du personnel politique.

La suppression du système du parti unique et la conférence nationale souveraine faisaient toutes deux partie de cette stratégie. Mais, Mobutu était trop étroitement lié au système néocolonial. Il semblait impossible de l'éliminer sans véritable révolution. Ce qu'on appelait le « processus de démocratisation » avait donc complètement échoué. Lorsqu'on parcourt la chronologie ci-dessus, on comprend très vite que ce qu'on appelait « processus de démocratisation » n'a jamais véritablement menacé le pouvoir de Mobutu entre 1990 et 1996.

---

[92] BUSSELEN, T., *Une histoire populaire du Congo*, *op. cit.*, p. 115.

[93] *Idem.*

[94] En 1996, Steven Metz, analyste travaillant pour le Strategic Stadies Institute, une cellule des réflexions de l'armée américaine, a écrit que Mobutu « s'est situé clairement en tête du peloton pendant le processus des élections ». À ce moment-là, le Congo sortait pourtant d'une période et des transitions de 6 ans visant à organiser la succession de Mobutu. « Haut-Zaïre virgule la moindre culture politique élémentaire fait défaut, résume Metz. Il est courant de penser que les dirigeants politiques ont le droit et même le devoir d'utiliser les revenus publics afin de récompenser leurs propres familles, les membres de leur ethnie et leurs partisans politiques. Il est vrai que chaque État connaît des cas de corruption politique mais au Zaïre c'est la norme ».

Les spécialistes[95] évoquent trois raisons principales :

D'abord, il faut noter que les États-Unis, la Belgique et la France voulaient continuer à pouvoir s'appuyer sur la majorité de la classe politique, laquelle était au pouvoir depuis trente ans déjà. Ils privilégient donc le maintien des structures de base du pouvoir politique et économique plutôt que de favoriser des changements plus en profondeur.

Ensuite, on notera que Mobutu et son clan avaient obtenu une autonomie relative parce que des années durant, il s'était spécialisé dans le contrôle et l'utilisation des différents services de sécurité et d'unités d'élite.

Et enfin, il faut souligner que ceux qui représentaient l'opposition au régime de Mobutu ne proposaient aucune alternative claire et crédible. Du jour au lendemain, les opposants se sont transformés en ministre d'un gouvernement pro-Mobutu et les mobutistes notoires pouvaient siéger avec autant de facilité dans un gouvernement de Tshisekedi, opposant bien connu et ancien partisan de Mobutu.

F. Formes et typification historique des partis politiques congolais

Le parti politique congolais donne le plus souvent l'image d'un simple instrument d'ascension sociale pour les élites politiques. Ce qui force la réflexion sur la représentation au regard des intérêts des populations. D'après Kabuya-Lumuna Sando[96], cette réflexion peut être menée à partir de quatre indicateurs au moins : son implantation dans la société congolaise ou son résultat électoral ; l'originalité de ses idées ou sa contribution au programme d'action gouvernementale ; la qualité des hommes d'État que le parti produit et aligne ou la crédibilité de ses dirigeants, sans oublier la représentativité au regard des principes démocratiques ou le niveau de la démocratie interne du parti.

Selon le même auteur, ces indicateurs sont naturellement tributaires de l'évolution historique des partis politiques, de différentes formes sous lesquelles ils sont apparus, ainsi que des contextes particuliers de cette évolution.

G. Les formes historiques des partis politiques congolais

Dans l'histoire politique de la République démocratique du Congo, les forces politiques et les mouvements de protestations se sont organisés et manifestés sous trois formes différentes : d'abord sous la forme culturelle des associations tribales ; ensuite sous la forme combattante des mouvements de jeunesses partisanes et des milices armées ; enfin sous la forme légale des partis créés dans le respect des lois.

---

95 Notamment BUSSELEN, T., *Une histoire populaire du Congo*, *op. cit.*, pp. 113 et s.

96 KABUYA-LUMUNA SANDO, C., *Réflexions sur la démocratie congolaise et ses principaux défis*, Kinshasa, 2017, pp. 139-140.

1. Les formes culturelles

La forme politico-religieuse de la lutte politique a aussi marqué les différents mouvements rebelles des Maï-Maï qui se sont appuyés sur des croyances fétichistes pour mobiliser et conforter leurs miliciens. Les mouvements politico-religieux et les Maï-Maï sont des entités qui sont nées et qui ont fonctionné dans l'illégalité sinon dans une relative clandestinité[97].

Une autre manifestation de la forme culturelle des partis politiques a été le fait des associations tribales. En effet, créées sous le statut légal d'association culturelle, les associations tribales ont vite prétendu représenter, chacune pour sa part, le peuple congolais. Elles ont revendiqué les libertés citoyennes. Certaines ont même revendiqué la souveraineté perdue de leurs anciens royaumes et empires. Leur passage au statut légal de parti politique n'avait été que pure formalité administrative.

L'Abako est l'exemple emblématique de la forme culturelle tribale des partis politiques. Elle a commencé son combat en tant qu'association culturelle[98].

Cependant, les militants de l'Abako avaient alors publié un contre-manifeste, réclamant l'indépendance immédiate. Ils ont ainsi démontré que leur association culturelle avait une vision profondément politique et l'Abako n'était pas la seule dans le cas. En 1960, sur près de 120 partis politiques, une centaine avait une base tribale[99].

Mais notons que la mobilisation politique dans des cadres culturels plus ou moins légaux n'est pas du tout une spécificité congolaise. On peut même dire que de telles mobilisations sont normales dans les États colonisés ou dans les États dictatoriaux qui ne reconnaissent pas de droits politiques à leurs habitants[100].

Dans quelque pays que ce soit, lorsque la tyrannie s'installe, les individus qui sont tentés de se révolter vont naturellement se regrouper dans un premier temps selon leurs affinités, ainsi que selon leur localisation géographique. Le facteur de confiance et les réflexes psychologiques peuvent expliquer cette tendance à créer des partis politiques autour de la tribu. Par ailleurs, l'Africain nait, grandit, se construit et évolue autour de la tribu.

L'histoire a néanmoins démontré que les partis politiques congolais ne se sont pas limités à leurs formes tribales mais qu'ils ont embrassé la forme combattante. L'analyse lapidaire des partis politiques congolais qui ont été constitués à la veille

---

[97] *Idem.*

[98] Lorsqu'en 1955, le professeur flamand Jeff Van Bilsen a publié son plan préconisant l'indépendance du Congo trente ans plus tard, quelques évolués catholiques, réunis autour du périodique « Conscience Africaine », avaient édité un manifeste appuyant cette démarche d'indépendance progressive.

[99] C'était, à titre d'illustration, le cas de la BALUBAK de Jason SENDWE, Fortunat KABANGE NUMBI et Joseph MAHAMBA, du CONAKAT de Moïse Tshombe, Dodefroid MUNONGO, et Jean Baptiste KIBWE.

[100] KABUYA-LUMUNA SANDO, C., *Réflexions sur la démocratie congolaise et ses principaux défis*, *op. cit.*, p. 142.

de l'indépendance et après celle-ci, révèle que ces derniers avaient la forme purement combattante et donc, sans idéologie précise avec un fonctionnement *contra legem* à l'instar du MPR.

2. La forme combattante

Loin du cadre culturel, tribal ou religieux, on a pu observer au Congo plusieurs forces ou mouvements armés, des jeunes ou des milices. Ces forces qui revendiquaient soit une révolution du peuple congolais, soit une libération des masses congolaises, s'installant ainsi dans la rupture avec les pouvoirs établis. Elles ont généralement revendiqué leur illégalité, et l'autorité étatique les a considérées comme des rébellions[101].

Le Conseil national de libération, CNL en 1962, le Parti pour la révolution populaire, PRP de Laurent-Désiré Kabila en 1965 ; le FNLC de Mbumba Nathanaël en 1977-1978 ; l'AFDL de Kisase Ngandu et Laurent-Désiré Kabila en 1996-1998 ; plus près de nous dans le temps, nous pouvons citer le Mouvement de libération du Congo, MLC ; le Rassemblement congolais pour la démocratie, le RCD.

Certains de ces mouvements comme le RCD et le MLC ont souvent fini leur course politique, soit par l'intégration au gouvernement dans le cadre du partage des postes, soit par l'intégration de leurs éléments dans l'armée régulière de l'État, soit encore les deux en même temps.

Si ces mouvements sont considérés, du moins au départ comme des rébellions, et donc illégaux, il existe historiquement une forme légale des partis politiques.

3. La forme légale

Sous le régime du parti-État, le phénomène partisan est apparu dans l'opposition, et dans une parfaite illégalité. L'exemple de l'Union pour la démocratie et le progrès social, UDPS en sigle, est édifiant à cet égard.

Ce parti a été créé, en toute illégalité, en 1982, et donc en pleine dictature. Mais, contrairement aux mouvements d'opposition armés, dont les sièges étaient installés hors du pays, l'UDPS avait rejeté tout recours à la violence. Elle avait choisi de mener son combat à l'intérieur même du pays, renouant ainsi avec la tradition des messianismes politiques. Le parti s'est imposé avant de régulariser sa conformité à la loi.

Il convient de se rappeler que la reconnaissance des droits politiques aux Congolais date de 1957. C'est l'année au cours de laquelle, officiellement, la Belgique, convaincue qu'il fallait aller vers une indépendance progressive, avait entrepris des réformes en instituant le droit de vote et le droit d'éligibilité au niveau communal.

---

[101] *Idem*, p. 142.

Dans cette première expérience, le droit de vote signifiait le droit d'être consulté pour la désignation des membres des conseils communaux de quelques villes[102].

Le droit d'être consulté était réservé aux personnes reconnues comme étant des Belges ou des évolués. Le nombre de ces derniers ne dépassait pas quelques centaines dans une population de treize millions d'habitants.

On était donc loin du suffrage universel consacré aujourd'hui. Et inutile de dire que les partis politiques n'étaient pas formellement attendus comme devant concourir à l'expression du suffrage.

De ce fait, même s'ils existaient, les partis politiques n'avaient qu'un rôle mineur à jouer en ce qui concerne les élections.

H. Typification historique des partis politiques congolais

Trois contextes socio-historiques permettent de catégoriser les partis politiques congolais. Il s'agit essentiellement de différentes formes de combat politique, selon leurs régimes légaux et selon les caractéristiques constantes observées.

1. Partis politiques indépendantistes

Le premier contexte est celui de la lutte pour l'indépendance, menée face à la domination coloniale belge. Le thème majeur était l'affirmation de la souveraineté nationale et l'accès aux droits politiques. Il s'agissait d'un objectif commun et global, qui concernait directement l'ensemble de la population. Cependant, ces partis politiques étaient profondément ancrés dans une représentation tribale. Les évolués, fondateurs et animateurs des partis politiques, présentaient, pour la plupart, un niveau d'instruction limité au niveau secondaire et un niveau social limité au minimum de confort[103] en comparaison non pas avec les blancs, mais avec leurs frères vivant en milieu rural non civilisé.

L'indépendance n'a pas été un objectif propre à une classe ou à une catégorie particulière de Congolais. Les partis politiques étaient presque tous indépendantistes, les plus réservés prônant l'autonomie dans une association belgo-congolaise. Le débat majeur portait sur le contrôle et la représentation dans l'appareil étatique à raison de la forme de l'État, dans une opposition entre les partis politiques nationalistes et fédéralistes.

En 1960, on était en pleine guerre froide. Les deux puissances antagonistes, l'URSS et les États-Unis n'avaient pas de colonie. Cependant, l'URSS était plus active et plus engagée aux côtés des mouvements indépendantistes[104], de sorte que la lutte pour l'indépendance et la décolonisation paraissait elle-même reposée sur l'anticapitalisme.

---

102 Il s'agissait alors de Léopoldville (Kinshasa), d'Élisabethville (Lubumbashi), et de Jadotville (Likasi).

103 KABUYA-LUMUNA SANDO, C., *Réflexions sur la démocratie congolaise et ses principaux défis*, *op. cit.*, p. 142.

104 *Idem.*

Les plus clairvoyants de ces mouvements indépendantistes annonçaient, dans leur programme d'action gouvernementale, la nécessité de conquérir l'indépendance économique, sans laquelle l'indépendance politique n'était qu'un leurre. Pour leur part, les partisans les plus sincères de l'association belgo-congolaise savaient que, sans le respect entre les races, toute association serait vaine.

Le Congolais n'a pu obtenir ni l'indépendance économique, ni le respect envers sa race. Les partis indépendantistes ont laissé comme héritage la tradition des objectifs communs, la tendance à représenter tout le peuple et non une catégorie sociale particulière, la fragilité de toute idée originale pour le développement du pays et, en fin de compte, la personnalisation du débat démocratique[105].

2. Partis politiques d'opposition à la dictature

Dans un deuxième contexte, face au parti-État installé, le pays connut l'émergence des partis politiques d'opposition à Mobutu, d'obédience libérale. Ces partis ont supplanté l'opposition des mouvements armés, généralement conditionnés dans la doctrine marxiste des luttes contre le capitalisme et l'impérialisme, de démocratie populaire et de centralisme démocratique.

La démocratie, comme l'indépendance, a été réclamée comme un objectif commun et global. Tous les partis se sont alignés pour la démocratie. Même le MPR fait privé. Les partis politiques ont tous prétendu parler au nom du peuple. Aucun n'a revendiqué une représentation particulière[106].

Les programmes d'action gouvernementale, élaborés avec l'aide des institutions de Breton Woods, se sont succédé sans démontrer aucune originalité attribuable à une formation politique.

En complément des facteurs historiques déjà évoqués, il est utile de considérer l'impact des lois qui organisent les partis politiques congolais et le régime juridique auquel ils sont soumis. Il restera à considérer plus loin les deux autres repères, dont la représentativité : l'originalité des objectifs poursuivis par le parti, soit donc sa contribution singulière au programme d'action gouvernementale, et sa capacité à produire des hommes d'État compétents, dans une démocratie interne au parti lui-même, en particulier à la faveur du rôle que doit jouer la justice constitutionnelle dans le fonctionnement des partis politiques et pour la consolidation de l'État de droit constitutionnel en République démocratique du Congo.

Il s'avère indiqué que pour mieux scruter le cadre législatif des partis politiques congolais et leur apport dans le renforcement de l'État de droit, soit menée l'analyse tant de la place que du fonctionnement de la justice constitutionnelle en République démocratique du Congo.

---

105 *Ibidem*, p. 145.

106 *Ibidem*.

Ainsi, avant d'aborder la question de la justice constitutionnelle dans ses rapports avec les partis politiques, il y a lieu de jeter un regard sur l'évolution du cadre législatif et la question de la classification de partis politiques qui, par le mécanisme de désignation, a une incidence sur le choix des juges constitutionnels, acteurs majeurs de la justice constitutionnelle.

Après l'analyse de la typologie, il est important d'évoquer quelques notions voisines au parti politique.

I. Les partis politiques et les notions voisines

Il existe de nombreuses structures de droit ou de fait qui s'organisent et fonctionnent avec un nombre plus ou moins élevé de membres, au point de ressembler, sur un certain nombre de points, aux partis politiques. C'est le cas des mouvements de libération nationale[107], des mouvements insurrectionnels[108] et des groupes de pression[109].

Nous avons choisi de distinguer, dans les lignes qui suivent, le parti politique de l'« alliance politique » ou « coalition politique » (1), du « groupement politique » (2) et de tant d'autres notions qui peuvent également prêter à confusion (3).

---

[107] Par cette appellation, Michael Cahen désigne les luttes armées de libération qui ont eu lieu dans tels ou tels pays africains (ou même ailleurs dans le tiers-monde). Il est en effet courant de qualifier les luttes armées qui se sont déroulées dans les anciennes colonies portugaises de « luttes armées de libération nationale ». On parle aussi de « fronts de libération nationale ». On trouve bien quelques autres formules, telle l'anglaise « *freedom fighters* », mais qui désigne uniquement des combattants, sans charge conceptuelle. Les pays indépendants que ces mouvements ont, après une longue lutte, réussi à créer sont qualifiés de « nouvelles nations » ou, quand on veut préciser plus avant leur politique de construction, d'« États-nations ». CAHEN, M., « Lutte d'émancipation anticoloniale ou mouvement de libération nationale ? Processus historique et discours idéologique. Le cas des colonies portugaises, et du Mozambique en particulier », in *Revue historique* 2006/1, n° 637, Paris, PUF, pp. 113-138.

[108] L'article 136 du Code pénal militaire dispose que « constitue un mouvement insurrectionnel toute violence collective de nature à mettre en péril les Institutions de la République ou à porter atteinte à l'intégrité du territoire national » ; l'article 137 du même code dispose que : « est puni de cinq à vingt ans de servitude pénale, quiconque participe à un mouvement insurrectionnel : 1. en édifiant des barricades, des retranchements ou en faisant tous travaux ayant pour objet d'empêcher ou d'entraver l'action de la force publique ; 2. en occupant à force ouverte ou par ruse ou en détruisant tout édifice ou installation ; 3. en assurant le transport, la subsistance ou les communications des insurgés ; 4. en provoquant des rassemblements des insurgés, par quelque moyen que ce soit ; 5. en étant soi-même porteur d'une arme ; 6. en se substituant à une autorité légale. En temps de guerre, lorsque les insurgés sont porteurs d'armes, ils sont punis de mort », in *JORDC*, numéro spécial – 20 mars 2003, loi n° 024/2002 du 18 novembre 2002. Contrairement aux groupes armés, les mouvements insurrectionnels sont passagers, souvent de courte durée comme le cas des Enyele à Dongo en province de l'Équateur en 2009.

[109] MEYNAUD, J. évoque une association de personnes privées constituée pour défendre les intérêts des membres et exercer une pression sur les pouvoirs publics. De cette définition, Jean-Louis Esambo retient qu'un groupe de pression est une structure organisée, il défend les intérêts des membres et exerce une pression sur le pouvoir. Voy. ESAMBO KANGASHE, J.-L., *Traité de droit constitutionnel congolais*, *op. cit.*, p. 290.

2. L'alliance ou la coalition politique

Vincent Lemieux, Namatié Traoré et Nathalie Bolduc relèvent que les coalitions ont toujours attiré l'attention des observateurs et analystes de la vie politique. Ils ajoutent qu'il est d'observation courante que des participants à la politique se coalisent pour obtenir ou conserver des bénéfices qui leur échapperaient autrement[110].

Une coalition politique ou cartel est une union entre au moins deux partis qui partagent certaines idées, en vue de réaliser des actions communes, notamment des candidatures aux élections. Les coalitions tendent à présenter un programme commun visant à gouverner un pays, une région ou une entité administrative.

En d'autres termes, il s'agit, comme c'est le cas en Europe, de l'instauration d'une alliance notoire-publique ou publicisée par ses protagonistes et durable entre des groupes partisans pour gouverner une institution, qui se traduit par une participation conjointe à un exécutif[111].

Un regard rétrospectif sur l'histoire de la République démocratique du Congo permet de constater que le pays a toujours été gouverné au rythme des alliances et coalitions entre partis politiques. En effet, le jeu d'alliances et de coalitions pour reprendre l'expression de Philippe Biyoya et Rossy Tshimanga, est réellement une constituante de l'histoire politique de la RDC, du fait du multipartisme, même si pendant de longues périodes, le pays a vécu sous la coupe d'un régime monolithique qui avait freiné l'élan démocratique[112].

Ces alliances ou coalitions, parfois contre nature, se font et se défont au gré des intérêts, non de leurs membres comme population et sympathisants mais des uns et des autres comme dirigeants et responsables. La dernière coalition politique mémorable que l'on puisse évoquer est l'alliance « FCC-CACH », qui était elle-même le fruit d'autres alliances sans omettre celle de l'Union sacrée pour la nation qui n'a existé que sous une forme utopique et sans programme politique. En réalité, les coalitions politiques sont le reflet du parti politique et de l'homme politique congolais. Elles sont tout, sauf des plates-formes susceptibles de servir de support à la démocratie et au progrès de la société.

À titre d'exemple, le Front commun pour le Congo (FCC) est une constellation de quelques partis et personnalités politiques qui a été formée à la veille des élections législative et présidentielle de 2018 en RDC. Il comprend notamment le

---

110 LEMIEUX V. ; TRAORÉ, N. et BOLDUC, N., « Coalitions, alignements et alliances interétatiques », in *Études internationales*, vol. 25, n° 2, Érudit, 1994, p. 238.

111 Définition proche de celle – souvent reprise dans la littérature consacrée – de Kelley (E.W.), qui définit les coalitions de gouvernement comme "the agreement of two or more parties to serve in the same government". "Techniques of Studying Coalition Formation", *Midwest Journal of Political Science*, 12, 1968, pp. 62-63, cité par BUÉ, N. et DESAGE, F., « Le modèle réel des coalitions. L'étude des alliances partisanes de gouvernement à la croisée des méthodes », in *Politix*, 2009/4, n° 88, pp. 7-37.

112 BIYOYA MAKUTU, Ph. et TSHIMANGA MUKENDI, R., « Alliances et coalitions de partis politiques en République démocratique du Congo. Causes et conséquences », in *Journal of African Elections*, vol. 13, n° 1, 2014, p. 212.

Parti du peuple pour la reconstruction et la démocratie, PPRD en sigle, détenteur du pouvoir qu'il tenait à conserver, influenceur de cette coalition. A-t-il été étroitement lié à l'ancien président de la République, Joseph Kabila Kabange, son initiateur qui visait, semble-t-il, l'organisation des forces politiques en vue des dernières élections générales[113] ? Cette nouvelle alliance est l'héritière de la Majorité présidentielle, « MP[114] », qui était le bloc majoritaire pro-gouvernemental dans les deux Chambres du Parlement de 2006 à 2018.

Pour l'élection présidentielle de 2018, l'Union pour la nation congolaise, UNC en sigle, parti de Vital Kamerhe, a soutenu le candidat Félix Tshisekedi, élu président de la République démocratique du Congo, dans le cadre d'une coalition dénommée Cap pour le changement (CACH), regroupant notamment l'Union pour la démocratie et le progrès social (UDPS), dans l'optique d'être soutenu par son allié UDPS en 2023.

En ce sens, l'expression « groupement politique » est une notion voisine au parti politique. Au sujet de son statut juridique, il importe de noter, avec Philippe Biyoya et Rossy Tshimanga, que la Constitution consacre le principe de la gouvernance politique, organise les compétitions électorales entre les partis et crée, de ce fait, un espace politique concurrentiel des partis politiques qui peuvent à tout moment y recourir aux fins de conquête ou d'exercice du pouvoir[115].

En République démocratique du Congo, comme dans tout État à régime multipartiste, les alliances et coalitions politiques sont de deux ordres : les alliances électorales et les alliances gouvernementales. Les premières se constituent dans la perspective de la compétition politique à travers les urnes et les secondes supposent une synergie autour d'un programme commun de gouvernement[116].

Cependant, leur constitution ou formation soulève le problème de leur base juridique ; celle-ci devrait éclairer leur fonctionnement. On va la chercher dans la Constitution de la République, dans la loi sur les partis politiques et dans la loi électorale ainsi que dans les règlements de l'Assemblée nationale, du Sénat et de différentes Assemblées provinciales[117].

Il est clair que la Constitution du 18 février 2006 fixe les principes de base du fonctionnement du système politique congolais dans son ensemble. Elle met un accent particulier sur les acteurs qui doivent animer le système politique. Les articles 5, 6, 7 et 8 font référence à la vie politique démocratique en RDC (la souveraineté du peuple, le régime de l'électorat, le multipartisme politique, la

---

[113] Initialement prévues le 30 novembre 2018, elles ont eu lieu un mois après soit le 30 décembre de la même année.

[114] Elle-même ayant succédé à l'AMP, Alliance de la majorité présidentielle.

[115] BIYOYA MAKUTU, Ph. et TSHIMANGA MUKENDI, R., « Alliances et coalitions de partis politiques en République démocratique du Congo. Causes et conséquences », *loc. cit.*, p. 218.

[116] *Idem*, pp. 218-219.

[117] *Ibidem.*

liberté d'expression et la concurrence politique, la pénalisation du monopartisme ainsi que la sacralité de l'existence et du fonctionnement de l'opposition)[118].

La loi n° 04/002 du 15 mars 2004 portant organisation et fonctionnement des partis politiques est une Loi organique prévue par l'article 6 de la Constitution qui dispose que « *les partis politiques concourent à l'expression du suffrage, au renforcement de la conscience nationale et à l'éducation civique. Ils se forment et exercent librement leurs activités dans le respect de la loi, de l'ordre public et des bonnes mœurs* ». Cette loi ne s'applique qu'aux partis politiques et laisse de côté les alliances ou coalitions politiques que ceux-ci créent ou auxquelles ils consentent à adhérer librement. Le législateur a donc délibérément exclu ces structures du champ d'application de ladite loi. Il ne s'agit que des associations ou des coalitions momentanées formées au gré de la conjoncture politique, parfois sur base d'un simple protocole comme l'Union sacrée. Leur vie est, par essence, des plus précaires, et il ne convient pas, par conséquent, de les assujettir à un formalisme excessif et rigide au risque de les vider de leur pertinence[119].

Il va sans dire que dans l'esprit de cette loi, les alliances et coalitions politiques sont considérées, ainsi que l'écrivaient Philippe Biyoya et Rossy Tshimanga, plutôt comme de simples mécanismes, stratégies, que comme des structures ou organisations à part entière. Ces deux auteurs n'hésitent pas à conclure que la législation s'applique au producteur plutôt qu'aux produits du fait de la contingence dans le positionnement des partis politiques. En d'autres termes, le législateur a voulu laisser aux partis politiques une marge de manœuvre beaucoup plus grande dans la prise d'initiatives et le choix des familles politiques auxquelles ils veulent appartenir au gré des événements.

Selon les auteurs ci-haut cités, la loi n'érige pas l'alliance ou la coalition en directive politique laissant ainsi aux partis de rempiler, de mobiliser et de tout attraper si possible. Car, pensaient-ils, c'est seulement lorsqu'ils ne le peuvent pas qu'ils peuvent y recourir[120]. Ils n'avaient pas hésité à conclure en définitive que les alliances et les coalitions non institutionnelles ne font pas l'objet d'une codification particulière en République démocratique du Congo. Ces structures conjoncturelles, informelles, sont considérées davantage comme des moyens politiques plutôt que comme des acteurs à part entière du jeu politique. Elles constituent, en effet, l'expression matérielle du libéralisme politique souhaité par les participants au dialogue inter-Congolais et consacré dans la Constitution du 18 février 2006[121].

Il y a lieu de noter que contrairement au regroupement politique, les alliances ou coalitions politiques sont dépourvues de la personnalité juridique.

---

118 *Ibidem.*

119 Exposé des motifs de la loi n° 04/002 du 15 mars 2004 portant organisation et fonctionnement des partis politiques.

120 BIYOYA MAKUTU, Ph. et TSHIMANGA MUKENDI, R., « Alliances et coalitions de partis politiques en République démocratique du Congo. Causes et conséquences », *loc. cit.*, p. 220.

121 *Idem*, p. 221.

3. Le regroupement politique

La loi n° 06/006 du 9 mars 2006, portant organisation des élections présidentielles, législatives, provinciales, urbaines, municipales et locales telle que modifiée et complétée à ce jour, définit le regroupement politique comme étant « *une association créée par les partis politiques légalement constitués en vue de conquérir et d'exercer le pouvoir par voie démocratique* »[122].

Explicitant cette définition, Jean-Louis Esambo Kangashe souligne que le parti politique et le regroupement politique luttent pour la conquête et l'exercice démocratiques du pouvoir. En effet, l'un et l'autre sont autorisés à se livrer à la compétition politique et à aligner, à cette fin, les candidats capables de lui procurer une victoire électorale. Il poursuit que par sa composition et son organisation, le parti politique se démarque, cependant, nettement du regroupement. À l'opposé de ce dernier qui est une association de partis politiques formée pour la conquête, pendant le scrutin, de sièges dans une circonscription électorale donnée, le parti politique réunit des personnes physiques partageant la même idéologie et un projet politique commun en vue de la conquête et de l'exercice démocratiques du pouvoir[123]. Association temporaire et circonstancielle cependant, indique-t-il, le regroupement politique reconnait à chaque parti qui le compose, une double autonomie organique et fonctionnelle. L'absence d'idéologie au sein du regroupement politique renforce, donc, sa teinture circonstancielle[124].

4. Le groupe parlementaire

On appelle « groupe parlementaire » (ou groupe politique), une association de députés ou de sénateurs qui se rassemblent au sein de chacune des deux Chambres du Parlement ou d'une Assemblée délibérante pour bénéficier des avantages dont disposent les groupes politiques.

En d'autres termes, le groupe parlementaire n'est formé que par les élus, membres d'une Assemblée parlementaire, c'est-à-dire des personnes revêtues d'un mandat politique en cours de validité et partageant les mêmes opinions politiques[125]. On y voit, également, un organe consultatif d'une Assemblée parlementaire formé à partir des matières préalablement déterminées dans le Règlement intérieur.

Constitué pendant la législature, le groupe parlementaire est homogène ou hétérogène, selon qu'il est formé ou non des partis politiques appartenant à une

---

[122] Article 14, al. 1, de la loi n° 06/006 du 9 mars 2006 portant organisation des élections présidentielle, législatives, provinciales, urbaines, municipales et locales, in *JORDC*, 47e, numéro spécial, Kinshasa, 10 mars 2006, col. 6.

[123] ESAMBO KANGASHE, J.-L., *Traité de droit constitutionnel congolais*, Paris, L'Harmattan, 2017, pp. 274-275.

[124] *Ibidem.*

[125] *Ibidem.*

tendance politique (groupe de la majorité ou de l'opposition). Il est composé des personnes exerçant déjà un mandat électif[126].

En République démocratique du Congo, le groupe parlementaire est organisé notamment par l'article 54 du Règlement intérieur de l'Assemblée nationale. En effet, cet article le définit comme tout groupe politique formé des membres de l'Assemblée nationale partageant les mêmes opinions politiques.

Ils sont, aux termes de cet article, des organes consultatifs au sein de l'Assemblée nationale dans les matières déterminées par le présent Règlement intérieur et dans celles pour lesquelles la plénière ou le Bureau de l'Assemblée nationale décident de requérir leurs avis et considérations[127].

La création d'un groupe donne lieu à une déclaration politique signée par ses membres et rendue publique. Chaque groupe désigne son président[128].

Les groupes parlementaires d'opposition bénéficient de nouvelles dispositions : dans chaque Assemblée, un jour de séance par mois est réservé à un ordre du jour arrêté, sur leur initiative, à l'Assemblée nationale. Ils peuvent, une fois par session ordinaire, inscrire à l'ordre du jour une proposition de résolution pour la création d'une commission d'enquête.

5. Les mouvements de libération nationale

Le mouvement de libération nationale est une entité politique structurée représentative d'un peuple soumis à une domination coloniale, à une occupation étrangère ou à un régime raciste, qui lutte, y compris par les armes, pour réaliser le droit d'un peuple à l'autodétermination[129].

Il se dégage de cette définition que les partis politiques se distinguent des mouvements de libération nationale sur deux points au moins.

D'une part, les partis politiques trouvent leur cadre d'expression dans des États indépendants tandis que l'existence des mouvements de libération nationale s'explique par l'occupation étrangère, la domination ou l'exploitation d'un peuple par un autre.

D'autre part et en raison du contexte dans lequel ils voient le jour et exercent leurs activités, les partis politiques ne sont pas autorisés à recourir à l'usage de la force tandis qu'au regard de la justesse de leur cause, les mouvements de libération nationale peuvent être fondés à le faire.

Dans la lutte pour l'indépendance, les années fastes de la décennie 1960 ont révélé la virulence des mouvements de libération nationale dans certains pays.

---

126 *Ibidem.*

127 Article 54, Règlement intérieur de l'Assemblée nationale, Palais du Peuple, Kinshasa-Lingwala, mars 2019, pp. 16-17.

128 Les groupes politiques disposent de prérogatives importantes dans le fonctionnement de l'Assemblée nationale : les présidents de groupe siègent à la Conférence des présidents, ils peuvent demander un scrutin public ou une suspension de séance ; les commissions parlementaires sont constituées en proportion de l'importance numérique des groupes, le temps de parole est réparti en fonction de l'effectif des groupes.

129 SALMON, J. (dir.), *Dictionnaire de droit international public*, Bruxelles, Bruylant, 2001, p. 717.

Ces mouvements, bien que connus pour leur action politique, ne sont pas de partis politiques, même s'ils finissent par s'y commuer. En Afrique du Nord et du Sud, on en dénombre une bonne dizaine, dont les plus marquants sont l'ANC en Afrique du Sud, la SWAPO en Namibie et le MPLA en Angola. Fondés sur le droit des peuples à l'autodétermination, les mouvements de libération nationale signent leur particularité dans la lutte en vue de la libération contre les puissances d'occupation[130].

Éminemment politiques, les mouvements de libération nationale ne sont pas au départ des partis politiques, même si, dans de nombreux cas, ils finissent par le devenir. Leur particularité gît dans la lutte contre l'occupation et la domination étrangères. Cette lutte, en vue de mettre fin à l'occupation ou de résister à la domination étrangère, peut aboutir soit à chasser l'occupant, soit à l'intégrer dans les structures du nouvel État avec des paradigmes sociaux différents, accordant davantage de place à l'égalité entre tous.

Les mouvements de libération nationale ont tendance à se confondre avec le nouvel État lui-même. C'est ainsi que, parfois, certains États peuvent les reconnaître au titre de gouvernements, faisant d'eux des interlocuteurs sur la scène internationale. Un exemple éloquent est celui de l'OLP et d'autres mouvements tels que la SWAPO, le Front Polisario, ayant poussé l'Assemblée générale de l'ONU à adopter les résolutions 2918 en 1972 et 3002 en 1973.

Il est souvent établi une distinction entre les mouvements de libération nationale représentatifs des peuples sous domination, d'une part, et les mouvements de libération nationale représentatifs des peuples minoritaires ou discriminés au sein d'un État tyrannique, d'autre part. Il est appliqué à la première catégorie le droit des peuples à disposer d'eux-mêmes. Il s'agit là de l'affirmation du droit qu'ont toutes les nations de se constituer en État.

Le mouvement de libération nationale devient ainsi l'instrument d'une lutte en vue de la constitution en État souverain, d'un peuple vivant sous une domination étrangère reconnue comme telle. Mais, il arrive que tout en existant dans un État déjà constitué, une catégorie sociale se sente opprimée au point de penser à envisager son autonomie afin d'échapper à la tyrannie ou à la discrimination. Les Kurdes en Irak offrent un exemple assez significatif de cet état des choses.

L'on peut considérer que c'est suivant cette logique que l'Érythrée s'est détachée de l'Éthiopie. Si cette lutte avait abouti à l'objectif recherché, il en va autrement de tant d'autres qui se sont évanouies avec le temps. C'est le cas du Katanga en 1960, dont l'initiative sécessionniste avait fini par déboucher sur le retour de Moïse Tshombe à Kinshasa, transformant en même temps la Conakat en Conaco[131].

---

130 CAHEN, M., « Lutte d'émancipation anticoloniale ou mouvement de libération nationale ? Processus historique et discours idéologique. Le cas des colonies portugaises, et du Mozambique en particulier », *loc. cit.*, pp. 113-138.

131 KABUYA LUMUNA SANDO, C., *Manuel de sociologie politique*, *op. cit.*

Il convient également de mentionner les mouvements de libération nationale qui peuvent bien exister dans un État tout à fait démocratique. C'est le cas de l'ETA en Espagne ou du FNLC aux Pays-Bas ou encore de l'IRA en Irlande. Plus près de la RDC, il convient aussi de citer le Mouvement de libération de Cabinda qui, jusqu'à ce jour, demeure en lutte contre le gouvernement de Luanda et, sans doute aussi le Mouvement pour l'indépendance de la Casamance au Sénégal.

6. Les mouvements insurrectionnels

Constitués dans la dynamique de la lutte armée en vue du renversement des régimes hostiles, les mouvements rebelles, que le droit communautaire africain a tendance à décrier, soufflent le chaud et le froid entre le droit universellement reconnu aux peuples à l'autodétermination et le droit interne qui érige leur action en infraction. Ces mouvements ne demeurent pas moins des structures éminemment politiques qui, sans agir de manière formelle comme partis politiques, dictent néanmoins leur ligne de conduite sur la scène politique.

Il sied de souligner que conformément aux articles 206 à 208 du Code pénal ordinaire et 136 à 139 du Code pénal militaire, toute violence collective de nature à mettre en péril les institutions de la République ou à porter atteinte à l'intégrité du territoire national est un crime contre la nation et l'État[132]. La controverse est que certains partis politiques congolais ont pour origine les mouvements insurrectionnels ou les rébellions. Notamment le MLC, le RCD, le CNDP, l'AFDL, le MLC-KML, etc.

À ce sujet, il y a lieu de marteler que les rébellions ne soient pas l'antichambre de la création ou de la migration des mouvements insurrectionnels en partis politiques. Cela va à l'encontre des principes directeurs qui ont milité en faveur de leur valeur existentielle.

7. Les groupes de pression

Les groupes de pression sont définis comme une association de personnes physiques ou morales de droit privé constituée pour défendre les intérêts des membres et exercer une pression sur les pouvoirs publics[133].

Également appelés « groupes d'intérêt » ou « lobbies », les groupes de pression sont des structures, dites citoyennes, dont l'objet social constitue un contrepoids au pouvoir régalien. Ces groupes tendent à influencer les pouvoirs publics. Leur action est d'autant plus crédible qu'au départ, ils sont considérés comme étant francs des préoccupations de conquête de pouvoir. Le caractère désintéressé de leur cause fait d'eux des acteurs dignes de confiance, censés lutter

---

[132] CORNU, G. (dir.), *Vocabulaire juridique*, Paris, 10e édition, PUF, 2014, p. 668.
[133] MEYNAUD, J., *Les groupes de pression*, Paris, PUF, Col. « Que sais-je ? », 1980, p. 47, cité par ESAMBO KANGASHE, *Traité de droit constitutionnel congolais*, *op. cit.*, p. 290.

pour l'épanouissement des membres de la société[134]. Aussi, on y retrouve les organismes de la Société civile, la presse et les syndicats.

Certains y voient, dans ces groupes, un ensemble de personnes (organisé ou non en un groupement à forme juridique définie), ayant des intérêts communs et s'efforçant de les imposer aux pouvoirs publics par des moyens divers[135].

À ce niveau, il me semble important de ressortir les liens entre les groupes de pression et les partis politiques. À titre d'exemples, certaines associations tribales se sont muées, à la veille de l'indépendance, en partis politiques. Tel est le cas de l'Abako. Il y a lieu de signaler également l'existence des partis politiques qui se présentent comme des groupes de pression tant ils ne visent pas la conquête et l'exercice du pouvoir que l'influence sur celui-ci. La littérature congolaise est assez étoffée sur l'ensemble de ces questions.

8. Les organismes de la Société civile

Encouragée pour leur action en faveur du développement humain, les structures de la société civile, dites également organisations citoyennes, sont au départ d'une dynamique de politique sociale partagée entre quête de l'épanouissement collectif et promotion des droits humains de toutes les générations.

Actuellement, à travers les grandes thématiques liées notamment au climat, à la corruption et aux violations graves du droit international humanitaire constitutives des crimes contre la paix et la sécurité de l'humanité, les ONG internationales et nationales ont démontré leur capacité de mobilisation de l'opinion publique au point de menacer fortement des gouvernements et les faire infléchir dans un sens positif pour le confort social ou l'avancement de la cause humanitaire, voire climatique.

Dans le contexte de la RDC, les organisations citoyennes les plus virulentes demeurent confessionnelles, essentiellement la CENCO (Conférence épiscopale nationale du Congo) et l'ECC (Église du Christ au Congo). Impliquées dans l'organisation et le fonctionnement des institutions d'appui à la démocratie telles que la CENI et le CSAC, les organisations confessionnelles se montrent parfois intraitables dans la manière de concevoir la mise en œuvre de la démocratie. À côté de ces deux dernières, il existe des structures des Églises dites de réveil qui pervertissent l'enjeu de leurs missions, particulièrement dans la désignation des animateurs de la CENI. Le processus de la désignation controversée de Monsieur Denis Kadima en dit long.

L'Église catholique, au travers de sa mission sociale, est aux avant-postes d'un combat qui, depuis la Deuxième République, a poussé les pouvoirs publics à se remettre en cause et à concevoir des politiques publiques mieux adaptées aux attentes des populations. Il est important de noter ses positions tranchées pendant

---

[134] Cette affirmation pourrait être nuancée face à la nature économique et financière des intérêts de certains groupes de pression.
[135] CORNU, G. (dir.), *Vocabulaire juridique*, *op. cit.*, p. 499.

de longs mois, entre 2015 et 2018, à travers ses structures spécialisées telles que le CLC, pour imposer la régularité du processus électoral[136].

Ici, il y a lieu d'évoquer aussi la participation de mouvements citoyens comme la Lucha et Filimbi dont l'influence a gagné du terrain en République démocratique du Congo à l'instar de « Ballai citoyen » et « Y'en a marre » du Sénégal. Néanmoins, il faut souligner la très forte inquiétude de leurs inféodations par les puissances politiques extérieures. Cela s'observe par le mystère autour de leurs financements.

9. *Les médias*

Forces sociales d'information et de formation de l'opinion publique, les médias constituent un outil important de mobilisation des ressources autour des valeurs partagées, mais qui se révèlent indispensables à la rationalisation des rapports entre pouvoirs publics et citoyens pleinement au fait des politiques publiques qu'ils peuvent, à travers leurs représentants élus, contrôler pour le bien de la communauté[137].

Organisés dans un cadre normatif, les médias offrent à chaque individu la possibilité d'échanger avec d'autres ses convictions et appréhensions sur la conduite des affaires publiques, à travers la liberté de presse, d'expression et d'opinion, le pluralisme médiatique ainsi que le caractère de service public attaché aux médias d'État[138].

Fondamentale pour l'instauration d'un régime démocratique, la liberté de presse mérite une attention particulière à partir du lien qu'elle établit avec la démocratie représentative, telle qu'instituée par le système constitutionnel congolais avec un impact réel sur la construction d'une société démocratique[139].

Lorsqu'il s'agit de voir les actes de la classe politique de nature à porter entrave au plein épanouissement de la presse, tant publique que privée, la chose la plus sûre est la volonté de sa domination et de son contrôle. En Afrique, en général, et en République démocratique du Congo, en particulier, le phénomène s'est durablement installé.

Évidemment, la situation aujourd'hui est bien différente par comparaison de celle qui a régné pendant la période du feu Président Joseph-Désiré Mobutu.

En théorie, pour ce qui concerne les médias d'État, lorsque l'on est, par exemple, en période de campagne, tous les partis politiques présentant des candidats aux élections en ont un accès libre, gratuit et équitable. En dehors des campagnes, cette liberté d'accès ne concerne que la diffusion de leur déclaration et la couverture des réunions de leurs instances nationales, régionales et locales.

Mais la mainmise de la classe politique sur les médias, une fois au pouvoir, est une évidence. Il y a leur statut de fonctionnaire qui s'y prête avec tout ce que cela

---

136 ESAMBO KANGASHE, J.-L., *Traité de droit constitutionnel congolais*, *op. cit.*, pp. 300 et s.

137 *Idem.*

138 *Ibidem.*

139 *Ibidem.*

comporte comme soumission à la hiérarchie. Cela les oblige à se conformer facilement à la ligne politique du régime. Les nominations à la tête de ces organes de presse publique scellent définitivement la mainmise du pouvoir.

Il en découle des prestations de mauvaise qualité que l'opinion publique impute principalement à la classe politique. Les activités officielles et administratives continuent d'occuper trop de place dans les médias publics, au détriment du quotidien du citoyen. Notre constat : il ne fait l'ombre d'aucun doute, par exemple, que la radio-télévision nationale congolaise, RTNC, ne jouit pas d'une image très positive auprès de la majorité des Congolais. Cet organe de presse officielle est, en effet, réputé acquis à la cause du pouvoir en place, comme on a pu d'ailleurs le constater lors des passations du pouvoir des mains de Joseph Kabila à celles de Félix Tshisekedi et avec les actuelles nominations à sa direction générale et au conseil d'administration sur fond d'un clientélisme politique prononcé.

En effet, aussitôt que le fauteuil de président de la République a changé d'occupant, le son de cloche a également été suivi dans les médias publics en République démocratique du Congo. Les nouveaux maîtres des lieux sont désormais les bénéficiaires des louanges de la part de ce média. Et la critique n'y est évidemment pas autorisée. C'est tout le sens de la production à dents de scie de l'émission *Deux sons de cloche*, qui mettait aux prises les membres des partis au pouvoir à ceux de l'opposition, minimisant ainsi la contradiction dans le débat démocratique.

En 2005, lorsque la crise alimentaire sévit au Niger, certains journalistes furent l'objet de suspension pour avoir employé un simple mot, qui n'était pas du goût des autorités politiques. En effet, l'utilisation par eux de « famine » pour caractériser la situation qui prévalait à l'époque leur coûta la suspension[140].

Pour sa part, la presse privée est soumise au régime de la liberté ; des avancées significatives sont notables afin de promouvoir et consolider cette liberté.

Néanmoins, en dépit de ce contexte favorable, les médias privés en République démocratique du Congo entretiennent avec la classe politique, sous tous les régimes, des relations pour le moins houleuses et tumultueuses. Dans les faits, le mécontentement des hommes des médias est bien souvent manifeste.

Les organisations de défense des droits de l'homme et les organisations internationales soulignent les mauvaises relations entre la presse et la classe politique en pointant du doigt la responsabilité de cette dernière.

10. Les syndicats

Les intérêts de la classe ouvrière sont défendus en conformité avec les règles et principes adoptés sur le plan international par l'Organisation internationale du travail. Leur répercussion en droit interne est telle que les États sont obligés de les

[140] TIDJANI ALOU, M., « La crise alimentaire de 2005 vue par les médias », in *Afrique contemporaine*, 2008/1, n° 225, *Louvain-la-Neuve*, De Boeck Supérieur, pp. 39-74.

mettre à la disposition des travailleurs, dans leurs rapports professionnels et contractuels avec l'employeur.

Tant dans l'administration publique que dans le secteur privé, les organisations syndicales apparaissent comme un véritable contrepoids aux excès et aux abus du patronat. À travers les pays, les syndicats se révèlent à l'avant-plan, voire à l'avant-garde des réformes qui ont un impact considérable sur la vie politique, à telle enseigne que les dirigeants politiques, selon leur appartenance, n'hésitent pas soit à s'agripper à leur action, soit à la décrier comme une invasion indue et malhonnête de la scène politique de laquelle ils sont censés être exclus.

En RDC, les syndicats des travailleurs tout comme ceux des employeurs sont soumis aux règles du Code du travail. Celui-ci définit le syndicat comme toute organisation professionnelle constituée avec pour objet exclusif l'étude, la défense et le développement des intérêts professionnels de ses affiliés ainsi que le progrès social, économique et moral de ses membres[141]. Le fonctionnement des syndicats est basé sur des statuts et un règlement administratif que leurs membres ont le droit d'élaborer librement.

Ces membres élisent librement leurs représentants et organisent la gestion et les activités de manière autonome. Il en est de même de leur programme d'action. Tout cela doit cependant se conformer aux dispositions impératives de la loi.

La liberté qui caractérise l'adhésion au syndicat est telle que la loi accorde aux travailleurs une protection appropriée contre tous les actes de discrimination tendant à porter atteinte au principe ainsi posé[142]. De la sorte, il est interdit à l'employeur d'user de quelque méthode ou artifice que ce soit pour stigmatiser un travailleur du fait de son appartenance ou de sa non-appartenance à un syndicat[143].

Cependant, quelles que soient les similitudes qui peuvent se dégager entre le parti politique et ses notions voisines, l'analyse de leur évolution ainsi que le rôle qu'ils sont appelés à jouer, s'avèrent nécessaires.

§3. Les fonctions des partis politiques dans une démocratie

Afin de mieux circonscrire l'identification des fonctions des partis politiques, il est nécessaire de procéder impérativement à l'examen minutieux des objectifs spécifiques que s'assignent les personnes ou groupes de personnes qui les créent. Traditionnellement, les partis politiques ont pour fonctions essentielles : la représentation à l'échelle nationale, la formation de l'opinion, la sélection des candidats et l'encadrement des élus. Quelle est l'attitude du parti politique vis-à-vis du processus de démocratisation ? Il est plus qu'urgent d'en souligner le contenu.

---

[141] Articles 230 et 237 de la loi n° 2002/016 du 15 octobre 2002 portant Code du travail.

[142] La liberté syndicale pour les travailleurs.

[143] MANSANGA PHOBA MVIOKI, J., *Droit du travail*, Notes de cours, 3e édition revue et augmentée, juillet 2013, pp. 22-24.

A. La formation citoyenne

Un parti politique doit assurer la formation de ses membres. Classiquement, la formation de l'opinion est le moment de sa participation à l'éducation civique de ses membres présents et futurs. Ainsi, face au rôle que les partis politiques sont censés jouer dans le contexte de délabrement quasi constaté ou dans la reconstruction de l'État, la formation et l'information de l'opinion servent de levier essentiel dans l'encadrement des membres du parti.

En effet, l'idéologie est l'élément de différenciation des formations politiques. Au travers d'elle, les partis confectionnent leurs projets et leurs gouvernances. C'est pourquoi il est impératif que les partis communiquent de façon permanente à leurs membres et à leurs potentiels électeurs leur idéologie. Il est par ailleurs nécessaire qu'ils maintiennent la remise à niveau idéologique des élus.

Cette formation se passe sous forme d'enseignement dans le but de doter ses membres ainsi que l'opinion publique d'une conscience politique individuelle et collective, levier indispensable à l'exercice de leurs droits et libertés fondamentaux comme citoyens d'un État. Il y a donc plusieurs matières à enseigner et cela dépend de la nature des destinataires de ces enseignements, selon qu'il s'agit de simples membres, de l'opinion publique ou des élus. Pour avoir cette dernière catégorie, c'est-à-dire les élus, il faut une bonne sélection des candidats susceptibles de gagner la compétition électorale. Comment s'opère donc la sélection des candidats ?

B. La sélection des candidats

Pour sélectionner les candidats, il faut une étude approfondie de la société. Bien souvent, le choix est porté sur les tenants d'un discours élitiste, alors que les futurs électeurs s'alignent derrière les candidats qui ont un discours populiste. L'exemple des élections présidentielles et législatives du 30 décembre 2018 en République démocratique du Congo est une riche illustration. En effet, un groupe de candidats, pour certains, animateurs de médias, pour les autres, porteurs d'un discours vide avec pour seul mérite la critique contre la gouvernance, a pu retenir l'attention des électeurs. L'évaluation de leur production législative est négative et ils excellent dans les pratiques honteuses discréditant toute une institution.

La sélection des candidats suppose le choix porté sur les animateurs des institutions publiques que les partis politiques auront à gérer en cas d'accession au pouvoir. Il est perceptible que l'enjeu de la sélection est considérable tant l'élection est au cœur de l'anatomie démocratique. Ainsi, mode efficace de régulation de l'altérité, elle est un moyen de prévenir les crises et les conflits politiques au moment crucial de toute dévolution du pouvoir[144] politique.

Jean-Louis Esambo Kangashe, évoquant cette question de la sélection, estime que « dans une démocratie représentative, le recrutement politique se fasse au sein

---

[144] DU BOIS DE GAUDUSSON, J., *in* ESAMBO KANGASHE, J.-L., *Le droit électoral congolais*, *op. cit.*, p. 13.

des partis politiques lesquels désignent, selon leurs propres statuts, les candidats aux différents scrutins (présidentiels, législatifs, provinciaux, urbains, municipaux ou locaux), la sélection devant favoriser la concurrence politique indispensable à la cohésion interne, la démocratie et la gestion transparente des enjeux électoraux ». L'auteur renchérit que : « l'entreprise peut, lorsqu'elle est mal organisée, conduire à l'institution de quelques oligarchies professionnelles à caractère tribal et ethnique, dans la quasi-totalité où la constitution des listes des candidats se fait généralement sur une base tribale et ethnique »[145].

Pour l'équilibre et l'équité, la sélection des candidats ne peut pas être influencée par la dimension tribale et ethnique même si elle est la base sur laquelle est assise la majorité des partis politiques congolais. D'où l'achat des consciences qui se constate à chaque rendez-vous électoral. Avec l'instauration d'un seuil minimum du nombre des circonscriptions dans lesquelles les candidats du parti sont présentés, les partis ou regroupements politiques ont commencé à marchander le paiement de la caution pour arracher quelques candidats qui n'ont ni idéologie ni adhésion au parti, recherchés et appréciés uniquement pour leur supposée popularité.

Retenons que la sélection de futurs candidats doit obéir à certains critères conformément à certaines exigences politiques, comme la représentation nationale, la diversité culturelle, la compétence intellectuelle et les valeurs éthiques, exigences dont l'inobservance plongerait les partis politiques dans des choix qui les prédisposent à l'échec. Le clientélisme comme critère de sélection doit être banni du microcosme politique congolais.

Somme toute, la valeur d'un parti politique peut s'évaluer à l'aune de la sélection qu'il s'octroie pour affronter une compétition électorale. Tout parti ou organisation politique survit par sa capacité à désigner ses animateurs.

Après toute campagne électorale, la mission la plus complexe est l'encadrement des élus. Comment donc assurer cet encadrement ?

C. L'encadrement des élus

Tout parti ou regroupement politique vit de ses élus. Ainsi, le parti politique a la responsabilité d'assurer l'encadrement civique et politique des élus, en maintenant un contact permanent, d'une part, dans le rapport entre les élus et les électeurs et, d'autre part, entre les élus du parti ou du regroupement par l'organisation de cadres de concertation et/ou d'orientations sur la conception générale du fonctionnement de l'État[146]. Cela permettra, par ailleurs, de construire une perception unique et cohérente du discours politique.

Au sein d'un parti politique, la discipline doit être de mise. Elle est identifiée au travers de la cohésion de ses élus représentés au Parlement et dans le groupe parlementaire. Le poids parlementaire est donc une recette sûre dans la survie d'un

145 ESAMBO KANGASHE, J.-L., *Traité de droit constitutionnel congolais, op. cit.*, p. 279.
146 ESAMBO KANGASHE, J.-L., *Le droit constitutionnel, op. cit.*, p. 250.

parti ou d'une formation politique. La démocratie représentative met aux prises les forces parlementaires de sorte que le gouvernement résulte, pour certains États, comme la République démocratique du Congo, de la majorité parlementaire[147].

Dans la pratique, les élus qui ont la direction du parti doivent avoir pour mission « d'élaborer une idéologie en phase avec la base, de sélectionner les candidats aux élections inférieures selon les réalités sur terrain et encadrer les candidats (élus) ; de recruter d'autres membres et enfin d'éduquer et d'informer les membres-électeurs par la socialisation politique »[148].

Avec un regard comparé sur le plan africain, malgré toute la théorisation de la problématique et les garde-fous comme missions constitutionnelles dévouées aux partis et formations politiques, il se constate une sorte de « hiatus flagrant » entre la théorie sur les partis politiques et la pratique africaine au sein des structures politiques.

Pour mieux appréhender la quintessence des partis politiques, il est important de recourir à certains éléments des approches merveilleusement dégagées par la doctrine[149]. Aussi bien dans son environnement socio-économique et culturel que dans sa structure d'encadrement[150], le parti politique offre une physionomie apparentée à une force sociale de canalisation des intérêts communautaires.

Aussi, qu'ils soient créés à travers le continent, les partis politiques connaissent schématiquement trois générations. Si la première dévoile les partis politiques dont l'existence dérive de la constitution des mouvements associatifs à la veille des indépendances, la deuxième et la troisième renvoient respectivement à la fondation des partis à la suite des processus de démocratisation et des alliances électorales ou post-électorales[151].

Pour s'en convaincre, il est affirmé, non sans raison et de façon non équivoque, que quelles que soient leurs générations, les partis politiques africains présentent certains traits communs tels :

– L'absence d'idéologie ou de la discipline ;
– L'organisation autocratique ou conjoncturelle ;
– Le manque de programme d'action original et de projet de société ;
– Le vagabondage des acteurs en vue d'un positionnement politique personnel ;
– Des partis à l'image de propriétés privées et l'autarcie[152].
– L'illisibilité de programmes politiques ;
– La parentalisation de la vue et du fonctionnement des partis politiques ;
– La vacuité de plates-formes politiques ;

---

147 PARINI, P., *Les institutions politiques*, Paris, Armand Colin, 1954, p. 35.
148 MULUMBATI NGASHA, *Introduction à la science politique*, Kinshasa-Lubumbashi, Africa, 1977, pp. 117-120.
149 CHARLOT, J., *Théorie des partis politiques*, Bruxelles, Université de Liège, 1975, pp. 17-25.
150 RIHOUX, B., *Les partis politiques : organisation en changement. Le test des écologistes*, Paris, L'Harmattan, 2001, p. 17.
151 ESAMBO KANGASHE, J.-L., *Le droit constitutionnel*, *op. cit.*, pp. 250-251.
152 *Idem.*

– La marchandisation de l'action politique.

Lorsqu'on considère les différentes caractéristiques relatives aux partis politiques en général, et plus particulièrement en Afrique, il se pose la question de leur remise en balance en termes de classification et d'utilité.

SECTION II.
Les partis politiques dans l'ordre constitutionnel congolais.

L'histoire de la République démocratique du Congo, depuis ses origines à nos jours, marque une courbe plutôt ascendante sur les activités des partis politiques, avec des sinuosités parfois trop marquées qui témoignent de son caractère tumultueux.

Selon les époques, l'activité des partis politiques a été soit inexistante, soit étouffée, soit interdite, soit admise, soit tolérée, soit consacrée comme un véritable droit politique. Telle est la raison pour laquelle il semble important de s'intéresser aux dispositions constitutionnelles ayant régi l'activité politique structurée, et ce, avant comme après l'indépendance.

§1er. Les partis politiques avant l'indépendance

À la faveur de la Conférence de Saint-Germain-en-Laye, la gigantesque concession dévolue au roi des Belges en propriété, puis la cession de celle-ci au Royaume de Belgique rendent nécessaire l'analyse de l'activité politique de l'époque allant de 1885 à 1960, aussi bien sous l'égide de l'État indépendant du Congo que sous celle du Congo belge.

A. Sous l'égide de l'EIC : la non-reconnaissance des droits dans une terre acquise au monarque

Propriété privée du roi des Belges, l'État indépendant du Congo n'avait en réalité rien de congolais ou de belge. Son rattachement au royaume des Flamands et des Wallons ne tenait qu'au fait qu'il appartenait à leur monarque. En privatisant ainsi une terre en même temps que ses habitants, le roi Léopold II se retrouvait dans une entreprise de chosification de l'homme congolais qui, vu du point de vue de sa négritude, n'était qu'une marchandise à vendre, le cas échéant au plus offrant ou au mieux-disant.

Ces hommes et ces femmes, exploités dans des plantations de caoutchouc, auxquels des bras pouvaient être amputés pour n'avoir pas produit la quantité journalière exigée, n'avaient aucune possibilité de s'organiser politiquement[153].

---

[153] Il s'agit d'un génocide oublié. Dans son ouvrage *Il pleut des mains sur le Congo*, Marc Wiltz retrace un massacre de masse oublié dans les limbes de l'histoire, perpétré par l'administration belge du roi Léopold II entre 1885 et 1908. L'auteur évoque un pan terrifiant de l'histoire souvent occulté. Probablement, 10 millions de morts, un sacrifice humain inouï de cruauté, une véritable mécanique de mort mise en place pour permettre à un modeste royaume européen de satisfaire ses appétits économiques, le tout sous la pression d'un monarque prêt à tout pour avoir sa part du « gâteau

L'analphabétisme, doublé de la non-connaissance de l'usage des armes, ne pouvait que faciliter la tâche à une puissance occupante mercantiliste, qui n'avait d'yeux que pour le plus grand gain. Dans ces conditions, il était impensable que le peuple de l'EIC pût s'organiser en partis politiques[154].

Tirant ses origines d'une manipulation du droit international public permettant au roi des Belges de contourner le statut de neutralité, tout en évitant en même temps le droit public interne de la Belgique qui interdisait au Roi de posséder une couronne autre que belge[155], Léopold II parvint à mettre en place une colonie sans la nommer ainsi, passant par des conventions subtiles ayant débouché sur un territoire à statut particulier[156], qui continue à avoir un impact significatif sur les rapports de la RDC avec les puissances mondiales, appréhendées sous le label de la neutralité perpétuelle[157].

B. Sous l'administration coloniale belge : le déni des droits fondamentaux d'un peuple plus que soumis à la servitude

Entre esclavagisme et colonisation, le sort de l'homme noir a été marqué par une chosification qui aurait mal coexisté avec la reconnaissance de droits politiques. À tout prendre, le sujet en lui-même fâche tant il demeure reconnu qu'un discours sur la colonisation, quelle que soit la bonne foi de son auteur,

---

africain ». Le titre de l'ouvrage fait référence à la pratique de cette même administration qui demandait de couper une main de chaque indigène tué, afin de justifier l'usage de chaque balle de fusil de ses fonctionnaires. Étant d'accord avec ceux qui disaient que ce n'est pas un génocide, l'auteur essaie de donner une autre définition, qui serait celle du « démocide » (une tuerie démographique), parce que, selon lui, le génocide est une volonté de tuer des gens spécifiques. Il n'y avait pas, affirme-t-il, une volonté de tuer en particulier les Congolais. Il pense que ça aurait pu être d'autres gens, 500 kilomètres plus loin. Le résultat est le même pour un génocide, mais d'un point de vue du vocabulaire, il s'agit d'un meurtre de masse. L'entretien de l'auteur avec TV5MONDE mis à jour le 24 déc. 2021 à 12 h 50 par Pascal Hérard, in https://information.tv5monde.com/afrique consulté le 4 mars 2023 à 1 h 26.

[154] Il convient de ne pas faire offense à la civilisation africaine en prétendant que l'époque pré-léopoldienne serait caractérisée par l'anomie. Il s'agit, comme le perçoit Sayeman Bula-Bula, d'un afro-pessimisme à répudier, qui a été inoculé sur l'Afrique à la manière d'un virus. Là où les monarchies, sans doute absolues, gouvernaient empires et royaumes, certes, les règles étaient globalement édictées de manière verbale. L'activité politique, quant à elle, se manifeste amplement à travers les scissions et les fusions de ces monarchies, dont nombreuses se sont constituées suite à des manifestations de mécontentement liées à la gouvernance de leurs monarques. Voy. BULA-BULA, S., *Droit international humanitaire*, Louvain-la-Neuve, Bruylant-Academia, 2010, p. 26. Par ailleurs, il n'y avait pas que des monarchies à l'époque précoloniale. Il y avait aussi des sociétés sans État. Il y a donc lieu de relativiser les affirmations.

[155] Article 62 de la Constitution belge de 1831.

[156] SEGIHOBE BIGIRA, J.-P., *Partenariat pour les forêts du bassin du Congo et développement durable. Le droit à l'épreuve des enjeux*, Louvain-la-Neuve, Academia, 2012.

[157] BANZA MALALE, G., *Les aspects juridiques dans les enjeux des crises congolaises, des origines à nos jours (1860-2006)*, Thèse, Université de Lubumbashi, 2008-2009.

traduit de vieilles rancœurs d'un passé dont la barbarie n'a d'égale que la cruauté des colons[158].

La Charte coloniale de 1908, partie sur les marques du Code civil belge de 1895, devait s'approprier le dualisme juridique qui distinguait les Blancs, personnes de race supérieure et civilisées, les immatriculés, noirs doués d'aptitudes les rendant éligibles aux standards de la civilisation et les indigènes, gens sans culture, bons pour servir de domestiques.

Sous l'empire de ce nouvel ordre politique, l'accès des Noirs aux activités intellectuelles allait leur offrir le droit de se pourvoir sur la scène culturelle, puis, progressivement, sur la scène politique. Cette épopée vers l'émancipation politique a culminé avec des réflexions qui, après avoir eu pignon sur rue, ont peu à peu influencé l'opinion publique, avant de conduire à une prise de conscience de laquelle a jailli la création des premiers partis politiques authentiquement congolais.

§2e. Après l'indépendance

L'accession de la RD Congo à la souveraineté nationale et internationale a permis aux autochtones de s'affranchir des complexes accumulés à la suite des brimades liées à la colonisation. Il convient donc de s'intéresser aux différents textes de valeur constitutionnelle qui ont régi le pays depuis lors en partant de la Loi fondamentale sur les structures du Congo jusqu'à la Constitution du 18 février 2006 telle que modifiée le 20 janvier 2011.

A. Sous la Loi fondamentale relative aux libertés publiques : timide reconnaissance des droits sous caution

La Loi fondamentale du 17 juin 1960 sur les libertés publiques, tout aussi belge que celle relative aux structures du Congo, a entendu codifier les prérogatives que les citoyens devaient exercer dans leur vécu quotidien ainsi que dans le cadre de leur interaction avec le pouvoir du nouvel État indépendant. Elle est élaborée dans un contexte de vives tensions, lorsque les revendications de l'émancipation fusaient de partout. Elle ne s'est cependant pas spécifiquement intéressée à la question de l'organisation des partis politiques, même si elle permettait néanmoins aux autochtones immatriculés d'occuper des postes à responsabilités, notamment dans la territoriale.

Après le 30 juin 1960, l'activité des partis politiques était si dynamique que la Chambre des représentants et le Sénat ne manquaient pas d'exercer leurs pouvoirs

---

[158] BANCEL, N. ; BLANCHARD, P. et LEMAIRE, S., « La fracture coloniale : une crise française », in *La fracture coloniale*, Paris, La Découverte, 2006, p. 9, cité par BOSHAB, E., *Pouvoir et droit coutumiers à l'épreuve du temps*, Louvain-la-Neuve, Academia-Bruylant, 2007, p. 37.

de production législative et de contrôle du gouvernement allant jusqu'à pousser le président à les renvoyer en congé à la suite de nombreuses dissensions[159].

B. Sous la Loi fondamentale relative aux structures du Congo : stigmates rémanents d'un passé

La loi belge du 19 mai 1960, édictée pour régir l'organisation et le fonctionnement de l'État congolais, offrait à l'ancienne colonie un cadre normatif favorable au multipartisme intégral. Avec un territoire large, le pouvoir, au sein de l'ancienne colonie belge, promettait un bel avenir dans le concert des nations démocratiques et civilisées. L'existence d'un Parlement bicaméral constitué d'une Chambre des représentants et d'un Sénat était la manifestation de la reconnaissance du caractère pluraliste de l'activité politique. Les partis qui émergeaient en vue de la lutte pour l'indépendance allaient se retrouver maîtres de la scène politique.

Cette lutte se fait jour peu à peu. Entre 1945 et 1958, la doctrine décrit une période charnière vers un engagement citoyen plus décisif. Ce Congo pré-politique supplante ainsi la prédominance tribale des royaumes et de l'EIC[160].

L'avènement de l'indépendance a été l'occasion de l'éclosion de toutes les ambitions, souvent motivées par la convoitise de la condition de l'homme blanc, elle-même exacerbée par la législation en vigueur qui, au sujet de l'état des personnes, marquait une discrimination entre Blancs, immatriculés et indigènes.

Si le statut d'indigène immatriculé fondé sur le Code civil, livre premier de 1898, rendait les indigènes envieux des immatriculés, ceux-ci, forcément, enviaient à leur tour les Blancs qui, au-delà de la couleur de peau, présentaient l'avantage de posséder le matériel et le pouvoir. Il devenait donc normal que les immatriculés, qui investissaient la scène politique à la faveur de l'accession du pays à l'indépendance, caressent des rêves parfois exagérés de domination.

C'est ce foisonnement d'ambitions politiques qui pourrait expliquer l'émiettement des six provinces ayant existé en 1960 en plusieurs autres qualifiées de provincettes. Forcément, dans une dynamique tribaliste, les acteurs politiques voyaient dans le fédéralisme consacré par la Constitution du 1er août 1964[161] l'occasion de conquérir et d'avoir la mainmise sur les espaces de leurs provinces qui, à bien des égards, étaient taillées sur la mesure des communautés ethniques. Force est de constater que la véritable lutte demeurait néanmoins, pour la conquête

---

[159] Le premier Parlement bicaméral de la Première République a fonctionné avec une Chambre de représentants de 143 députés et un Sénat de 84 sénateurs. Ajournée du 13 septembre 1960 à la fin juillet 1961, et le 29 septembre 1963, cette législature est allée du 17 juin 1960 au 30 juin 1964. « Présentation du Parlement congolais », in https://congovirtuel.com/parlement.pdf. Fichier PDF, consulté le 6 mars 2023 à 15 h 06.

[160] VAN REYN, P., *Le Congo politique. Les partis et les élections*, Bruxelles, Éditions Europe-Afrique, 1960, p. 13.

[161] Il y a lieu de noter la prudence du constituant qui, dans un premier temps, ne tenait pas à dévoiler l'option fédérale.

de la primature, dans la capitale comme en témoigne le retour de Moïse Tshombe, le célèbre sécessionniste, à Kinshasa, transformant sa CONAKAT en CONACO.

Cette évolution effleure implicitement la reconnaissance de certaines libertés aux Congolais. Pour s'en convaincre, l'analyse de la Loi fondamentale relative aux libertés publiques trouve son pesant d'or.

C. Sous la Constitution du 1er août 1964 dite de Luluabourg : renaissance d'une classe politique au passé belliqueux

La Constitution de Luluabourg[162] peut être considérée comme l'expression d'une volonté de rupture avec un passé de conflits et de projection vers un avenir authentiquement congolais.

Aux termes de l'article 29 de cette Constitution, tout Congolais avait le droit de créer un parti politique ou de s'y affilier. Nul ne pouvait imposer de parti unique sur tout ou partie du territoire de la République. La même disposition prévoyait que les partis ou groupements politiques concourent à l'expression du suffrage, se formant et exerçant leurs activités librement dans le respect des principes de la souveraineté nationale, de la démocratie et des lois de la République[163].

C'est dans ce contexte qu'émergeait la CONACO de Moïse Tshombe qui, après avoir dirigé la sécession katangaise, se découvrait le profil de Premier ministre, dès lors que son parti avait remporté les législatives. Au cours de cette période, les partis politiques ont encore affirmé leur dynamisme, barrant par deux fois, au sein du Parlement, la route à l'initiative du président de la République d'imposer un Premier ministre qui n'appartenait pas à la majorité.

---

[162] Cette Constitution était issue des travaux de la commission constitutionnelle ayant siégé à Luluabourg (Kananga) du 10 janvier au 11 avril 1964. Adoptée le 1er août 1964, la Constitution de Luluabourg est la première Constitution de la RDC à avoir été soumise au référendum constitutionnel organisé du 25 juin au 10 juillet 1964. Aussi, est-elle la deuxième Constitution de la RDC, en tant que pays souverain, après celle du 30 juin 1960. Elle consacrait que la RDC constitue, dans ses frontières au 30 juin 1960, un État souverain, indivisible, démocratique et social composé de la ville de Léopoldville (Kinshasa) et de 21 provinces autonomes. Elle a consacré une seule nationalité congolaise qui est attribuée à la date du 30 juin 1960 à toute personne dont un des ascendants est ou a été membre d'une tribu ou d'une partie de tribu établie sur le territoire du Congo avant le 18 octobre 1960. Cette Constitution fixait la répartition des compétences entre la République et les provinces et organisait le pouvoir entre la République et les provinces (MUKENDI WAFUANA, E. *et alii.*, *Les Constitutions de la RDC de 1908 à 2011*, Kinshasa, JURICONGO, Coll. « JURIDOC », 2011, p. 52). Elle a établi au niveau national les institutions suivantes : le président de la République ; le gouvernement, dirigé par un Premier ministre, le Parlement, composé de deux Chambres ; les Cours et les tribunaux. Au niveau provincial, la Constitution de Luluabourg met en place deux organes : le gouvernement provincial et l'Assemblée provinciale. Le pouvoir judiciaire était indépendant des pouvoirs législatif et exécutif, et était dévolu aux Cours et tribunaux. Le pouvoir de négocier et de ratifier des traités et accords internationaux était dévolu au président de la République. Les traités ou accords internationaux qui comportaient cession, échange ou adjonction de territoire, pouvaient être ratifiés ou approuvés à condition de réviser les articles 1er (alinéa 1er) et 4 (alinéa 1er) de ladite Constitution, et de consulter les populations intéressées par voie de référendum (*Ibid.*).

[163] Article 29 de la Constitution du 1er août 1964, *in* MUKENDI WAFUANA, E. *et alii.*, *Les Constitutions de la RDC de 1908 à 2011*, *op. cit.*, p. 57.

Le président de la République semblait perdre de vue les liens qui demeurent étroits entre la démocratie et les partis politiques. On ne connaît pas de réelle démocratie sans partis. On reconnaît, à l'inverse, un régime autoritaire dissimulé sous une apparence de démocratie au fait qu'il contrôle étroitement les partis, qu'il dissout ou interdit certains d'entre eux, ou qu'il impose l'existence d'un parti unique, réduisant ainsi à néant les prérogatives accordées à un éventuel Parlement[164].

D. Sous la Constitution du 24 juin 1967 dite révolutionnaire : pratique politique par essais et erreurs sur fond d'une « démocrature » présidentialisée

La crise née du refus par le Parlement d'accorder son investiture à Évariste Kimba, nommé par le président de la République en remplacement de Moïse Tshombe, avait ouvert la voie au coup d'État par l'armée, qui prit le pouvoir en 1965. Procédant à une campagne d'intimidation sans précédent ayant abouti à des pendaisons en public, le nouveau pouvoir a entendu faire table rase du passé, dirigeant même le pays sans Constitution pendant deux bonnes années.

En juin 1967, lorsque la Constitution est promulguée, elle amorce une vie politique apparemment ouverte, mais limitée à deux partis politiques[165]. Les différentes révisions de cette Constitution qui suivirent, en particulier celle du 1er août 1974, eurent pour effet de mettre fin à toute forme de multipartisme, le MPR devenant la nation politiquement organisée[166]. L'activité politique, devenue ainsi monolithique, la classe politique n'a cessé d'enregistrer des frustrations qui culminèrent avec la fronde de 13 parlementaires en 1982, prélude d'une lutte acharnée qui força le régime à s'ouvrir à un multipartisme sur fond de transition obtenue dans le sang.

E. Sous l'Acte constitutionnel de la transition : pénible aboutissement d'une revendication de faucons repentis

Chute du mur de Berlin, Conférence de la Baule, changement de régime aux États-Unis où les démocrates ont vaincu les Républicains, le régime dictatorial qui régnait en maître absolu depuis le 24 novembre 1965 s'est vu courber l'échine devant la pression qui lui venait aussi bien de l'intérieur que de l'extérieur du pays.

---

164 DE COOREBYTER, V., « Les partis et la démocratie », in *Dossiers du CRISP*, 2005/2, n° 64, pp. 9-128, également disponible in https://www.cairn.info/revue-dossiers-du-crisp-2005-2-page-9.htm, consulté le 6 mars 2023 à 14 h 16.

165 L'article 4 de cette Constitution du 24 juin 1967 dispose que les partis politiques concourent à l'expression du suffrage. Il ne peut être créé plus de deux partis dans la République. Ces partis s'organisent et exercent leur activité librement. Ils doivent respecter les principes de la souveraineté nationale, de la démocratie et les lois de la République (*in* MUKENDI WAFUANA, E. *et alii.*, *Les Constitutions de la RDC de 1908 à 2011*, *op. cit.*, p. 89).

166 *Idem.*

En avril 1990, lorsque le maréchal Mobutu annonçait prendre congé du MPR tout en demeurant président de la République, il créait ainsi une situation atypique dans la mesure où la Constitution, plusieurs fois révisée, liait la qualité de président du MPR à celle de chef de l'État[167]. Cela offrait ainsi à nouveau à tout citoyen la possibilité de recouvrer la liberté d'adhérer à la formation politique de son choix[168].

Ce multipartisme que rien ne pouvait plus arrêter va se confirmer à la faveur des travaux de la conférence nationale souveraine, convoquée en vue de définir un nouvel ordre politique voulu intégral. Il en a découlé un foisonnement de partis politiques, avec une opposition farouchement menée par l'UDPS, constituée par les 13 parlementaires frondeurs de 1982. Au cours de cette époque, les contradictions de la classe politique sont telles qu'elles sont finalement perçues comme l'expression d'un désordre institutionnel qui coûte si cher à l'État que les secteurs économique et social en prennent un coup dur. La crise politique doublée de celle économique et sociale engendre peu à peu un contexte d'insécurité duquel naîtra la révolution de l'AFDL qui, une fois au pouvoir, mettra en place un régime à configuration particulière.

F. Sous le décret-loi constitutionnel de l'AFDL : recul préparatoire d'un saut dans le vide

Le 27 mai 1997, dix jours après la prise de Kinshasa par les soldats de l'AFDL, le Président Laurent-Désiré Kabila promulgue un décret-loi constitutionnel. Il s'arroge de nombreux pouvoirs, y compris celui de nommer les députés qui siègent à Lubumbashi. En 2000, il suspend l'activité des partis politiques et demande à ceux qui souhaitent poursuivre leur fonctionnement de s'enregistrer auprès du ministre des Affaires intérieures. Les frustrations dues à ce recommencement sont telles que certains partis s'y refusent et forcent ainsi le nouveau président de la République à révéler son côté autoritaire.

Dans un contexte de vives tensions aussi bien avec les pays voisins, ses anciens alliés ainsi qu'avec la Communauté internationale qui lui reproche tant de dérives,

---

167 L'article 28 de la Constitution du 24 juin 1967 telle que révisée par la loi n° 74-020 du 15 août 1974 (*JO* n° spécial, août 1976), disposait qu'en République du Zaïre, il n'existe qu'une seule institution, le Mouvement populaire de la Révolution, qu'incarne son président. L'article 29 de la même Constitution faisait du Mouvement populaire de la Révolution, la nation zaïroise organisée politiquement (MUKENDI WAFUANA *et alii.*, *op. cit.*, p. 110).

168 Signalons qu'il y a eu deux révisions constitutionnelles en 1990 dont la première, celle portée par la loi n° 90-002 du 5 juil. 1990 (*JO*, numéro spécial, juil. 1990) avait consacré le multipartisme à trois et le pluralisme syndical, aboli l'institutionnalisation du MPR et instauré une période de transition allant jusqu'au 30 avr. 1991. La seconde, celle portée par la loi n° 90-008 du 25 nov. 1990 (*JO*, numéro spécial, nov. 1990) visait la modification de l'article 8 de la Constitution telle que modifiée par la loi n° 90-002 du 5 juil. 1990 qui instituait un multipartisme à trois. Cette modification répondait au souci d'adapter la loi à l'évolution de la situation socio-politique du pays, consacrait ainsi le multipartisme intégral (MUKENDI WAFUANA, E. *et alii.*, *Les Constitutions de la RDC de 1908 à 2011, op. cit.*, pp. 147-156). En fait, il y a lieu de relever la multiplication des partis politiques pour participer à la CNS et au perdiem qui y était payé, le multipartisme se confondant au mobutisme.

le nouveau régime va faire face à une rébellion. Cette nouvelle lutte armée dont la puissance de feu met en déroute l'armée loyaliste, du reste ouverte sur plusieurs fronts, forcera les antagonistes à entamer un processus de paix qui, le 17 décembre 2002, va produire à Sun City en Afrique du Sud un Accord global inclusif entre les belligérants, l'opposition non armée et la Société civile[169].

G. Sous la Constitution de la transition du 4 avril 2003 : retour à la normale constamment fuyante

La logique des composantes et entités devant participer à l'exercice du pouvoir ne pouvait pas manquer de conduire à une floraison de partis politiques. Cela se justifie par le fait que la nouvelle transition inaugurée par la Constitution du 4 avril 2003 était une voie ouverte vers l'organisation d'un référendum ainsi que d'élections pluralistes, en prélude à l'avènement de la Troisième République.

Aux termes de cette Constitution, le pluralisme politique était reconnu. Tout Congolais avait le droit de créer un parti politique ou de s'affilier à un parti de son choix. Les partis politiques ainsi reconnus devaient concourir à l'expression du suffrage, à la formation de la conscience nationale et à l'éducation civique. Devant se former et exercer librement leurs activités dans le respect de la loi, de l'ordre public et des bonnes mœurs, ils étaient aussi tenus au respect des principes de démocratie pluraliste, d'unité et de souveraineté nationales. L'institution, sous quelque forme que ce soit de parti unique sur tout ou partie du territoire national, est interdite et constitue un crime de haute trahison puni par la loi[170].

Il était également prévu que les partis politiques pouvaient recevoir de l'État des fonds publics destinés à financer leurs campagnes électorales ou leurs activités, dans les conditions définies par la loi[171].

La même Constitution reconnaissait l'opposition politique, avec le caractère sacré des droits liés à son existence, ses activités et sa lutte pour la conquête démocratique du pouvoir. Son statut, ses droits et ses devoirs sont fixés par une Loi organique[172].

H. Sous la Constitution du 18 février 2006 : enfantement douloureux d'une classe politique congénitalement maladive

La Troisième République, inaugurée par la Constitution du 18 février 2006 adoptée par le peuple congolais lors du référendum des 18 et 19 décembre 2005, a tenu à opérer une rétrospective de l'histoire tumultueuse du pays.

Reconnaissant la grande importance des partis politiques, le constituant, comme dans la Constitution de la transition, bannit en premier lieu la création

---

[169] Voy. L'accord global et inclusif, signé à Pretoria, le 17/12/2002, *in* MUKENDI WAFUANA, E. *et alii.*, *Les Constitutions de la RDC de 1908 à 2011*, *op. cit.*, pp. 230-240.

[170] Article 11 de la Constitution de la transition, in *JORDC*, 44e année, numéro spécial, 5 avril 2003.

[171] Article 12 de la Constitution de la transition.

[172] Article 13 de la même Constitution.

d'un parti unique sur tout ou partie du territoire national, tout en faisant de la méconnaissance de cette interdiction une infraction de haute trahison[173].

L'article 6 reconnait le pluralisme politique en République démocratique du Congo. Il garantit à tout Congolais jouissant de ses droits civils et politiques, le droit de créer un parti politique ou de s'affilier à celui de son choix. Les partis politiques concourent ainsi à l'expression du suffrage, au renforcement de la conscience nationale et à l'éducation civique. Ils se forment et exercent librement leurs activités dans le respect de la loi, de l'ordre public et des bonnes mœurs. Ils sont tenus au respect des principes de démocratie pluraliste, d'unité et de souveraineté nationales. Ils peuvent recevoir de l'État des fonds publics destinés à financer leurs campagnes électorales ou leurs activités, dans les conditions définies par la loi[174].

L'article 8 reconnait l'opposition politique pour laquelle les droits liés à son existence, à ses activités et sa lutte pour la conquête démocratique du pouvoir sont sacrés. Ils ne peuvent subir des limites que celles imposées à tous les partis et activités politiques par la Constitution et la loi. Une Loi organique en détermine le statut[175].

La Constitution du 18 février 2006 est allée plus loin que toutes les Constitutions antérieures en consacrant le principe de la liberté partisane, en interdisant et érigeant en infraction l'imposition d'un parti unique, en consacrant le droit à l'opposition politique, etc. Le constituant congolais est allé au-delà de son homologue français et de beaucoup d'autres constituants africains.

Il s'ensuit que si les Français se prévalent de la naissance (tardive) du droit politique comme composante du droit constitutionnel à côté du droit parlementaire, du droit électoral, du droit des droits fondamentaux, entre autres, les Congolais ont de bonnes raisons de soutenir l'émergence du droit constitutionnel des droits politiques.

Cependant, le nombre de partis politiques dépasse le nombre de tribus et avoisine le millier. Pourtant, seule une poignée de formations politiques peuvent revendiquer une assise nationale.

§3e. Partis politiques et l'inévitable apport du législateur

La Constitution se limite à consacrer les principes fondamentaux relatifs à l'organisation et au fonctionnement des partis politiques. Il ne lui appartient pas d'entrer dans les détails. C'est au législateur qu'il importe de les développer.

Après la loi du 17 mai 2001 qui procédait d'une volonté de rupture avec le monolithisme qu'avait imposé l'AFDL devenu CPP au lendemain de la prise de pouvoir par la rébellion dirigée par M'Zee Laurent-Désiré Kabila, la loi de 2004 arrivait à point nommé pour répondre aux exigences d'une classe politique

---

173 Article 7 de la Constitution du 18 février 2006.

174 Article 6 de la Constitution du 18 février 2006.

175 Article 8 de la Constitution du 18 février 2006.

désormais confrontée à un cycle de violences faisant craindre une généralisation et une banalisation des violations massives des droits de l'homme. La lutte armée, amorcée dès 1998 par le RCD et le MLC avait en effet eu pour soubassement affiché la contestation de la légitimité d'un pouvoir népotique.

À la faveur des négociations de Sun City, les belligérants se rendaient à l'évidence que personne n'avait gagné la guerre. L'une des exigences de l'Accord global et inclusif consistait en l'ouverture de l'activité politique à travers la reconnaissance du pluralisme politique. Le régime de transition, inauguré par la Constitution du 4 avril 2003, ne pouvait que tendre vers l'édiction d'une loi nouvelle, appelée à réguler l'activité des partis politiques en conformité avec la nouvelle donne politique dominée par la logique des composantes et entités au dialogue. Il convient donc de comprendre le contexte de l'élaboration de cette loi avant d'en saisir les options fondamentales.

A. Contexte d'élaboration de la loi n° 04/002 du 15 mars 2004

L'analyse de cette loi, tant dans ce qu'elle préconise comme organisation que dans le fonctionnement des partis politiques nécessite une relecture rigoureuse et scientifique. Cette démarche permettra de dénicher les inadaptations en vue de proposer des réformes, dans l'idéal de voir les partis politiques contribuer à la confection des repères d'un État de droit constitutionnel et d'un système démocratique solide.

En effet, postfaçant l'ouvrage du professeur Évariste Boshab intitulé *République démocratique du Congo, entre les colombes et les faucons. Où vont les partis politiques ?* Célestin Kabuya Lumuna Sando soulignait les risques qu'il y a à s'engager sur un terrain peu exploité avec une doctrine quasi orpheline de documentation. C'est à ce titre qu'il soutient que : « le premier risque est celui de l'auteur engagé dans un système qui cherche encore ses repères et ses marques. Le deuxième risque est celui de l'intellectuel qui se penche sur un phénomène social, sur une institution majeure de la scène politique, le parti, alors même que ses repères les plus objectifs sont encore à établir et dans le cas précis de la République démocratique du Congo, le déficit démocratique est aussi flagrant que ravageur pour les partis politiques réduits à une simple existence juridique. On ne peut vraiment parler des partis politiques sur une scène où les règles de démocratie pluraliste ne fonctionnent pas ; on ne peut vraiment accuser ni juger une expérience durable de l'analyse des partis politiques qui n'ont pas encore acquis l'habitude de conquérir le pouvoir par les élections. Le troisième risque est celui de donner prétexte à des dictatures en dénonçant et en condamnant les misères des partis politiques. Le quatrième risque est celui d'interpeller les partis politiques et de les avoir catégorisés sur une base subjective et conjoncturelle »[176]. Le postfacier finit par l'affirmation selon laquelle : « la démocratie est une lutte

[176] KABUYA LUMUNA SANDO, C., Postface *in* BOSHAB, E., *République démocratique du Congo. Entre les colombes et les faucons, où vont les partis politiques*, *op. cit.*, pp. 121-122.

de tous les jours. Elle ne peut évoluer que par étages. Sa culture est exigeante. Ses instruments, parmi lesquels, les partis politiques, les élections, sont multiples »[177].

De ce qui précède, il y a lieu de faire remarquer qu'au regard de l'organisation des partis politiques en République démocratique du Congo, le pluralisme politique est désormais considéré et érigé en principe sacré. Cela est un héritage de la combinaison des dispositions des articles 11 de la Constitution de la transition de 2003, 1er de la loi n° 04/002 du 15 mars 2004 sous examen, et 6, 7 et 8 de la Constitution du 18 février 2006 telle que révisée à ce jour.

Les conséquences qu'il faut mettre en exergue sont singulièrement l'interdiction formelle d'instauration d'un parti-État et l'érection en crime de haute trahison de l'institution d'un parti unique. Aussi, ce contexte d'élaboration est dicté par l'ambition de décrisper le climat politique, la pression restée aux fronts, l'exaspération populaire et la défiance de la communauté internationale.

1. Le besoin de décrispation politique

Les réflexions autour du cadre normatif devant encadrer la création, l'organisation et le fonctionnement des partis politiques ne pouvaient pas laisser pour compte le passif du passé. La méfiance qui s'était installée entre les ex-belligérants, mais également entre les gens qui nourrissaient des suspicions réciproques, recommandait un cadre de dialogue permanent et même de réconciliation. Si, au sortir du dialogue inter-Congolais, il avait même été mis en place une commission vérité-réconciliation, c'est que le déroulement de la lutte pour l'exercice du pouvoir politique recommandait un cadre idéal où chaque force politique fonctionnerait en se conformant à des normes objectives et préétablies.

2. La pression militaire

Qu'il s'agisse des initiatives législatives de 2001 ou de la période de transition postérieure à 2004, la pression militaire est demeurée constante dans l'espace temporel de l'élaboration de ce cadre normatif relatif aux partis politiques. À l'est, puis au nord, le RCD et le MLC avec leurs différentes entités menaçaient le pouvoir de Kinshasa, en se basant notamment sur la confiscation de l'activité politique au profit d'un petit nombre. Il fallait dès lors faire œuvre utile en prévoyant une œuvre législative destinée à asseoir la sérénité dans la coexistence des parties prenantes à la scène politique.

3. L'exaspération populaire

Au fil des ans, l'usure a dû gagner l'opinion publique. La crise de légitimité partagée entre ceux qui exerçaient le pouvoir sans avoir gagné la guerre et ceux qui croyaient convaincre de la noblesse de leur lutte armée, l'opinion politique a fini par se convaincre de la nécessité de renouveler la classe politique. La

---

177 *Idem*, p. 122.

satisfaction de ce besoin devait passer par l'élaboration des lois nécessaires à l'exercice des activités politiques.

Déjà, dès le lendemain de la Conférence nationale souveraine en 1992, les leaders de la lutte contre la dictature du maréchal avaient acquis une telle crédibilité auprès des masses populaires que leurs positions influençaient fortement les citoyens, à telle enseigne que même des actes qui auraient pu refléter la méconnaissance des fondements de la nation passaient pour vertueux dès lors qu'ils étaient posés par ces leaders. Il ne serait donc pas possible d'expliquer autrement le geste d'Étienne Tshisekedi biffant, dans un serment solennel notamment la mention « *je jure fidélité à la Constitution* », et son acclamation par les médias et les citoyens.

L'étiologie d'une telle frénésie en faveur des leaders de l'opposition provenait d'une lassitude qui avait gagné le pays du fait de la pauvreté rampante apparemment nourrie par des scènes de détournement et de corruption à grande échelle, lesquelles avaient complètement ruiné le pouvoir d'achat de la population.

La Conférence nationale souveraine, quant à elle, avait fait le lit de nouvelles ambitions. Estimant important de se constituer leaders de partis politiques pour avoir droit de cité dans les négociations en vue du partage des postes à responsabilités, les hommes politiques n'avaient pas cessé d'abuser de l'esprit du multipartisme. L'on peut donc comprendre la raison pour laquelle le multipartisme limité à trois partis politiques projeté au cours des assises de cette CNS n'a pas reçu l'adhésion du grand nombre.

Il s'était ensuivi une multitude de partis politiques, créant une telle cacophonie sur la scène politique que, lors du triomphe de l'AFDL, les nouvelles autorités, tombeuses de Mobutu, crurent remettre de l'ordre dans la boutique en interdisant les activités des partis politiques, le temps d'opérer un assainissement qui s'avérait indispensable.

Le tollé que souleva cette mesure qui appelait les partis désireux de continuer l'activisme politique à s'enregistrer au ministère de l'Intérieur était tel que l'opinion politique prit largement le parti des résistants. Il ne paraissait pas logique qu'une UDPS, constituée longtemps avant l'AFDL, soit soumise à cette obligation de s'enregistrer à nouveau sous les ordres de cette dernière. Bravant l'interdiction de nouvelles autorités, les membres de l'UDPS et d'autres partis politiques allaient bientôt crier au scandale, forçant la main aux nouveaux dirigeants pour reconsidérer leur position.

C'est dans ce contexte que la mort de Laurent-Désiré Kabila sonna comme l'occasion de refaire l'ordre politique en acceptant, au nom de la continuité de l'État, l'existence des partis déjà constitués et en prévoyant un ordre nouveau pour ceux qui entendaient se constituer à l'avenir.

B. Les options fondamentales et principes directeurs

Comme en 2001, la loi de 2004 reprenait à son compte des principes directeurs, un régime d'organisation et de fonctionnement ainsi qu'un système de contrôle et de sanction des partis politiques compatibles avec la logique de la gouvernance démocratique dans laquelle le pays était appelé à s'engager.

Au nombre de ces principes, la loi de 2004 avait retenu la liberté de réunion, la liberté d'expression ainsi que le monopole de l'action politique.

1. Liberté de formation

Il s'agit d'un corollaire du multipartisme. À partir du moment où les conditions de formation d'un parti politique sont réunies telles qu'elles ressortent de la loi, tout groupe d'individus a le droit de s'organiser politiquement sous forme de parti.

2. Liberté d'adhésion

Il demeure toutefois constant que la liberté d'adhérer à un parti politique est limitée par l'apolitisme de certaines catégories sociales et professionnelles. L'alinéa 2 de l'article 7 de la loi sous examen indique que ne peuvent adhérer à un parti politique tant qu'ils sont en fonction : les magistrats, les membres des forces armées, des forces de l'ordre et des services de sécurité, les fonctionnaires et agents de carrière des services publics de l'État, les mandataires actifs des entreprises et des établissements publics et les chefs coutumiers.

Selon Évariste Boshab, l'interdiction pour les magistrats d'adhérer à un parti se justifie par le fait que, chargés de trancher les conflits humains conformément aux lois qui représentent les valeurs essentielles d'une collectivité, ils exercent une fonction exigeant un désintéressement total[178]. Forme moderne d'oracle, tout comme les dieux d'autrefois, les magistrats doivent être au-dessus des passions partisanes qui aveuglent parfois tout[179]. La neutralité, l'indépendance et l'impartialité inhérentes à leurs fonctions peuvent être mises en doute si, dans les campagnes électorales ou meetings, ils prennent position pour ou contre tel ou tel autre parti politique[180].

Le même auteur avance s'agissant des membres de l'armée et de la police nationale que ces derniers étant chargés de la mission de protéger les personnes et leurs biens, d'assurer la sécurité du territoire, de défendre la nation en cas de danger, ne peuvent avoir de parti pris. Il révèle également que les passions partisanes qui trouvent leur expression dans le discours politique, excluent parfois le discernement, récusant tout, parfois même sans raison, simplement parce qu'il faut acculer l'adversaire. C'est pourquoi, écrit-il, puisqu'ils sont au service de la

---

178 BOSHAB, E., *République démocratique du Congo. Entre les colombes et les faucons*, *op. cit.*, p. 61.

179 *Idem.*

180 *Ibidem.*

nation, les membres des éléments des forces armées et de sécurité doivent évoluer en dehors des conflits partisans[181].

Notons que cette interdiction n'est pas illimitée. Elle est liée à la qualité ou à l'état de fonctionnaire. Dès lors que l'on perd cette qualité, l'interdiction disparaît par voie de conséquence[182], en vertu de l'aphorisme *sublata causa tollitur effectus*[183].

L'importance de la liberté d'adhésion pour les partis politiques est telle que, en principe, ceux-ci comptent sur leurs militants pour les alimenter financièrement à travers leurs cotisations. En certains cas aussi, c'est aux membres qu'il appartient de faire valider des candidatures grâce à leur parrainage.

Mais, les membres passent-ils par une sorte de parrainage avant d'être admis ? Y a-t-il des conditions rigoureuses d'admission ? Les cotisations des membres sont-elles indispensables à la survie du parti et est-ce que le comité directeur dispose d'autres moyens lui permettant de réaliser sa politique sans l'avis des membres ? Le parti réclame-t-il une véritable révolution supposant par là une rupture totale avec le passé et ses symboles, ou se limite-t-il à proposer des correctifs là où la déchéance semble avoir été indiscutable ?

La première question ici est celle de savoir si le parti propose un modèle de société (projet politique). Dans l'affirmative, il faut savoir si le parti compte sur l'acceptation de son modèle de société par le peuple pour accéder au pouvoir. Les membres, mieux, les dirigeants du parti ont-ils ou non foi au projet de société exprimé à travers les statuts de leur parti ? Mais le parti espère-t-il parvenir démocratiquement au but un jour, c'est-à-dire conquérir le pouvoir, ou son existence le condamne-t-elle à ne jamais accéder au pouvoir[184] ?

3. Liberté de réunion

L'existence d'un parti politique ne saurait avoir de sens si ses membres ne trouvent pas d'occasions de se réunir afin de concevoir leur politique de fonctionnement et de conquête du pouvoir. La réunion des membres du parti politique est donc essentielle à l'existence de celui-ci.

4. Liberté d'expression

Sans préjudice des droits d'autrui et de l'ordre public ainsi que des bonnes mœurs, l'expression dont font usage les dirigeants ainsi que les membres des partis politiques doit être libre, leur permettant ainsi d'aborder toutes les questions liées à la vie de la nation, de critiquer, s'il échet, les actions du pouvoir.

---

[181] *Ibidem*, pp. 63-64.

[182] *Ibidem*, p. 67.

[183] Lorsqu'on enlève la cause, l'effet disparaît, FORGET DE STRASBOURG, *L'examen de l'aphorisme : sublata causa tollitur effectus*, Paris, Typographie Félix Malteste et Cie, 1854.

[184] BOSHAB, E., *République démocratique du Congo. Entre les colombes et les faucons*, *op. cit.*, pp. 7 et s.

5. Monopole de l'action politique ?

Peut-on tirer ce monopole en premier lieu de l'article 6 de la Constitution congolaise en vigueur, qui indique que seuls les partis politiques concourent au suffrage ? Dans l'affirmative, cela constituerait une option importante et majeure levée par le constituant dans une période où de plus en plus d'acteurs de la classe politique avaient tendance à se reconvertir dans la société civile tout en visant l'exercice du pouvoir. C'est à cela qu'est dû notamment, nous semble-t-il, l'apolitisme de l'administration politique, des organismes citoyens ainsi que des syndicats, mais également de la police et de l'armée.

Mais, à y regarder de près, on peut refuser d'adhérer à quelque parti politique que ce soit et participer aux compétitions électorales en qualité d'indépendant. Le constituant n'interdit pas aux indépendants de concourir au suffrage.

6. Interdiction de parti unique

La conquête de la liberté d'adhérer au parti politique de son choix s'accompagne du droit pour chaque parti de fonctionner et de constituer son électorat à tout endroit du territoire national. Il s'ensuit une interdiction de toute forme de concurrence déloyale pouvant conduire un parti ou toute organisation politique à s'arroger le monopole d'exister et de fonctionner sur tout ou partie du territoire national. C'est toute l'intelligence de l'article 7 de la Constitution, qui érige en infraction de haute trahison le fait de constituer un parti unique.

C. Partis politiques et systèmes électoraux

Les systèmes électoraux ont un impact réel sur le multipartisme. Il est de système comme celui de la répartition proportionnelle qui, en soi, favorise la prolifération des partis politiques dans son opérationnalité. La rationalisation de ce dernier exige un régime adapté aux principes d'encadrement et de rationalisation du multipartisme congolais. Si le système électoral ne jette pas la base d'un encadrement, le multipartisme rationalisé est irréalisable. D'emblée, il est loisible de relever que le système majoritaire est celui qui est en adéquation avec l'encadrement du pluralisme rationalisé que nous préconisons aujourd'hui, la République démocratique du Congo.

L'objectif principal de toute formation politique est la conquête et l'exercice du pouvoir. La possibilité de le conserver le plus longtemps est une option qui nait lorsqu'on accède à la gestion de l'État. Toute manœuvre de conservation illégale du pouvoir quel qu'en soit le cas de figure finit par nourrir l'instinct dictatorial.

La conquête du pouvoir politique s'acquiert soit par des modes autocratiques, soit par des modes démocratiques. Ainsi, tout pouvoir qui n'émane pas du peuple renvoie à un régime autocratique. Il n'existe pas, du point de vue de la gestion de la cité, un régime de redevabilité comme celui dit démocratique. D'où le développement de toute entité exige que le peuple se choisisse ses dirigeants et/ou représentants. Tel est le sens de la notion de démocratie participative[185].

À ce sujet, Mpongo Bokako souligne que « lorsque le pouvoir politique s'acquiert par le mode autocratique, on connaît l'hérédité, la cooptation et la conquête du pouvoir par la force. L'hérédité est la technique par laquelle le pouvoir est dévolu suivant certaines règles à un membre de la famille de la personne qui exerçait jusque-là le pouvoir et dont les forces viennent de prendre fin »[186].

Autrement, l'élection est de nos jours la technique démocratique de la conquête du pouvoir politique. Et pour faire asseoir cette impérieuse exigence, il y a lieu de poser les jalons d'une déontologie démocratique par les dispositions constitutionnelles. Ces dernières pourront être complétées par un Code de déontologie des partis politiques permettant de construire un État de droit déontologique dans lequel ces derniers, rappelons-le, seront soumis au strict respect des valeurs démocratiques fondamentales universellement admises.

Cela peut se construire par une sorte de hiérarchie des normativités que la doctrine canadienne utilise à travers la notion d'« *infrastructure de régulation des comportements* », et dans laquelle les valeurs éthiques sont susceptibles de fonder, comme l'écrit Olivier Pluen, les commandements déontologiques ou juridiques[187]. Cet auteur pense, non sans raison, qu'il est possible de concevoir que les règles déontologiques[188] en matière de partis trouvent précisément leur justification dans une valeur ou un ensemble de valeurs éthiques[189].

En effet, les stratégies de conquête du pouvoir politique doivent se monter en fonction de différents systèmes électoraux. La démocratie est basée sur l'élection par les citoyens des représentants qui vont exercer le pouvoir à leur place. Toutefois, la présence d'élections ne suffit pas à attester de l'existence d'une démocratie. Encore faut-il qu'elles soient sincères et crédibles, et ne s'apparentent pas à des parodies d'élections.

---

185 Elle a vu le jour pour corriger les faiblesses de la démocratie représentative.

186 MPONGO BOKAKO BAUTOLINGA, E., « Stratégies de conquêtes du pouvoir », in *Organisation et fonctionnement des partis politiques en RDC*, Kinshasa, Publications de la Fondation Konrad Adenauer, 2004, p. 55.

187 STARK, A., *Conflict of Interest in American Public Life*, Harvard University Press, 2003 ; BOISVERT, Y. (dir.), *Raisonnement éthique dans un contexte de marge de manœuvre accrue : clarification conceptuelle et aide à la décision*, Rapport de recherche, Secrétariat du Conseil du Trésor, Québec, 2003 ; MARCHAND, N., « Légiférer en matière d'éthique : L'éthique, la déontologie et la politique dans les réformes éthiques municipales : la concurrence des normativités », in *Éthique publique*, 13(1), 2011, pp. 75-94, cités par PLUEN, O., « Les partis à l'heure de l'État de droit déontologique », *in* POIRMEUR, Y. (dir.), *op. cit.*, p. 40.

188 En République démocratique du Congo, les partis politiques, les candidats indépendants et la CENI signent à la veille des élections une série de codes de bonne conduite. Une législation en ce sens serait beaucoup plus contraignante dans la mesure où les partis de l'opposition qui boycottent n'auront pas à trouver de raisons, la législation nationale s'appliquant de façon générale.

189 PLUEN, O., *loc. cit.*, pp. 40-41.

Telle est notre opinion s'agissant de dernières élections tenues en décembre 2023 en République démocratique du Congo. Ce qui paraissait, hier, comme une affirmation dénouée de tout fondement se consolide dans la conscience collective lorsque le président honoraire de la CENI évoque le deal qui a eu raison de la vérité des urnes. Ce qui est perçu comme une tricherie par une certaine opinion populaire semble à notre avis avoir été favorisé par les systèmes électoraux mis en place par la majorité de l'époque. D'où la nécessité d'évoquer ces systèmes.

En ce qui concerne les systèmes électoraux ou modes de scrutin, il est impérieux de souligner que l'idéal serait que le mode de scrutin soit à la fois efficace, c'est-à-dire à même de constituer des majorités larges en amplifiant le nombre d'élus du parti qui gagne, et équitable, c'est-à-dire permettre d'attribuer aux partis un nombre d'élus proportionnel à leur nombre de voix obtenues. Seulement, ces deux impératifs tels que voulus sont pratiquement contradictoires du point de vue de la dialectique électorale. On le voit, le scrutin majoritaire est efficace mais inéquitable, la représentation proportionnelle est équitable mais peu efficace.

D'où le recours au système mixte qui tient compte de certains éléments du système majoritaire et d'autres de la représentation proportionnelle en vue de proposer un système aussi bien efficace qu'équitable. La problématique de systèmes électoraux divise la doctrine. D'où la nécessité d'en évoquer le contour, même sommairement.

1. Le système majoritaire

La question de systèmes électoraux est aussi technique qu'elle porte l'appellation de « droit électoral mathématique ». L'essentiel à retenir dans ce système est que l'élection des parlementaires sur l'ensemble du territoire national est divisée en un certain nombre de circonscriptions électorales et la population de chacune d'elles a le droit d'élire un ou plusieurs représentants. Lorsqu'elle en élit un seul, le scrutin est dit « uninominal » : il y a alors autant de circonscriptions que de parlementaires. Lorsqu'elle en élit plusieurs, c'est le scrutin de liste, les circonscriptions et les parlementaires sont alors plus vastes.

De ce qui précède, un scrutin est dit « majoritaire » lorsque le jeu électoral s'opère autour du candidat qui obtient le plus grand nombre de voix et, par conséquent, emporte la totalité des sièges à pourvoir. La faiblesse de ce système est qu'il ne prend pas en compte l'importance de la diversité électorale. Il ne favorise pas la prise en compte de l'ensemble des tendances électorales. En effet, lorsque le scrutin est uninominal, le candidat qui obtient la majorité, même relative des suffrages, est d'office proclamé vainqueur. En cas de scrutin plurinominal ou de liste, la liste arrivée en tête se voit attribuer tous les sièges ; les autres n'en ont aucun[190].

---

190 MPONGO BOKAKO BAUTOLINGA, E., « Stratégies de conquêtes du pouvoir », in *Organisation et fonctionnement des partis politiques en RDC*, *op. cit.*, p. 61.

Il faut le rappeler aussi, un scrutin majoritaire peut comporter un ou deux tours. Dans le premier cas, le candidat ou la liste qui arrive en tête se voit attribuer le ou les sièges à pourvoir quel que soit l'écart qui les sépare des autres, à la majorité simple ou relative. Ce système est celui en vigueur au Royaume-Uni pour les élections à la Chambre des Communes au Royaume-Uni.

Dans la deuxième hypothèse, les candidats ou la liste ne sont élus au premier tour que s'ils obtiennent la majorité absolue, la moitié plus un de suffrages exprimés. Si, par contre, aucun candidat ou aucune liste n'atteint cette majorité, un second tour est organisé à l'issue duquel la majorité relative suffit. Ce système d'application s'opère en France pour l'organisation des élections à l'Assemblée nationale.

Si dans l'organisation des élections pour la désignation des parlementaires, la République démocratique du Congo a fait recours à une variété de techniques empruntant tantôt le scrutin majoritaire, tantôt celui de la proportionnelle des listes ouvertes avec application de la règle du « plus fort reste »[191], la doctrine ne retient pas le caractère inéquitable du scrutin majoritaire du fait qu'il accentue l'avantage du vainqueur : dans chaque circonscription, les voix qui se sont portées sur les vaincus ne sont pas représentées au Parlement[192]. Cette critique est d'autant plus sérieuse qu'elle porte entorse à la démocratie qui veut que chaque voix compte et soit représentée au Parlement. La démocratie, tout en étant la loi de la majorité, ne peut ignorer les points de vue de la minorité.

2. La représentation proportionnelle

La représentation proportionnelle implique le scrutin des listes. Il s'agit d'un système qui favorise la création des partis politiques, thèse à laquelle nous nous sommes opposés. Ce système est inadapté au multipartisme rationalisé. Dans la représentation proportionnelle, pour participer à une élection, chaque formation politique constitue sa liste avec autant de noms que de sièges à pourvoir. À la différence du scrutin majoritaire, la liste qui obtient le plus de voix n'emporte automatiquement tous les sièges. La répartition s'opère au prorata des voix obtenues. C'est allouer à chaque formation politique un nombre de sièges proportionnel au nombre des voix qu'elle a obtenues.

La proportionnalité entre le nombre de suffrages et le nombre de sièges est obtenue par la division, dans chaque circonscription, du nombre total des suffrages exprimés par le nombre des sièges à pourvoir, afin d'obtenir un quotient électoral. Ce quotient représente le nombre de suffrages nécessaire à obtenir en vue de remporter un siège. Ainsi, plus le score d'une liste contient de fois le quotient électoral et plus elle a des sièges.

---

191 ESAMBO KANGASHE, J.-L., *Traité de droit constitutionnel congolais*, *op. cit.*, p. 220.

192 MPONGO BOKAKO BAUTOLINGA, D., « Stratégies de conquêtes du pouvoir », *loc. cit.*, p. 62.

Lorsqu'après cette opération, il reste encore des sièges non attribués et des suffrages non employés, l'on procède à l'attribution des restes. Cette technique est assez complexe.

La répartition au « plus fort reste » consiste à attribuer les sièges restants aux listes qui ont le plus grand nombre de suffrages inemployés. Cela favorise tant soit peu les petits partis politiques. Comme la répartition à la plus forte moyenne consiste à diviser pour chaque liste le nombre des suffrages obtenus par le nombre des sièges attribués plus un fictif. On obtient alors une série de moyennes. Les sièges restants iront aux listes qui ont les plus fortes moyennes avec comme conséquence la favorisation des grands partis politiques.

Il est soutenu dans la doctrine mouvante que « la représentation proportionnelle des listes ouvertes, avec application de la règle du « plus fort reste », est une modalité qui encourage la formation des partis politiques indépendants et se démarquant les uns des autres. Même corrigé par la règle de la plus forte moyenne, ce mode de scrutin assure difficilement le regroupement des partis politiques, mais occasionne plutôt leur instabilité à la faveur des gouvernements de coalition se soldant par des crises gouvernementales préjudiciables à l'unité et l'action du gouvernement »[193].

En réalité, lorsqu'une coalition fonctionne conformément à la Constitution, cela ne peut engendrer des crises récurrentes, dans la mesure où les articles 90, 91, 92, 93 de la Constitution organisent clairement le fonctionnement du gouvernement[194].

Aujourd'hui, le blocage de la coalition FCC-CACH était la preuve flagrante que l'inobservance de la Constitution conduit inévitablement à l'éclatement de toute coalition. C'est le cas, en particulier lorsque cette dernière n'a pas pour soubassement un programme de gouvernement et n'est pas le résultat d'un informateur conformément à l'article 78 de la Constitution au cas où aucun parti ou regroupement n'a atteint la majorité à l'Assemblée nationale[195].

3. Les systèmes mixtes

Les systèmes électoraux dits mixtes empruntent les techniques des systèmes majoritaire et proportionnel. Les systèmes dont il est question s'efforcent de combiner le système majoritaire et la représentation proportionnelle selon les techniques variables. Pour Mpongo Bokako Bautolinga, la mixité du système tient ici au fait que le scrutin majoritaire et la proportionnelle jouent

---

[193] ESAMBO KANGASHE, J.-L., *Traité de droit constitutionnel congolais*, *op. cit.*, p. 221.

[194] Constitution de la République démocratique du Congo du 18 février 2006 telle que modifiée par la loi n° 11/002 du 20 janvier 2011 portant révisions de certains articles de la Constitution de la République démocratique du Congo, in *JORDC*, 52e année, numéro spécial, Kinshasa, 5 février 2011.

[195] Article 78 de la Constitution de la République démocratique du Congo du 18 février 2006 telle que modifiée par la loi n° 11/002 du 20 janvier 2011 portant révisions de certains articles de la Constitution de la République démocratique du Congo, in *JORDC*, 52e année, numéro spécial, Kinshasa, 5 février 2011.

cumulativement. Les électeurs disposent d'un bulletin à double vote. Ils désignent à la fois un député au scrutin uninominal majoritaire et un parti à la représentation proportionnelle[196].

D. Partis politiques, systèmes électoraux et stratégies de conquête du pouvoir

Les systèmes électoraux sont choisis selon qu'ils sont favorables à la conquête du pouvoir par ceux qui ont le pouvoir d'État et la majorité dans les instances décisionnelles. Les partis politiques de l'opposition sont souvent victimes de systèmes généralement choisis par les partis au pouvoir, car cela participe de leurs stratégies à conserver le pouvoir.

Il n'existe pas de choix hasardeux dans le domaine politique. La consolidation du cadre démocratique à travers l'exercice du suffrage par les partis politiques est devenue un des objectifs à atteindre dans tous les États modernes, qui se sont engagés dans ce processus, particulièrement la République démocratique du Congo[197].

La stratégie de conquête du pouvoir s'entend comme les politiques et techniques exercées par les partis politiques pour gagner les voix des électeurs.

Pour faire élire leurs candidats, les partis politiques doivent mener une politique assez habile et respecter les règles du jeu en matière de campagne électorale. Ainsi, la vie des partis politiques ne peut se concevoir sans soutien populaire, leur finalité étant la demande du suffrage en vue de conquérir le pouvoir d'État, de l'exercer le plus longtemps.

La stratégie de conquête du pouvoir passe par l'élaboration d'un programme de société attractif qui réponde aux besoins sociaux de base. Tout projet de société politique doit faire mention des améliorations des conditions sociales. Les questions les plus visibles renvoient aux salaires, aux écoles, aux hôpitaux, au transport, à la couverture médicale, ou encore aux infrastructures routières.

À côté de ces problématiques vitales pour toute population, il y a toujours l'importance de promouvoir une politique d'honorer les compatriotes qui meurent pour la cause de tous. Les martyrs de la démocratie en toutes circonstances. Par exemple, les cas qui ont marqué le processus politique et démocratique de ces dernières années en République démocratique du Congo, ceux de la disparition du colonel Mamadou Ndala, de Rossy Mukendi, de Thérèse Kapangala, d'Éric Kukula, etc.

De ce qui précède, la victoire électorale de toute formation politique passe par son implantation sur l'ensemble du territoire national. Le discours politique doit afficher les besoins qui traversent l'intérêt national. Les dirigeants du parti doivent

---

[196] MPONGO BOKAKO BAUTOLINGA, E., « Stratégies de conquêtes du pouvoir », *loc. cit.*, pp. 64-65.

[197] ODIMULA LOFUNGUSO, L., *L'État de droit en droit congolais*, *op. cit.*, p. 198.

refléter le caractère national aussi bien du point de vue de la représentativité provinciale que du discours politique.

Les partis concourent à la conquête du pouvoir dans un cadre éthique propice. Les stratégies de conquête du pouvoir doivent être constituées dans l'observance d'un code de conduite à suivre pendant la campagne électorale. La justice électorale, jugera, par exemple, certaines attitudes ou violences à même d'influer sur les résultats électoraux, et donc, punissables pénalement.

D'où les stratégies de conquête du pouvoir ne peuvent se monter sans respect de la loi, et particulièrement, la loi électorale. Et pour mettre en phase ces stratégies de conquête de pouvoir, il faut une élection qui est toujours précédée d'un moment primordial appelé la campagne électorale.

E. Les partis politiques et la campagne électorale

La campagne électorale est un moment très important pour les partis politiques. Elle consiste pour les candidats à chercher à convaincre les électeurs de voter pour eux. Jadis, plus précisément autour du XIXe siècle, il est renseigné qu'on tenait pour indigne aux États-Unis, par exemple, qu'un candidat à la présidence puisse solliciter en personne les suffrages de la population. Le candidat à la présidence demeurait chez lui, laissant à ses partisans le soin de porter son message au peuple.

Le candidat se contentait souvent d'une déclaration publique au cours de la campagne : le discours d'acceptation qu'il prononçait devant le comité qui venait chez lui l'informer que la Convention nationale l'avait choisi comme tête de liste. Le Président Abraham Lincoln n'avait prononcé aucun discours, après la Convention, durant sa campagne de 1860. Son rival, Stephen A. Douglas parcourut le pays pour solliciter les suffrages. Il fut accusé de se livrer à une « regrettable innovation, indigne d'un candidat à la présidence »[198].

Aujourd'hui, tant la campagne devient le moment de communion entre le candidat et ses électeurs potentiels, tant le candidat lui-même en devient l'acteur majeur. Dans les pays à tradition démocratique, de grands débats entre candidats sont organisés en vue de permettre aux électeurs de faire le meilleur choix. À partir du débat contradictoire, les organisations spécialisées dans l'étude de marché de sondage d'opinion sont capables de projeter le candidat susceptible de gagner une élection. Le résultat final de l'élection est tributaire à une campagne électorale bien conduite et une stratégie peaufinée.

L'importance de la campagne électorale a guidé l'attention que le législateur accorde à ce moment important de désignation et de choix de représentant du peuple et des potentiels animateurs des institutions.

---

[198] MABIALA MANTUBA-NGOMA, « La conduite d'une campagne électorale (Petit Guide 1972 :21) », in *Organisation et fonctionnement des partis politiques en RDC*, Kinshasa, Konrad Adenauer, 2004, p. 68.

En République démocratique du Congo, il est institué une commission électorale nationale indépendante, CENI en sigle, dotée de la personnalité juridique et chargée de l'organisation du processus électoral, notamment de l'enrôlement des électeurs, de la tenue du fichier électoral, des opérations de vote, de dépouillement et de la publication des résultats, ainsi que du référendum[199].

Les principes directeurs qui fondent la campagne électorale en RDC sont l'égalité des candidats, la neutralité de l'administration publique, la légalité et la loyauté des procédés de campagne[200] ainsi que l'éthique.

Toute campagne électorale s'apprécie à partir de la culture politique d'un pays, du profil du candidat, des stratégies mises en place et des actions à mener sur le terrain.

Sur la question de l'égalité des candidats, il y a lieu de relever que dans un régime démocratique qui autorise le pluralisme d'opinions politiques, l'égalité de traitement de tous les candidats compétiteurs est un droit fondamental.

L'observance de ce principe est la règle au sein des médias d'État, mais également dans les médias privés, dans la mesure où elles ont pour objectif d'éviter des abus et dérapages[201]. Cela s'explique par la fragilité de notre jeune démocratie, la faiblesse de notre administration.

Dans une situation classique, c'est le ministère de l'Intérieur qui serait l'organe compétent pour l'organisation des élections. À ce sujet, soulignons que la neutralité de l'administration publique est « exigeante par principe mais conjoncturelle et contextuelle ; comptable de son contenu : elle est, en définitive, relationnelle et, partant, relative »[202].

Enfin, mû par un souci majeur de protection de la légalité et de la loyauté électorales, « le législateur prend soin d'interdire aux candidats et aux listes de candidats, le recours aux procédés qui, par leur utilisation, peuvent compromettre la légalité et la loyauté »[203].

Nous le rappelions ci-haut, la conduite d'une campagne électorale tient compte de :

- La culture politique ;
- Le profil du candidat ;
- L'organisation de la campagne proprement dite ;
- Les ressources humaines qui y concourent ;
- Les ressources financières y affectées ;
- Les moyens logistiques dont dispose le candidat ;
- Les moyens d'information ;

---

[199] Article 211 de la Constitution du 18 février 2006.

[200] Loi n° 017/03 du 24 décembre 2017 portant organisation des élections présidentielles, législatives, provinciales, urbaines, municipales et locales.

[201] LOFOLI, J.-P., « Média, instance de régulation et élection en République démocratique du Congo », *in* M'BOKOLO, E. (dir.), *Élections démocratiques en République démocratique du Congo. Dynamiques et perspectives*, Kinshasa, AGB, 2010, pp. 109-110.

[202] ESAMBO KANGASHE, J.-L., *Le droit constitutionnel*, *op. cit.*, pp. 289-290.

[203] *Idem*, p. 79.

– La méthode choisie pour la campagne ;
– Le discours de campagne ;
– Les thèmes de campagne choisis ;
– L'identification des actions à mener sur terrain[204].

De ce qui précède, il y a lieu de proposer les réformes suivantes :

– L'organisation des séminaires de renforcement de capacité au sein des partis politiques ;
– La promotion de la culture démocratique pour une bonne culture politique ;
– La confection d'une base financière et intellectuelle solide pour assurer l'autonomie du pouvoir et son indépendance ;
– La dotation de mécanismes efficaces de la gestion des ambitions ;
– Le renforcement de la législation sur la neutralité de l'administration publique au cours des échéances électorales ;
– La prévision des mécanismes, par les dirigeants des partis politiques, du sens de l'autocontrôle dans la gestion quotidienne ;
– L'organisation des primaires comme exigence légale de désignation des candidats au niveau élevé comme à la présidentielle ;
– Le renforcement de la sanction contre les médias tant publics que privés qui ne respectent pas l'équité dans le traitement des candidats ;
– La dépolitisation de la fonction publique en vue de préconiser l'organisation des élections par le ministère de l'Intérieur ;
– L'ouverture du droit de vote aux militaires même s'ils ne peuvent ni faire de la politique ni être candidats.

À la lumière de toutes ces propositions de réforme, il est possible que les partis politiques et la justice électorale participent à l'instauration d'une démocratie plurielle en République démocratique du Congo. Si donc aborder la question des partis politiques est aussi complexe qu'ardu, il devient beaucoup plus difficile d'étudier, mieux, de questionner le rôle que l'opposition politique peut jouer au regard de son statut voulu comme socle d'enracinement de l'État de droit par la dialectique pouvoir-opposition, gestion-critique, pouvoir-contre-pouvoir.

F. Les partis politiques et la parité homme-femme[205]

Les instruments juridiques internationaux, accords et conventions de référence reconnaissent et affirment la nécessité de corriger les inégalités entre les genres, et d'éliminer toutes formes de discrimination à l'égard des femmes, de tous âges dans tous les domaines de la vie, y compris la présence et la représentation aux postes à responsabilités et dans la prise de décisions à tous les niveaux[206].

---

[204] MABIALA MANTUBA-NGOMA, « La conduite d'une campagne électorale », *loc. cit.*, pp. 69-78.

[205] Article 14 de la Constitution congolaise du 18 février 2006.

[206] INSTITUTE FOR DEMOCRACY AND ELECTORAL ASSISTANCE (IDEA INTERNATIONAL), *Participation et représentation des femmes. Le rôle des partis politiques*, Note technique n° 1/2021, octobre 2021, p. 1.

Le droit à l'égalité et l'interdiction de la discrimination qui sont à la base de l'égalité des genres, de la participation et de la représentation des femmes dans la vie politique et la prise de décisions, sont inscrits dans la Charte des Nations Unies. Dans son préambule, les États ont affirmé la volonté de proclamer à nouveau leur foi dans les droits fondamentaux de l'homme, dans la dignité et la valeur de la personne humaine, dans l'égalité de droits des hommes et des femmes[207].

Dans le même registre, les articles 1 et 2 de la DUDH[208], instrument qui constitue le fondement des droits et libertés inscrits dans de nombreuses Constitutions nationales, consacrent également le droit de toute personne à la non-discrimination, notamment sans distinction de sexe.

Ainsi, la participation et la représentation des femmes sur la scène politique sont non seulement un droit humain fondamental, mais aussi un fondement essentiel du développement durable et de la démocratie. Les femmes ont clairement le droit de participer et de se faire représenter par d'autres femmes dans les processus et les institutions où sont prises les décisions qui affectent leur vie[209].

L'article 25 du PDCP[210] de 1966[211] stipule que « *tout citoyen a le droit et la possibilité, sans aucune des discriminations visées à l'article 2 et sans restrictions déraisonnables : – de prendre part à la direction des affaires publiques, soit directement, soit par l'intermédiaire de représentants librement choisis ; – de voter et d'être élu, au cours d'élections périodiques, honnêtes, au suffrage universel et égal et au scrutin secret, assurant l'expression libre de la volonté des électeurs* ».

Aussi, la Convention des Nations Unies de 1979 sur l'élimination de toutes les formes de discrimination à l'égard des femmes est un instrument complet pour faire respecter les droits fondamentaux de la femme[212]. En ratifiant la Convention, les États ont souscrit, aux termes des articles 1 et 2, à l'obligation d'éliminer toutes les formes de discrimination à l'égard des femmes en adoptant des mesures pour le respect, la protection et la mise en œuvre au niveau national de tous les droits qui y sont proclamés.

L'article 7 de la même Convention porte plus particulièrement sur les droits de la femme en matière de participation politique, notamment son droit à être élue à des fonctions publiques, à occuper tous les emplois publics et exercer toutes les fonctions publiques de son pays, et son droit de vote[213].

---

[207] La Charte de l'Organisation des Nations Unies de 1945, Préambule.

[208] La Déclaration universelle des droits de l'homme.

[209] INSTITUTE FOR DEMOCRACY AND ELECTORAL ASSISTANCE (IDEA INTERNATIONAL), *Participation et représentation des femmes. Le rôle des partis politiques*, *op. cit.*, p. 1.

[210] Pacte international relatif aux droits civils et politiques.

[211] Instrument contenant des dispositions spécifiques sur le droit à l'égalité entre les hommes et les femmes dans les affaires publiques et la vie politique.

[212] IDEA INTERNATIONAL, *op. cit.*, pp. 2-3.

[213] *Idem.*

Reflétant ce consensus international sur le rôle non négligeable des partis politiques dans l'avènement de démocraties saines, la Résolution des Nations Unies sur les femmes et la participation politique[214] exhortent les États à :

– Prendre toute mesure appropriée pour éliminer les préjugés fondés sur l'idée que l'un ou l'autre des sexes serait inférieur ou supérieur, ou les rôles stéréotypés des hommes et des femmes, qui constituent un obstacle à l'accès et à la participation des femmes, et à adopter des stratégies visant à les faire participer pleinement à la vie politique ;

– Encourager vivement les partis politiques à éliminer toutes les discriminations qui, directement ou indirectement, font obstacle à la participation des femmes. Également, à développer leur capacité d'analyser les problèmes, en prenant en compte la perspective du genre, et à adopter des politiques susceptibles de promouvoir la capacité des femmes à prendre pleinement part à la prise de décisions à tous les niveaux au sein desdits partis politiques.

À ce sujet, le constituant congolais de 2006 offre aux partis politiques un champ de bataille très nourri. Ceux-ci ont à inscrire, dans leurs efforts de construction de l'État de droit constitutionnel, le respect des articles 12, 13 et 14 de la Constitution.

En effet, l'article 12 dispose que « *tous les Congolais sont égaux devant la loi et ont droit à une égale protection des lois* ». L'article 13, pour sa part, précise qu'« *aucun Congolais ne peut, en matière d'éducation et d'accès aux fonctions publiques ni en aucune autre matière, faire l'objet d'une mesure discriminatoire, qu'elle résulte de la loi ou d'un acte de l'exécutif, en raison de sa religion, de son origine familiale, de sa condition sociale, de sa résidence, de ses opinions ou de ses convictions politiques, de son appartenance à une race, à une ethnie, à une tribu, à une minorité culturelle ou linguistique* ».

L'article 14, quant à lui, impose que « *les pouvoirs publics veillent à l'élimination de toute forme de discrimination à l'égard de la femme et assurent la protection et la promotion de ses droits. Ils prennent, dans tous les domaines, notamment dans les domaines civil, politique, économique, social et culturel, toutes les mesures appropriées pour assurer le total épanouissement et la pleine participation de la femme au développement de la nation. Ils prennent des mesures pour lutter contre toute forme de violences faites à la femme dans la vie publique et dans la vie privée. La femme a droit à une représentation équitable au sein des institutions nationales, provinciales et locales. L'État garantit la mise en œuvre de la parité homme-femme dans lesdites institutions. La loi fixe les modalités d'application de ces droits* ».

Il appartient donc aux partis politiques de promouvoir la parité, d'inciter les femmes à conquérir le pouvoir, en leur donnant accès aux postes de commandement et de direction des partis et, surtout, en faisant en sorte que les femmes soient représentées dans les listes électorales.

---

[214] AGNU, 2011.

Pour ce faire, la question n'est pas de savoir si les femmes sont capables de jouer un rôle actif dans le développement, la démocratie et la consolidation de la paix, car elles l'ont toujours fait et apportent actuellement leur contribution à de nombreux niveaux, dans la sphère privée comme publique[215].

En effet, l'apport des partis politiques va consister à mettre à jour et à remédier à la discrimination et à la marginalisation systématique et systémique enracinées des femmes et des filles, afin que la participation des femmes se traduise par une influence et une prise de décision déterminantes dans le développement et la construction de la démocratie[216].

La parité homme-femme consacrée dans la Constitution est loin d'être une question mathématique. Elle traduit plutôt la volonté du législateur de jeter la base d'un équilibre social. Les partis politiques sont donc le cadre de prédilection de la confection de cette base à partir de leurs rôles et missions constitutionnelles. Le pluralisme rationalisé doit aussi mettre la femme au cœur de l'activité politique. Dans l'encadrement que nous proposons, il est nécessaire que soit érigé en obligation le fait que la femme soit représentée au moins à la hauteur de 30 pour cent au comité directeur de chaque parti politique[217].

G. Les partis politiques et la question de la caution non remboursable

Lors de l'examen de la loi n° 22/029 du 29 juin 2022 modifiant et complétant celle du n° 06/006 du 9 mars 2006 portant organisation des élections présidentielles, législatives, provinciales, urbaines, municipales et locales[218], un groupe de députés nationaux réunis autour de la plateforme G13[219] avait évoqué cette question. En effet, ces députés ont préconisé la baisse de la caution électorale et son paiement par liste et non par candidat en vue d'assurer une grande participation des citoyens aux élections. Aussi ont-ils suggéré, par la même occasion, le remboursement de la caution une fois que la candidature n'est pas retenue.

Il apparaît sans doute que l'exigence de la caution, et surtout son remboursement dans la recevabilité des candidatures aux différents niveaux des élections heurtent la Constitution et l'enracinement de la démocratie. Cette condition ne rencontre pas positivement les principes du multipartisme rationnel, celui de concourir au suffrage et du financement des partis politiques, lesquels peuvent recevoir de l'État des fonds publics destinés à financer leurs campagnes électorales ou leurs activités, dans les conditions définies par la loi, posées à l'article 6 de la Constitution.

---

215 IDEA INTERNATIONAL, *op. cit.*, pp. 2-3.

216 *Idem.*

217 Cf. *infra* : réformes politologiques.

218 *JORDC*, 63e année, numéro spécial, Première partie, Kinshasa, 5 juillet 2022.

219 Un Groupe de députés et personnalités politiques qui a initié la proposition de loi dite LOKONDO, nom de l'honorable Henry Thomas LOKONDO, d'heureuse mémoire, décédé en cours de législature.

L'exemption prévue à l'article 13 de la loi électorale pour une liste qui comporte 50 % de femmes, est la preuve que la caution électorale ne peut justifier le rejet d'une liste électorale. Elle constitue un frein à la conquête du pouvoir démocratique par les partis politiques et à la rationalisation du pluralisme politique. Si le constituant a prévu qu'ils peuvent recevoir de l'État les fonds publics destinés à financer leurs activités, il n'y a aucune raison que les partis versent à l'État des sommes d'argent lorsqu'ils viennent concourir à l'exercice du pouvoir par la voie électorale.

Dans un multipartisme rationalisé, les critères et conditions d'éligibilité et de recevabilité des candidatures doivent être objectifs, centrés sur la moralité des candidats et l'existence réelle des partis, et non sur des conditions financières restrictives aux allures discriminatoires et non inclusives.

Ainsi, dans le cadre des réformes, nous proposons la suppression de la caution électorale, mieux son remboursement[220].

L'étude du cadre épistémologique des partis politiques et de l'État de droit constitutionnel nous a permis de saisir le rôle de ces derniers, tant dans la gouvernance institutionnelle que dans la formation de l'opinion publique sur l'accession au pouvoir d'État et à son exercice. En effet, depuis la Loi fondamentale jusqu'à la Constitution du 18 février 2006 telle que révisée, le constituant attache une importance considérable aux partis politiques dans le contexte du pluralisme politique, les élections étant érigées en mode d'accession au pouvoir démocratique dans un État de droit.

[220] Cf. *infra*.

CHAPITRE II.

Les partis politiques dans le champ substantiel de l'ordre juridique congolais

Il nous revient de présenter le cadre organisationnel et structural des partis politiques avant de voir comment ces derniers se déploient dans le champ substantiel du droit constitutionnel congolais.

SECTION I.
Le cadre organisationnel et structurel des partis politiques en droit positif congolais

Le législateur a tenu à ce que l'organisation et le fonctionnement des partis politiques reflètent, en filigrane, l'approche démocratique de l'exercice du pouvoir. Ainsi, l'application correcte des dispositions de la loi relative à l'organisation et au fonctionnement des partis politiques en RDC devrait tendre à assurer un parfait équilibre entre les dirigeants des partis et leurs membres. Il est donc utile d'étudier la procédure de constitution d'un parti politique et les mécanismes de fonctionnement de ce dernier en droit positif congolais.

§1er. La Constitution d'un parti politique

Le droit congolais prévoit plusieurs critères que les fondateurs sont appelés à remplir en vue de la constitution d'un parti politique. Ces critères sont liés à la nationalité, à l'âge, au niveau d'études ou d'expérience professionnelle, etc.

A. Les conditions

En vue de la constitution d'un parti politique, les personnes qui en prennent l'initiative, appelées « fondateurs », doivent être de nationalité congolaise, âgées de 30 ans au moins, justifier d'un niveau suffisant de formation intellectuelle ou d'une expérience professionnelle ou politique avérée, jouir de leurs droits civils et politiques, d'une bonne santé physique et mentale et avoir une résidence ou un domicile en RDC[1].

Ces conditions reflètent suffisamment la volonté du constituant et du législateur qui tiennent à l'engagement citoyen, plutôt du candidat potentiel vis-à-vis de la nation lorsqu'il fait référence aux Congolais d'origine[2]. Cela témoigne que la fameuse idée d'exclure de la compétition électorale, à certaines fonctions, les Congolais qui ne le sont pas par leur père et par leur mère est une violation flagrante de la Constitution[3]. Le constituant dispose en effet qu'aucun Congolais ne devrait faire l'objet d'une mesure discriminatoire en matière d'éducation et d'accès aux fonctions publiques ni en aucune autre matière.

À ce sujet, il y a lieu, pour déconstruire l'utopie politique qui entoure pareille idée d'exclusion de certains potentiels candidats, d'évoquer l'engagement patriotique de certains compatriotes qui, n'ayant pas les deux parents congolais, ont démontré leur loyauté vis-à-vis de la nation congolaise jusqu'au sacrifice suprême, à l'instar du colonel Mamadou Ndala. Cette opinion a le mérite de porter un regard anthropologique témoignant ou privilégiant une approche plutôt subjective de la nation.

B. Procédure

Les citoyens désirant de créer un parti politique doivent rédiger et adopter les statuts ainsi que le Règlement intérieur qui vont organiser et régir le fonctionnement de la formation politique qu'ils entendent mettre en place.

Le formulaire de constitution du parti ou du regroupement politique est déposé au ministère de l'Intérieur en vue d'obtenir, après traitement, l'enregistrement et l'agrément du parti. Pour cela, les statuts dûment signés par les fondateurs, accompagnés du procès-verbal de l'Assemblée constituante, font partie des pièces à déposer.

Doivent également figurer au dossier de demande d'enregistrement : une déclaration signée par les membres fondateurs du parti politique indiquant leur identité complète et attestant que chaque province est représentée équitablement par au moins un membre fondateur ; des certificats de bonne conduite, vie et mœurs et des extraits du casier judiciaire établissant l'honorabilité des membres fondateurs du parti politique ; une attestation de résidence de chaque membre fondateur délivrée par l'autorité administrative compétente ; le cas échéant, un document indiquant, au niveau du chef-lieu de province, les responsables du parti politique avec leur identité complète ; une déclaration relative au patrimoine et aux sources de revenus prévues par le parti politique en vue de réaliser les objectifs qu'il s'est assignés ; une contribution aux frais non remboursables au profit du Trésor public. Devront aussi être déposés en trois exemplaires, outre le

[1] Article 11 de la loi n° 001-2001 du 17 mai 2001 portant organisation et fonctionnement des partis et regroupements politiques.

[2] L'article 11 de la Constitution congolaise du 18 février 2006.

[3] Article 13 de la même Constitution.

projet de société, les dossiers individuels de chaque membre fondateur comprenant les pièces ci-après :

- Un *curriculum vitae* complet dûment signé et certifié sincère et véritable ;
- Une attestation de naissance ainsi qu'une photo de passeport ;
- Un certificat de nationalité congolaise ;
- Un certificat médical délivré par un médecin de l'État ou agréé[4].

Cette organisation permet la mise en place d'une structure adoptée suivant la liberté de choix du parti, afin de permettre un essaimage adéquat sur l'échiquier national.

Toutefois, il convient de noter que l'arrêté d'enregistrement n'est pas la seule preuve de l'existence du parti politique. L'art. 14, alinéa 3 de la loi du 15 mars 2004 dispose que « si à l'expiration du délai de 30 jours ouvrables après le dépôt, le ministre est en défaut de décider, le parti politique est considéré comme enregistré. Le ministre est tenu de lui délivrer un arrêté d'enregistrement dans le délai de 15 jours. À défaut, le récépissé du dépôt tient lieu d'enregistrement ».

§2e. Fonctionnement d'un parti politique

Aux termes de la loi, le fonctionnement d'un parti politique doit être démocratique. Ce caractère apparaît à travers la manière dont les organes du parti se comportent face aux pouvoirs publics ainsi qu'au niveau interne, notamment face à la reconnaissance des pouvoirs des militants. Dans la pratique, les partis politiques sont des structures personnalisées à la solde de leurs initiateurs. Ils ne sont pas différents des Églises dites de réveil, en RDC. La différence réside dans le fait que l'autorité dite morale du parti est remplacée par le concept de Dieu. L'État a toujours affiché une certaine défaillance dans l'encadrement de ce qu'il y a lieu d'appeler « le phénomène nègre de la liberté ». Une commercialisation de la civilisation spirituelle anarchique. Si dans le parti on vend le bonheur et l'emploi, dans l'Église, on vend la prospérité et la vie éternelle, faisant fi de toutes les autres questions existentielles. Dans l'un comme l'autre cas, les postes et l'offrande sont une affaire de famille. Toute attention particulière vaut auto-exclusion de l'Église ou du parti. L'État ayant totalement programmé sa démission, le parti et l'Église constituent l'opium du peuple qu'ils martyrisent.

A. Contrôle des activités des partis politiques

La scène politique est mouvementée. Ses turbulences se manifestent de plusieurs manières et mettent en exergue un risque toujours plus accru de confrontations entre forces adverses. L'antagonisme entre la majorité au pouvoir et l'opposition peut facilement conduire à des émeutes, qui font constamment craindre des situations qui dégénèrent. Ainsi, entre liberté de fonctionnement et nécessité de garantir la paix sociale et la sûreté publique, il s'avère important

---

[4] Article 11 de la Constitution du 18 février 2006.

d'assurer un contrôle minimum des activités des partis politiques et, le cas échéant, d'appliquer des sanctions qui s'imposent.

Selon l'organe considéré, le contrôle des partis politiques peut être administratif, judiciaire ou citoyen.

1. Contrôle administratif

L'administration des partis politiques est de la compétence du ministère ayant les affaires intérieures dans ses attributions. En tant que ministère sectoriel, le ministère de l'Intérieur exerce sur les partis politiques un pouvoir consistant notamment à tenir à jour le répertoire sur lequel ils sont repris.

2. Contrôle judiciaire

Sur le plan judiciaire, la loi prévoit que les partis politiques sont encadrés par la Cour suprême de justice. À la faveur de l'éclatement de celle-ci, cette compétence est acquise au Conseil d'État. Au regard de l'article 48 de la loi[5] portant organisation, compétence et fonctionnement des juridictions de l'ordre administratif, la section du contentieux du Conseil d'État comprend 6 chambres d'instruction et de jugement, dont la quatrième est celle des élections, des formations politiques et des organismes professionnels, chargée du contentieux des élections autres que les élections présidentielles et législatives ainsi que du contentieux lié à l'organisation, au fonctionnement et au financement des partis et regroupements politiques ou des organismes professionnels.

3. Contrôle citoyen

Ce contrôle est à envisager du point de vue des structures et des individus organisés ou non en structures partisanes. Il sera donc analysé du point de vue du citoyen et de la Société civile.

- Le citoyen

Le citoyen est l'unité de mesure de la société. Il est le point de départ et d'arrivée de l'action politique et de celle des pouvoirs et services publics. La satisfaction de l'intérêt général auquel tend l'organisation et le fonctionnement du service public commande de tenir compte des véritables besoins du citoyen et de s'assurer que l'action conçue, planifiée et mise en œuvre corresponde, en termes de pertinence et du point de vue méthodologique, à ce qui est de nature à garantir son plein épanouissement et son développement individuel.

Dès lors, la société démocratique reconnaît à l'individu à la fois des droits et des devoirs, qui convergent vers l'admission de sa prérogative de contrôle vis-à-vis des autorités dirigeantes. Cet individu qui est l'animateur premier du parti politique auquel il adhère et qui accepte son adhésion a, à plus forte raison, le droit de connaître l'orientation de la gestion de son parti par ceux à qui est dévolue sa destinée. Il s'agit à la fois d'une logique de transparence et d'orthodoxie, le

[5] L'article 48 de la loi organique n° 16/027 du 16 juillet 2016.

citoyen, membre du parti se reconnaissant ainsi le droit et le pouvoir de suivre de près la ligne idéologique de celui-ci.

Considérée comme un ensemble d'individus partageant entre eux des rapports variés mais convergeant vers l'accomplissement d'un destin commun, la société ne s'évalue donc qu'à la lumière de la valeur de ses citoyens, tant qualitativement que quantitativement. En tant que gouverné, le citoyen est la source du pouvoir dans la société contemporaine, dominée par l'approche démocratique du pouvoir. Il est la mesure de la légitimité du pouvoir dès lors que l'exercice de celui-ci correspond à ses choix suivant la logique de la majorité. Cette légitimité se présente sous les formes rationnelle et charismatique. La forme charismatique de la légitimité évoque davantage l'influence de l'adhésion citoyenne au projet de société défendu par les tenants du pouvoir.

- La Société civile

Il s'agit d'entrevoir le contrôle des partis politiques par des structures organisées autour de thématiques diverses, dont le but est d'assurer l'épanouissement des membres de la société à tout point de vue. Appelées « organisations citoyennes », les structures de la Société civile, qu'elles soient confessionnelles ou non confessionnelles, servent de contrepoids significatif à l'*ultra vires* susceptible d'être reproché aux pouvoirs publics et politiques.

En RDC, à la faveur des crises politiques, les Églises catholique et protestante ont donné des exemples d'engagement citoyen si remarquables qu'il en a découlé des fléchissements parfois étonnants de la part des pouvoirs politiques. Récemment, suite à la suspicion d'une volonté sournoise de briguer un mandat présidentiel au-delà des deux constitutionnellement prévus, des structures de l'Église, à l'instar du Comité laïc de coordination, ont presque vécu la clandestinité dans l'objectif de faire courber l'échine à un pouvoir redoutablement militarisé.

B. Sanctions

La sanction susceptible d'être appliquée aux partis politiques peut être administrative ou judiciaire. Il est loisible d'en évoquer le champ légal.

1. Sanction administrative

Prévue par l'article 29 de la loi portant organisation et fonctionnement des partis politiques, la sanction administrative est celle que prend le ministre de l'Intérieur contre le parti politique qui s'écarte des prescrits de la loi.

En effet, aux termes de cette disposition[6], en cas de violation de la loi et d'urgence ou de risque de troubles graves à l'ordre public, le ministre ayant dans ses attributions les affaires intérieures peut, par arrêté motivé, suspendre les activités d'un parti ou regroupement politique et ordonner la fermeture des locaux utilisés pour ses activités.

---

[6] L'article 29 de la loi n° 04/002 du 15 mars 2004.

L'obligation de motivation des actes administratifs soumet le ministre à une certaine circonspection, l'arrêté non motivé étant susceptible de recours pour excès de pouvoir.

Étant donné qu'une présomption est admise selon laquelle tous les motifs de l'acte sont déterminants, si un acte administratif est fondé sur différents motifs, il suffit qu'il y ait un seul motif illégal pour que l'acte soit annulé[7].

2. Sanction judiciaire

C'est en conséquence de l'article 28 de la loi sur les partis politiques que la sanction doit être analysée. En effet, cette disposition légale attribue aux tribunaux de grande instance la compétence d'annuler tout acte d'un parti ou d'un regroupement politique contraire à la loi, à l'ordre public, aux bonnes mœurs, aux statuts ou ayant porté atteinte aux intérêts d'un de ses membres. Comme on le voit, le législateur, au travers de cette disposition, consacre un véritable contrôle judiciaire sur les partis politiques.

À cela s'ajoutent des dispositions légales diverses qui organisent la répression des actes répréhensibles, qu'ils soient de nature pénale ou de nature civile. À ce titre, le décret-loi 196 du 29 janvier 1999 portant réglementation des manifestations et des réunions publiques qui dispose en son article 10 que « tous les faits infractionnels commis à l'occasion des manifestations ou des réunions publiques sont réprimés conformément à la loi pénale. Leurs organisateurs seront tenus pour civilement responsables et condamnés aux réparations dues solidairement avec les auteurs desdits faits ». À travers cette disposition, la loi rend les partis politiques responsables des écarts et dérapages du type infractionnels causés par leurs militants à l'occasion des manifestations publiques qu'ils organisent.

3. Sanction pénale : l'impossible mise en cause de la responsabilité pénale

Le problème de la responsabilité des personnes morales est encore sujet à controverses. Cependant, à force de l'évolution des rapports humains, ce débat tend actuellement, même en droit congolais où il est longtemps demeuré statique, à la consécration de cette responsabilité. Le principe longtemps défendu consiste à rejeter la possibilité pour la personne morale d'engager sa responsabilité pénale[8]. Face à des faits infractionnels dont pourraient être tenues responsables des personnes morales, seuls leurs dirigeants, personnes physiques, pourront pénalement répondre[9].

---

[7] CSJ, R.A. 76, 9 sept. 1985, Affaire Tshitshimba Mbala c./ République du Zaïre, *in* NSUMBU KABU, O., *Cour suprême de justice. Héritage de demi-siècle de jurisprudence*, *op. cit.*, p. 922.

[8] NYABIRUNGU MWENE SONGA, R. ; BOKOLOMBE BATULI, Y. S. ; MANASI N'KUSU KALEBA, *Droit pénal général congolais mis à jour*, 2e Édition, Kinshasa, Éd. Droit & Société, 2023, p. 171 ; B. CIZUNGU M. NYANGEZI, *Les infractions de A à Z*, Kinshasa, éditions Laurent M. Nyangezi, 2011, p. 211.

[9] *Idem.*

Cependant, dans certains cas, les personnes morales peuvent être déclarées pénalement responsables, lorsque la loi en dispose ainsi. Les sociétés commerciales légalement formées, les entités publiques, les entreprises publiques, les associations sans but lucratif ou encore les partis politiques peuvent être pénalement responsables. Ces personnes morales encourent des pénalités propres à leur nature : amendes ou confiscations. Le tribunal peut aussi prononcer la dissolution ou la fermeture de l'établissement ou encore l'interdiction d'exercer. Une doctrine autorisée a souvent considéré ces sanctions comme des mesures administratives[10].

Dans certaines lois particulières, la responsabilité pénale des personnes morales est affirmée, mais il est précisé aussitôt que tel organe subira la peine prévue[11]. Dès lors, la personne qui incarne l'organe de gestion est individuellement poursuivie pour des délits ou des infractions de droit commun lorsqu'elle a agi comme organe. La même personne dirigeante peut être poursuivie pour nombre d'infractions spéciales précisées par la loi.

Actuellement, de nombreuses lois consacrent timidement ce type de responsabilité. Il s'agit toutefois essentiellement de la mise en cause de la responsabilité pénale des personnes morales commerçantes. D'ordinaire, les personnes morales de droit public échappent à ce type de responsabilité[12].

Pour les personnes morales de droit civil, une telle responsabilité parait encore inenvisageable. Même pour les personnes morales commerçantes, le droit pénal congolais demeure rétif quant à la détermination des sanctions pénales qui leur seraient appliquées si elles étaient reconnues pénalement responsables.

La question demeure à plus forte raison plus actuelle en ce qui est des partis politiques, dans la mesure où la loi qui en prévoit l'organisation et le fonctionnement n'a pas pourvu à des sanctions pénales à proprement parler, alors que le Code pénal reste muet sur ce type de sanctions concernant cette catégorie de personnes.

Notons qu'avec la loi n° 04/016 du 19 juillet portant lutte contre le blanchiment des capitaux et le financement du terrorisme, un parti politique en tant que personne morale peut dans une certaine mesure, engager sa responsabilité dans les conditions prévues en cas de financement du terrorisme. Il en est de même de ses membres lorsqu'ils y ont pris une part active ou n'ont pas pu dénoncer une telle activité. Des sanctions peuvent être prononcées, allant jusqu'à la dissolution d'un tel parti et à la fermeture de ses locaux. Quant aux membres, ils peuvent encourir des sanctions applicables aux personnes physiques.

---

10 LIKULIA BOLONGO, *Droit pénal spécial*, Paris, LGDJ, 1985.

11 NYABIRUNGU MWENE SONGA, R.; BOKOLOMBE BATULI, Y. S. ; MANASI N'KUSU KALEBA, *op. cit.*, p. 172.

12 GAUDEMET, Y., *Manuel de droit administratif*, Paris, LGDJ, 2005.

4. Sanction civile : le difficile rattachement formel des partis aux militants

La personne morale peut être tenue pour civilement responsable des actes de ses dirigeants[13]. Ce principe a été reconduit, en ce qui concerne l'activité politique, notamment en cas d'émeutes. Le principe est que les manifestants sont responsables des préjudices causés aux tiers à l'occasion de leurs manifestations.

Dans le contexte des partis politiques qui sont souvent amenés à formuler des appels à diverses manifestations pacifiques qui dégénèrent, la question demeure de savoir dans quelle mesure le droit congolais les tient pour responsables des préjudices consécutifs à de telles manifestations. Dans la mesure où le parti politique régulièrement enregistré est une personne morale, il semble logique qu'il soit tenu pour responsable des faits commis par ses militants ou sympathisants à l'occasion d'une manifestation qu'il organise. Il faut, toutefois, reconnaître que le caractère éminemment politique d'une telle responsabilité conduit généralement à écarter la possibilité de condamnation d'un parti politique pour les préjudices causés aux particuliers ou à l'État.

5. Sanction populaire : entre censure électorale, voies de fait et violence

Dans le fonctionnement de la démocratie ainsi que dans les luttes de positionnement en vue de l'exercice effectif du pouvoir, mais également dans la manière dont les opérateurs politiques se comportent dans le cadre des mandats politiques qui leur sont accordés, le peuple reste un observateur apparemment passif, qui réserve sa réaction pour les échéances électorales[14].

La sanction populaire, loin d'être seulement fougueuse à la faveur d'émeutes, peut être coordonnée et méthodique. C'est ainsi que dans certaines démocraties, certains partis, jadis connus pour leur oppression du peuple ou pour leur tendance à se montrer favorables aux doctrines racistes ou identitaires se sont vus tacitement interdits d'exercer le pouvoir. De même, la sanction populaire n'a pas épargné certains partis dont les stratégies de maintien au pouvoir consistaient à étouffer les partis d'opposition qui cherchaient à les remplacer.

Pour empêcher cette dernière éventualité, les partis au pouvoir ont employé des « contre-stratégies » pour faire échec à celles des partis de l'opposition. Considérant que telles stratégies visent le maintien au pouvoir, ces partis emploient à cette fin des moyens aussi bien orthodoxes – d'un point de vue normatif – que non orthodoxes[15].

---

13 Article 69 du Code civil L III.

14 C'est là le problème de la démocratie représentative que la démocratie participative veut résoudre. En réalité, le peuple n'y est souverain que tous les cinq ans. La démocratie constitutionnelle, la démocratie participative, la démocratie délibérative, la démocratie continue veulent qu'il le soit en permanence.

15 ISSAKA, K. SOUARÉ, *Les partis politiques de l'opposition en Afrique. La quête du pouvoir*, Montréal, Presses de l'Université de Montréal, 2017, pp. 107-124.

Pourtant, le pouvoir qu'ils s'arrogent et l'usage qu'on en fait sont contraires à la moralité publique, voire proscrits par les règles en vigueur[16], notamment la Constitution.

En France, l'on connaît le sort constamment réservé au Front national. En Afrique du Sud, les partis des Blancs ont, depuis la fin de l'apartheid, du mal à convaincre l'opinion publique de leur aptitude à diriger le pays.

En République démocratique du Congo, il semble évident que cette tendance s'observe à l'égard des anciens ténors du pouvoir de la Deuxième République. Le cas du MPR et du PPRD est illustratif.

La sanction a été telle qu'en 1997, la population de Kinshasa, asphyxiée par le règne quasi éternel du maréchal Mobutu, a accueilli les rebelles de l'AFDL à bras étendus. Aussi, en 2011 et en 2018, dans certaines provinces hostiles au régime de Joseph Kabila, beaucoup de candidats ont éprouvé d'énormes difficultés pour se présenter aux élections au nom du PPRD ou même de l'AMP et à se faire élire.

SECTION II. : Les partis politiques dans le champ substantiel du droit constitutionnel

Malgré la clarté et la précision dans la fixation des repères assignés à la discipline, le droit constitutionnel était vu comme une étude qui se consacrait purement à « l'État-nation ». Néanmoins, cette conception est aujourd'hui, comme l'évolution de toute société qui ne couvre plus tous les aspects de la question, dépassée[17] ; les partis politiques étant devenus la cheville ouvrière entre le pouvoir politique et l'État. Cependant, l'organisation d'une société en État confère tout de même au pouvoir politique, comme concept, toute sa légitimité, son caractère institutionnalisé et contraignant, comme ceux du concept d'État lui-même.

Loin de se repousser, ces deux conceptions, État et pouvoir politique se rejoignent au contraire, puisque le droit constitutionnel ne se limite plus uniquement qu'à l'étude de la Constitution d'un État. Bien au-delà, il établit un lien entre la Constitution et le pouvoir politique.

Ainsi donc, le droit constitutionnel fonde le pouvoir politique et l'organise au sein d'un État, et établit les droits fondamentaux des citoyens. Or, qui dit pouvoir politique, dit d'abord entité politique. De ce fait, comme branche du droit de tout État, le droit constitutionnel regroupe les normes juridiques qui régissent sa forme de gouvernance et sa structure territoriale, les relations entre l'individu et la société, le citoyen et l'État. En d'autres termes, ce sont les relations publiques découlant du statut juridique de l'individu et l'organisation des pouvoirs publics

---

[16] *Idem.*

[17] ESAMBO KANGASHE, J.-L., *Le Droit constitutionnel*, Louvain-la-Neuve, Academia – L'Harmattan, 2013, p. 23.

directement régies par les normes du droit constitutionnel qui constituent l'objet de la règlementation juridique du droit national[18].

En effet, le droit constitutionnel a une vision triptyque à savoir : comprendre l'ensemble des règles écrites et pratiques qui déterminent le mode d'accession, d'exercice et de dévolution du pouvoir politique dans un État[19]. Il s'agit donc de faire ressortir le pouvoir politique dans sa dimension génétique, c'est-à-dire faire une analyse structurelle du processus et surtout des règles relatives aux modes d'accession au pouvoir politique, qu'ils soient autocratiques ou démocratiques. Ainsi, cette dernière brosse l'ossature de l'architecture et de l'articulation du pouvoir politique dans l'organisation des rapports entre les individus qui l'exercent, autrement dit, l'anatomie du pouvoir politique. La physiologie, par contre, organise le fonctionnement du pouvoir politique par l'encadrement des acteurs qui animent le jeu politique.

En outre, le fonctionnement du pouvoir politique engendre indubitablement son aspect contentieux, notamment par des conflits de droit, soumis à une juridiction, sous l'office d'un juge. C'est à cela que fait référence le Professeur doyen Louis Favoreu dans son ouvrage : *La politique saisie par le droit*[20].

Autrement, l'opération consiste en la juridisation du pouvoir politique et sa juridictionnalisation à travers une juridiction appropriée, la Cour constitutionnelle, appelée à assurer la régulation de l'action politique et la protection des libertés fondamentales. Une mutation civilisationnelle fondamentale instituée par le constituant congolais de 2006.

Pour mieux scruter la pertinence de cette thématique, l'appréhension du droit constitutionnel s'avère indispensable pour sa promotion dans un État enraciné par le pouvoir politique et la saisine des partis politiques par le droit constitutionnel.

§1er. Le droit constitutionnel : entre l'État, le pouvoir politique et la saisine des partis politiques

Le pouvoir politique s'exerçant au sein d'un État, il est l'objet de la mission poursuivie par les partis politiques ; c'est que ces derniers demeurent, jusqu'ici, le cadre qui n'a pour mission que l'exercice du pouvoir politique. Le droit des partis s'est formé très lentement dans les pays d'Europe occidentale. Alors qu'à la fin du XIXe siècle, ils étaient déjà des pièces maitresses du fonctionnement des systèmes politiques, le droit constitutionnel les ignorait le plus souvent[21].

Le droit constitutionnel se structure autour de l'organisation du pouvoir politique dans la Constitution. Les partis politiques font de la conquête de ce

---

18 ROUSSILLON, H., *Les nouveaux objets du droit constitutionnel*, Presses de l'Université des sciences sociales, Toulouse, 2006, p. 26.

19 DJOLI ESENG'EKELI, J., *Droit constitutionnel : l'expérience congolaise (RDC)*, L'Harmattan, Paris, 2013, p. 13.

20 FAVOREU, L., *La politique saisie par le droit*, Economica, 1988.

21 POIRMEUR, Y. et ROSENBERG, D., *Droit européen des partis politiques*, Ellipses, Paris, 2007, p. 3.

pouvoir le centre de leurs activités et l'objectif fondamental de leur existence. C'est pourquoi le débat clivant sur la primauté ou l'objet de l'une ou l'autre notion, État et pouvoir politique, s'avère sans objet. Bien que l'une dépende substantiellement de l'autre, elles fonctionnent néanmoins de façon interdépendante. Par leur place devenue fondamentale, tant dans la Constitution que dans la vie de l'État, les partis politiques constituent une réalité qui intéresse désormais le droit constitutionnel moderne. Concourant à l'expression du suffrage, au renforcement de la conscience nationale et à l'éducation civile, fonction primordiale du civisme d'État, les partis en constituent le nouvel objet, au regard des rapports que le processus démocratique a, peu à peu, tissés entre eux et l'ordre politique et constitutionnel. Cela invoque que toute démocratie moderne accomplie implique tout à la fois l'existence d'une infrastructure démocratique, d'une réalité démocratique et d'un système d'autodéfense démocratique[22].

Comme droit de la liberté, perçu à la fin du XVIIIe par les pères fondateurs de la démocratie américaine et les auteurs de la Déclaration des droits de l'homme et du citoyen de 1789, le droit constitutionnel classique, en effet, soutient Olivier Beaud, n'a jamais renié son lien avec le constitutionnalisme. Il réside dans ce que le droit constitutionnel se serait enfin juridicisé parce qu'il se serait juridictionnalisé. […] « Le droit constitutionnel est le droit de la Constitution sanctionné par un juge ». Ces deux formules résument le mieux cette option juridictionnelle affichée par les « néo-constitutionnalistes »[23].

Ainsi, pour l'auteur[24], il en découle que pour la plupart des constitutionnalistes contemporains, faire œuvre de la science constitutionnelle revient, de plus en plus, à accumuler, et ensuite à tenter de les articuler entre elles, les diverses jurisprudences, nationales et internationales, relatives aux normes constitutionnelles.

En effet, l'essentiel de ce droit concerne « le système normatif et la protection des droits et libertés fondamentaux »[25]. Selon donc cette approche, le droit constitutionnel est « normatif » ou « fondamental ». « Le système des sources dépend de la Constitution »[26].

Cependant, ce droit deviendrait, en quelque sorte, le droit des autres droits. En d'autres termes, la Constitution est considérée comme le fondement juridique des autres sources du droit ; elle est la source suprême, la source des sources d'où jaillirait tout le droit, dans la mesure où ses dispositions ont une valeur juridique « supérieure ». Illustration, sous réserve d'annulation, les lois destinées à être promulguées doivent respecter le contenu de la Constitution. Par conséquent, il

---

[22] UYTTENDAELE, M., *Trente leçons de droit constitutionnel*, Bruxelles, Bruyant, 2017, p. 9.
[23] BEAUD, O., *Constitution et droit constitutionnel*, *in* ALLAND, D., et STEPHANE (dir.), *Dictionnaire de la culture juridique*, Paris, Lamy, PUF, 2014, pp. 260-261.
[24] *Idem*, p. 260.
25 FAVOREU, L. ; GAÏA, P. ; MESTRE J.-L., *Droit constitutionnel*, 26e éd., Dalloz, Paris, 2023, p. 10.
[26] *Idem*, p. 11.

devient possible de parler – formellement s'entend – des « sources constitutionnelles » du droit administratif, du droit pénal, des finances publiques, du droit du travail, ou du droit civil. L'audace ultime consiste alors à évoquer la naissance d'un « droit constitutionnel pénal », ou d'un « droit constitutionnel international »[27]. Dès lors, on peut même aller plus loin pour évoquer la thématique de la « constitutionnalisation des branches du droit ». Le fondement théorique de cette modification du contenu est « l'idée de la réalisation de l'État de droit »[28].

Selon la tradition constitutionnelle française[29] à partir de laquelle le droit constitutionnel congolais trouve sa généalogie, il existe une relation intime entre la Constitution et le pouvoir politique, c'est-à-dire entre la Constitution et l'État, l'entité politique qu'elle a vocation à régir. Mais loin d'être purement abstraite, cette conception du droit constitutionnel ne perd pas de vue la visée empirique et concrète du droit.

N'oublions pas que ce sont ces théoriciens du droit constitutionnel (Duguit, Hauriou) qui ont, les premiers, justifié la nécessité d'introduire en France un contrôle de constitutionnalité des lois, et de la manière la plus extensive qui soit[30]. Ce lien entre Constitution et État figure très nettement non seulement dans l'œuvre constitutionnelle d'Esmein, comme on l'a vu, mais aussi dans celle de Léon Duguit.

Dans son manuel de 1907, qui préfigure le *Traité de droit constitutionnel*, le doyen de Bordeaux note que, dans son sens large, le droit constitutionnel est cette partie du droit public interne qui « dicte les règles de droit qui s'appliquent à l'État pris en lui-même, détermine les obligations qui s'imposent à lui, les droits dont il est titulaire et aussi son organisation intérieure ». Il propose même de l'appeler un « droit public organique » pour désigner cette partie du droit de l'État lorsque celui-ci n'entre pas en relation avec d'autres personnalités juridiques[31].

Si au sens étroit, le droit constitutionnel désigne seulement la forme des lois constitutionnelles, par opposition aux lois ordinaires, on retrouve par-delà leur opposition doctrinale, la même inspiration chez Maurice Hauriou et Beaud. Le premier propose, comme il s'en explique dans la préface de la première édition, une véritable théorie de l'État qui repose sur des principes de droit constitutionnel. Le deuxième, plus tard, définit l'objet de son travail comme visant à redéfinir « une doctrine du pouvoir, celle de la liberté politique et celle de l'ordre

[27] ESMEIN, A., *Éléments de droit constitutionnel français et comparé*, 6e éd., Paris, Larose et Tenin, 1914, réédition Paris, Éd. Panthéon-Assas, 2001, p. 1.
[28] ROUSSILLON, *op. cit.*, p. 26.
[29] La Constitution française, présentée comme la grande sœur de la Constitution congolaise du 18 février 2006. ONYEMBA DJONGANDEKE L., « Démocratie, ordre politique et juge constitutionnel : esquisse d'une problématique », in *Revue congolaise de droit public*, n° 001, janvier-juin, 2014, p. 564.
[30] THÉOPHILE VON BÜREN., *La théorie de l'État chez Léon Duguit*, Helbing Lichtenhahn, Berlin, 2021, p. 109.
[31] *Idem*, p. 112.

individualiste » ; l'État comme forme moderne du pouvoir politique est au centre de sa théorie constitutionnelle, tandis que la notion de « régime constitutionnel » sert à concilier la doctrine du pouvoir politique avec celle de la liberté politique[32].

Aux antipodes de cette approche, Raymond Carré de Malberg insiste qu'il faut maintenir le lien consubstantiel entre la Constitution et l'entité politique à laquelle elle se rapporte. Pour lui,

« *toute étude du droit public en général et du droit constitutionnel en particulier engage et présuppose la notion de l'État. Quant au droit constitutionnel, c'est ainsi que son nom l'indique la partie du droit public qui comprend les règles ou institutions dont l'ensemble forme, dans chaque milieu étatique, la Constitution de l'État. On ne peut donc pas aborder l'étude du droit ou de la Constitution de l'État sans être amené à se demander aussitôt quelle est l'idée qu'il convient de se faire de l'État lui-même* »[33]. Dans une telle conception, le droit constitutionnel est impensable sans une théorie de l'État qui l'accompagne et même la surplombe.

Le maître de Strasbourg définit la Constitution comme le statut de l'État. Mais, sous couvert de cette expression, il se rapproche d'Olivier Beaud, qui désigne deux acceptions différentes de la Constitution : la loi constitutionnelle, acte unilatéral, et l'organisation de l'État, le statut de l'État[34].

Il est vrai que dans les démocraties, le peuple paraît faire ce qu'il veut : mais la liberté politique ne consiste point à faire ce que l'on veut. Dans un État, c'est-à-dire dans une société où il y a des lois, la liberté ne peut consister qu'à pouvoir faire ce que l'on doit vouloir, et à n'être point contraint de faire ce que l'on ne doit pas vouloir. Il faut se mettre dans l'esprit ce que c'est que l'indépendance, et ce que c'est que la liberté. La liberté est le droit de faire tout ce que les lois permettent et, si un citoyen pouvait faire ce qu'elles défendent, il n'y aurait plus de liberté, parce qu'alors tous les autres auraient le même pouvoir.

La démocratie et l'aristocratie ne sont point des états libres par leur nature. La liberté politique ne se trouve que dans les gouvernements modérés ; mais elle n'est pas toujours dans les États modérés, elle n'y est que lorsqu'on n'abuse pas du pouvoir. Or, c'est une expérience éternelle que tout homme qui a du pouvoir est porté à en abuser, y allant jusqu'à ce qu'il trouve des limites. Qui le dirait ! La vertu même a besoin de limites.

Pour qu'on ne puisse abuser du pouvoir, il faut que, par la disposition des choses, le pouvoir arrête le pouvoir. Une Constitution peut être telle que personne

---

32 HAURIOU, M., *Précis de droit constitutionnel*, Centre national de la recherche scientifique, Bardeau, 1965, p. 37 ; BEAUD, O., *op. cit.*, p. 262.

33 CARRE DE MALBERG R., *Contribution à la théorie générale de l'État.*, Dalloz, Paris, 2003, p. 41.

34 BEAUD, O., *op. cit.*, pp. 263-263.

ne sera contraint de faire les choses auxquelles la loi ne l'oblige pas, et de ne point faire celles que la loi lui permet[35].

Revenons à la tendance congolaise du droit constitutionnel construit autour des axes normatif, institutionnel et des libertés.

Combinée à la diversité des sources qui le créent, la variété des institutions qui l'organisent incite à reconnaitre que ce droit se découvre également par ses objectifs, dont la promotion et la protection des droits humains et des libertés fondamentales occupent une place de choix[36].

Loi suprême d'un pays, la Constitution n'a de sens que si elle est connue, correctement appliquée et utile à ses utilisateurs ; elle a, pour ce faire, besoin d'autres normes, notamment législatives et règlementaires. Elle trouve sa raison et son application effective aussi momentanée soit-elle dans un État quelle que soit sa forme.

§2ᵉ. État et pouvoir politique : le contenu dans un contenant

L'enracinement de l'État en Afrique, État importé, étranger, s'est effondré par l'incapacité à imposer son autorité, à contrôler le territoire dont il est de sa compétence d'extraire et de redistribuer des ressources. Un fait réel remarqué par l'envahissement du continent africain par les trafiquants et conquistadors ayant transformé celui-ci en domaine privé. Simultanément, le contrat entre deux cultures ne produit pas un État endogène. État, d'après Maurice Hauriou, « *comme un groupement d'individus, dirigé par un gouvernement central au nom d'une idée d'entreprise, qui est la réalisation d'un certain ordre social et politique, dont les sujets de l'État sont bénéficiaires* »[37].

Poursuivant : « *qu'il n'y a d'État au sens précis et exact du terme qu'au moment où dans une population de civilisation déjà avancée, le pouvoir politique, s'étant dégagé de tout élément étranger, notamment patrimonial, prend l'aspect d'une autorité souveraine s'exerçant sur les hommes libres. Celle-ci cesse d'être assimilable à une propriété privée, le pouvoir du prince à un bien de famille. On doit donc réserver l'appellation d'État à une forme définie, qualifiée, perfectionnée, émanant de la collectivité politique, création de la volonté et de la raison humaines appliquant leurs efforts et leur réflexion aux problèmes de l'organisation civique* »[38]. Cette conception de l'État qui est une fiction juridique par sa forme est usuelle et conçue au fond comme juxtaposition des éléments qui ne le déterminent pas.

Il s'installe alors une gestion pathologique de l'anomie créée par la logique de l'État de type colonial importé et la survivance de diverses identités

---

[35] MONTESQUIEU, *De l'Esprit des lois, extraits du Livre XI. Des lois qui forment la liberté politique dans son rapport avec la Constitution*, vol. I GF, Flammarion, 1979, pp. 292-303.

[36] ESAMBO KANGASHE, J.-L., *Traité de droit constitutionnel congolais*, *op. cit.*, p. 365.

[37] HAURIOU, M., *Précis de droit constitutionnel*, Paris, Sirey, 2ᵉ éd., 1929, cité par MPONGO BOKAKO B.A.E., *op. cit.*, p. 63.

[38] HAURIOU, M., *Principe du droit public*, cité par PRELOT M., *op. cit.*, p. 3.

communautaires ou tribales à l'intérieur des frontières nationales. L'espace congolais se caractérise ainsi par la diversité qui juxtapose le secteur « moderne » de la population urbanisée et occidentalisée et le secteur traditionnel demeuré rural et fidèle à la culture ancienne[39]. Cette multiplicité de sous-cultures rend difficile une perception cohérente des repères. En effet, l'État en Afrique est le fruit de l'importation, un corps étranger, comme le martèle Jacques Djoli. L'État en Afrique reste une hypothèse dans la mesure où le décor formel de celui-ci n'est que la transposition d'une civilisation occidentale, héritage de la colonisation. Sa décomposition le rend incapable d'offrir aux citoyens des biens collectifs essentiels comme l'ordre et la sécurité.

Ainsi, le texte constitutionnel ne peut rester qu'une coquille vide. D'ailleurs, J. Baguenard avance que « *chaque société génère son propre État dont les caractéristiques les plus intimes ne peuvent être transposées ailleurs, de sorte qu'il n'existe pas un État prototype universel, mais des États dont les traits reflètent l'histoire, la géographie et tout ce qui contribue à identifier la culture propre à leurs peuples. Chaque État présente une personnalité spécifique faite de particularités non transposables. Il va de l'État comme de l'être humain, irréductible génétiquement et rebelle selon les règles biologiques à tout clonage* »[40].

Considérant toutes ses approches doctrinales, l'on peut déduire que le territoire congolais est à la recherche d'un État, celui perçu « *comme un bien commun, capable de contribuer à l'élaboration d'une nouvelle souveraineté frappée de la sociabilité africaine [...]. Cet État ne sera pas seulement un lieu d'exercice d'une souveraineté ou pouvoir rigide et distant, mais aussi un cadre, un socle par lequel s'exprime la solidarité séculaire entre groupes différents et traditionnellement solidaires et complémentaires* »[41].

Contrairement à la nation, l'État n'est pas une communauté chaude : c'est une entité froide, une abstraction[42]. Il désigne ce qui est stable, par opposition à ce qui bouge[43] : ce qui fait que les choses du pouvoir politique tiennent debout[44], ce qui le distingue des créations politiques « *instinctives* » telles que les tribus, ou « *improvisées* » telles que les entités nées d'occupations ou de conquêtes. L'État est l'œuvre de la raison[45] : il suppose donc un territoire, la détention d'un pouvoir[46] de contrainte qui s'exprime par le droit et le consentement de ceux qui y habitent. Or, qui dit pouvoir de contrainte dit pouvoir politique. Aujourd'hui,

---

[39] DJOLI ESENG'EKELI, J., *op. cit.*, p. 62.

[40] BAGUENARD, J., *L'État une aventure incertaine*, Paris, Ellipses, 1998, p. 28.

[41] PONDI, E., « Une approche pluridimensionnelle et tricontinentale pour repenser l'État en Afrique », in *Les avatars de l'État en Afrique* (GEMDEV), Paris, Karthala, 1997, p. 207.

[42] DJOLI ESENG'EKELI, J., *op. cit.*, p. 63.

[43] RIALS, S, « L'office du juge », in *Droits*, n° 9, 1989, p. 52.

[44] LEGENDRE, P., *Le désir politique de Dieu*, Fayard, 1988, p. 52.

[45] Freund J., cité par BALENDIER, G., *Anthropologie politique*, PUF, Paris, 1995, p. 148.

[46] Le pouvoir doit être le levier que le peuple offre à ses dirigeants par une élection et non un compromis entre acteurs politiques. La contrainte n'a de sens que celui qui provient de la légitimité.

sortie de l'autarcie et de sa configuration « occupation et conquête », il apparait comme État démocratique, seul espace rationnel d'articulation des identités polysémiques construit autour d'une norme.

La formule sonne comme une évidence : produit par le politique, régissant la politique, à la fois expression et limite au pouvoir politique, le droit constitutionnel est, à l'évidence, un droit politique. Nul ne prétend que le droit constitutionnel serait un droit antipolitique, dépolitique ou, pourquoi pas, apolitique. Le droit constitutionnel, en tant qu'objet, est doublement « politique ». Il encadre, d'une part, l'exercice du pouvoir politique dans un État ou, pour le dire de manière plus juridique, l'exercice des compétences dont dispose un organe. D'autre part, il est lui-même le résultat de choix politiques, l'expression de valeurs d'une société particulière à un moment donné. Le droit constitutionnel est donc une idée que chaque citoyen se fait de l'État et de ses rapports avec lui-même ainsi qu'avec les autres concitoyens. Au-delà d'un corps de règles au-dessus desquelles trône la Constitution, il n'y a d'État que ce que les citoyens décident. S'il y a débat, il est ailleurs. Il n'est pas du côté de l'objet « droit constitutionnel », mais bien de celui du discours sur cet objet, à savoir le discours doctrinal, notamment le discours des constitutionnalistes comme celui de partis politiques, un nouvel objet du droit constitutionnel.

De ce qui précède, la problématique de l'objet du droit constitutionnel devient une question d'ordre disciplinaire : l'objet du droit constitutionnel a une dimension plus étendue, en plus de l'État et du pouvoir politique.

Depuis une dizaine d'années, en effet, se développe un nouveau discours constitutionnel qui entend jouer une musique plus expansionniste sur les objets du droit constitutionnel.

Ce nouveau discours est porteur d'une revendication ainsi décrite : « le label de *droit politique* peut servir à décrire un projet qui vise également, quoiqu'avec de tout autres moyens, à permettre une critique des formes présentes du droit constitutionnel et à esquisser un nouvel horizon de compréhension »[47], qui entend « contribuer à ouvrir les yeux sur la dimension politique » du droit constitutionnel ou encore qui se présente comme une « entreprise de la science juridique, cherchant à renouer avec la dimension politique qui lui est consubstantielle »[48].

La conceptualisation est à l'évidence nécessaire à la connaissance du droit constitutionnel. Pour construire des concepts qui s'éloignent le plus possible des lieux communs, le discours doit avoir pour ambition la connaissance en mettant à distance les objets décrits. Il ne doit pas se contenter des concepts existants, mais doit les interroger et interroger leur pertinence et leur utilité (le concept de « pouvoir exécutif », par exemple), quand bien même ils seraient des concepts fondateurs et structurants du droit constitutionnel, voire proposer de nouveaux

[47] BARANGER, D., « Politisation et dépolitisation du droit constitutionnel français », *in* MAGNON, X. et MOUTON, S. (dir.), *Quelles doctrines constitutionnelles aujourd'hui, pour quel(s) droit(s) constitutionnel(s) demain ?* Mare & Martin, « Le sens de la science », 2018, p. 14.

[48] LE DIVELLEC, A., « Jus Politicum : le droit ressaisi par la politique ? », *art. préc.*

concepts permettant de mieux décrire, de mieux ordonner la réalité qu'ils prétendent appréhender.

Cette conceptualisation doit donc porter, de manière large, sur tous les concepts mobilisés par le droit en général (droit, validité, régularité, concrétisation, application, interprétation, centralisation/décentralisation…), par le droit public (État, service public, ordre public, intérêt général…) et par le droit constitutionnel en particulier (séparation des pouvoirs, justice constitutionnelle, droits fondamentaux…). Une telle approche élargit les objets conceptuels dans le prolongement de la doctrine publiciste classique.

Autrement dit, la doctrine classique apparaît comme un point de départ permettant au droit constitutionnel positif de se déployer et de s'enrichir. Cette conceptualisation doit concerner les différentes dimensions du droit constitutionnel : institutionnel, normatif et substantiel. Rien ne justifie que l'une quelconque de ces dimensions ne soit abandonnée, ni privilégiée.

Sous cet angle, il est évident que l'existence ou l'absence de jurisprudence sur une question de droit constitutionnel, quel que soit le domaine concerné, et l'on pense évidemment au droit constitutionnel institutionnel, n'empêche pas d'étudier la question. Les autorités d'application de la Constitution, tous les organes d'application de la Constitution, développent une interprétation des dispositions constitutionnelles. De plus, la doctrine peut évidemment « dire » le droit constitutionnel sans juge, à partir des dispositions constitutionnelles écrites. L'existence d'une décision de la Cour constitutionnelle ne saurait conditionner le domaine d'étude de la doctrine constitutionnelle. Pour autant, l'étude du droit constitutionnel ne saurait se passer du juge constitutionnel et donc de sa dimension contentieuse. Seulement, l'interprétation du juge constitutionnel ne doit pas clore le champ et limiter les possibilités d'interprétations constitutionnelles. Surtout, les interprétations du juge constitutionnel méritent un regard critique, portant notamment sur la régularité de l'interprétation au regard des dispositions constitutionnelles, par une sorte d'interprétation doctrinale.

Cette dimension contentieuse peut même constituer, aujourd'hui, un domaine d'étude du droit constitutionnel institutionnel. Ainsi, on peut déduire que la Cour constitutionnelle elle-même mérite d'être un objet d'étude de ce droit constitutionnel institutionnel, comme étant l'un des acteurs du droit constitutionnel positif, s'inscrivant à l'instar d'autres acteurs institutionnels, dans des enjeux de pouvoir et de stratégies de légitimation.

C'est à partir de là, aujourd'hui, qu'une certaine doctrine considère la constitutionnalisation des partis politiques ou encore la reconnaissance du droit constitutionnel de la fonction électorale des partis parmi les matières substantielles du droit constitutionnel moderne. Par la constitutionnalisation, c'est la reconnaissance du rôle des partis politiques et de leurs prérogatives qui sont désormais consacrées dans la norme, cet assemblage de modalités d'application de cette liberté garantie par la Constitution[49] jette la base d'un nouvel objet du droit constitutionnel.

De ce qui précède, la relecture des fondements de l'objet du droit constitutionnel, dans une démocratie moderne et pluraliste, à la différence du contexte monopartiste qui a sous-tendu la doctrine ancienne, arrive à la conclusion selon laquelle « les partis politiques en tant que principaux acteurs de la vie politique nationale contribuent à la construction et à l'enracinement d'un État de droit constitutionnel dans lequel la Constitution demeure la norme suprême »[50]. D'où la saisine des partis politiques par le droit constitutionnel n'est plus aujourd'hui sujet à controverses. Jadis tenus à l'écart des sciences juridiques, les partis politiques sont aujourd'hui les leviers incontournables dans toute étude relative à la démocratie constitutionnelle et de surcroit son nouvel objet, le phénomène partisan devenu omniprésent en droit public. C'est pourquoi, par exemple, pris en compte dans la relecture du nouvel objet du droit constitutionnel, la question relative à la constitutionnalisation de la fonction électorale a permis une restauration du multipartisme dans le cadre d'une transition démocratique et consacré l'existence factuelle et juridique des partis[51].

§3e. Les partis politiques au chevet du droit constitutionnel

Le droit constitutionnel est un droit dynamique, tant son étude se fonde autour de l'État dont il construit le fondement juridique. L'étude des partis politiques dans la dynamique de la consolidation de l'État par le biais du pouvoir politique permet de mettre en exergue la place des partis politiques dans la consécration d'un nouvel objet du droit constitutionnel. La restauration du multipartisme dans tout État démocratique participe de la constitutionnalisation des partis dont la conséquence est la consécration de leur existence factuelle et juridique.

L'étude relative à l'objet du droit constitutionnel moderne dans une démocratie pluraliste ne peut aujourd'hui omettre la place prépondérante qu'occupent les partis dans la vie institutionnelle.

À partir de leurs rôles et missions constitutionnels[52], en République démocratique du Congo comme dans tous les autres États démocratiques, les partis sont désormais indispensables dans toute étude liée au fonctionnement de nos systèmes politiques, institutions, pouvoir politique comme ils le sont dans toutes les sociétés démocratiques démographiquement importantes. Il en est ainsi

[49] El HADJ OMAR DIOP, *Partis politiques et processus de transition démocratique en Afrique noire. Recherche sur les enjeux juridiques et sociologiques du multipartisme dans quelques pays de l'espace francophone*, Éd. Publibook, Paris, 2006, p. 85.
[50] ONYEMBA DJONGANDEKE, L., *Les partis politiques et la construction d'un État de droit constitutionnel en République démocratique du Congo : contribution à la théorie du droit constitutionnel congolais des partis politiques*, Thèse de doctorat en droit public, UNIKIN, 2023, p. 403, *inédit*.
[51] El HADJ OMAR DIOP, *op. cit.*, p. 85.
[52] Lire l'article 6 de la Constitution congolaise du 18 février 2006.

en raison de la double fonction qu'ils jouent : fonction pédagogique, d'abord, en tant qu'ils concourent, par l'explication de leur programme ou la diffusion de leur idéologie mais aussi par la critique des idées et des actions adverses, à la formation de l'opinion ; une fonction politique, ensuite, consistant principalement en la mobilisation des citoyens en vue de s'en servir pour la conquête du pouvoir politique ou à tout le moins pour influencer significativement le jeu politique, mais aussi pour assurer la défense des valeurs de libertés et de démocratie dont la préservation conditionne leur propre existence[53].

Le renouveau du droit qui a caractérisé cette transition devait à la fois nécessiter et favoriser la résurgence des partis exclus de la scène politique pendant des décennies. À la faveur de l'émergence d'un véritable statut constitutionnel et législatif des partis politiques, son étude s'est voulue le meilleur cadre d'interrogation sur le nouveau droit constitutionnel[54].

Ainsi, la constitutionnalisation des partis politiques élabore la valeur muette et intrinsèque de l'emprise croissante de la Constitution dans la dynamique de la re-visitation des fondements pour la consolidation d'un nouvel objet. Elle répond au nouveau paradigme que soulève la nouvelle dynamique juridique et politique de la démocratisation, ainsi que l'impact de ce renouveau juridique sur la redéfinition et la revalorisation du rôle des partis.

****

De leur formation à leur organisation en passant par leur fonctionnement, la vie des partis est régie par des dispositions constitutionnelles et légales. Les initiateurs et les animateurs sont appelés à se conformer à l'ordre juridique afin de contribuer à l'instauration d'un État de droit constitutionnel dans un pays en quête permanente de stabilité politique.

---

[53] KAMTO, M., « L'Urgence de la pensée. Réflexion sur une préoccupation du développement en Afrique », Yaoundé, Éditions MANDARA, p. 166.

[54] EL HADJI OMAR DIOP, *op. cit.*, p. 687.

CHAPITRE III.

Les Fondements théoriques de l'état de droit constitutionnel

Devenu depuis quelques années une expression d'usage courant, l'État de droit est à la fois une tautologie, un objet de débats doctrinaux et un mode d'organisation du pouvoir et de la société[1]. En effet, l'État ne se réduit pas en un simple phénomène de pouvoir. Il doit être analysé comme une institution, c'est-à-dire un pouvoir organisé selon des règles générales et objectives qui forment la matière d'un statut.

Il est impérieux d'analyser la notion de l'État de droit avant de se pencher sur la soumission de tous à l'autorité de la chose.

SECTION I.
La notion de l'état de droit constitutionnel

L'État de droit constitutionnel est différent de l'État de droit. Un tel choix peut susciter des interrogations, raison pour laquelle l'analyse de la notion de l'État de droit (§1er) permet de saisir la portée de l'État de droit constitutionnel (§2).

§1er. De l'État de droit

La compréhension de l'État (A) s'impose avant celle de l'État de droit et ses notions voisines (B).

A. Notion de l'État

La notion de l'État est indispensable à l'étude du droit constitutionnel congolais des partis politiques. En effet, ces derniers visent la conquête et l'exercice du pouvoir dans l'État, socle de toute organisation politique établie par des règles de droit[2].

---

[1] KAMUKUNY MUKINAY, A., *Contribution à l'étude de la fraude*, *op. cit.*, p. 81.
[2] UYTTENDAELE, M., *Trente leçons de droit constitutionnel*, 3e éd., Arthemis, 2020, p. 53.

Il convient donc de définir l'État (1) avant de voir ses conditions d'existence (2).

1. Définition de l'État

L'État apparaît lorsqu'une collectivité vivant sur un espace déterminé s'organise politiquement dans l'indépendance[3]. Il est présenté, à cet égard, comme composé d'une communauté humaine vivant sur un territoire qui lui appartient en propre, et qui est organisée par un gouvernement ou un pouvoir politique « indépendant »[4].

Pris *lato sensu*, le terme « État » désigne ainsi une société pourvue d'une organisation politique[5]. C'est dans ce sens que notre Constitution, à l'instar de celle de la Belgique[6], l'utilise en son article 9 : « l'État exerce une souveraineté permanente notamment sur le sol, le sous-sol, les eaux et les forêts, sur les espaces aérien, fluvial, lacustre et maritime congolais ainsi que sur la mer territoriale congolaise et sur le plateau continental. Les modalités de gestion et de concession du domaine de l'État visé à l'alinéa précédent sont déterminées par la loi »[7].

Un tribunal arbitral a eu à considérer qu'un État n'existe qu'à condition de posséder un territoire, une population habitant ce territoire et une puissance publique qui s'exerce sur cette population et sur ce territoire[8].

À côté de cette acception large, pour reprendre la pensée de Marc Uyttendaele, il est aussi employé dans des sens plus restreints. Constitutionnellement, il peut viser les institutions politiques[9] fédérales ou provinciales[10]. L'article 2 de la Constitution congolaise, comme l'article 170 de celle de la Belgique, opposent

---

[3] MAMPUYA KANUNK'a-TSHIABO, A., *Traité de droit international public*, Kinshasa, Médiaspaul, 2016, p. 178.

[4] *Idem.*

[5] UYTTENDAELE, M., *Trente leçons de droit constitutionnel*, *op. cit.*, p. 53. Pour l'auteur, l'État est un phénomène relativement récent. En Europe, la cité antique grecque apparaît comme la première forme d'organisation sociale proche du phénomène étatique. À partir des invasions barbares et pendant la plus grande partie du Moyen Âge, les formations étatiques se dissolvent. Tout d'abord embryonnaires, les traits caractéristiques des États modernes s'élaborent progressivement entre le XIIIe et le XVIe siècle pour s'affirmer au début du XVe siècle, plus particulièrement en France, en Angleterre et en Espagne. Il faudra, cependant, attendre le XVIIIe siècle avant de voir les formations étatiques se débarrasser définitivement de toutes les survivances féodales. Chez nous, l'avènement de l'État indépendant du Congo est le point de départ de l'existence de cette notion dans son acception moderne et juridique.

[6] Article 10 : « Il n'y a dans l'État aucune distinction d'ordres. Les Belges sont égaux devant la loi [...] ». UYTTENDAELE M., *ibid.*

[7] Article 9 de la Constitution du 18 février 2006 telle que révisée le 20 janvier 2011.

[8] Tribunal arbitral mixte germano-polonais, 1er août 1929, cité par MAMPUYA KANUNK'a-TSHIABO, *idem.*

[9] UYTTENDAELE, M., *Trente leçons de droit constitutionnel*, *op. cit.*, p. 53.

[10] L'Assemblée provinciale, le gouvernement provincial, représentent l'État.

ainsi l'État aux autres personnes morales de droit public[11] : provinces[12] et entités territoriales décentralisées.

Notion variée et plurielle, l'État est défini par une certaine doctrine comme un type très particulier d'association qui se distingue par la capacité qu'elle a de contraindre tous ses membres à respecter ses règles grâce à la puissance de ses moyens de coercition[13].

Ce terme « État » peut également être compris dans un sens territorial quand il désigne l'aire géographique sur laquelle s'exerce l'autorité de ses institutions[14]. L'alinéa 1 de l'article 1er de la Constitution indique, par exemple, que « *la République démocratique du Congo est, dans ses frontières du 30 juin 1960, un État de droit, indépendant, souverain, uni et indivisible, social, démocratique et laïc* »[15].

Dans la panoplie de diverses définitions consacrées au concept « État », Jean-Louis Esambo voit la formule la plus perfectionnée et la plus achevée de l'expression du pouvoir politique. Il évoque, à la lumière de Marcel Prélot, une institution politique située au-dessus des particuliers[16]. Pour l'auteur, l'État représente une collectivité humaine organisée ayant comme support sociologique la nation[17], au sens large. Il désigne les pouvoirs publics, les gouvernants par opposition aux citoyens, aux gouvernés : c'est la conception de l'État-gouvernement[18], au sens restreint. Aussi, la notion décline, dans une société organisée, l'élément central des pouvoirs publics par rapport aux collectivités territoriales qui lui sont inférieures[19] : ville, commune, secteur ou chefferie. Il existe quelques conditions traditionnelles de l'existence d'un État.

2. Conditions d'existence de l'État[20]

Pour qu'on parle d'État, la doctrine dominante revient sur trois conditions. De manière générale, on affirme que l'État, au sens large, comprend une composante

---

[11] UYTTENDAELE, M., *Trente leçons de droit constitutionnel*, *op. cit.*, p. 53.

[12] L'article 2 de la Constitution dispose en son alinéa 1er que : « *la République démocratique du Congo est composée de la ville de Kinshasa et de 25 provinces dotées de la personnalité juridique* ».

[13] DAHL, R., *De la démocratie*, trad. De l'américain par BERRY, M., Paris, Nouveaux Horizons, 2001, p. 40 ; BEHRENDET, C., et BOUHON, F., *Introduction à la théorie générale de l'État.* Recueil de textes, Bruxelles, Larcier, coll. « Faculté de droit de l'Université de Liège », 2009, pp. 35-37.

[14] UYTTENDAELE, M., *Trente leçons de droit constitutionnel*, *op. cit.*, p. 53.

[15] Article 1er, alinéa 1, de la Constitution.

[16] ESAMBO KANGASHE, J.-L., *Le droit constitutionnel*, *op. cit.*, pp. 49-50.

[17] *Idem*, p. 50.

[18] *Ibidem.*

[19] *Ibidem.*

[20] Il existe une controverse doctrinale sur cette terminologie, entre ceux qui parlent de « conditions d'existence de l'État », et ceux qui retiennent celle d'« éléments constitutifs » de l'État. ESAMBO KANGASHE, J.-L., *Le droit constitutionnel*, *op. cit.*, p. 51. Ce dernier auteur conclut que les deux thèses ne s'opposent pas fondamentalement ; elles convergent au contraire sur l'essentiel : la recherche des éléments sans lesquels on ne peut pas parler d'État.

territoriale[21], une composante humaine[22] et implique l'existence d'une dissociation au sein de celle-ci entre gouvernants et gouvernés[23], soit une composante « pouvoir »[24].

a. Le territoire comme composante de l'État

Pas d'État au sens moderne d'un point de vue politique ou juridique sans territoire. Ce dernier est la première composante de l'État[25]. Il comprend l'espace terrestre, fluvial, maritime et aérien dans les limites duquel les gouvernants exercent leur autorité, constituant en principe une limite à leur action effective[26].

Cet élément est nécessaire à telle enseigne que, suivant Auguste Mampuya, toute organisation ou communauté humaine ne constitue effectivement un État approprié que sur un territoire. Pour l'auteur, une Église ou une religion peut revendiquer des centaines de millions d'adhérents dirigés par un véritable gouvernement, mais ses fidèles se répartissent sur les territoires de différents États, les religions n'ayant pas une autorité qui s'exerce dans les limites d'un territoire à elles. « *Ainsi*, écrit-il, *si la Cité du Vatican est, grâce à l'histoire et à des compromis européens, un État*[27]*, la religion ou l'Église catholique n'en est pas un* »[28].

De manière générale, le territoire est un lieu où est située une communauté nationale[29]. À l'exception de populations nomades, il est difficile d'imaginer, à l'heure actuelle, une population qui ne vit pas sur un territoire fixe[30].

Le territoire d'un État peut être enclavé et englouti dans un autre État. C'est le cas du Lesotho englouti au milieu du territoire de l'Afrique du Sud, de la Cité du Vatican et de Saint-Marin, deux États entourés par l'Italie[31]. Aussi, du point de vue géographique, un État peut avoir un territoire discontinu[32], comme l'Angola avec l'enclave du Cabinda, son prolongement situé entre les deux Congo.

Afin de pouvoir servir de fondement à un État, Jean-Louis Esambo pense que le territoire doit être fixe, stable et limité. Son caractère fixe résulte du fait que c'est sur lui qu'est installée, de manière permanente, la communauté nationale[33].

---

[21] Première condition de son existence en tant que telle.

[22] Généralement, on parle de la population comme deuxième condition.

[23] UYTTENDAELE, M., *Trente leçons de droit constitutionnel*, *op. cit.*, pp. 53-54.

[24] C'est la troisième condition de l'existence de l'État, associée à la souveraineté. Un territoire, une population et un pouvoir souverain qui s'exerce de manière effective sur ce territoire et sur cette population.

[25] UYTTENDAELE, M., *Trente leçons de droit constitutionnel*, *op. cit.*, p. 54.

[26] *Idem.*

[27] Il y a un territoire, une population, le gouvernement du souverain pontife.

[28] MAMPUYA KANUNK'a-TSHIABO, *op. cit.*, p. 181.

[29] ESAMBO KANGASHE, J.-L., *op. cit.*, p. 52.

[30] *Idem.*

[31] Pays enclavés in *https://fr.abcdef/wiki/wiki/Landlocked_country*, consulté le 10 mars 2023 à 12 h 35.

[32] UYTTENDAELE, M., *Trente leçons de droit constitutionnel*, *op. cit.*, p. 54.

[33] ESAMBO KANGASHE, J.-L., *Le droit constitutionnel*, *op. cit.*, pp. 52-53.

La stabilité, quant à elle, procède de l'interdiction faite aux autres États de porter atteinte à l'intégrité territoriale d'un État dont les limites ont été préalablement tracées et connues[34].

Élément essentiel, le territoire permet d'établir des frontières, qui constituent les limites de compétence territoriale vis-à-vis des autres États et, par conséquent, le champ d'application des normes de droit[35]. Géographiquement limité, le territoire constitue, enfin, le cadre d'expression et d'exercice de l'autorité des gouvernants[36].

C'est ainsi que la République démocratique du Congo, un État au sens du droit constitutionnel et du droit international[37], est doublement définie par le constituant de 2006. Comme « collectivité territoriale », elle est composée de Kinshasa et de 25 provinces dotées de la personnalité juridique[38]. C'est de ce point de vue que la collectivité territoriale nationale couvre l'ensemble du territoire de l'État[39]. Et, « *la forme d'organisation de l'État est (précisément) la forme de l'ordre juridique de l'État, l'espace de validité territoriale de ses normes et la manière dont elles sont posées... toutes les normes n'ont pas la même sphère de validité territoriale* »[40].

Ainsi donc, le territoire permet à l'État d'être maître de son destin[41]. Grâce à lui, l'État peut prétendre à son indépendance, à sa souveraineté et à son autonomie.

b. La population comme composante humaine de l'État

La population est la deuxième composante de l'État[42]. Elle est formée d'un ensemble de personnes de nationalités diverses vivant, à un moment donné, dans une société et soumises à une autorité établie. La population comprend aussi bien les nationaux que les étrangers[43]. Pour Marc Uyttendaele, il doit s'agir d'une population d'une proportion suffisante qui réside sur le territoire de l'État et qui est la destinatrice première des règles édictées par les organes de celui-ci. Selon l'auteur, il est impossible de chiffrer le seuil minimal de la population qui permet d'affirmer qu'un État existe[44].

---

[34] *Idem*, p. 53.
[35] *Ibidem.*
[36] *Ibidem.*
[37] MBOKO DJ'ANDIMA, J.-M., *État de droit constitutionnel : Ancrage et implication de réalisation en République démocratique du Congo*, 2 volumes, Thèse de doctorat en droit, Université de Kinshasa, 2011, p. 3.
[38] Article 2, alinéa 1er de la Constitution du 18 février 2006.
[39] MBOKO DJ'ANDIMA, J.-M., *État de droit constitutionnel : Ancrage et implication de réalisation en République démocratique du Congo*, *op. cit.*, p. 3.
[40] HAMON et TROPER, M., *Droit constitutionnel*, 3e éd., Paris, LGDJ, 2009, p. 74, cité par MBOKO DJ'ANDIMA, *préc.*
[41] ESAMBO KANGASHE, J.-L., *Le droit constitutionnel*, *op. cit.*, p. 53.
[42] UYTTENDAELE, M., *Trente leçons de droit constitutionnel*, *op. cit.*, p. 58.
[43] *Idem.*
[44] *Ibidem.*

Aussi, la population d'un État peut être homogène ou hétérogène, et peut ainsi constituer une nation. En ce sens, les habitants ont alors le sentiment d'appartenir à une même entité et la volonté de contribuer à former cette entité. Une population animée de tels sentiments forme une nation[45], à savoir « *un groupe d'hommes qui, quelle que soit leur langue, leur religion, quels que soient les accidents du sol sur lequel ils vivent, sont animés d'une volonté de vie commune, d'un sentiment patriotique, de la conviction de former un groupe humain, particulier, original* »[46].

Ainsi, l'élément caractéristique de la nation est la volonté de vivre ensemble sous une même autorité[47], à laquelle il convient d'ajouter un sentiment commun d'appartenance à une collectivité[48]. La nation est avant tout une donnée sociologique qui échappe à toute définition juridique alors qu'il est possible de donner une définition juridique de l'État[49]. Cependant, lorsque les notions de nation et d'État coïncident, le droit apparaît comme le ciment de ce sentiment commun d'appartenance[50].

Habités par « *ce vouloir vivre collectif* », les membres d'une société organisée sont capables de former, peu importe la forme qu'il peut revêtir, un État souverain, puissant et prospère[51]. Dans la construction de l'État, son existence peut être un élément qui favorise l'avènement de la nation ou inversement[52].

c. Le pouvoir comme condition d'existence de l'État

Essentiels et indispensables dans la composition de l'État, le territoire et la population ne suffisent pas. Le Sankuru, l'Équateur et le Kongo-Central ont respectivement un territoire et une population, mais ce ne sont pas des États. Il leur manque une condition, le pouvoir auquel il convient d'ajouter la souveraineté, dans une certaine mesure. L'ensemble de pouvoirs qui s'exercent au sein de chacune de ces entités est différent de celui qui conditionne l'existence de l'État, car subordonné à un autre, celui de l'État.

En effet, au sein de chaque province existe un pouvoir, ou même un ensemble de pouvoirs : il existe des institutions provinciales et locales dirigées par des autorités élues ou nommées, lesquelles exercent le pouvoir sur l'espace géographique qui leur est attribué et sur l'ensemble des habitants qui forment la

---

45 *Ibidem.*

46 STENGERS, J., « La Belgique de 1830 – nationalité de convention ? », in *Histoires et historiens depuis 1830 en Belgique*, Rev. U.L.B., 1981/1-2, p. 9, cité par UYTTENDAELE, M., *Trente leçons de droit constitutionnel, op. cit.*, p. 58.

47 RENAN, E., « Qu'est-ce qu'une nation ? », Conférence prononcée le 11 mars 1882 à la Sorbonne – http://classiques.uqa.ca/classiques/renan_ernest/qu_est_ce_une_nation.html, cité par UYTTENDAELE, M., *op. cit.*, p. 59.

48 UYTTENDAELE, M., *Trente leçons de droit constitutionnel, op. cit.*, p. 58.

49 *Idem.*

50 *Ibidem.*

51 ESAMBO KANGASHE, J.-L., *Le droit constitutionnel, op. cit.*, p. 59.

52 *Idem.*

population. Il existe aussi un pouvoir coutumier reconnu par les lois de la République : les chefs coutumiers eux-mêmes ne cessent de réclamer plus de pouvoir pour davantage mieux servir l'État. Ils ont, eux aussi, le pouvoir et des administrés, et exigent leur participation à la construction de l'espace public[53].

La troisième composante de l'État est l'existence d'un pouvoir, soit d'une dissociation dans la population entre un groupe de gouvernants et un groupe de gouvernés[54]. Cette notion est inséparable, dans un régime démocratique, des concepts de « puissance publique » et de « service public »[55].

Par ailleurs, le pouvoir comme élément existentiel de l'État est celui qui s'exerce de manière souveraine, en exclusion de tout autre qui lui serait supérieur, sur le territoire et sur l'ensemble de la population qui y habite.

C'est le dernier aspect qui revient dans la définition de l'État au sens du droit international. En effet, le 1er avis du 29 novembre 1991 de la Commission d'arbitrage pour la paix en ex-Yougoslavie a rappelé la définition de l'État traditionnellement admise en droit international, à savoir « une collectivité qui se compose d'un territoire et d'une population soumise à un pouvoir politique organisé » et qui « se caractérise par la souveraineté »[56].

Au-delà de la réunion de ces conditions « objectives », l'existence internationale de l'État dépend également en partie de la reconnaissance de ses pairs. Cette existence factuelle ouvre le droit à son statut juridique international[57]. La conception hobbesienne du souverain, qui a longtemps prévalu, excluait de soumettre l'État à une quelconque loi commune.

Du reste, le droit international s'est construit non pas contre ou au-dessus des États, mais par et pour les États. La généralisation de la forme étatique, la multiplication de nombre d'États s'expliquent en partie par l'attractivité du statut juridique international protecteur de l'État. Ce statut privilégié, dont les principes structurels découlent directement de la souveraineté de l'État, est défini par le droit international. Son fondement classique est la souveraineté. Sa raison d'être réside dans la régulation des rapports entre États souverains[58].

Le pouvoir comme élément constitutif de l'État s'exerce à travers les pouvoirs publics dans l'organisation desquels entrent en ligne de compte trois éléments, à savoir : le souverain, la puissance publique et l'autorité des gouvernants[59]. Le souverain est une qualité politique qui fixe l'idée de droit et de l'ordre à faire régner dans une société[60].

---

53 BOSHAB, E., *Pouvoir et droit coutumier à l'épreuve du temps*, Bibl. de droit africain, Academia-Bruylant, Bruxelles, 2007, p. 26.
54 UYTTENDAELE, M., *Trente leçons de droit constitutionnel*, *op. cit.*, p. 61.
55 *Idem*, p. 61.
56 NABLI, B., *L'État. Droit et politique*, Paris, Armand Colin, 2017, pp. 168-186.
57 *Ibidem*.
58 NABLI B., *L'État. Droit et politique*, *op. cit.*, pp. 168-186.
59 ESAMBO KANGASHE, J.-L., *Le droit constitutionnel*, *op. cit.*, p. 60.
60 *Idem*.

C'est ainsi que comme « ordre juridique global », c'est-à-dire un système juridique « souverain » sous réserve des engagements internationaux librement consentis, pour reprendre l'expression de Jean-Marie Mboko, la République démocratique du Congo est un État qualifié[61].

La doctrine congolaise engage un débat fécond sur l'existence de l'État selon qu'il affiche une certaine faiblesse. D'où l'avènement de la théorie de sa refondation. Pourtant, l'affaiblissement de l'autorité de l'État ne signifie pas son inexistence, autant sa déstructuration à la suite d'un conflit armé ou d'une crise interne grave[62]. C'est pourquoi il est affirmé que la continuité de l'État en dépit de la succession des régimes constitutionnels constitue sa marque[63]. C'est le sens de la relativisation de la théorie dite de la refondation de l'État, qui pourrait avoir un contenu dans une approche plutôt politologique que juridique.

Plusieurs théories et hypothèses rentrent en mouvance pour expliquer, tant l'origine de l'État que le phénomène étatique, dans le sens de ce qui est présenté comme la théorie du contrat social. Comme mode particulier d'organisation politique d'une société, l'État exerce à l'intérieur de ses frontières une puissance exclusive[64] tout en étant, lui-même, soumis au droit.

d. La souveraineté

Toute entité étatique a besoin de la reconnaissance des autres États. L'existence de l'État est un processus laborieux qui implique plusieurs aspects dont les rapports tant avec les institutions internationales qu'avec les autres États. La notion de la souveraineté est très discutée dans la doctrine autant que l'avènement de la Constitution comme faisant partie des éléments constitutifs de l'État. La faiblesse de cette orientation doctrinale est perceptible de l'État congolais qui existait avant les différents textes constitutionnels congolais.

B. L'État de droit et notions voisines

L'appréhension de l'expression « État de droit » (1), précède celle de ses notions voisines (2).

---

61 MBOKO DJ'ANDIMA, J.-M., *État de droit constitutionnel : Ancrage et implication de réalisation*, *op. cit.*, p. 3.

62 MBOKO DJ'ANDIMA, J.-M., *État de droit constitutionnel en République démocratique du Congo. Contribution à l'étude de ses fondements et conditions de réalisation*, Mémoire de 3e cycle en droit public, Université de Kinshasa, 2003-2005, p. 498.

63 VEDEL, G., Rapport de synthèse, in *La continuité constitutionnelle en France de 1789 à 1989*, Paris, PUAM et Economica, 1990, p. 172 ; DEBBASCH, Ch. ; PONTIER, J.-M. ; BOURDON, J. et RICCI, J.-Cl., *Droit constitutionnel et institutions* politiques, 4e éd., Paris, Economica, 2001, pp. 25-26 ; DE VISSCHER, P., *Droit public, Fasc. I*, Bruxelles, cercles de Droit Louvain, 1972-1973, p. 8. En outre, la notion de la succession d'États, admise en droit international, DAILLIER, P. et PELLET, A., *Droit international public,* 9e éd., Paris, Dalloz, 2008, pp. 49-62, est en territoire colonial à l'État indépendant. NGUYA-NDILA MALENGANA, C., *Indépendance de la République démocratique du Congo et les engagements internationaux. Succession d'États aux traités*, Kinshasa, PUK, 1971, 211 p.

64 ESAMBO KANGASHE, J.-L., *Le droit constitutionnel*, *op. cit.*, p. 60.

1. Contours de l'État de droit

Posé comme principe par l'article 1er de la Constitution[65], et devenu, à tort ou à raison, depuis janvier 2019, expression d'usage courant après le discours d'investiture de Félix-Antoine Tshisekedi, l'État de droit est à la fois une tautologie[66], un objet de débats doctrinaux et un mode d'organisation du pouvoir et de la société[67].

Le terme apparait chez les juristes allemands dans la deuxième moitié du dix-neuvième siècle. Il est alors utilisé pour exprimer l'exigence politique que l'État lui-même, conçu comme pouvoir, est soumis au droit et que l'arbitraire est exclu[68]. La définition la plus simple que l'on puisse donner à l'État de droit tient en peu de mots : la soumission de l'État au droit[69]. Un État de droit est, donc, celui dans lequel les différents organes agissent en vertu du droit et ne peuvent agir qu'ainsi[70]. Non seulement l'exercice de la puissance publique découle d'une compétence juridique, mais aussi, les gouvernants et l'administration ne décident que lorsque le droit les autorise à le faire selon les procédures édictées par lui[71]. Cette idée va bénéficier d'une large diffusion après la Seconde Guerre mondiale, principalement en faveur de l'idéologie des droits de l'homme et de l'introduction du contrôle de constitutionnalité, ainsi qu'avec la création des juridictions supranationales en matière de droits humains.

Dans le cadre de la présente étude, on désignera par État de droit, un système juridique présentant les propriétés suivantes : a) des formulations de normes suffisamment précises pour leur application. L'objectif poursuivi par cette exigence est de permettre une orientation claire aux destinataires, ne laisser que la plus faible place possible à l'arbitraire et permettre le contrôle effectif à la norme de conformité ; b) des procédures permettant de contrôler effectivement la conformité des normes d'application aux normes de rang supérieur selon le rapport de production. Nous sommes là en présence d'une caractéristique strictement formelle et non du contenu souhaité de ces normes[72].

---

[65] La Constitution congolaise du 18 février 2006 telle que modifiée à ce jour.

[66] De nombreux auteurs (parmi lesquels Kelsen, v. Théorie pure du droit) ont souligné le caractère tautologique de l'expression. Pour eux, l'État ne se réduit pas, en effet, à un simple phénomène de pouvoir, mais doit être analysé comme une institution, c'est-à-dire un pouvoir organisé selon les règles générales et objectives qui forment la matière d'un statut. Ce statut définit et délimite les compétences des organes de l'État. C'est bien cette dimension juridique qui permet de qualifier l'État de personne morale.

[67] DE VILLIERS, M. et LE DIVELLEC, A., *Dictionnaire de droit constitutionnel*, Paris, 7e éd., Dalloz, 2009, p. 148.

[68] FAVOREU, L. *et alii*., *Droit constitutionnel*, *op. cit.*, p. 92.

[69] KALUBA DIBWA, D., *Du contentieux constitutionnel en République démocratique du Congo. Contribution à l'étude des fondements et de modalité d'exercice de la justice constitutionnelle*, Thèse de doctorat en droit public, faculté de droit, UNIKIN, 2009-2010, p. 9.

[70] DUHAMEL, O. et TUSSEAU, G., *Droit constitutionnel et Institutions politiques*, Paris, 5e éd., Seuil, 2020, p. 548.

[71] DUHAMEL, O. et TUSSEAU, G., *op. cit.*, p. 548.

[72] FAVOREU, L. *et alii*., *op. cit.*, p. 93.

Plus intéressante encore, la définition donnée dans le dictionnaire de droit international public qui ajoute un autre élément. En effet, il s'agit de l'État de droit comme une entité dont l'organisation interne est régie par le droit et la justice[73].

L'État de droit ou la primauté du droit est une situation juridique dans laquelle toute personne est titulaire de droits et soumise au respect du droit, l'individu autant que la puissance publique. La notion d'État de droit est très étroitement liée au respect de la hiérarchie des normes, de la séparation des pouvoirs et des droits fondamentaux. Elle est étroitement liée au développement du constitutionnalisme. On oppose traditionnellement la notion d'État de droit à celle de raison d'État, quand bien même il serait évident que tout État, qu'il soit ou non de droit, peut être amené à faire prévaloir ses intérêts nationaux sur toute autre considération[74].

De ce point de vue, deux conceptions de l'État de droit peuvent être retenues : la conception formelle et la conception matérielle[75].

D'une part, dans sa conception formelle[76], l'État de droit désigne une structuration juridique de l'État. Cette approche ne se réfère qu'à l'aspect formel de la question. Elle ne s'attelle qu'à vérifier si l'État est organisé par les règles de droit, sans aucunement se soucier du contenu desdites règles. Dans cette acception formelle, on est tenté de conclure que les régimes dictatoriaux, tyranniques, oligarchiques sont des États de droit, en ce qu'ils sont organisés par les règles de droit[77].

D'autre part, la conception matérielle de l'État de droit postule, au-delà du respect de la hiérarchie des normes, la soumission de l'État à des règles de droit qui limitent son pouvoir par le principe de séparation des pouvoirs et la garantie du respect des libertés publiques et des droits fondamentaux, et cela, en particulier, au moyen des recours juridictionnels[78].

L'État de droit étant avant tout un modèle théorique, il est également devenu un thème politique puisqu'il est aujourd'hui considéré comme la principale caractéristique des régimes démocratiques ; en faisant du droit un instrument privilégié de régulation de l'organisation politique et sociale, il subordonne le principe de légitimité au respect de la légalité[79]. Il justifie ainsi le rôle croissant des juridictions dans les pays qui se réclament de ce modèle. À cet effet, la

---

[73] SALMON, J. (dir.), *Dictionnaire de droit international public*, préface de GUILLAUME, G., Bruyant, PUF, Paris, p. 456.

[74] ONYEMBA DJONGADEKE, L., « Partis politiques et État de droit démocratique en République démocratique du Congo », in *Cahiers Africains de Droits de l'Homme et de la Démocratie*, 16e année, n° 037, vol. II, oct.-déc. 2012, pp. 211-229, p. 218.

[75] *Idem*, p. 129.

[76] KELSEN, H., *La démocratie, sa valeur, sa nature*, 2e éd., Sirey, 1932, p. 203.

[77] *Idem.*

[78] COHENDET, A.-M., *Vers la constitutionnalisation du droit de l'homme à un environnement sain et équilibré*, Paris, PLIM, 1999, p. 82, cité par ONYEMBA DJONGANDEKE, L., « Partis politiques et État de droit démocratique en République démocratique du Congo », *loc. cit.*, p. 218.

[79] ONYEMBA DJONGANDEKE, L., *art. préc.*, p. 219.

chirurgie de l'État de droit démocratique, voire celle de l'État de droit déontologique s'impose.

2. Notions voisines à l'État de droit

Deux notions sont principalement voisines à l'État de droit. Il s'agit de l'État de droit démocratique (a) et de l'État de droit déontologique (b), qui se veut une notion nouvelle en droit constitutionnel.

a. État de droit démocratique

La démocratisation comprise comme la démarche vers la démocratie, a pour but, comme on peut le constater, d'implanter la démocratie dans un pays donné. Dans cette optique, elle comporte des étapes et requiert des règles, des mécanismes et des valeurs qui devraient être intériorisées, assimilées pour atteindre l'idéal qu'elle poursuit.

Ainsi, l'État de droit, dans son acception moderne, reste le cadre privilégié pour l'émergence d'un État réellement démocratique car si la démocratie, au départ, était conçue comme le gouvernement des élus du peuple, elle a peu à peu montré ses limites. De cette façon, on est passé de la démocratie majoritaire à la démocratie constitutionnelle, qui du reste, avait pour mission de laisser le levier du pouvoir au peuple quand bien même il l'aurait confié à ses représentants[80].

À ce stade, si la démocratie elle-même connaît un revirement historique dans son appréhension, la notion d'État de droit se voit plus enrichie et quelque peu parfaite, car elle n'aura plus comme quantificateur que la hiérarchie des normes, le principe de la séparation de pouvoir, l'égalité devant la loi, mais elle est désormais ponctuée des idéaux démocratiques[81].

Selon une définition plus ancienne, l'État de droit est un système institutionnel dans lequel la puissance publique est soumise au droit. Le juriste autrichien Hans Kelsen a redéfini cette notion d'origine allemande (RECHTSSTAAT) au début du XXe siècle, comme un État dans lequel les normes juridiques sont hiérarchisées de telle sorte que sa puissance s'en trouve limitée.

L'État de droit s'affirme de plus en plus comme toute entité juridique, souveraine et indépendante qui est soumise au droit, mieux, où règne la règle de droit. Ainsi, l'action des gouvernants comme les activités des particuliers sont-elles encadrées dans une hiérarchie des normes au sommet de laquelle trône la Constitution[82] ? Cette approche est d'autant plus vraie qu'elle se vérifie en ce sens que l'effectivité du droit dans un État implique que l'ordre juridique soit cohérent et que sa méconnaissance soit sanctionnée par des juges de bravoure[83].

---

[80] *Idem*, p. 220.
[81] *Ibidem*, pp. 219-220.
[82] KALUBA DIBWA, D., *La justice constitutionnelle*, *op. cit.*, p. 21.
[83] ONYEMBA DJONGANDEKE, L., *loc. cit.*, p. 220.

Il faut le reconnaitre, l'État de droit se présente comme l'un des concepts les plus complexes, tant dans sa compréhension, son utilisation que sa pratique par les politiques tout comme les scientifiques[84].

Les théories développées par l'école allemande et l'école française sur la notion d'État de droit n'ont laissé personne indifférent : les Allemands démontrent une certaine tautologie d'adjoindre le terme « droit » au concept « État » parce que pour eux, « l'État en tant qu'entité juridique » (par opposition à la nation considérée comme phénomène sociologique) ne devrait pas être « de droit ». L'adjectif est, selon Jean-Claude Acquaviva, surabondant[85]. Ce qui ne met pas à l'aise l'approche française de l'État de droit. En effet, selon cette dernière, loin d'être réduit au simple phénomène du pouvoir, l'État est appelé à être analysé en tant qu'institution juridique organisée selon les règles générales et objectives[86].

En réalité, dans cette approche, il faut un certain encadrement de l'État, des représentants du peuple par la norme du droit. Ce qu'il y a lieu d'affirmer ici est qu'un État de droit démocratique est la consécration du principe de la soumission des actes des autorités publiques au droit entendu comme primauté du droit et du respect du principe de la légalité. Il implique la soumission des autorités administratives au contrôle du juge, garant des libertés publiques et du bon fonctionnement du régime démocratique pluraliste[87]. En toile de fond, ce juge assure également la séparation des pouvoirs, gage d'un État de droit constitutionnel. Telle est l'image d'un « système moderne qui se veut parfait par l'institution d'un juge constitutionnel sanctionnant l'irrespect de la volonté constituante »[88].

De ce qui précède, on peut conclure que l'État de droit démocratique repose sur quatre piliers. En effet, « il doit être gouverné par les lois fixes correctement établies, les lois justes, la volonté de respecter la loi et le désir de fonctionner selon les règles de la démocratie »[89]. L'épithète « démocratique » met l'accent sur les valeurs du constitutionnalisme et de la démocratie.

À ce point de vue, il y a lieu de s'interroger désormais sur l'effectivité du rôle que devraient jouer les partis politiques dans la construction d'un État de droit démocratique. Mais avant tout, certains principes juridiques et valeurs

---

[84] CABANIS A., MARTIN, M.-L., *Les Constitutions d'Afrique francophone : évolutions récentes*, Paris, Karthala, 1999, pp. 63-69.

[85] ACQUAVIVA, J.-C., *Droit constitutionnel et institutions politiques*, 3e éd., Paris, Gualino, 1996, pp. 20-21.

[86] DE VILLIERS, M., *Dictionnaire du droit constitutionnel*, Paris, Armand Colin, 2003, 4e éd., p. 107.

[87] VUNDUAWE TE PEMAKO, F. et MBOKO DJ'ANDIMA, J.-M., *Traité du droit administratif*, 2e éd., Bruxelles, Bruylant, 2020, pp. 117-119.

[88] KALUBA DIBWA, D., *La saisine du juge constitutionnel et du juge administratif en droit public congolais. Lecture critique de certaines décisions de la Cour suprême de Justice d'avant la Constitution du 18 février 2006*, Éd. Eucalyptus, Kinshasa, 2007, p. 9.

[89] NGOMA BINDA, E., *La participation politique. Éthique civique et politique pour une culture de paix, de démocratie et de bonne gouvernance*, Kinshasa, IFEP, 2005, pp. 212-215.

fondamentales-sociétales qui gouvernent tout État démocratique ou voulu comme tel doivent être intériorisés.

b. L'État de droit déontologique

La saisine du concept d'État de droit déontologique (1°) appelle à la clarification du rôle des partis politiques dans la promotion des valeurs qu'elle véhicule (2°).

1°. Notion d'État de droit déontologique

La doctrine rapporte que la paternité du mot « déontologie » est attribuée à Jeremy Bentham[90], qui aborde ce thème dans son ouvrage posthume paru en 1834 intitulé *Deontology or the science of morality*. Toutefois, le terme apparaît déjà en 1825 dans un écrit de l'auteur intitulé *Chrestomathia, Essai sur la nomenclature et la classification des principales branches d'Art et de Science*.

Suivant cet auteur anglais, « *le mot "Déontologie" est dérivé de deux mots grecs,* deontos *(ce qui est convenable) et* logos *(connaissance) ; c'est-à-dire la connaissance de ce qui est juste ou convenable* »[91]. Selon Bentham, « *une action est bonne ou mauvaise, digne ou indigne, [...] elle mérite l'approbation ou le blâme, en proportion de sa tendance à accroître ou à diminuer la somme du bonheur* »[92]. Cette même position est soutenue par John Stuart Mill, qui considère qu'un comportement n'est pas déterminé par le devoir moral, mais par l'intérêt de celui qui agit. On ne peut donc en ce sens soumettre les motifs individuels à une morale universelle[93].

Pourtant, comme l'écrit bien Jean-François Kerléo, on qualifie traditionnellement la déontologie de science des devoirs, alors même que son inventeur écrit dans un sens opposé. Elle s'apparenterait donc davantage à la science du bonheur, c'est-à-dire aux règles déterminant les moyens d'atteindre au sein de la société dans son ensemble un tel objectif de bien commun[94].

Appliquée au droit public, la déontologie dans les rapports entre les gouvernants et les gouvernés conduit ainsi à la construction d'un État de droit déontologique. Dans ce dernier, la gestion de la *res publica*, l'exercice du pouvoir démocratique tout comme sa conquête se font dans le strict respect de la moralité publique, des normes universellement admises en la matière.

Empruntant les termes de Moret-Bailly et Truchet, nous pouvons définir l'État de droit déontologique comme étant celui dans lequel la conquête et l'exercice du

---

[90] 1748-1832.

[91] BENTHAM, J., *Déontologie ou science de la morale*, trad. franç., B. Laroche (Paris, Charpentier), p. 22, cité par KERLÉO, J.-F., « Archéologie des rapports entre le droit et la déontologie en France », in *Revue d'études benthamiennes*, 13/2014, Droit international, n° 1&2.

[92] BENTHAM, J. cité par SAUVÉ, J.-M., « Conflits d'intérêts et déontologie dans le secteur public », in *AJDA* (2012), p. 861.

[93] MILL JOHN STUART, *L'utilitarisme* (1861), trad. Catherine Audard, (PUF, coll. « Quadrige », 1998), pp. 52-53, cité par KERLÉO, J.-F., *loc. cit.*

[94] KERLÉO, J.-F., *ibid.*

pouvoir démocratique se font suivant un mode de régulation sociale alternatif au droit et à la morale, consistant en un ensemble de règles de conduite suggérant des comportements responsables et d'extraction empirique, auquel s'identifie une communauté professionnelle pour assurer un climat d'intégrité et une activité propre à préserver la confiance du public[95].

2°. Les partis politiques au chevet de l'État de droit déontologique

En République démocratique du Congo comme partout ailleurs, les partis politiques déçoivent[96]. Alors que les articles 96 et 97 de la Constitution disposent clairement que les fonctions de membres de l'exécutif, du président de la République tout comme des membres du gouvernement sont incompatibles avec toute responsabilité au sein d'un parti politique, force est de constater que les animateurs de ces différentes institutions peinent à se détacher de leurs formations politiques quoiqu'ils feignent de n'occuper officiellement aucune fonction statutaire.

Ils portent des titres comme celui d'*autorité morale* et posent parfois, par personne interposée, tous les actes de gestion de leurs partis politiques. Certains se font remarquer par des discours et propos partisans, oubliant que les membres de l'exécutif sont appelés à travailler pour la République afin d'assurer le bien-être collectif, plutôt que de défendre leurs partis, utiliser les fonds publics pour couvrir les activités de ceux-ci, paralysant maintes fois des journées entières et profitant des missions officielles pour s'offrir des bains de foule par les militants et sympathisants.

Perçue comme un « antidote miraculeux » aux maux dont souffre un nombre croissant de professions et fonctions d'intérêt général, la déontologie est progressivement venue compléter les corpus de principes et règles qui les régissent[97].

Or, comme le fait bien constater Olivier Pluen, malgré cet engouement pour ce mode de régulation, la déontologie semble peiner à imprégner la sphère des partis en tant que telle, et non à raison des fonctions institutionnelles que certains de leurs membres occupent, ou sans être dépassée par le recours à des mécanismes juridiques répressifs comme c'est le cas en France en matière de financement de ces entités[98].

En République démocratique du Congo où la moralité publique pose de sérieux problèmes, les mentalités étant ce qu'elles sont devenues depuis un certain temps, le clientélisme, la prédation des richesses, la déloyauté devenant peu à peu

---

[95] MORET-BAILLY, J. et TRUCHET, D., *Droit des déontologies*, Paris, PUF, 2016, cité par PLUEN, O., « Les partis politiques à l'heure de l'État de droit », *in* POIRMEUR, Y. (dir.), *La régulation des partis politiques*, Paris, LGDJ/Lextenso, 2019, p. 38.

[96] Olivier Pluen fait allusion aux développements dédiés à la réglementation déontologique dans les rapports nationaux du 4e Forum du ForIn-CIP à l'Université de Lille des 22-23 juin 2018, p. 53.

[97] PLUEN, O., *op. cit.*, p. 39.

[98] *Idem.*

un mode de vie politique, les partis politiques sont appelés à œuvrer dans le sens de la promotion des valeurs démocratiques et non seulement de la conquête et de l'exercice du pouvoir.

La moralisation de la vie publique doit être incluse dans les projets de société de tous les partis qui devraient ainsi être tenus de veiller à l'éthique, au comportement des adhérents qui prétendent aux fonctions, d'abord au sein des partis et, ensuite, au sein des institutions pour exercer les charges publiques.

À ce sujet, contrairement à ce que d'aucuns penseraient, la faiblesse des fondements de la déontologie des partis politiques semble plus apparente que réelle dès lors que, suivant Olivier Pluen, l'approche adoptée revêt une dimension transnationale[99].

Il apparait sous ce prisme, pour reprendre l'expression de cet auteur, que non seulement la notion d'État de droit déontologique peut trouver sa justification éthique dans l'exigence démocratique, mais bien plus, elle bénéficie d'une base constitutionnelle[100], sous réserve d'admettre qu'elle correspond à une réalité polymorphe[101].

Somme toute, au chevet de l'État de droit déontologique, les partis politiques sont appelés, en plus de la traditionnelle signature des Codes de conduite de la CENI, à s'imprégner de la Charte africaine de la démocratie, des élections et de la gouvernance en vue d'en assurer la vulgarisation, aux côtés de la Constitution et des lois du pays, tout en tirant des leçons du passé politique pour faire de la République démocratique du Congo un véritable État de droit constitutionnel.

§2e. De l'État de droit constitutionnel

Comprendre la norme suprême dans un État, la Constitution (A), se révèle être un préalable à tout développement sur le concept d'État de droit constitutionnel (B).

A. La Constitution : notion, élaboration et révision

1. Notion

Généralement entendue comme la Loi fondamentale d'un État, la Constitution ne peut être une invention théorique sans ancrage sociologique. Elle se veut l'expression identitaire d'une nation autour d'un vouloir-vivre partagé et des valeurs communes. Avant le constat normatif, toute Loi fondamentale doit être une boussole communautaire d'équilibre et d'harmonie entre les sociétaires.

La Constitution est soit écrite, soit non écrite ; lorsqu'elle n'est pas écrite, la Constitution est principalement coutumière, comme c'est le cas en Angleterre.

---

[99] Le 30 janvier 2007 au siège de l'UA, les États-parties ont adopté la Charte africaine de la démocratie, des élections et de la gouvernance, s'inspirant des objectifs et principes énoncés dans la Charte constitutive de l'Union.

[100] La Constitution de la RDC contient beaucoup de dispositions qui imposent aux dirigeants une certaine conduite démocratique et responsable pour l'intérêt général, allant jusqu'à ériger en crimes certains comportements qui s'écarteraient de ces exigences.

[101] PLUEN, O., *loc. cit.*, p. 40.

Autant la Constitution n'est pas le fruit d'un hasard, autant sa notion[102] est vaste et complexe ; son étude obéit à plusieurs approches, selon qu'on l'aborde à partir de son sens formel ou matériel.

Avant d'être l'œuvre du constituant, la Constitution est fondamentalement un produit socio-anthropologique. Elle relève de la confection de l'ensemble des valeurs positives qui composent une nation, dans toutes ses spécificités.

Parce qu'il faut qu'un organe préexistant ait pris l'initiative d'en élaborer le texte, ici, le constituant, ce dernier ne peut élaborer une Loi fondamentale détachée des valeurs de la société qu'elle est censée règlementer, sans pécher contre son identité.

La Constitution au sens formel, en tant que texte situé au sommet de la hiérarchie des normes, n'épuise pas à elle seule la Constitution au sens matériel, soit le droit constitutionnel d'un État[103].

Pour Louis Favoreu, la Constitution peut être définie sous différents aspects : tantôt on fait référence à un document historique, tantôt il peut s'agir d'un texte, et par moments la dimension d'un symbole prédomine. Fort souvent, apparaît l'idée d'un « *ensemble cohérent de règles tendant à réaliser des objectifs précis* »[104] sur les choix de la cité : règles de dévolution du pouvoir, protection des droits et libertés des citoyens, justice indépendante […][105].

Évariste Boshab souligne pour sa part que quel que soit l'angle sous lequel l'on se situe pour définir la Constitution, un certain dualisme prévaut : d'une part, une définition matérielle et d'autre part, une définition formelle. La combinaison entre les deux critères fait la synthèse qui donne à la Constitution toute la richesse de sa complexité[106].

Ainsi, même si toute définition est conventionnelle ou stipulative[107], elle doit, pour sa validité, ne pas s'éloigner entièrement de nos conceptions spontanées[108] sinon intuitives des concepts, mais plutôt s'investir pour plus de précision en minorant, tant que faire se peut, « les controverses philosophiques »[109].

Dire qu'une conception de la Constitution est matérielle, pour reprendre Franck Moderne[110], c'est dire qu'elle se réfère à des réalités politiques et sociales

---

[102] AKZIN, B., « La désuétude en droit constitutionnel », in *RDP*, 1928, pp. 697 et s. ; BASTID, P., *L'idée de Constitution*, Paris, Economica, 1985 ; BERLIA, G., « De la compétence des Assemblées constituantes », in *RDP*, pp. 353 et s. mais aussi les développements de BISCARETTI DI RUFIA, P. et ROZMARRYN, S., *La Constitution comme Loi fondamentale dans les États de l'Europe occidentale et dans les États socialistes*, Paris, LGDJ, 1966.

[103] UYTTENDAELE, M., *op. cit.*, p. 91.

[104] FAVOREU, L. *et alii.*, *Droit constitutionnel*, 13e éd., Paris, Dalloz, 2010, pp. 55-80.

[105] BOSHAB, E., *Entre la révision de la Constitution et l'inanition de la nation*, *op. cit.*, p. 16.

[106] *Idem*, p. 18.

[107] FAVOREU, L. *et alii.*, *Droit constitutionnel*, *op. cit.*, p. 53.

[108] *Idem.*

[109] *Ibidem.*

[110] *Réviser la Constitution. Analyse comparative d'un concept indéterminé*, Paris, Dalloz, 2008, p. 103, cité par BOSHAB, E., *Entre la révision de la Constitution et l'inanition de la nation*, *op. cit.*, p. 18.

propres à une communauté déterminée à un moment donné de son histoire, ainsi qu'aux valeurs et aux relations de pouvoir qui s'y développent.

De ce fait, la définition matérielle de la Constitution est celle qui s'attache au contenu, ou au fond de la matière constitutionnelle[111]. D'où il devient soutenable que les Constitutions contiennent trois sortes de dispositions dont certaines se rapportent au statut des gouvernants ; d'autres introduisent des déclarations de droits, d'autres enfin n'ont de constitutionnel que leur caractère formel. C'est un euphémisme pour dire que cette dernière catégorie de règles n'aurait du caractère constitutionnel que le nom[112].

En outre, une définition formelle de la Constitution renvoie à ses aspects relatifs à sa forme. Il faut entendre par « définition formelle », l'ensemble des règles, quel que soit leur objet, qui sont énoncées dans la forme constitutionnelle : elles sont générales et contenues dans un document spécial, mais surtout, elles ont une valeur supérieure à toutes les autres règles positives et ne peuvent être modifiées que conformément à une procédure spéciale, norme plus difficile à mettre en œuvre que celle qui permet de modifier toute autre norme[113].

S'agissant du critère formel de la Constitution, l'élément mis en exergue ici est l'utilisation d'une procédure supérieure à celle d'une loi ordinaire pour sa révision, dans l'objectif d'accorder une protection supérieure à la norme constitutionnelle par rapport aux simples normes législatives, traduisant la prééminence du pouvoir constituant sur les pouvoirs constitués[114].

Pour Évariste Boshab, les deux critères sus-évoqué peuvent par moments être réunis. On privilégie une forme supérieure (critère formel) pour accorder une plus grande stabilité au contenu de la Constitution, étant entendu qu'elle comporte dans ses grandes lignes le compromis politique entre les composantes de la société[115].

De ce qui précède, nous retenons la définition selon laquelle la Constitution est « *l'ensemble des règles considérées comme étant fondamentales dans l'État, généralement relatives aux principes essentiels et aux normes de production de normes, et, par conséquent, situées au sommet de la hiérarchie des normes et protégées par une procédure de révision plus complexe que celle des autres lois* »[116].

Aussi, est-il loisible de s'intéresser au mécanisme d'élaboration d'une Constitution.

---

[111] BOSHAB, E., préc., FAVOREU, L. *et alii.*, *Droit constitutionnel*, *op. cit.* ; MODERNE, F., *Réviser la Constitution. Analyse comparative d'un concept indéterminé*, Paris, Dalloz, 2006, p. 9 ; VERPEAUX, M., *La Constitution*, Paris, Dalloz, 2008, p. 103 ;

[112] CHANTEBOUT, B., *Droit constitutionnel*, 27e éd., Paris, Sirey, 2010, p. 36.

[113] HAMON, F., TROPER, M., *Droit constitutionnel*, 31e éd., Paris, LGDJ, 2010, p. 33, cité par BOSHAB, E., *Entre la révision de la Constitution et l'inanition de la nation*, *op. cit.*, p. 20.

[114] BOSHAB, E., *Entre la révision de la constitution et l'inanition de la nation*, *op. cit.*, p. 20.

[115] *Idem.*

[116] COHENDET, M.-A., *Droit constitutionnel*, *op. cit.*, p. 71.

2. Élaboration

L'élaboration d'une Constitution renvoie à donner corps à une loi supérieure érigée en norme fondamentale. Ce texte est confectionné à partir de règles et principes directeurs de l'organisation horizontale et verticale du pouvoir et de la protection des droits et libertés fondamentaux des citoyens.

La valeur d'une Constitution pourrait s'apprécier à partir de ses conditions d'élaboration et des mécanismes de sa révision.

Exercice complexe, « l'élaboration d'une Constitution est un phénomène relativement récent. Il ne date pas avant l'indépendance des anciennes colonies britanniques d'Amérique. C'est à partir du XVIIIe siècle qu'est né le courant constitutionnel moderne »[117].

Une fois établie, la Constitution organise le pouvoir et les modalités de son exercice. Elle fonde la légitimité de son pouvoir. Dans ce cas, la Constitution sert de cadre organique au statut des gouvernants[118].

Nous admettons avec Esambo Kangashe Jean-Louis que la Constitution est l'œuvre du pouvoir constituant originaire. Ce pouvoir est initial, autonome et inconditionné. Le caractère initial du pouvoir constituant réside dans le fait qu'il n'existe au-dessus de lui, ni en fait ni en droit, aucun autre pouvoir. C'est par ce pouvoir, en effet, que s'exprime la volonté du souverain.

Le pouvoir constituant originaire est, ensuite, autonome en ce qu'il détient la puissance publique qui lui permet d'orienter la vie civile et politique. De lui découle donc l'idée de droit valable pour une collectivité donnée.

Le pouvoir constituant originaire est, enfin, inconditionné parce que son existence et son fonctionnement ne sont soumis à aucune condition de forme et de fond.

Pour l'auteur, ce pouvoir apparait au moment de la naissance d'un nouvel État, du démembrement d'un État unitaire en plusieurs États autonomes (fédéralisme par séparation), de la fusion de deux ou plusieurs États jadis autonomes (fédéralisme par agrégation) ou du changement de régime politique. Dans la pratique, ce pouvoir constituant originaire est détenu et exercé par un individu ou groupe d'individus se réclamant agir au nom du peuple décidant de prendre et d'exercer le pouvoir de l'État avec l'accord express ou tacite des citoyens[119].

Il existe plusieurs procédés d'élaboration des Constitutions. Esambo Kangashe Jean-Louis dégage trois natures des procédés qui sont monarchiques ou autoritaires, démocratiques et mixtes.

Sommairement, « *de portée essentiellement historique, les procédés autoritaires n'assurent pas la participation du peuple dans l'œuvre constituante. L'octroi autorise un individu, généralement le monarque, d'élaborer la*

---

[117] HAMON, F. ; TROPER, M. et BURDEAU, G., *Droit constitutionnel*, *op. cit.*, p. 43.
[118] AVRIL, P. et GICQUEL, J., *Lexique de droit constitutionnel*, Paris, 1re éd., PUF, Coll. « Que sais-je ? » 2003, p. 82.
[119] ESAMBO KANGASHE, J.-L., *Le droit constitutionnel*, *op. cit.*, p. 95.

Constitution qui organise, juridiquement, la dévolution et l'exercice de son pouvoir. Le peuple n'est pas associé à l'établissement de la Constitution qu'on lui donne comme un cadeau »[120]. C'est le modèle parfait d'une Constitution octroyée, par son procédé d'élaboration, une Constitution à résidence surveillée, par sa vocation.

La deuxième nature de procédé d'élaboration d'une Constitution est démocratique. À ce niveau, « *le plébiscite constituant, la convention et le référendum sont des techniques habituelles d'élaboration démocratique des Constitutions* »[121].

Il y a lieu de faire remarquer que « *les faiblesses du plébiscite font apparaitre le visage des Constitutions autoritaires.* De même, *le référendum constituant est une technique qui confie l'élaboration du projet de Constitution à une Assemblée, certes élue, mais non souveraine en ce sens qu'une fois élaboré, le projet de Constitution n'est pas adopté et ne devient exécutoire qu'après son approbation par le peuple* »[122].

Pour ce qui est des procédés mixtes d'élaboration des Constitutions, il est nécessaire de rappeler qu'ils cumulent les deux précédents procédés précités, dont l'élaboration d'une nouvelle Constitution par un organe constitué et l'adoption du projet sans référendum.

La doctrine renseigne que « *cette technique a été d'usage dans les démocraties socialistes et conduite à l'adoption populaire de la Constitution par acclamation. Quelle que soit la technique utilisée dans l'élaboration de la Constitution, on assiste, de nos jours à une sorte du mimétisme non pas seulement vertical (de l'Occident vers l'Afrique) mais également horizontal (mimétisme européen, interafricain, interaméricain ou interasiatique). Et en raison de l'internalisation du droit constitutionnel, il s'observe une intégration heureuse des modèles constitutionnels faisant disparaître des frontières qui séparaient jadis la construction constitutionnelle* »[123].

De ce qui précède, il appert que toute élaboration constitutionnelle est sujette à plusieurs sollicitations selon que le régime au pouvoir est monarchique, autoritaire ou démocratique. Dans la pratique, il y a un écart entre les discours officiels des dirigeants et les instructions politiques qu'ils donnent aux rédacteurs des Constitutions. Les dispositions de compromis politiques obéissent à une technique d'une écriture piégée sujette à des interprétations diverses et controversées.

Voilé par une certaine théorie d'internationalisation du droit constitutionnel, le mimétisme tue les identités de nos Constitutions. Tout procédé d'élaboration d'une Constitution prévoit les mécanismes de sa révisabilité.

---

120 *Idem.*
121 *Ibidem.*
122. *Ibidem.*
123 *Ibidem.*

3. Révision

En droit, l'évolution rentre parmi les paramètres à ne pas négliger. Parce qu'il faut tenir compte de l'évolution de la mentalité qui nous fait silencieusement assister, par exemple, à la dépénalisation progressive des infractions d'hier. En fait, tout ce qui est intangible n'est pas du droit.

Évariste Boshab consacre une attention particulière à cette variable, à travers un ouvrage de principe sous un titre révélateur : *Entre la révision de la Constitution et l'inanition de la nation.* L'auteur affirme que la question des limites du pouvoir de révision constitutionnelle est l'une des plus intéressantes du droit constitutionnel contemporain. Elle mérite un approfondissement pour sonder les causes de la rébellion quasi permanente contre les clauses intemporelles. Elle se pose avec acuité en Afrique subsaharienne où la banalisation de la révision constitutionnelle est une monnaie courante.

La problématique de la révision constitutionnelle divise une grande partie de la doctrine. Pour Delpérée, réviser la Constitution, c'est remettre l'ouvrage original sur les métiers car la Constitution qui ne change guère est vouée à une prompte disparition ou est empreinte sans vergogne. De surcroît, l'agitation qui habite à intervalles irréguliers les esprits et les institutions, suscitera sans doute de nouvelles entreprises constitutionnelles[124].

Par sa nature et au vu des conséquences positives ou négatives qu'elle peut engendrer, la question de la révision de la Constitution n'est pas aussi simple[125]. Elle dépend de la conception que l'on se fait de la Constitution et du pouvoir de révision[126], voire de l'intention qui anime les acteurs de l'initiative, les motivations du parti au pouvoir dont la tendance, en Afrique en général, et en République démocratique du Congo en particulier, est de se maintenir au pouvoir.

Si l'élaboration de la Constitution est l'œuvre du constituant originaire, la révision quant à elle, est l'œuvre du constituant dérivé. Le premier construit l'architecture constitutionnelle en toute liberté, sans aucune contrainte, sous réserve de l'internationalisation des normes constitutionnelles[127]. Le second est un pouvoir construit, encadré par la Constitution qui lui fixe l'espace de mouvement. C'est donc un pouvoir limité et conditionné par le constituant : il ne peut s'exercer que dans les conditions et suivant la procédure déterminée par la Constitution[128].

Dès lors, si le pouvoir constituant originaire, quand il ne coïncide pas nécessairement avec la création de l'État, a pour ambition de mettre en place les principes essentiels de fonctionnement de l'État, les rapports entre les différentes institutions étatiques, l'accès au pouvoir par des moyens démocratiques ainsi que

---

124 DELPÉRÉE, F., *La Constitution de 1830 à nos jours*, Éd. Racines, 2006, p. 8.
125 BOSHAB, E., *Entre la révision de la Constitution et l'inanition de la nation*, *op. cit.*, p. 26.
126 *Idem.*
127 *Ibidem*, pp. 29-30.
128 *Ibidem*, p. 30.

les libertés publiques dont bénéficie le citoyen[129], le pouvoir constituant dérivé est celui de la correction, intervenant par retouches, pour accommoder les institutions aux évolutions de la société[130]. Il ne s'exerce pas en rupture, mais dans la continuité de l'esprit dégagé par le consensus fondamental lors de la mise en place de l'acte fondateur par le constituant originaire. De ce fait, les innovations qu'apporte le pouvoir constituant dérivé ne peuvent aucunement s'inscrire dans le sens de la mutation de la Constitution[131].

La procédure de révision constitutionnelle est prévue dans la Constitution. La Loi fondamentale indique les personnes à qui reviennent l'initiative et les institutions qui interviennent dans le processus. En effet, pour éviter les accidents de la Constitution, considérant des écueils qui émaillent son application, le constituant met en place des mécanismes qui permettent de s'adapter à l'évolution des rapports sociaux.

Toutefois, il arrive que le constituant verrouille certaines dispositions dont il interdit toute révision. Sont généralement concernées les dispositions relatives aux droits fondamentaux et libertés publiques énoncées et garanties dans la Constitution, aux principes du suffrage universel, à la forme républicaine de l'État, à la durée et au nombre des mandats du président de la République, ou encore au pluralisme politique[132].

La consécration de l'État de droit constitutionnel dépend du respect de la Constitution, des droits et libertés qu'elle garantit, des règles qui organisent les modes d'accession au pouvoir, le cycle électoral ainsi que de la procédure de sa révision.

B. L'État de droit constitutionnel

Si l'État de droit suppose l'encadrement juridique du pouvoir dans un État, le concept « constitutionnel » qu'on y joint vient renforcer l'idée que cet encadrement a vocation à découler de la norme supérieure qu'est la Constitution. En effet, l'encadrement juridique du pouvoir, condition nécessaire de l'État de droit, suppose tout d'abord qu'existe une Constitution liant les divers arcanes du pouvoir[133].

Les fondements historiques (1), nous permettent de mieux saisir la notion de l'État de droit constitutionnel (2) dans son acception actuelle.

---

[129] *Ibidem.*

[130] *Ibidem.*

[131] *Ibidem.*

[132] En RDC, l'article 220 de la Constitution dispose que : « *la forme républicaine de l'État, le principe du suffrage universel, la forme représentative du gouvernement, le nombre et la durée des mandats du président de la République, l'indépendance du pouvoir judiciaire, le pluralisme politique et syndical, ne peuvent faire l'objet d'aucune révision constitutionnelle* ».

[133] FAVOREU, L. *et alii.*, *op. cit.*, p. 41.

1. Fondements historiques de l'État de droit constitutionnel

La seconde moitié du XXe siècle peut être considérée comme le point de départ de la consécration progressive de l'État de droit constitutionnel. En effet, sous l'effet de la constitutionnalisation progressive du droit, la Constitution cesse d'être seulement une « idée » pour devenir une « norme », c'est-à-dire une règle juridique obligatoirement sanctionnée dont les effets se font sentir sur les citoyens et sur les juges[134].

Jean-Marie Mboko écrit que si par la Révolution française[135], la loi, expression de la volonté générale, fut la source de tout droit, ce faisant, elle a fondé ce que l'on appelle aujourd'hui « État de droit », mais elle l'a fondé dans la forme d'un *État légal* comme en Angleterre, et non dans la forme d'un *État constitutionnel* comme en Amérique[136].

Dans le système juridique romano-germanique et grâce aux travaux de Hans Kelsen, rapporte-t-il, la suprématie de la Constitution est reconnue en Autriche et garantie par une Cour constitutionnelle dès 1920. Dans la suite, la Constitution de la République italienne du 27 décembre 1947 et la Loi fondamentale de la République fédérale d'Allemagne du 23 mai 1949 jettent les bases de la forme de l'*État de droit constitutionnel*[137].

De cette tendance, la volonté générale exprimée jadis dans la loi l'est désormais dans le texte de la Constitution, le peuple devenant l'auteur. Ainsi, la loi adoptée par les élus du peuple qui le représentent dans la fonction législative, n'exprime la volonté générale que dans le respect de la Constitution[138], avec désormais un contrôle de constitutionnalité exercé en amont par le juge constitutionnel.

2. Notion d'État de droit constitutionnel

Après avoir saisi le concept d'État de droit constitutionnel (a), on s'intéressera à son influence sur les partis politiques (b).

a. L'État de droit constitutionnel

L'État de droit constitutionnel suppose la garantie dans la Constitution des droits[139]. Bien plus, « *il ne s'arrête pas à la simple énonciation de ces droits qui peuvent rester, somme toute, de beaux développements philosophiques sans aucun prolongement juridique. L'État de droit constitutionnel garantit à tous les*

---

134 MBOKO DJ'ANDIMA, J.-M., *État de droit constitutionnel*, *op. cit.*, p. 12.
135 Constitution française du 3 septembre 1791.
136 L'auteur note notamment que la Charte coloniale était rédigée dans cet esprit, autant pour les lois fondamentales du 19 mai 1960 et du 17 juin de la même charte sur respectivement les structures du Congo et les libertés publiques.
137 MBOKO DJ'ANDIMA, *État de droit constitutionnel*, *op. cit.*, p. 12.
138 COHENDET, M.-A., *op. cit.*, cité par MBOKO DJ'ANDIMA, J.-M., *ibid.*
139 MBOKO DJ'ANDIMA, J.-M., *idem*, p. 13.

niveaux, une protection de ces droits qui est assurée au sommet de l'édifice par le juge constitutionnel »[140].

Pour Jean-Marie Mboko, l'État de droit constitutionnel apparaît donc comme un « approfondissement de l'État de droit ». En d'autres termes, il est un « État de droit substantiel sanctionné », dans la mesure où il comporte un étage supplémentaire : l'étage constitutionnel de garantie des droits et libertés dont le respect est assuré par un juge (le juge civil, le juge pénal, le juge administratif, du travail, de commerce, mais au sommet le juge constitutionnel)[141].

En ce sens, supposant, comme on l'a dit, l'énonciation dans la Constitution des droits et libertés fondamentaux et de leur garantie, à la différence de l'État de droit légal dans lequel les droits et libertés obéissent à un régime légal essentiellement défini par la loi, l'État de droit constitutionnel comporte un étage supplémentaire de protection des droits et libertés, *l'étage constitutionnel*[142].

En d'autres termes, l'État de droit repose sur la constitutionnalisation et la garantie qui suit des droits les plus fondamentaux de la personne humaine dans un État, et surtout par la sanction de leurs violations par un juge doté du pouvoir de censurer les actes et les décisions qui s'y rapportent.

C'est ainsi que dans un tel État, même le contrôle citoyen tourne autour du respect par les pouvoirs publics des principes et droits énoncés dans la Constitution. Les citoyens et même les acteurs politiques, du moins dans leurs discours, ne jurent que par le respect de la Constitution, mais de la constitutionnalisation de tout ce qui se révèle être fondamental dans la construction de l'État et dans la protection de tout ce qui touche à la personne humaine.

L'on s'accordera sur le fait que dans un État de droit constitutionnel, le respect de l'intangibilité des valeurs jugées fondamentales, et de surcroît verrouillées dans la Constitution par le rejet de toute révision, devient un critère indéniable. En effet, il n'y a pas d'État de droit constitutionnel sans respect des dispositions intangibles, tant elles concernent les droits garantis.

À ce sujet, Évariste Boshab écrit que les valeurs essentielles – que répertorient les dispositions intangibles pour bénéficier d'une protection plus accrue – constituent déjà une grande avancée en établissant une gradation[143]. En d'autres termes, la présence des dispositions irréformables traduit un acte de foi en la démocratie, surtout dans les valeurs qui en découlent. Il s'agit pour le constituant d'une ferme conviction que le pouvoir de révision se trouve en dessous de certaines valeurs contenues dans la Constitution.

Ces valeurs autour desquelles communie toute la nation ne peuvent être ébranlées par le pouvoir de révision, sans compromettre l'équilibre qui a concouru

---

[140] OLIVA, E., *Droit constitutionnel*, 5e éd., Paris, Dalloz, coll. « Aide-mémoire », 2006, p. 34, cité par MBOKO DJ'ANDIMA J.-M., *ibid.*

[141] MBOKO DJ'ANDIMA, J.-M., *op. cit.*, p. 13.

[142] *Idem*, p. 248.

[143] BOSHAB, E., *Entre la révision de la Constitution et l'inanition de la nation*, *op. cit.*, p. 115.

à l'élaboration de la Constitution. Il s'agit de protéger la quintessence du contrat social originaire en ce qu'il cimente la nation[144].

De ce qui précède, nous pouvons retenir que l'État de droit constitutionnel est celui dans lequel les droits fondamentaux de la personne humaine sont consacrés et garantis par la Constitution sous le contrôle d'un juge ; et dans lequel les rapports ainsi que les actes des gouvernants et des gouvernés tournent autour du respect des valeurs qui forment les idéaux de la nation contenus dans la Constitution, notamment en ce qui concerne l'action des partis politiques dans un contexte de pluralité.

b. La saisine des partis politiques par le droit constitutionnel : de la marginalisation à la consécration

Les partis politiques, rappelons-le, étaient étudiés comme un chapitre en droit constitutionnel et considérés comme une matière relevant de la science politique. Aujourd'hui, ils deviennent la matière centrale du droit constitutionnel.

À un moment donné de l'histoire de l'Afrique, en général, et de la République démocratique du Congo, en particulier, les partis politiques, autres que ceux au pouvoir ou agréés par des régimes autoritaires, ne jouaient pas le rôle qu'ils peuvent jouer aujourd'hui. Ils n'étaient pas associés à l'exercice du pouvoir, pas plus qu'à sa conquête.

Après le 30 juin 1960, date de l'indépendance, les partis politiques avaient le champ libre pour l'exercice de leurs activités tendant à la conquête et à l'exercice démocratique du pouvoir. Tout s'est arrêté avec la création du MPR par le Manifeste de la N'Sele le 20 mai 1967 et son institution en 1972 comme parti-État.

Puisant ses ressources dans un faisceau de circonstances et événements conjugués, en l'occurrence les retombées de l'avènement de la Perestroïka, de la pression des mouvements estudiantins et de la Société civile, le multipartisme refit surface au Congo à la suite de la célèbre déclaration du 24 avril 1990, au cours de laquelle le Président Mobutu avait demandé à l'assistance de comprendre son émotion.

Cette déclaration fut concrétisée par la loi n° 90-007 du 18 juillet 1990 portant organisation et fonctionnement des partis politiques, qui sera modifiée et complétée successivement par la loi n° 90-009 du 18 décembre 1990, le décret-loi n° 194 du 29 janvier 1999 relatif aux partis et aux regroupements politiques, ainsi que par la loi n° 001/2001 du 17 mai 2001[145].

Sous le régime du Président Mobutu, avant l'ouverture démocratique, au total trois élections présidentielles ont été organisées en 1970, en 1977 et en 1984. Chaque fois, le Président Mobutu était candidat unique. Aucun autre parti n'avait le droit de concourir à l'exercice du pouvoir. Le moins que l'on puisse dire est que les partis politiques étaient marginalisés. Son propre parti n'était qu'une simple

---

144 *Idem.*

145 KABANGE NTABALA, *loc. cit.*, p. 9.

caisse de résonance. Tout tournait autour de lui et pour lui. Les membres dont l'adhésion n'était pas libre n'avaient pas de marge de manœuvre. Ils étaient au service d'un individu.

Face à une telle marginalisation et dans le contexte particulier de notre pays, consacrer une recherche de droit à l'étude des partis politiques suppose d'établir les liens entre ceux-ci et le droit constitutionnel, domaine dans lequel se mène cette recherche. À ce sujet, il se dégage un constat selon lequel la grande partie de la doctrine est unanime aujourd'hui, notamment celle portée par Jacky Hummel[146] sur le fait que les liens que l'histoire de la démocratie a, peu à peu, tissés entre système partisan et ordre constitutionnel sont devenus très solides.

Les partis politiques ne sont plus ces acteurs de la vie publique qu'une certaine doctrine constitutionnelle, embarrassée et méfiante à la vue de leur essor, jugeait quelque peu méprisables et extérieurs au monde juridique[147]. En effet, ayant accompli un précieux travail de socialisation politique par la canalisation des opinions, ils ne sont plus tenus à l'écart des formes juridiques[148]. D'où la nécessité d'ériger son étude en une branche du droit en vue d'opérer un brassage scientifique du système partisan de l'ordre constitutionnel dans le but de nourrir la théorie académique.

SECTION II.
La soumission des gouvernés et des gouvernants à la loi : primauté du droit

Le droit objectif est un corpus de règles qui, établies de manière impersonnelle, s'imposent à tous, y compris aux personnes qui les ont élaborées.

§1er : L'écran de constitutionnalité

En droit administratif, le terme « écran législatif » a une signification profonde[149]. L'écran de constitutionnalité semble s'en inspirer.

---

[146] HUMMEL, J. (dir.), « Les partis politiques et l'ordre constitutionnel. Histoires et théories comparées », in *Jus politicium 23*, décembre 2019, pp. 311-319. Également MAMBO, P., « Les rapports entre la Constitution et les accords politiques dans les États africains : réflexion sur la légalité constitutionnelle en période de crise », in *Revue de droit de McGill*, vol. 57, n° 4, juin 2012, pp. 921-952.

[147] HUMMEL, J., « De l'introduction du phénomène partisan dans le droit constitutionnel », in *Les partis politiques et l'ordre constitutionnel*, HUMMEL, J. (dir.), *op. cit.* p. 9.

[148] Même dans les pays où ils n'ont pas eu l'honneur d'une reconnaissance textuelle, ils sont généralement rattachés aux objets de l'ordre constitutionnel.

[149] En France, la tradition nie au juge le pouvoir de faire obstacle à la loi. Montesquieu affirmait que « les juges de la nation ne sont que la bouche qui prononce les paroles de la loi, des êtres inanimés, qui n'en peuvent modérer ni la force ni la rigueur ». Le juge est maintenu dans une position de révérence au regard de la loi qui est l'« expression de la volonté générale » suivant l'art. 6 de la DDHC. L'arrêt du Conseil d'État français du 6 nov. 1936, aff. Arrighi, est l'expression la plus parfaite de cette conception. La théorie de la loi-écran (ou écran-législatif) est d'origine jurisprudentielle qui intéresse le thème de la hiérarchie des normes et de la pyramide de Kelsen. Selon

La Constitution, que les civilisations contemporaines considèrent comme la norme suprême, s'impose aux normes qui lui sont subordonnées. Elle emporte donc une domination de l'ordonnancement juridique interne qui lui vaut sa primauté, dont l'intangibilité donne lieu à l'affirmation de l'autorité de la justice constitutionnelle sous forme de contrôle de conformité des lois à elle.

A. La primauté de la Constitution

La Constitution doit son origine à la somme de valeurs positives d'une nation. Érigée comme norme supérieure pour régenter l'organisation et le fonctionnement de l'État, quand elle n'est pas empruntée ou octroyée, la Constitution est le reflet d'une nation. Elle est le socle de l'État de droit constitutionnel. C'est d'elle que dépend l'existence de toutes les autres normes du droit interne. En tant que telle, elle est supérieure aux lois et aux règlements, y compris aux traités internationaux.

Citant Goy R.[150], Florence Galletti écrit que « le droit public attribue à la Constitution un caractère souverain, le droit constitutionnel en termes de "souveraineté nationale", le droit international en termes de "souveraineté internationale" ». Au titre de compétences nationales ou internes, poursuit-elle, le droit international inclut naturellement la compétence constitutionnelle de l'État. Il la garantit même contre toutes les interventions des États ou des organisations internationales[151].

L'auteure précitée opine que le droit public remet le pouvoir constituant, originaire ou dérivé, à l'autorité souveraine, et le droit constitutionnel distingue des Constitutions octroyées ou concédées par le monarque des Constitutions adoptées par le peuple par le truchement de ses représentants[152]. Dans l'un comme dans l'autre cas, la Constitution impose sa supériorité aux lois et règlements.

1. La supériorité de la Constitution sur les lois et règlements

Aux termes de l'article 168 de la Constitution, toute loi contraire à la Constitution est nulle. Si elle lui est antérieure, elle ne peut être maintenue en vigueur. C'est ce qui se dégage de l'article 221 de la Loi fondamentale qui dispose que « *pour autant qu'ils ne soient pas contraires à la présente Constitution, les*

---

cette théorie, le juge ordinaire refuse de censurer un acte administratif inconstitutionnel pris sur le fondement d'une loi au motif qu'un tel contrôle reviendrait à reconnaître l'inconstitutionnalité de la loi ; voy. BRIGUET-LAMARRE, R., « La théorie de la loi-écran (écran législatif) », Formation du barreau de Paris (CAPA), Master 2 DPRT (Paris II), 9 août 2022, in https://aideauxtd.com/theorie-de-la-loi-ecran-ecran-legislatif/, consulté, le 16 mars 2023 à 12 h 47.

150 GOY, R., « Sur l'origine extranationale de certaines Constitutions », in *Mélanges Patrice Gélard*, pp. 37-43 ; DU BOIS DE GAUDUSSON J., « Les nouvelles Constitutions africaines et le mimétisme », in *La création du droit*, pp. 303-316 ; cités par GALLETTI, F., *op. cit.*, p. 524.

151 Article 2, §7 de la Charte des Nations Unies.

152 GALLETTI, F., *op. cit.*, p. 524.

textes législatifs et réglementaires en vigueur restent maintenus jusqu'à leur abrogation ou leur modification »[153].

Les dispositions constitutionnelles ainsi résumées mettent en exergue l'importance de la Constitution dans l'ordonnancement juridique d'un État comme la République démocratique du Congo, qui se situe dans la famille juridique romano-germanique.

2. La supériorité de la Constitution aux traités et accords internationaux

C'est au départ de l'article 215 de la Constitution du 18 février 2006 telle que révisée à ce jour qu'il convient de se situer pour apprécier la place des traités internationaux dans l'ordre juridique des États. Il dispose que les traités dûment ratifiés par la RDC ont, dès leur publication au *Journal officiel*, une valeur juridique supérieure à celle des lois, à condition de leur application par l'autre partie.

Cette allusion à la loi interroge le droit positif sur la possible assimilation de la Constitution à la loi. Dans la mesure où, selon une partie de la doctrine[154], le terme « loi » serait à prendre au sens large, incluant ainsi la Constitution. Cette opinion défendue par certains auteurs[155] du droit international public est généralement rejetée par les autres.

En effet, Lunda Bululu soutient que la primauté du droit international s'étend sur la Constitution, et cela, tant avant qu'après l'approbation d'un traité. L'auteur écrit que la Constitution, tout en étant la base du droit interne, n'en fait pas moins partie. Mais, il est prévu des dispositions constitutionnelles pour éviter la conclusion d'un traité contraire à la Constitution[156]. Cependant, Sam Bokolombe, par exemple, pense que le principe de la suprématie tant matérielle que formelle de la Constitution paraît aller de soi, il est universellement admis et constamment réaffirmé[157].

L'auteur conclut ainsi qu'on voit même dans le prescrit de l'article 216 de la Constitution de la RDC consacré au contrôle de la constitutionnalité d'un traité ou d'un accord international par la Cour constitutionnelle, une confirmation de cette suprématie ; d'autant plus que, poursuit-il, des dispositions sont prévues afin qu'un traité ou accord international comportant une clause incompatible ou

---

153 Article 221 de la Constitution congolaise.

154 Pour plus de détails, notamment, NGONDANKOY NKOY-ea-LONGYA G., *Droit congolais des droits de l'homme*, Louvain-la-Neuve, Academia, 2012, 490 p.

155 LUNDA BULULU, *La conclusion des traités en droit constitutionnel zaïrois. Étude de droit international et de droit interne*, Bruxelles, Bruylant, 1984, 456 p, pp. 236-237, cité par BOKOLOMBE BATULI Y, S., *Réception du droit international pénal en droit congolais. Les lois d'adaptation du 31 décembre 2015 à l'aune de la question de l'intégration normative descendante*, Kinshasa, Éd. Droit & Société, 2020, p. 98.

156 LUNDA BULULU, *op. cit.*, pp. 236-237, cité par BOKOLOMBE BATULI, Y. S., *op. cit.*, p. 98.

157 BOKOLOMBE BATULI, Y. S., *préc.*, p. 101.

contraire à la Constitution ne puisse être ratifié ou approuvé tant que celle-ci n'est pas révisée[158].

C'est cette dernière position que nous soutenons, car avant qu'un traité ne soit effectivement ratifié, il doit y avoir une entité juridique interlocutrice consacrée par sa Loi fondamentale comme norme supérieure à laquelle il doit se conformer.

B. L'imposante autorité de la justice constitutionnelle

Nous avons affirmé ci-haut qu'on ne saurait parler de l'État de droit constitutionnel en l'absence d'un juge suprême, garant du respect des droits et libertés fondamentaux consacrés par la Constitution. Ce double aspect, celui de la garantie des droits et de l'institution d'un juge investi du pouvoir de contrôler l'application des normes des droits et libertés et d'en imposer le respect, est le fondement même de la construction d'un État de droit constitutionnel.

Il en va de même dans l'activité des partis politiques nés du pluralisme qui, rendu effectif grâce à leur création et à leur implantation, demeure le gage d'une démocratie participative dans un État de droit constitutionnel. Ainsi, l'importance du droit constitutionnel dans l'encadrement de ces institutions n'est plus à rechercher.

Scrutant les termes de l'article 149 de la Constitution du 18 février 2006 telle que modifiée le 20 janvier 2011, on y voit que le pouvoir judiciaire, assuré par les juges constituant les cours et tribunaux, vise à garantir le respect de la loi au travers d'une justice équitable.

Le gâchis de la gouvernance actuelle en République démocratique du Congo a été au cœur de l'espoir focalisé sur l'avènement d'un juge constitutionnel comme régulateur de l'équilibre social.

Née de la démission de l'élite, la crise démocratique dans le berceau de la société congolaise a fait sentir la nécessité de construire une nouvelle société sur la base de nouveaux paradigmes dont la justice sociale est le centre et le juge constitutionnel la fonctionnalité.

Dès son installation, la Cour constitutionnelle a vu ses arrêts ignorés ou contestés par l'exécutif au mépris de l'article 168 de la Constitution qui garantit leur caractère obligatoire et impératif pour tous. C'est pourquoi on peut affirmer que dans un régime politique non démocratique, il est inconcevable de s'attendre à une justice constitutionnelle effective, efficace et indépendante[159].

C'est dans ce cadre que toute Cour constitutionnelle doit être incarnée par la personnalité de ses animateurs, contrairement à l'image qu'elle renvoie aujourd'hui en République démocratique du Congo ; de fait, si les juges de cette haute juridiction opposaient leur indépendance pour résister à des pressions ou

---

[158] *Idem.*

[159] DJOLI ESENG'EKELI, J., postfaçant BANYAKU LUAPE EPOTU, E., *Quelques questionnements sur la procédure devant la Cour constitutionnelle : esquisse judiciaire ou délicatesse politique face aux besoins de justice des citoyens congolais. La vision d'un politologue*, Kinshasa, CEDI, 2008, p. 10.

ingérences, personne n'aurait osé les soumettre à des procédures de leur renouvellement partiel, irrégulières, ne respectant pas le principe du tirage au sort ternaire ou simulant un tirage au sort inexistant.

Il importe de préciser la compréhension de la justice constitutionnelle en identifiant la juridiction ou les juridictions concernées (1), son émergence en République démocratique du Congo (2), ses attributions (3), son organisation et son fonctionnement (4) avant d'en arriver à une appréciation générale sur son autorité (5).

1. Les acteurs de la justice constitutionnelle

Jean Rivero disait : « *les institutions, à la différence des satellites, demeurent rarement sur l'orbite où leur créateur avait entendu les placer. Elles échappent à la volonté du constituant ou du législateur qui leur a donné vie. L'événement, le milieu, la personnalité des hommes qui les incarnent déterminent leur trajectoire* »[160]. Force est de nous armer de volonté d'assoir une nouvelle armature pour l'émergence d'un nouvel ordre apte à asseoir un droit de fond comme de forme fécond, revitalisé par des acteurs.

L'article 157 de la Constitution dispose qu'il est institué une Cour constitutionnelle[161]. Aux termes de son article 1er, la Loi organique n° 13/026 du 15 octobre 2013 fixe l'organisation et le fonctionnement de la Cour constitutionnelle, conformément à l'article 169 de la Constitution[162]. Ce dernier article dispose que l'organisation et le fonctionnement de la Cour constitutionnelle sont fixés par une Loi organique[163].

Il se dégage de ces dispositions constitutionnelles et légales que la justice constitutionnelle en République démocratique du Congo relève principalement de la Cour constitutionnelle. Cependant, un autre regard du droit positif congolais laisse entrevoir que la justice constitutionnelle, dans une certaine mesure, n'est pas uniquement l'apanage de la Cour constitutionnelle. Il se fait ainsi que d'autres juges s'y invitent, la Constitution s'imposant à eux et sa violation entrainant leurs décisions à la censure.

En effet, l'article 46 du Règlement intérieur de la Cour constitutionnelle dispose que : « *toute personne peut, dans le délai fixé à l'article 50 de la Loi organique portant organisation et fonctionnement de la Cour constitutionnelle, saisir la Cour constitutionnelle pour inconstitutionnalité de tout acte législatif ou réglementaire. Elle peut, en outre, invoquer l'exception d'inconstitutionnalité dans une affaire qui la concerne devant une juridiction. Celle-ci sursoit à statuer*

---

[160] RIVERO J., « La fin de l'absolutisme », in *Le Conseil constitutionnel et les libertés*, Paris, Economica, 1987, p. 139.

[161] Article 157 de la Constitution.

[162] Article 1er de la Loi organique n° 13/026 du 15 octobre 2013 portant organisation et fonctionnement de la Cour constitutionnelle, in *JORDC*, 54e année, numéro spécial, Première partie, Kinshasa, 18 oct. 2013.

[163] Article 169 de la Constitution.

et saisit toutes affaires cessantes la Cour constitutionnelle. Outre les conditions fixées à l'article 27, alinéa 2, du présent Règlement intérieur, la requête doit, sous peine d'irrecevabilité, répondre aux conditions suivantes :

1° Être présentée par écrit adressé au président de la Cour constitutionnelle à cet effet ;

2° Être motivée quant à la disposition contestée ;

3° La disposition contestée doit être applicable au litige ou à la procédure en cours devant la juridiction où l'exception est soulevée ;

4° Préciser les droits constitutionnellement garantis qui seraient violés par la disposition contestée ;

5° Être accompagnée des pièces dont le requérant désire faire usage à l'appui de ses moyens ;

6° Comporter élection de domicile au greffe de la Cour constitutionnelle ou au cabinet du conseil s'il y en a et en indiquer clairement l'adresse, sauf si l'exception d'inconstitutionnalité est soulevée par la juridiction ou le ministère public ».

Aussi, l'article 47 de même Règlement intérieur dispose que : « *hormis les traités et accords internationaux, toute personne peut invoquer l'inconstitutionnalité des actes cités à l'article 43 de la Loi organique portant organisation et fonctionnement de la Cour constitutionnelle*[164] *dans une affaire qui la concerne devant une juridiction. Ce droit est reconnu aussi à la juridiction saisie et au ministère public. Dans ce cas, la juridiction sursoit à statuer et saisit la Cour toutes affaires cessantes. La Cour statue par un arrêt motivé. Celui-ci est signifié à la juridiction concernée et s'impose à elle. L'acte déclaré non conforme à la Constitution ne peut être appliqué dans le procès en cours* ».

Ainsi, lorsqu'une juridiction de l'ordre judiciaire ou de l'ordre administratif devant laquelle une exception d'inconstitutionnalité est soulevée, sursoit à statuer et saisit toutes affaires cessantes la Cour constitutionnelle, elle administre, à notre avis, la justice constitutionnelle. Cela est d'autant plus vrai qu'il lui est demandé, à cet effet, de motiver quant à la disposition contestée et de préciser les droits constitutionnellement garantis qui seraient violés par la disposition contestée.

Un tel exercice dans le chef du juge concerné, ne rentre pas moins dans le cadre de la justice constitutionnelle, car il ne sera pas question du droit civil, du droit commercial, du droit du travail, du droit administratif ou du droit pénal, mais bien plus de l'examen et de l'application des dispositions de la Constitution dans les aspects qui touchent à la justice constitutionnelle[165]. Cette dernière concerne

---

164 L'article 43 dispose que : « *La Cour connaît de la constitutionnalité des traités et accords internationaux, des lois, des actes ayant force de loi, des édits, des Règlements intérieurs des Chambres parlementaires, du Congrès et des institutions d'appui à la démocratie ainsi que des actes réglementaires des autorités administratives* ».

165 En Afrique du Sud, la Cour constitutionnelle, dans l'affaire RSA-2002-2-008 du 21 mai 2002, Walters and Others, a jugé que les juridictions de jugement sont liées par les décisions de la Cour d'appel suprême (SCA) pour les questions relatives à l'interprétation de la Constitution, bien que la SCA ne soit pas la plus haute juridiction en matière constitutionnelle. Elles ne doivent se prononcer

donc, outre la Cour constitutionnelle, toutes les juridictions du système judiciaire congolais, civiles et militaires, telles qu'instituées par les dispositions pertinentes de la Constitution.

De ce qui précède, comment consolider la place du juge constitutionnel dans un État de droit pour construire un nouvel ordre juridique en République démocratique du Congo ? Une telle préoccupation ne peut trouver de réponse adéquate qu'à travers l'esquisse de l'émergence de la justice constitutionnelle en République démocratique du Congo et son apport dans la protection des libertés fondamentales.

2. La justice constitutionnelle congolaise : rôle et protection des droits et libertés fondamentaux

La Constitution de la République démocratique du Congo réaffirme l'indépendance du pouvoir judiciaire dont les membres sont gérés par le Conseil supérieur de la magistrature désormais composé des seuls magistrats, peut-on lire dans l'exposé des motifs.

Le constituant précise que pour plus d'efficacité, de spécialité et de célérité dans le traitement des dossiers, les Cours et tribunaux ont été éclatés en trois ordres juridictionnels : les juridictions de l'ordre judiciaire placées sous le contrôle de la Cour de cassation, celles de l'ordre administratif coiffées par le Conseil d'État, et la Cour constitutionnelle[166].

Instituée par l'article 57 de la Constitution promulguée et entrée en vigueur le 18 février 2006, il a fallu attendre jusqu'au 11 avril 2015, après l'adoption et la promulgation de la Loi organique n° 13/026 du 15 octobre 2013 fixant l'organisation et le fonctionnement de la Cour constitutionnelle, pour assister à son installation effective[167].

L'avènement d'un juge constitutionnel a été au centre de plusieurs discussions dans les États africains. L'éclatement des Cours suprêmes de justice a suscité espoir dans la consolidation de démocraties constitutionnelles en Afrique, en général et en République démocratique du Congo, en particulier.

Malheureusement, l'opérationnalité de ces juridictions n'a pas livré de résultats escomptés. De l'analyse critique de la jurisprudence, il y a lieu d'affirmer

---

sur des questions constitutionnelles que si cela s'avère nécessaire pour décider de la culpabilité ou de l'innocence d'un accusé. Voy. CONSEIL DE L'EUROPE, Commission européenne pour la démocratie par le droit (Commission de Venise), « Coopération des Cours constitutionnelles en Europe : situation actuelle et perspectives », *Document de travail pour le XVI*^{e} *Congrès de la Conférence des Cours constitutionnelles européennes*, Strasbourg, 28 avril 2014, p. 5.

166 Exposé des motifs de la Constitution du 18 février 2006.

167 À l'audience solennelle du samedi 16 octobre 2021, Dieudonné Kaluba Dibwa, alors président de la Cour constitutionnelle, lors de son discours à la rentrée judiciaire 2021-2022, annonçait que depuis son installation, la Cour constitutionnelle a enregistré 3 335 affaires et rendu 2 969 arrêts. Sur 1 745 affaires inscrites en matière de contrôle de constitutionnalité, d'interprétation et d'appréciation de la conformité à la Constitution, 1 482 décisions ont été prononcées. https://actualite.cd/2021/10/18/rdc-depuis-son-installation, consulté, le 17 mars 2023 à 14 h 14.

désormais le caractère controversé de leur bilan au regard des attentes des populations africaines et congolaises en particulier. Pourtant, l'Afrique nourrissait l'espoir de voir une nette amélioration de son système judiciaire à l'installation des Cours constitutionnelles.

Pour s'en convaincre, il y a lieu de considérer l'arrêt rendu par la Cour suprême de justice sous R. CONST 38/TSR, toutes sections réunies, agissant alors comme Cour constitutionnelle. À travers cette décision, la Cour s'est octroyé la compétence de la régulation de la vie politique. À peine installée, la Cour constitutionnelle a fait de même, notamment par ses arrêts sous R. CONST 1438, R. CONST 089 et R. CONST 338. Pourtant, une telle compétence n'est pas expressément prévue dans la Constitution. Elle l'aura progressivement conquise en la réitérant dans plusieurs autres arrêts, dont le célèbre est celui rendu sous R. CONST 1438 dans lequel le juge constitutionnel s'exprime avec suffisamment de clarté en retraçant le périple de cette conquête.

Le débat porté aujourd'hui par le député national Delly Séssanga relatif à la parodie d'un tirage au sort pour sortir certains juges présentés comme n'étant plus au service de la mouvance en vue de les remplacer par des juges-serviteurs de la mouvance au pouvoir en République démocratique du Congo en est une illustration flagrante. Vidant ainsi la dernière racine de crédibilité qui restait en une Cour dont la pratique de remplacement des juges n'obéit désormais qu'aux velléités de calculs politiciens.

Après ce scénario de tirage au sort en violation de la loi, la Cour constitutionnelle de la RD Congo, saisie par la Cour de cassation devant laquelle la défense de Monsieur Matata a soulevé une exception d'incompétence, répondant par son arrêt avant-dire droit RP 09/CR s'est attribué une exception d'inconstitutionnalité en saisissant la Cour constitutionnelle en interprétation.

Cette dernière, au lieu de répondre à la question de la qualité de la Cour de cassation pour la saisir simplement, est allée au-delà, en se dédisant au travers de l'affirmation de sa compétence au sujet du dossier R. CONST 1816 en soutenant qu'elle était compétente au mépris de la Constitution et de sa propre jurisprudence encore fraîche dans la mémoire de la conscience nationale et internationale.

Dans une analyse inédite, Évariste Boshab soutenait que les expressions « les infractions commises dans l'exercice ou à l'occasion de l'exercice des fonctions » sont techniques et que leur substance est prévue aux articles 145 à 150 du Code pénal congolais pour dire tout simplement infractions commises directement ou par personne interposée. Somme toute, nous portons un regard très critique de la production jurisprudentielle de la Cour constitutionnelle RD congolaise.

Le remplacement controversé du juge Mungulu dont on connaissait la sous-composante qui devrait pourvoir en vue de la désignation qui ne pouvait que provenir du Sénat au regard de l'esprit de la loi et de la pratique courante qui veut que parmi les trois juges proposés par le Parlement, deux proviennent de l'Assemblée nationale et un du Sénat. Le théâtre organisé par le président de l'Assemblée nationale en convoquant un Congrès sans qualité alors que le président du Sénat l'avait convoqué pour le même ordre du jour et l'avait clôturé est une nouvelle illustration de la déviation de la vocation du juge constitutionnel congolais qu'on a rêvé audacieux, ingrat vis-à-vis du pouvoir politique.

Cela implique une circoncision normative de rupture d'avec ces pratiques rétrogrades pour redonner espoir à la renaissance d'une Cour constitutionnelle effectivement indépendante à même de participer à la consolidation de l'État de droit constitutionnel en République démocratique du Congo. Car à ce jour, au lieu d'être au service de la démocratie et de l'État de droit, la Cour constitutionnelle a renvoyé l'image controversée d'un instrument judiciaire au service de la politique en déconstruisant les attentes de tout État[168] et l'espoir de tout un continent[169].

En République démocratique du Congo, la Cour constitutionnelle n'a changé que de format. Si un coup d'œil sur le fonctionnement de la Cour suprême de justice en tant que juridiction constitutionnelle permet de soutenir que bien que prévue par la Constitution, cette Cour n'a pas été rendue opérationnelle et que sa jurisprudence tout orpheline, caractérisée par une certaine oisiveté en étant tantôt au service de la démocratie et de l'État de droit, tantôt à celui d'une justice politisée[170], aujourd'hui encore, la Cour constitutionnelle est au centre des critiques les plus acerbes de politisation et caporalisation. Comment donc construire une justice constitutionnelle dépolitisée au service de la nation et de la construction d'un État de droit constitutionnel ?

Il a été affirmé que le juge constitutionnel occupe une place de prédilection dans l'ordre juridique et politique de tout État de droit. On ne peut percevoir la place qu'occupe le juge constitutionnel « sans le situer dans l'ordonnancement politique pour tenter d'évacuer les suspicions nombreuses et variées qui entourent son statut et surtout la méfiance souvent affichée par la minorité ou les citoyens lors de l'exercice de leurs droits et libertés fondamentaux »[171].

La place du juge constitutionnel se dégage au travers des éléments qui sont au centre de son opérationnalisation qui sont : son organisation interne, l'expression de la séparation des pouvoirs qu'il incarne, sa mission légale de protection de la minorité politique et la vocation à garantir les droits et libertés fondamentaux.

---

168 Les Congolais ont placé tout leur espoir en cette Cour constitutionnelle surtout en ce qu'elle est juge pénal du chef de l'État et du Premier ministre pour limiter les velléités d'une gestion institutionnelle calamiteuse.

169 Les Cours constitutionnelles africaines, en dehors de quelques-unes comme celle du Kenya, ont un bilan chaotique.

170 WETSH'OKONDA KOSO SENGA, M., *La définition des actes législatifs dans l'arrêt de la Cour suprême de justice n° R. CONST 51/TSR du 31 juillet 2007 à l'épreuve de la Constitution du 18 février*, Kinshasa, CDHC, 2006, p. 14 et MATADI NENGA GAMANDA, J., *La question du pouvoir judiciaire en République démocratique du Congo. Contribution à l'étude de la réforme*, Thèse de doctorat en l'Université de Paris X Nanterre, 2001, pp. 377-388.

171 KALUBA DIBWA, D., *Du contentieux constitutionnel en République démocratique du Congo*, Thèse, *op. cit.*, p. 148.

3. Les attributions de la Cour constitutionnelle

Les attributions de la Cour constitutionnelle ou le rôle de la justice constitutionnelle, mieux, ses missions, sont contenus dans ses compétences prévues par la Constitution et la Loi organique qui porte son organisation et fonctionnement. Cette dernière prévoit en son article 42 que les compétences de la Cour résultent des dispositions des articles 74, 76, 99, 128, 139, 145, 160,161, 162, 163, 164, 167 alinéa 1er et 216 de la Constitution[172].

Aux termes des dispositions de l'article 160 de la Constitution, la Cour constitutionnelle est chargée du contrôle de la constitutionnalité des lois et des actes ayant force de loi. Les lois organiques, avant leur promulgation, et les Règlements intérieurs des Chambres parlementaires et du Congrès, de la Commission électorale nationale indépendante ainsi que du Conseil supérieur de l'audiovisuel et de la communication, avant leur mise en application, doivent être soumis à la Cour constitutionnelle qui se prononce sur leur conformité à la Constitution.

Aux mêmes fins d'examen de la constitutionnalité, les lois peuvent être déférées à la Cour constitutionnelle, avant leur promulgation, par le président de la République, le Premier ministre, le président de l'Assemblée nationale, le président du Sénat ou le dixième des députés ou des sénateurs. La Cour constitutionnelle statue dans le délai de trente jours. Toutefois, à la demande du gouvernement, s'il y a urgence, ce délai est ramené à huit jours[173].

La Cour constitutionnelle connaît, suivant l'article 161 de la même Constitution, des recours en interprétation de la Constitution sur saisine du président de la République, du gouvernement, du président du Sénat, du président de l'Assemblée nationale, d'un dixième des membres de chacune des Chambres parlementaires, des gouverneurs de province et des présidents des Assemblées provinciales. Elle juge du contentieux des élections présidentielles et législatives ainsi que du référendum. Elle connaît des conflits de compétences entre le pouvoir exécutif et le pouvoir législatif ainsi qu'entre l'État et les provinces.

Elle connaît des recours contre les arrêts rendus par la Cour de cassation et le Conseil d'État, uniquement en tant qu'ils se prononcent sur l'attribution du litige aux juridictions de l'ordre judiciaire ou administratif. Ce recours n'est recevable que si un déclinatoire de juridiction a été soulevé par ou devant la Cour de cassation ou le Conseil d'État. Les modalités et les effets des recours visés aux alinéas précédents sont déterminés par la loi[174].

L'article 162 de la même Constitution, pour sa part, fait de la Cour constitutionnelle le juge de l'exception d'inconstitutionnalité soulevée devant ou par une juridiction. La même disposition prévoit que toute personne peut saisir la Cour constitutionnelle pour inconstitutionnalité de tout acte législatif ou

---

172 Article 42 de la Loi organique sur la Cour constitutionnelle de la RDC.

173 Article 160 de la Constitution.

174 Article 161 de la Constitution du 18 févr. 2006.

réglementaire. Elle peut en outre la saisir par la procédure de l'exception de l'inconstitutionnalité invoquée dans une affaire qui la concerne devant une juridiction. Celle-ci sursoit à statuer et saisit, toutes affaires cessantes, la Cour constitutionnelle[175].

La Cour constitutionnelle est, dans les termes des dispositions de l'article 163 de la Constitution, la juridiction pénale du chef de l'État et du Premier ministre dans les cas et conditions prévus par la Constitution[176].

Enfin, elle est, dans les dispositions de l'article 164 de la même Constitution, le juge pénal du président de la République et du Premier ministre pour des infractions politiques de haute trahison, d'outrage au Parlement, d'atteinte à l'honneur ou à la probité ainsi que pour les délits d'initié et pour les autres infractions de droit commun commises dans l'exercice ou à l'occasion de l'exercice de leurs fonctions. Elle est également compétente pour juger leurs coauteurs et complices[177].

Même si la Constitution de la République démocratique du Congo ne prévoit pas expressément et de façon autonome le principe de la « sécurité juridique », il doit cependant être regardé comme un principe de droit constitutionnel, dans la mesure où le texte fondamental réaffirme, dans son préambule, l'attachement du pays aux instruments internationaux relatifs à la protection et à la promotion des droits humains, la « sécurité juridique » étant un élément de la sûreté considérée comme l'un des droits naturels et imprescriptibles de l'homme au même titre que la liberté, la propriété et la résistance à l'oppression[178].

Ainsi, il apparaît clairement que la Cour constitutionnelle, considérant les compétences qui lui sont attribuées, a la mission de garantir la sécurité juridique tant dans l'organisation, le fonctionnement et les compétences des pouvoirs publics, que dans la protection des droits fondamentaux de la personne humaine, notamment en offrant les garanties d'accès à la justice et aux charges publiques au moyen d'un recycle électoral régulier.

Juge de constitutionnalité des actes législatifs et réglementaires, la Cour constitutionnelle a ainsi la mission de veiller à la protection des droits et libertés fondamentaux garantis dans la Constitution et aux valeurs fondamentales qui fondent tout État démocratique. Juge du contentieux de candidature et électoral, il veille à la promotion de la démocratie en faisant application de la Constitution. Ce qui exige de ses membres une attitude d'ingratitude et d'irreconnaissance vis-à-vis des acteurs politiques qui interviennent dans leurs processus de désignation. Ils n'ont en ce sens d'obligation de loyauté, que vis-à-vis de la nation, en protégeant les valeurs qui la fondent.

---

[175] Article 162.

[176] Article 163.

[177] Article 164.

[178] Cour constitutionnelle de la République démocratique du Congo, la Sécurité juridique, *8e congrès de l'ACCF*, document pdf, p. 531.

Juge pénal du président de la République et du Premier ministre, juge des conflits de compétences entre le pouvoir exécutif et le pouvoir législatif, ainsi qu'entre l'État et les provinces, et surtout juge des recours contre les arrêts rendus par la Cour de cassation et le Conseil d'État en tant qu'ils se prononcent sur l'attribution du litige aux juridictions de l'ordre judiciaire ou administratif, le rôle de la Cour constitutionnelle se révèle de plus en plus délicat et indispensable dans la Construction d'un État de droit constitutionnel. Ce dernier aspect intéresse l'activité des partis politiques, appelés à en faire un combat républicain.

Par leurs actions positives, les partis politiques, comme Jacques Djoli Eseng'ekeli le propose, peuvent aider la Cour constitutionnelle et l'amener à assumer sa mission première de protection des hommes et des valeurs du constitutionnalisme.

Pour y parvenir, il sied de prime abord de s'intéresser à l'organisation et au fonctionnement de la Cour constitutionnelle, dont la question de désignation des membres permet d'appréhender la place dans le fonctionnement des partis politiques.

4. L'organisation et le fonctionnement de la Cour constitutionnelle

L'article 2 de la Loi organique dispose que la Cour constitutionnelle comprend neuf membres nommés par le président de la République, dont trois sur sa propre initiative, trois désignés par le Parlement réuni en Congrès et trois autres par le Conseil supérieur de la magistrature. Suivant la même disposition, il ne peut y avoir ni deux membres parents ou alliés jusqu'au troisième degré inclusivement ni plus d'un membre, issus d'une même province.

Les procès-verbaux constatant la désignation des membres de la Cour autres que ceux désignés par le président de la République sont transmis à ce dernier dans les quarante-huit heures aux fins de leur nomination[179].

L'article 5 de la Loi organique sus-évoquée prévoit que six des neuf membres de la Cour doivent être des juristes issus de la magistrature, du barreau ou de l'enseignement universitaire. Dans le but d'assurer le respect des proportions fixées à l'alinéa précédent, deux membres désignés par le président de la République et un membre désigné par le Parlement doivent être issus du barreau ou de l'enseignement universitaire.

Les trois membres désignés par le Conseil supérieur de la magistrature sont exclusivement choisis parmi les magistrats en activité[180]. À l'article 6, le législateur prévoit que le mandat des membres de la Cour est de neuf ans. Il n'est pas renouvelable. La Cour est renouvelée par le tiers tous les trois ans.

Lors des deux premiers renouvellements, il est procédé au tirage au sort du membre sortant par groupe pour les membres initialement nommés[181]. Aussi, il est pourvu, pour reprendre les dispositions de l'article 7, au remplacement de tous

---

[179] Article 2 de la *Loi organique sur la Cour constitutionnelle.*

[180] Article 5 de la même *Loi organique.*

[181] Article 6.

les membres de la Cour un mois au plus tôt ou une semaine au plus tard avant l'expiration du mandat dans les conditions prévues aux articles 2 à 6[182].

Le membre nommé en remplacement de celui dont les fonctions ont pris fin avant terme achève le mandat de ce dernier, ainsi que le prévoit l'article 8 de la Loi organique. Il peut être nommé pour un autre mandat s'il a exercé les fonctions de remplacement pendant moins de trois ans[183].

Le président de la Cour, lui, est élu, comme le prévoit l'article 9, par ses pairs pour une durée de trois ans renouvelables une seule fois, dans les conditions déterminées dans le Règlement intérieur. Il est investi par ordonnance du président de la République[184].

Placé sous l'autorité du procureur général, il est institué un parquet général près la Cour constitutionnelle, qui exerce les attributions qui lui sont dévolues par la Loi organique[185]. En matière pénale, il recherche et constate les infractions relevant de la compétence de la Cour, soutient l'accusation et requiert les peines. Dans les autres matières de la compétence de la Cour, il émet des avis motivés. Il assiste à toutes les audiences de la Cour. Il peut y présenter des observations. Il ne prend pas part au délibéré[186].

Quant à la procédure de la justiciabilité d'un président de la République ou du Premier ministre, le procureur général près la Cour constitutionnelle n'exerce pas les fonctions d'organe poursuivant. À ce niveau, c'est le Congrès qui est l'organe poursuivant[187].

La Cour est dotée d'un greffe dirigé par un greffier en chef[188]. Il est créé au sein de la Cour, un corps de conseillers référendaires placé sous l'autorité du président, dont le nombre ne peut dépasser soixante[189]. Ils assistent la Cour dans l'étude et la préparation technique des dossiers dont elle est saisie[190]. Trois quarts d'entre eux, au moins, doivent être des juristes[191].

Il importe de noter que la désignation est le mécanisme par lequel une autorité compétente propose pour nomination à un poste une personne suivant la procédure dictée par un acte législatif ou réglementaire. Tel est le cas des membres ou juges de la Cour constitutionnelle chargée d'assurer la justice constitutionnelle. Ils sont désignés par le Congrès et le Conseil supérieur de la magistrature, du moins pour six parmi les neuf, et nommés par le président de la République[192].

---

182 Article 7.

183 Article 8.

184 Article 9 de la loi organique sur la Cour constitutionnelle.

185 Article 12.

186 Article 14.

187 Article 166, al. 1er de la Constitution.

188 Article 19 de la loi organique sur la Cour constitutionnelle.

189 Article 20.

190 Article 21.

191 Article 22, alinéa 1er, *ibid.*

192 L'article 158, alinéa 1er de la Constitution qui dispose que : « *la Cour constitutionnelle comprend neuf membres nommés par le président de la République dont trois sur sa propre initiative, trois*

C'est ici que les partis politiques, dont les membres siègent à l'Assemblée nationale et au Sénat, formant le congrès, sont appelés à plus de responsabilités dans la quête de la construction d'un État de droit constitutionnel. En effet, le constituant a prévu ce mode de désignation pour garantir plus d'indépendance à cette haute juridiction. Cependant, le moins que l'on puisse dire est que le contexte congolais infère à une autre réalité. L'indépendance du pouvoir judiciaire prévue dans les textes ne s'est pas encore enracinée chez les membres de ces corps qui éprouvent des difficultés à s'affirmer devant l'exécutif.

Ainsi, les membres de la Cour constitutionnelle semblent être acquis au président de la République. Il exerce une influence certaine sur les trois membres désignés par le Conseil supérieur de la magistrature ainsi que sur ceux désignés par le Congrès des parlementaires où il a la majorité. Par ailleurs, son influence sur les trois membres désignés à sa propre initiative est d'autant plus évidente.

En plus, la juridiction constitutionnelle est créée pour connaître spécialement et exclusivement du contentieux constitutionnel[193], située hors de l'appareil juridictionnel ordinaire et indépendant de celui-ci comme des pouvoirs publics[194]. Il résulte que les membres de la Cour constitutionnelle incarnent la vie de la Constitution et sont appelés à répondre considérablement aux attentes constitutionnelles. Voilà pourquoi la procédure de leur désignation dépend d'un régime juridique à un autre. Il n'existe pas de modèle idéal dans la composition d'une juridiction constitutionnelle.

Les modes de désignation des membres des juridictions constitutionnelles ne sont pas identiques. Chaque État dispose d'un mode particulier pour confier la responsabilité de la justice constitutionnelle aux personnes compétentes, comme nous allons le voir.

a. La désignation des membres de la Cour constitutionnelle en RDC

La Cour constitutionnelle de la République démocratique du Congo est composée de neuf membres[195] dont le processus de désignation et de nomination,

---

désignés par le Parlement réuni en Congrès et trois désignés par le Conseil supérieur de la magistrature ».

193 Basé sur le contrôle de constitutionnalité et l'interprétation de la Constitution.

194 FAVOREU, L. et WANDA, M., *Les Cours constitutionnelles*, Paris, 2e édition, Dalloz, 2016, p. 4.

195 Le choix de neuf membres parait à première vue idéal dans le souci de l'équilibre institutionnel au regard du rôle attribué au juge constitutionnel congolais. Malheureusement, dans la pratique, il est regrettable que le président de la République ait une influence à peine voilée sur la désignation de juges émanant du Conseil supérieur de la magistrature et du Parlement. Il se dégage de l'analyse rigoureuse de la pratique congolaise que dans le mécanisme de désignation de juges à la Cour constitutionnelle, c'est le président de la République qui désigne huit des neuf juges. L'unique qui échappe à cette inféodation proviendrait probablement du groupe parlementaire de l'opposition s'il n'a pas été préalablement inféodé et donc le produit d'une fraude. Et c'est dans l'hypothèse où l'on réserverait une place à l'opposition parlementaire. Cela relève d'une dérive qui vide de toute sa substance cette Cour, qui est même le juge pénal du Premier ministre et du chef de l'État. Toutefois, il est arrivé que sur les trois nommés à l'initiative du président de la République, un l'a été par le Premier ministre. Et en ce qui concerne le Congrès, un dosage subtil a également été établi entre

par sa longueur et le poids des considérations politiques qui le caractérise, est similaire à celui d'autres États précédemment étudiés. Deux temps forts le ponctuent : la désignation et la nomination des juges constitutionnels.

La désignation suppose la recommandation faite à une autorité en vue de conformer une procédure à la volonté du législateur, en l'occurrence en soumettant à l'autorité compétente de nomination la liste des candidats à un poste[196].

Par contre, la nomination est le pouvoir dont dispose l'autorité de confirmer, à travers un acte juridique, l'affectation aux fonctions qui leur sont attribuées d'un organe, de personnes ou d'un groupe de personnes proposés au préalable à cette nomination.

La lecture croisée des dispositions constitutionnelles, légales et réglementaires sur la désignation de membres à la Cour constitutionnelle fait transparaître une influence voilée des partis politiques[197].

1. Le processus de désignation

La Constitution du 18 février 2006 telle que révisée le 20 janvier 2011 détermine les conditions et modalités de désignation des membres de la Cour constitutionnelle. Celle-ci est composée de neuf membres nommés[198] par le président de la République dont trois sur sa propre initiative, trois désignés par le Parlement réuni en Congrès et trois désignés par le Conseil supérieur de la magistrature[199].

Pour les deux dernières catégories des membres, les procès-verbaux de désignation sont transmis au président de la République dans les quarante-huit heures aux fins de leur nomination[200]. À ce propos, Jean-Louis Esambo rappelle

---

l'Assemblée nationale et le Sénat. De même, au Conseil supérieur de la magistrature, un équilibre a été établi entre le siège et le parquet.

[196] Cela est parfois une simple volonté d'écriture constitutionnelle car si l'allégeance d'un juge est mise en doute, il est organisé un mécanisme de son remplacement. Le cas du juge Luzolo, à notre avis, qui s'est vu nommé à la présidence comme conseiller spécial juste après sa désignation et nomination comme juge constitutionnel illustre cette affirmation. Cette nomination en qualité de conseiller spécial cache une violation flagrante de la Constitution et une volonté politique de l'exclure de la Cour pour des raisons bien lointaines de la légalité.

[197] D'où la différence avec le système européen dont la politisation de la procédure de désignation des juges constitutionnels est assumée à travers leur élection et les marchandages auxquels celle-ci donne lieu.

[198] Les membres de la première formation de la Cour constitutionnelle congolaise ont été nommés par ordonnance n° 14/021 du 7 juillet 2014, *JORDC*, 55e année, numéro spécial, Kinshasa, 25 juillet 2014.

[199] Article 158 al. 1er de la Constitution du 18 février 2006 telle que modifiée par la loi n° 11/002 du 20 janvier 2011 portant révision de certains articles de la Constitution de la République démocratique du Congo, in *JORDC*, numéro spécial, 52e année, Kinshasa, 5 février 2011.

[200] Article 2 al. 3 de la Loi organique n° 13/026 du 15 octobre 2013 portant organisation et fonctionnement de la Cour constitutionnelle, in *JORDC*, 54e année, numéro spécial, Kinshasa, 18 octobre 2013.

que l'autorité de nomination ne peut ni récuser, ni s'opposer[201] à la nomination d'un membre désigné par le Congrès ou le Conseil supérieur de la magistrature[202].

Le choix de neuf membres répartis entre les trois grandes institutions de l'État paraît à première vue idéal dans le souci de l'équilibre institutionnel au regard du rôle attribué au juge constitutionnel congolais. Malheureusement, dans la pratique, il est regrettable que le président de la République exerce une influence à peine voilée sur la désignation de juges émanant du Conseil supérieur de la magistrature en tenant compte des conditions difficiles de l'indépendance effective du pouvoir judiciaire, et de ceux émanant du Parlement, en raison de la nature des rapports entre la majorité parlementaire et le président de la République. Il se dégage de l'analyse rigoureuse de la pratique congolaise dans la configuration politique actuelle que dans le mécanisme de désignation des juges à la Cour constitutionnelle, le président de la République contrôle la désignation d'au moins huit membres sur les neuf qui composent la Cour ; l'unique qui pourrait échapper à cette inféodation proviendrait probablement du groupe parlementaire de l'opposition si ce dernier a été sollicité et s'il n'a pas été préalablement happé par la majorité favorable au président de la République à la suite d'une fraude, d'un débauchage ou de la corruption. Cela relève d'une dérive qui vide de toute sa substance cette Cour, qui est même le juge pénal du Premier ministre et du chef de l'État. Toutefois, il est arrivé que sur les trois membres nommés à l'initiative du président de la République, un a été présenté par le Premier ministre. Et en ce qui concerne le Congrès, un dosage subtil a également été établi entre l'Assemblée nationale et le Sénat. De même, au Conseil supérieur de la magistrature, un équilibre a été établi entre le siège et le parquet.

Les autorités de désignation des membres de la Cour constitutionnelle doivent veiller sur le fait qu'il ne peut y avoir ni deux membres parents ou alliés jusqu'au troisième degré inclusivement, ni plus d'un membre issu d'une même province. Ainsi, pour y siéger, il suffit d'être congolais et justifier d'une expérience éprouvée de quinze ans dans le domaine juridique ou politique[203].

L'analyse des dispositions constitutionnelles relatives à la Cour constitutionnelle permet de tirer trois enseignements en rapport avec la procédure de nomination, les conditions de recrutement et l'origine des membres de la Cour constitutionnelle. Le constituant assure la participation des trois pouvoirs d'État au processus de nomination des membres de la Cour constitutionnelle[204]. Cette

---

201 En réalité, l'autorité ne peut s'opposer parce que tout le processus de leur désignation est contrôlé. C'est là que se pose toute la problématique de l'indépendance du pouvoir judiciaire tant voulue. Et pourtant, tout en étant tous conscients de la République de juges instaurée par ces derniers brandissant l'indépendance dont ils ne sont capables ni d'assumer encore moins d'assurer, un discours politique a milité en défaveur de la proposition de loi Minaku-Sakata « qui a péché contre l'opportunité politique de légiférer » mais dont l'objectif était l'encadrement légal de cette indépendance.

202 ESAMBO KANGASHE, J.-L., *Traité de droit constitutionnel congolais*, *op. cit.*, p. 128.

203 Article 3 de la Loi organique n° 13/026 du 15 octobre 2013 portant organisation et fonctionnement de la Cour constitutionnelle, in *JORDC*, 54e année, numéro spécial, Kinshasa, 18 octobre 2013.

204 ESAMBO KANGASHE, J.-L., La Constitution congolaise du 18 février 2006, *op. cit.*, p. 251.

attitude met en exergue la volonté du constituant de consolider la liberté du juge constitutionnel, un tel résultat étant surtout fonction du degré d'indépendance vis-à-vis de l'exécutif et du législatif.

Au niveau du pouvoir exécutif, c'est le président de la République qui est investi du pouvoir de désignation d'un tiers des membres de la Cour constitutionnelle. Dans la pratique, il associe le Premier ministre dans le choix des trois personnes à nommer à cette Cour[205]. Au niveau du Parlement et, dans le but d'assurer la réconciliation nationale et l'équilibre entre les forces politiques, la constitution des bureaux des commissions parlementaires permanentes et la désignation de trois membres de la Cour constitutionnelle devraient être faites sur base du consensus entre la majorité et l'opposition.

La Cour constitutionnelle congolaise est composée de membres dont la majorité est constituée de juristes provenant de la magistrature, du barreau ou de l'enseignement universitaire.

Ainsi, jetant un regard sur le droit comparé, comme nous venions de l'indiquer, à l'exception de l'Allemagne qui autorise l'élection d'une partie des membres de la Cour constitutionnelle par le Parlement, plusieurs pays ont d'autres modalités de désignation des juges constitutionnels, sollicitant l'intervention du président de la République et d'autres pouvoirs constitués tels que le Parlement et le Conseil supérieur de la magistrature. En d'autres termes, la désignation des juges constitutionnels fait intervenir les autorités politiques auxquelles se joint le pouvoir judiciaire[206].

Toutefois, la procédure de désignation des membres au sein de la juridiction constitutionnelle en République démocratique du Congo traduit de façon claire la grandeur de la mission du juge constitutionnel, dans la mesure où, notamment, l'intervention des acteurs politiques (parlementaires) dans sa désignation peut influer conséquemment l'exercice de la justice constitutionnelle. De ce qui précède, de quoi procèdent les rapports entre les partis politiques, la Cour constitutionnelle et de la justice constitutionnelle ?

2. L'influence des partis politiques sur la Cour constitutionnelle

Le juge constitutionnel occupe une place de prédilection dans l'ancrage de la justice constitutionnelle, qui désigne l'ensemble des institutions et techniques grâce auxquelles est assurée, sans restriction, la suprématie de la Constitution[207]. Et comme telle, la Cour constitutionnelle, dans n'importe quelle interprétation, est

---

[205] Dans la désignation de trois membres de la Cour constitutionnelle par le président de la République, la candidature de KALONDA KELE OMA Yvon a été soutenue par le Premier ministre lors des consultations menées par le président de la République.

[206] ESAMBO KANGASHE, J.-L., Traité de droit constitutionnel congolais, *op. cit.*, p. 127.

[207] FAVOREU, L., *et alii*, *Droit constitutionnel*, 8e édition, Paris, Dalloz, 2005, p. 199, n° 243, cité par KALUBA DIBWA, D., « La justice constitutionnelle en République démocratique du Congo », *op. cit.*, p. 58.

appelée à être un arbitre pour expliciter les textes juridiques afin d'éclairer l'opinion. Le juge constitutionnel est différent du juge judiciaire.

Conscients de la mission ou de la place du juge constitutionnel, les partis politiques, à travers leurs membres au Parlement chargés de proposer les juges constitutionnels suivant le quota leur reconnu par la Constitution, s'organisent pour envoyer à la nomination les noms de potentiels juges à la Cour constitutionnelle qui leur feraient allégeance. Les différentes tractations dans le remplacement des juges tirés au sort le 10 mai 2022 sont l'expression manifeste des enjeux qui entourent la désignation des membres à la Cour constitutionnelle.

Suite au décès du juge Polycarpe Mungulu Tapangane, une charcuterie procédurale taxée de tirage au sort a été organisée, au terme duquel deux autres juges, en l'occurrence, Dieudonné Kaluba Dibwa et Évariste-Prince Funga, ont été éjectés de la Cour. D'où la nécessité de désigner leurs remplaçants. C'est dans ce contexte que le Président de la République donna, en date du 13 mai 2022, instruction aux deux Chambres du Parlement d'envoyer le nom de leur délégué pour nomination en remplacement du juge décédé qui était du quota du Parlement, particulièrement du Sénat.

À la place, l'opinion nationale a plutôt assisté à une escalade épistolaire allant du 20 au 25 mai 2022 entre le Président du Sénat et celui de l'Assemblée nationale. Il s'agit là d'une preuve éloquente des enjeux qui entourent la nomination des membres de la Cour constitutionnelle et dont l'implication et l'intervention des acteurs politiques sont ostentatoires.

Pourtant, la logique élémentaire renseignait que le juge Mungulu était du Sénat. Par conséquent, il revenait au président de cette Chambre de désigner son remplaçant en vue de l'entérinement par le Congrès. Tel n'a pas été le cas. Il ne serait donc pas excessif d'affirmer que tant que les intérêts politiques et partisans auront toujours raison de la légalité, le processus démocratique aura encore du chemin à parcourir.

Dans l'exercice de leur mission de dire le droit, les juges ainsi désignés grâce à l'implication des acteurs politiques tout comme les potentiels candidats, seraient tentés de brader ou bâcler leur œuvre au profit de leurs parrains politiques[208].

---

[208] Ce point de vue n'est pas partagé par Marcel Wetsh'Okonda Koso qui évoque deux raisons. D'abord, le fait que les juges soient désignés par les politiques ne remet pas irrémédiablement en cause leur indépendance. Aux États-Unis ou en Allemagne, par exemple, les juges constitutionnels sont aussi désignés par les politiques. Leur indépendance n'en est pas pour autant compromise. Ensuite, le mode de désignation des juges n'est pas le seul paramètre à prendre en compte pour évaluer leur indépendance. Il y a lieu de tenir également compte de la durée de leur mandat. Par exemple, même désignés par les politiques, les juges américains font preuve d'indépendance parce qu'ils jouissent d'un mandat à vie. Ailleurs, la longueur du mandat garantit l'indépendance. Un autre facteur d'indépendance se trouve dans le statut des juges. La thèse de l'auteur, *La question des droits fondamentaux en droit positif congolais : contribution à la recherche d'un mécanisme de protection efficace par la Cour constitutionnelle*, faculté de droit, Université de Kinshasa, 2021.
Seulement, l'auteur omet le fait qu'il s'agit là de peuples différents et de cultures démocratiques distinctes. L'indépendance du juge américain est d'abord une question de culture politique. Néanmoins, tous les juges ne sont pas indépendants, mais si en République démocratique du Congo,

Pour s'en convaincre, il suffit de procéder à l'analyse des fondements légaux et des motivations juridiques des arrêts R. Const. 1438 du 15 décembre 2020 et R. Const. 1453/1463/1464 du 15 janvier 2021 qui autorisent les députés élus sur la liste d'un parti ou d'un regroupement politique à aller à l'encontre de la ligne de conduite arrêtée par leurs formations politiques.

3. L'hypothétique autorité de la Cour constitutionnelle en RDC

Le mécanisme de désignation des membres de la Cour constitutionnelle a toujours dicté sa philosophie et corrompu les attentes des citoyens. La fragilité démocratique de nos institutions, teintées d'une crise permanente de légitimité, devrait nous dicter d'autres procédés de désignation afin d'asseoir l'autorité de la Cour constitutionnelle dans la consolidation de l'État de droit en République démocratique du Congo.

L'image de la Cour est davantage noircie par le débat sur sa composition, aujourd'hui quasi illégale, et par l'adoption d'une chambre spéciale chargée de la relecture de ses arrêts sous le prétexte que la loi électorale autorisait la correction des erreurs matérielles affectant les résultats des élections, alors qu'en réalité, on revisite le fond même des arrêts rendus lors du contentieux électoral sans se préoccuper d'éventuelles fautes matérielles et, parfois, sans que ce genre d'erreurs ne soit avéré.

Les élections qui devraient désigner les représentants du peuple sont toujours contestées ou n'ont presque jamais livré les résultats attendus. Quelle marge d'indépendance détiendrait un juge désigné par de tels parlementaires ?

Dans la doctrine, il est relevé que « l'organisation de la Cour constitutionnelle est révélatrice du rôle que la Constitution a bien voulu lui attribuer et que son efficacité dépend en grande partie de la qualité des hommes qui l'animent et la font vivre. Elle est également tributaire de la manière dont ces hommes sont désignés »[209].

Sans être fataliste, l'espoir de construire une Cour constitutionnelle marquée par des juges légitimes et indépendants ainsi que des décisions audacieuses n'est pas perdu. Pour y arriver, le juge constitutionnel congolais devra en toute sagesse « dépiéger » un système judiciaire marqué par des décennies de dictature, pour ne pas rester dans ce que Francis Wodie qualifie « d'agent de ces barbares que sont les hommes politiques qui, pour avoir le fruit, n'hésitent pas à abattre l'arbre producteur »[210].

---

la dépendance d'un juge est la règle et l'indépendance est l'exception, aux États-Unis, c'est exactement le contraire, l'indépendance est la règle et la dépendance en est l'exception.

[209] ESAMBO KANGASHE, J.-L., *La Constitution congolaise du 18 février 2006 à l'épreuve du constitutionnalisme*, *op. cit.*, p. 247.

[210] WODIE, F., « L'hommage de la communauté universitaire », in *La Constitution béninoise du 11 décembre 1990. Un modèle pour l'Afrique ?* Mélange en l'honneur de Maurice AHANHANZO-GLETE, p. 49, cité par DJOLI ESENG'EKELI, J., Postface, *in* BANYAKU LUAPE EPOTU, E., *Quelques questionnements sur la procédure devant la Cour constitutionnelle*, *op. cit.*, p. 12.

En vue d'imprimer à la Cour l'autorité qui lui est nécessaire et de légitimer ses décisions, la désignation de ses membres doit s'opérer suivant un critérium qui prend en compte la preuve d'une expertise avérée dans le domaine du droit et de la justice, la probité morale et éthique, ainsi que d'autres aptitudes nécessaires pour occuper cette charge située au sommet de l'échiquier de la justice congolaise[211].

De même, il s'avère nécessaire d'augmenter le nombre des juges appartenant au quota du Parlement, en sa qualité de représentant du peuple, et de ne laisser au président de la République la latitude de n'en proposer qu'un seul.

Technique destinée à écarter le despotisme et à garantir la liberté, la théorie de la séparation des pouvoirs a été développée avant la naissance des partis politiques au sens moderne[212]. Elle constitue un facteur déterminant de la consolidation d'un État de droit et, en même temps, le levier de l'implication du juge constitutionnel dans la régulation de la vie politique. Le champ d'application d'une justice constitutionnelle ne peut se concevoir que dans un État où le principe de la séparation de pouvoirs est de mise ; ce principe est synonyme de limites que doivent observer les trois pouvoirs traditionnels de l'État.

Historiquement, la doctrine enseigne que la théorie de la séparation des pouvoirs signifie, d'une part, la nécessité et l'existence de la répartition des pouvoirs entre différents organes de l'État et, d'autre part, elle est synonyme de gouvernement modéré ou organisation politique non despotique. L'architecture notionnelle présente la théorie comme le centre de l'existence de toute Constitution.

Une Loi fondamentale qui n'aurait pas nettement affiché la séparation horizontale et verticale des pouvoirs de l'État n'en est pas une. D'où les politiques ne peuvent ni influer encore moins influencer les procédés de désignation de juges et le fonctionnement de la Cour sans énerver ses missions de régulateur de la vie politique et de gardien de la constitutionnalité des décisions politiques.

La doctrine opine qu'il parait paradoxal de vouloir analyser la place du juge constitutionnel par rapport à la théorie de la séparation des pouvoirs. Elle s'appuie sur l'argument de Montesquieu qui avait traité la fonction juridictionnelle comme une puissance en quelque façon nulle dans la conception où la loi était l'expression de la volonté générale.

Toutefois, le XIXe siècle a vu l'apparition du besoin de contrôler l'expression législative[213] qui est désormais, selon Eisenmann, produit de la majorité et non

---

211 Avec une large appréhension, l'on peut déjà considérer, dans une certaine mesure, que ce critère est pris en compte, à l'instar de celui de la compétence et de l'expérience professionnelle. Il suffit de se référer au décret-loi de 2002 portant Code de conduite de l'agent public de l'État, auquel sont également soumis les juges constitutionnels.

212 NTUMBA LUABA LUMU, A.-D., *Droit constitutionnel général*, *op. cit.*, p. 335, cité par KALUBA DIBWA, D., *Du contentieux constitutionnel en République démocratique du Congo*, *op. cit.*, p. 148.

213 KALUBA DIBWA, D., *Du contentieux constitutionnel en République démocratique du Congo*, *op. cit.*, p. 149.

plus de la volonté générale qui garde comme seul cadre d'expression la Constitution[214].

En définitive, la consolidation du rôle du juge constitutionnel ne peut trouver toute son essence et son rôle que dans le contexte où la Constitution consacre une subdivision des pouvoirs, de façon que l'exécutif n'interfère pas dans le judiciaire et que le législatif reste dans le champ de ses prérogatives constitutionnelles, de même que le pouvoir judiciaire se cantonne dans sa mission de rendre justice pour rétablir l'ordre social.

Au-delà de l'expression de la séparation des pouvoirs, la place du juge constitutionnel peut s'apprécier par sa mission de protéger la minorité politique. De ce fait, qu'est-ce donc une minorité politique et de quelle manière le juge constitutionnel peut-il la protéger ?

Ici, il y a lieu de signaler que le juge constitutionnel peut protéger toute minorité politique par l'exercice de l'écran de légalité qui s'articule essentiellement sur le contrôle juridictionnel de la légalité[215].

§2e. L'écran de légalité

Situé dans la famille romano-germanique, le droit positif congolais consacre la supériorité de la loi sur les règlements. Ce qui se traduit par le contrôle juridictionnel de la légalité des actes juridiques inférieurs. Il est nécessaire d'expliciter la supériorité de la loi sur les règlements avant d'en arriver au contrôle de la légalité de ceux-ci qui en constitue le corollaire.

A. Supériorité de la loi

Autant la loi et le règlement doivent se soumettre à la Constitution, autant le règlement doit se conformer à la loi. Le pouvoir réglementaire, détenu par le Premier ministre qui peut déléguer certains de ses pouvoirs aux ministres[216], n'a de boussole que la loi. C'est en vue du contrôle de cette légalité que le droit consacre le recours pour excès de pouvoir, qui relève de la compétence du juge administratif.

---

[214] EISENMANN, C., « L'esprit des lois et la séparation des pouvoirs », in *Mélanges Raymond Carré de Malberg*, Paris, Sirey, 1933, pp. 162-199.

[215] Il s'impose d'indiquer qu'aujourd'hui, la théorie de la séparation des pouvoirs a beaucoup évolué. Dans son acception classique, on distinguait les pouvoirs législatif, exécutif et juridictionnel. Néanmoins, il se peut, comme c'est le cas en ce moment en RDC, que le législatif et l'exécutif soient fondus en raison du fait majoritaire. Ainsi, la séparation des pouvoirs se joue plus par rapport au pouvoir juridictionnel que dans les rapports entre l'exécutif et le législatif.

[216] L'article 92 de la Constitution dispose que : « *le Premier ministre assure l'exécution des lois et dispose du pouvoir réglementaire sous réserve des prérogatives dévolues au président de la République par la présente Constitution. Il statue par voie de décret. Il nomme, par décret délibéré en Conseil des ministres, aux emplois civils et militaires autres que ceux pourvus par le président de la République. Les actes du Premier ministre sont contresignés, le cas échéant, par les ministres chargés de leur exécution. Le Premier ministre peut déléguer certains de ses pouvoirs aux ministres* ».

B. Le contrôle juridictionnel

Par action ou par exception, le contrôle juridictionnel de la légalité des actes réglementaires appelle la connaissance des règles qui régissent les juridictions de l'ordre administratif.

La loi n° 16/027 du 16 juillet 2016 portant organisation, fonctionnement et compétence des juridictions de l'ordre administratif met en place une gamme d'actions et de procédures dont le but ultime est de protéger le citoyen contre l'arbitraire du pouvoir exécutif.

C. La soumission de la loi aux droits fondamentaux

Il convient d'avoir un regard intéressé vers les droits humains qui, selon leurs différentes générations, posent avec acuité la question de leur justiciabilité et de leur évolution constante.

1. L'incontournable question de la protection des minorités et la quête de l'effectivité des droits et libertés fondamentaux

Même si la question de la conformité de l'option du représentant à la volonté de ceux qu'il est censé représenter offre du travail à la justice constitutionnelle, il y a, au-delà, un réel problème dans la mesure où « l'activité législative des représentants est directement imputée à la volonté du peuple, sans que celui-ci n'ait un mécanisme légal ou constitutionnel pour censurer ses décisions et/ou législations ».

2. L'incontournable question de la protection des minorités

Le fondement de la théorie de la soumission de l'État au droit paraît artificiel. La puissance publique confondue à l'État semble dessaisie par la norme dans son application. La population en général et les minorités politiques en particulier sont souvent victimes de l'insoumission de l'État entendu comme pouvoir public à la norme générale. Et pourtant, l'État a l'obligation de définir, au travers du droit, les mécanismes et limites de son propre champ d'action pour garantir la sphère de liberté de ses citoyens. En effet, la promotion et la protection des droits de l'homme et des libertés publiques font partie des fondements de tout État de droit démocratique et constitutionnel.

Dans sa profession de régulateur de l'équilibre politique, le juge constitutionnel a l'obligation de protéger la minorité politique. Née de la confrontation électorale dans un système démocratique, la minorité politique ne peut se concevoir que dans un régime de pluralisme politique. Elle joue un rôle prépondérant dans la respiration de la démocratie où la règle de mutation du pouvoir provient du jeu électoral et consolide une alternance démocratique qui résulte de l'orientation dont le constituant a pris en charge certaines préoccupations de la gestion entre la population et ses gouvernants.

Cette minorité politique doit être identifiée à partir d'un certain nombre de critères. Guillien et Vincent ont estimé que la minorité politique s'apprécie eu égard à l'expression du suffrage comme « le parti politique ou les partis qui s'opposent à l'équipe au pouvoir en exerçant une fonction de surveillance et de critique, en informant l'opinion, voire en préparant une équipe gouvernementale de rechange »[217] ; de ce point de vue, on la désigne également comme « l'opposition ».

L'opposition politique est identifiée comme « les groupes politiques qui, dans un cadre légal, ont la possibilité de manifester des idées différentes de celles du gouvernement en place, dans l'intention de conquérir le pouvoir »[218] ; tantôt comme « l'ensemble des partis ou regroupements politiques qui sont en désaccord avec le gouvernement ou le régime politique »[219].

La majorité d'approches dans l'identification de cette entité se limitent à la théorie générale d'une minorité politique dans un système de pluralisme politique, omettant une réalité quotidienne qui fait de toute minorité politique une opposition politique[220].

Dans plusieurs États africains, il a été remarqué que l'accession au pouvoir, à la suite de crises politiques par les mécanismes tels que le dialogue et les concertations, a servi la posture d'opposition politique qui est devenue un champ d'appétits politiciens et clientélistes, loin de répondre à sa mission traditionnelle de contrepoids de la majorité au pouvoir et de proposer, par un programme de société rigoureux, une alternative crédible.

Déjà, la création des partis politiques est devenue une œuvre familiale, sans idéologie ni projet de société. Et partant, « une opposition politique devrait être constituée de tous les groupes ayant un but plus ou moins politique et qui, dans le cadre juridique existant, professent des vues différentes de celles du gouvernement. Mieux, elle devra être constituée de groupes qui ont une vision nette de leurs idéaux, et ce, dans l'intention, le plus souvent, de conquérir le pouvoir »[221] par des mécanismes démocratiques.

Les membres de l'opposition doivent se recruter dans les milieux de ceux qui ne visent pas nécessairement le partage des portefeuilles ministériels à la suite des crises politiques qui aboutissent aux dialogues et concertations. Celles-ci s'avèrent être, dans bon nombre de cas, une confection, au-delà de parodie de la cohésion nationale, d'une démocratie de recul sur la base d'un consensus d'une certaine classe sociale sans mandat ni onction du peuple au nom duquel ils se

---

[217] GUILLIEN, R. et VINCENT, R. (dir.), *Lexique des termes juridiques*, Paris, Dalloz, 1985, p. 312, V. Opposition.

[218] DEBBASCH, C. *et alii*, *Droit constitutionnel et institutions politiques*, Paris, Economica, 1990, p. 178.

[219] DUHAMEL, O. et MENY, Y., *Dictionnaire de droit constitutionnel*, *op. cit.*, p. 677.

[220] Il est complexe de trouver une minorité politique constituée une majorité. D'où toute minorité politique, sauf dans le cadre d'une coalition, est toujours confondue, mieux est une branche de l'opposition politique.

[221] OMAR DIOP, E. H., « Le statut de l'opposition dans les démocraties africaines », in *Revue de Droit africain* n° 40, Bruxelles, 2006, p. 123.

réunissent et partagent le pouvoir d'État à l'instar de la triste kermesse politique de Sun City, en Afrique du Sud.

En insistant sur la nécessité d'élaborer un programme de société clair pour être à même de remplir sa mission, Jacques Djoli Eseng'Ekeli estime qu'« une opposition politique doit se concevoir comme un groupement organisé d'hommes partageant un certain nombre de vues et critiques sur le gouvernement. Assise toujours sur des idées, un projet ou un programme, elle s'exerce dans le respect du cadre légal en vue de la conquête du pouvoir »[222]. Il résulte de ce point de vue que tout groupe d'individus, quoiqu'organisé et doté d'un programme qui n'opère pas dans un cadre légal, ne peut se présenter comme opposition politique.

Le pourquoi de l'invitation du juge constitutionnel dans la protection de l'opposition politique est donc devenu lisible à partir du rôle que ce dernier est censé jouer dans la transpiration de l'appareil démocratique et étatique. Le juge constitutionnel joue ainsi à la segmentation des rapports entre la force du nombre et la loi des idées ainsi que de l'équilibre social. Ce qui pousse Éric Oliva à affirmer que « l'enjeu majeur de l'intuition d'un juge constitutionnel se trouve être la garantie des droits de l'opposition politique qui a perdu les élections de manière que l'on n'ait pas juridiquement tort parce que l'on est politiquement minoritaire »[223], ce qui consolide la thèse, de ce point de vue, la naissance d'une certaine civilisation démocratique.

Dans la pratique parlementaire et surtout dans l'exercice législatif, une opposition politique subit de façon systémique le dictat des lois qui proviendraient des laboratoires de la majorité au pouvoir. Le rôle du juge constitutionnel devra être celui de censurer toute loi constituant un coup de force de la majorité au pouvoir contre les acquis et principes constitutionnels.

La majorité politique qui sait qu'une Cour constitutionnelle est acquise à sa cause procède par des raccourcis pour s'arracher des interprétations erronées de dispositions constitutionnelles selon qu'elles profitent à la majorité ou à la mouvance au pouvoir.

Autant l'opposition jouera ce rôle de contrepoids de la majorité, autant ses droits et libertés fondamentaux doivent être garantis et préservés. En droit comparé, par exemple, tel que le soutient le doyen Vedel : « Du simple fait que le juge constitutionnel contrôle les lois au regard des dispositions constitutionnelles relatives aux droits fondamentaux, il en résulte que tant dans l'opinion que dans la minorité politique, il est perçu comme un allié même si, selon le vent de

---

[222] DJOLI ESENG'EKELI, J., « Problématique de l'opposition politique en Afrique noire postcoloniale : cas de la RDC : mythe ou réalité », *in* BAKANDEJA WA MPUNGU, G. et MBATA, A., *Participation et responsabilité des acteurs dans un contexte d'émergence démocratique en RDC*, Kinshasa, PUK, 2007, p. 85.

[223] OLIVA, E., *Droit constitutionnel*, Paris, Sirey, 2000, p. 30.

l'alternance, il ne donne pas toujours raison au camp qui a reçu ses faveurs à une époque »[224].

Ainsi, comment le juge constitutionnel protège-t-il les libertés fondamentales ?

3. La quête de l'effectivité des droits et libertés fondamentaux

Entre reconnaissance des droits individuels et des libertés publiques, l'État de droit fonde la prérogative pour les citoyens de revendiquer l'adoption d'idées et d'actions compatibles avec leurs intérêts.

C'est ainsi que la quête toujours plus dynamique des droits des citoyens côtoie sans cesse l'admission du droit des mécontents à manifester publiquement leur opinion. Naturellement, l'État, partagé entre la nécessité de protéger les biens communs et l'intérêt général, d'une part, et le besoin de laisser s'exprimer les opinions contraires à son action, d'autre part, garde de ces manifestations un regard assez critique, qui les cantonne dans une suspicion telle que, souvent, dans les pays à déficit démocratique, elles dégénèrent parfois dans le sang.

4. L'exaspérante quête de l'effectivité des droits et libertés fondamentaux

En sa qualité de protecteur de la Constitution, le juge constitutionnel a un rôle cardinal à jouer dans un État de droit. Au même moment qu'il veille à la Constitution, il garantit aux citoyens la protection de leurs droits et libertés fondamentaux.

La plupart des fois, la doctrine omet d'opiner sur la crédibilité que doit avoir une Cour constitutionnelle dans sa mission de régulateur de la vie en société. Cette crédibilité se joue autour de l'image que le peuple s'est construite sur elle à partir de ses décisions.

Cette étude est aussi importante qu'elle sert de levier de réparation de la rupture installée entre le peuple et ses représentants orientant l'espoir du peuple et des acteurs politiques vers les pouvoirs du juge constitutionnel.

Ainsi, le modèle de justice constitutionnelle issue d'une juridiction spéciale, pour le contrôle de constitutionnalité des actes législatifs ou réglementaires et l'interprétation des dispositions constitutionnelles, place le juge constitutionnel en position de compétition avec le législateur. Et s'il n'y a pas dans la société un véritable impact de la Cour sur les résultats à tirer de sa capacité aussi bien à protéger les droits et libertés fondamentaux des citoyens, particulièrement des minorités politiques, mais aussi de résolution des contentieux auxquels la population espère obtenir des solutions, sa légitimité démocratique s'en trouve

224 VEDEL, G., « Le Conseil constitutionnel, gardien du droit positif ou défenseur de la transcendance des droits de l'homme ? », *Pouvoirs* n° 45, 1988, p. 149.

affectée[225]. Une Cour constitutionnelle doit donc acquérir une légitimité auprès du peuple.

C'est dans cette perspective qu'Eugène Banyaku Luape opine que « la légitimité politique dépend de l'opinion marquante dont la classe politique et la société civile se font de la Cour constitutionnelle. Si elles la trouvent trop penchée aux thèses largement favorables au pouvoir, elle perd sa crédibilité politique. Et si l'examen du contentieux constitutionnel ne répond plus à l'une des préoccupations majeures des citoyens dans un État de droit, à savoir : le respect de la Constitution, alors sa légitimité politique est mise à mal »[226].

La protection des droits et libertés fondamentaux ne peut se concevoir que dans un État de droit moderne où il se construit une sorte de dialectique « mission-soumission », un État serviteur du peuple et au même moment prisonnier par sa soumission à la norme qu'il a créée. Pour Lebreton, cette « mission-soumission » est caractéristique de l'État de droit qui implique comme conditions : la soumission à une hiérarchie des normes sur laquelle trônent la Constitution et l'indépendance du juge pour sanctionner la méconnaissance des droits ainsi proclamés[227].

Comment, donc, le juge peut-il protéger les droits et libertés fondamentaux qu'il n'a pas identifiés ? Telle demeure l'équation qui sous-tend la mission de tout juge, en général, et du juge constitutionnel, en particulier. Partant de la mission de protéger les libertés fondamentales, il faut rappeler que cette notion est au cœur d'un grand débat de doctrine quant à son contenu et à ses nuances, plus particulièrement en droit constitutionnel moderne.

Ainsi, souvent confondues aux droits de l'homme, les libertés publiques s'en démarquent nettement en raison de leur origine et, certainement, de leur finalité[228]. Dans l'opinion, les libertés publiques sont évoquées comme des droits fondamentaux et parfois, comme des droits humains.

Sans nous plonger dans les spécificités techniques de cette question, il y a lieu de faire remarquer que « prenant les droits de l'homme comme faisant partie des droits fondamentaux, une opinion indique que ces derniers sont des droits et libertés protégés par les normes constitutionnelles et internationales quel que soit leur degré de fondamentalisme[229]. La place du juge constitutionnel doit s'évaluer à partir de sa capacité à protéger tant la minorité politique que les droits et libertés fondamentaux qui constituent le champ sur lequel se jouent sa crédibilité et sa légitimité politique.

---

[225] En République démocratique du Congo, au-delà des acteurs politiques, la population a mis l'espoir dans la Cour constitutionnelle comme l'ultime voie de recours. En témoigne, l'engouement que suscitent les audiences de la Cour dans des matières sensibles, comme le contentieux électoral.

[226] BANYAKU LUAPE EPOTU, E., *Quelques questionnements sur la procédure devant la Cour constitutionnelle*, *op. cit.*, p. 204.

[227] Fouiller dans les écrits de LEBRETON, G. *Libertés publiques et les droits de l'homme*, 4e édition, Paris, Armand Colin, 1999, p. 319.

[228] ESAMBO KANGASHE, J.-L., *Traité de droit constitutionnel congolais*, *op. cit.*, p. 317.

[229] FAVOREU, L. *et alii*, *Droit des libertés fondamentales*, Paris, Dalloz, 2000, p. 168.

La Cour constitutionnelle doit se proposer, dans un État de droit moderne, en un levier d'équilibre institutionnel. Un juge constitutionnel doit éviter le syndrome d'accaparement du pouvoir en s'émancipant et en cultivant l'audace, sous peine d'être qualifié de « juge spectateur », mieux, de « juge fossoyeur ».

Dans l'hypothèse du système congolais d'ouverture de la saisine du juge constitutionnel à toute personne, les libertés fondamentales constituent, à coup sûr, la voie de transformation du régime politique. Le pouvoir délibérant est entre les mains des citoyens[230], ce qui constitue l'unique évidence de la consolidation de la démocratie et la voie tracée vers l'instauration d'un État de droit constitutionnel.

Si le juge ordinaire peut s'autoriser à jouer un rôle de premier plan dans la protection des droits et libertés individuels, le juge constitutionnel l'est davantage, en sa qualité de gardien de la Constitution et des droits qui y sont consacrés.

Plusieurs modalités existent pour la saisine du juge constitutionnel en matière de protection des droits et des libertés publiques. Les unes, par voie d'action, au travers de requêtes visant l'inconstitutionnalité d'un acte législatif ou réglementaire, les autres, par voie d'exception d'inconstitutionnalité, question préalable soulevée à l'occasion d'un procès en cours devant une juridiction de jugement[231].

5. Les manifestations publiques systématiquement en souffrance

L'exercice de la liberté de manifestation est au cœur de la vie politique des États. Il est au centre même du combat politique dans les États modernes. Manifester est l'arme politique la plus efficace, au moment où le recours à la force n'est plus un mode normal d'expression, mais une violation du droit[232].

La liberté de manifestation est reconnue par les instruments juridiques internationaux et les Constitutions des États comme un des droits fondamentaux de l'homme. En RDC, elle est proclamée par la Constitution du 18 février 2006[233]. La liberté de manifester représente la forme démocratique et moderne du combat politique. Elle est à la portée des partisans du pouvoir qui chantent leurs victoires et soutiennent l'action de la majorité, et constitue l'un des instruments de démonstration de force de l'opposition politique. Elle sert la cause des opposants qui protestent contre les orientations politiques prises par le gouvernement.

---

230 Article 162 al. 2 de la Constitution du 18 février 2006.

231 ESAMBO KANGASHE, J.-L., *Le droit constitutionnel*, *op. cit.*, pp. 110-118.

232 Aux États-Unis, la question est évoquée dans le premier amendement à la Constitution de 1789. Cette disposition fait partie des dix amendements ratifiés en 1791 et connus collectivement sous l'expression de « déclaration des droits » (*bill of rights*). Le premier amendement interdit au Congrès d'adopter des lois limitant la liberté de religion et d'expression, la liberté de la presse ou le droit à s'assembler pacifiquement. Même si le texte ne fait mention que du Congrès qui est seul investi du pouvoir législatif, les principes de l'amendement ont pu être appliqués aux décisions des pouvoirs exécutifs et judiciaires.

233 Article 26 de la Constitution du 18 février 2006.

La liberté de manifestation est aussi un moyen d'expression des acteurs sociaux autres que les partis politiques ; de fait, les groupes de pression tels les organisations non gouvernementales, les syndicats et les églises peuvent, outre la pétition, faire valoir leurs opinions en organisant des manifestations[234]. C'est pourquoi cette liberté est l'une des plus visibles, des plus évoquées et même des plus disputées.

Cependant, malgré sa consécration par des instruments juridiques nationaux et internationaux, l'exercice de cette liberté est soumis à une forte surveillance dans la plupart des régimes totalitaires. Au cours des manifestations publiques, à travers la répression par le pouvoir en place, se commettent de graves violations des droits de l'homme tels des massacres, des arrestations arbitraires, des enlèvements, des tortures, des traitements inhumains et dégradants ainsi que des humiliations de tout genre.

En même temps, l'exercice de la liberté de manifestation est l'occasion et le moyen de jouir des autres droits ; c'est le cas du droit à la grève, de la liberté d'opinion et d'expression, de l'affirmation des droits des minorités, du droit à participer à la gestion des affaires de l'État, du droit à la libre expression de l'opposition, du droit à la démocratie, etc. Les revendications relatives à la jouissance de ces droits ne peuvent être portées sur la place publique et aux autorités qu'au moyen de l'organisation des manifestations.

À ce sujet, le Bureau conjoint des Nations Unies aux droits de l'homme (BCNUDH) a constaté qu'en RDC, en dépit des garanties constitutionnelles, ceux qui cherchent à exprimer leurs opinions et à faire valoir leurs libertés fondamentales de réunion et d'association ont souvent fait l'objet d'abus et ont subi des atteintes à leur droit à l'intégrité physique de la part des agents de l'État[235].

Néanmoins, la liberté de manifestation ou de rassemblement est l'une des plus controversées. Son exercice touche directement à l'ordre public et à la sécurité. Les pouvoirs publics doivent intervenir pour encadrer les manifestants et assurer la protection des droits et libertés des autres particuliers, telle que la propriété privée, l'intégrité physique, la tranquillité et la sécurité publiques.

C'est parce qu'un rassemblement non encadré, organisé sur la place publique, peut dégénérer en un mouvement de destruction des biens privés, de commission des actes de vandalisme, que le besoin du maintien de l'ordre s'impose. Cela se traduit par des restrictions instituées par la loi dans l'exercice de ce droit de l'homme. Dans de nombreux États, les autorités se réservent le droit d'interdire certaines réunions en prévision de trouble à l'ordre public ou d'atteinte aux personnes et aux biens, ce qui est susceptible d'être interprété comme une forme

---

[234] Le cas des catholiques, et récemment des protestants et autres, en constitue une parfaite illustration avec les marches du Comité laïc de coordination dont la répression sanglante a coûté la vie à Rossy Tshimanga, à Thérèse Kapangala et à tant d'autres citoyens à Kinshasa et en provinces.

[235] Nations Unies, Rapport du Bureau conjoint des Nations Unies aux droits de l'homme sur les droits de l'homme et les libertés fondamentales en période préélectorale en République.

de censure. Si cela est vrai pour plusieurs États même les plus libéraux, il y a lieu de se demander : jusqu'où cette faculté d'interdire peut-elle être menée ?

Quelle est dès lors la limite à ne pas franchir dans l'exercice de ce pouvoir d'interdire ? Car, si dans les systèmes démocratiques, ce pouvoir n'est pas détourné à des fins de répression des opposants, les systèmes totalitaires, en revanche, en profitent pour réduire au silence leurs adversaires.

La liberté de manifestation exige donc un aménagement qui tienne à la fois compte du besoin de laisser les gens s'exprimer et de la nécessité de sauvegarder la sécurité publique. Très souvent, cette conciliation n'est pas facile à assurer. La limite à ne pas franchir par les pouvoirs publics et les manifestants ressemble à une frontière toujours contestée. Parfois, les réunions ou manifestations débordent en des scènes violentes et des émeutes qui s'accompagnent de pillages, d'atteintes à l'intégrité physique et de destructions méchantes ; aussi, très souvent, les autorités n'hésitent pas à ordonner des interdictions de manifester ou encore des répressions sanglantes et meurtrières[236].

D. Le juge constitutionnel face à la Constitution

Il est question d'analyser la question de l'État de droit face à la légitimité des animateurs du pouvoir politique par les élections comme mode de dévolution du pouvoir politique en République démocratique du Congo.

Le pouvoir politique reste, plusieurs siècles après Montesquieu, ce que celui-ci en dit : il corrompt et celui qui le détient a tendance à en abuser. La justice constitutionnelle, dans son rôle de régulation et de contrôle de la vie politique, s'attribue parfois des prérogatives importantes qu'elle façonne à travers une jurisprudence audacieuse, qui met toujours en avant la préservation de l'élection comme voie royale d'accession aux fonctions politiques.

– Le juge constitutionnel, gardien de la Constitution

Une Constitution, comme toute norme, tire son origine de l'ensemble de valeurs positives issues des tissus sociologiques d'une société qu'on érige sous la

[236] Les laïcs catholiques avaient organisé une marche pacifique en dépit de l'annulation et de l'interdiction des autorités de la ville. En effet, quatre prêtres et quatre laïcs catholiques étaient interpellés le jeudi 16 février par la police lors de la marche des chrétiens annulée par le gouverneur de la ville de Kinshasa. Ils avaient été remis en liberté le même jour dans la soirée. Selon le porte-parole du Conseil de l'apostolat des laïcs catholiques du Congo (CALCC), Thierry Landu, cette remise en liberté avait été obtenue grâce à l'intervention de la MONUSCO et des ONG de droits de l'homme. La presse rapporte qu'« il y a eu une mobilisation réelle des chrétiens qui ont répondu à l'appel du CALCC. Au lieu d'encadrer les manifestants, la police les a empêchés de se rendre au point focal. C'est ainsi qu'on a vu des paroisses où on a bloqué les chrétiens », notamment à la paroisse Saint Augustin de Lemba où des jeunes délinquants intimidaient les paroissiens pour les empêcher de participer à la marche ; in http://radiookapi.net/actualite/2012/02/17/marche-des-chretiens-les-pretres-les-laics-interpelles-ont-ete-remis-en-liberte/.

forme de norme supérieure pour sa gouvernabilité en vue de créer l'équilibre social et d'éviter les dérives des plus forts sur les plus faibles ou les vulnérables[237].

La Constitution est un instrument de limitation du pouvoir, un acte du peuple souverain. Sa philosophie peut n'être qu'implicite ; aussi, la doctrine distinguait la Constitution politique de la Constitution sociale[238]. Une Constitution doit être l'œuvre vivante d'un peuple.

Politique ou sociale, la Constitution est l'atelier de confection de la légitimité de tout gouvernant. Tout pouvoir qui s'obtient en dehors de son cadre est illégal et illégitime, sauf dans le cas d'une révolution populaire[239]. Et même dans ce dernier cas, un retour rapide à l'ordre constitutionnel est nécessaire. Quel que soit le bilan mitigé du juge constitutionnel congolais, nous ne pouvons omettre le fait que son avènement n'a pas été salué par une grande partie des acteurs de la société congolaise, surtout opérateurs politiques et professionnels de l'activité judiciaire.

En effet, quoique prévue par tous les textes constitutionnels antérieurs de la République démocratique du Congo depuis son indépendance, la Cour constitutionnelle n'a pas été la bienvenue ; les politiques n'ont pas trouvé d'intérêt à installer une juridiction qui avait la vocation de contrôler leurs actes et de censurer les décisions des gouvernants. L'actuelle Cour constitutionnelle doit son existence effective au constituant du 18 février 2006. À ce sujet, Jean-Louis Esambo Kangashe parle de la victoire du constitutionnalisme sur le « légicentrisme qui est un courant de pensée qui prêche la supériorité de la loi entendue comme expression de la volonté générale »[240].

Pour ce faire, le constituant du 18 février2006 charge le juge constitutionnel du contrôle de la constitutionnalité des lois et des actes ayant force de loi, et exige que les lois organiques, avant leur promulgation, et les règlements intérieurs de Chambres parlementaires et du Congrès, de la Commission électorale nationale indépendante ainsi que du Conseil supérieur de l'audiovisuel et de la communication, soient soumis à sa censure pour évaluer leur conformité à la Constitution[241].

Fort de cette gamme de pouvoirs lui dévolus, le juge constitutionnel se présente comme ***le gardien de la Constitution.*** Cela est d'autant plus évident qu'il est le juge pénal du chef de l'État et du Premier ministre.

---

[237] La difficulté que rencontre l'application de plusieurs lois dans les États africains résulte du mimétisme qui caractérise notre système législatif. Par exemple, le choix hypocrite du constituant congolais à l'article de la Constitution congolaise du 18 février 2006, qui, par souci d'éviter le marchandage de sa nationalité, a choisi de son exclusivité malgré l'apport combien significatif de sa diaspora, qui ne peut être compensé par une simple exclusion.

[238] CHAGNOLLAUD, D., *Droit constitutionnel contemporain*, Paris, 4e édition, Armand Colin, 2005, pp. 24-26.

[239] Il est inadmissible que des expressions telles que « solution africaine », synonyme d'élections sapant la vérité des urnes, continuent de sanctionner nos cycles électoraux.

[240] ESAMBO KANGASHE, J.-L., *La Constitution congolaise du 18 février 2006 à l'épreuve du constitutionnalisme*, *op. cit.*, p. 240.

[241] Article 160 al. 2 de la Constitution du 18 février 2006.

Seulement, parce que tout pouvoir doit être encadré pour éviter la dérive, il y a lieu de souligner que tout en étant gardien de la Constitution, le juge constitutionnel n'est pas au-dessus du peuple qui reste le titulaire de la souveraineté[242]. En tant que tel, le peuple est le garant du gardien et, de ce fait, le producteur authentique et originel de la légitimité sans laquelle aucun gouvernant ne peut exercer le pouvoir d'État[243].

On le voit, tous ces pouvoirs devraient motiver le désintérêt de la classe politique congolaise affiché contre l'installation de la juridiction constitutionnelle depuis les temps immémoriaux. En plus, l'avènement du juge constitutionnel était situé entre la volonté d'instaurer un État de droit véritable et cette absence de volonté politique de constitutionnaliser la justiciabilité de la vie politique.

Cette attitude peu patriotique a conduit Évariste Boshab à constater que « toujours à l'ordre du jour lors de l'élaboration de chaque nouvelle Constitution, la Cour constitutionnelle constitue une véritable hantise dans l'évolution constitutionnelle de la République démocratique du Congo. Elle est réclamée, soit pour que le contrôle de la constitutionnalité des lois garantisse le respect des droits et libertés des citoyens, soit pour que chaque institution fonctionne dans les limites à elles assignées par le constituant, soit pour éviter la fraude à la Constitution en passe de devenir un véritable culte sinon, une vertu pour nombre de gouvernants »[244].

L'auteur renchérit en arguant que l'installation de la Cour constitutionnelle est apparue comme une nécessité tant les ennemis d'hier devenus partenaires par la force des élections ne peuvent tolérer aucun empiétement : ils n'acceptent pas que l'on marche sur leurs plates-bandes[245].

Somme toute, un des grands mérites de la Constitution congolaise du 18 février 2006 est cette avancée enregistrée dans la direction du renforcement du constitutionnalisme à travers l'institution d'une Cour constitutionnelle et la saisine des faits politiques par le droit.

Par contre, l'une des grandes faiblesses affichées par le constituant est de ne pas avoir trouvé de mécanisme de surveillance du juge constitutionnel pour éviter l'instauration d'une république des juges. Ici, à la suite d'Évariste Boshab, nous

---

242 L'article 5 de la Constitution du 18 février 2006 dispose que « *la souveraineté nationale appartient au peuple. Tout pouvoir émane du peuple qui l'exerce directement par voie de référendum ou d'élections et indirectement par ses représentants. Aucune fraction du peuple ni aucun individu ne peut s'en attribuer l'exercice. La loi fixe les conditions d'organisation des élections et du référendum* ».

243 En exercice de sa souveraineté qui n'obéit à aucun procédé constitutionnaliste, le peuple du Burkina Faso a estimé que le président Compaoré devait quitter le pouvoir bien que son mandat fût en cours à cause de ses velléités de se construire une présidence à vie.

244 BOSHAB MABUDJ, E., « Les dispositions constitutionnelles transitoires relatives à la Cour constitutionnelle de la République démocratique du Congo », in *Fédéralisme et régionalisme*, vol. 7, n° 1er, Premiers scrutins et contrôle de constitutionnalité en République démocratique du Congo, Liège, 2007, p. 1.

245 BOSHAB MABUDJ, E., « Les dispositions constitutionnelles transitoires relatives à la Cour constitutionnelle de la République démocratique du Congo », *op. cit.*, p. 7.

avons trouvé la recette de la revanche populaire dont le champ, le cadre et le contour de l'expression échappent aux théories constitutionnalistes.

En d'autres termes, si le juge constitutionnel est le garant de la Constitution, le ***gardien du gardien en demeure le peuple souverain.*** Désormais, caractérisée par des arrêts taxés de « forfaiture politique face aux besoins pressants de justice ressentis surtout par les moins nantis en connaissance de droit ou en moyen de défense » par certains, et « pêchant par l'obsession formaliste, en se focalisant sur les détails procéduraux, et en refusant d'examiner la substance et la pertinence des requêtes », pour d'autres, la juridiction constitutionnelle s'expose à la critique populaire.

D'où la nécessité qu'a le juge constitutionnel que ses décisions se créditent d'un taux d'acceptation qui courtise une certaine légitimité populaire. Le juge constitutionnel a l'obligation d'afficher un sursaut d'audace pour répondre aux attentes, tant de la volonté politique née de son souci de faire saisir la politique par le droit, mais aussi, aux attentes de la population en général, et des minorités politiques en particulier.

Au fond de la question de la crédibilité de la Cour constitutionnelle congolaise se cache la dialectique protection des intérêts du pouvoir politique des gouvernants et leur légitimité face à l'épreuve de la consolidation d'un État de droit en République démocratique du Congo.

La légitimité des animateurs est la clé de voûte de tous ces éléments constituant les fondements de l'État de droit, car un État va au-delà de l'existence juridique tout simplement. Il doit disposer de bonnes lois, d'une bonne Constitution dans laquelle sont consacrées non seulement la promotion et la protection des droits de l'homme et des libertés publiques mais aussi et surtout que les animateurs des institutions censés gouverner ces fondements doivent justifier de la légitimité pour décider au nom du souverain primaire.

C'est ce qui donne à tout citoyen le pouvoir d'attaquer en inconstitutionnalité les actes des autorités publiques parce que la souveraineté nationale appartient au peuple et que tout pouvoir émane de lui qui l'exerce par ses représentants[246].

La Constitution congolaise du 18 février 2006, dans son exposé des motifs, affirme que depuis son indépendance le 30 juin 1960, la République démocratique du Congo est confrontée à des crises politiques récurrentes dont l'une des causes fondamentales est la contestation de la légitimité des institutions et de leurs animateurs. Pour mettre fin à cette crise cyclique et systémique, la Loi fondamentale préconise la mise en place d'un nouvel ordre politique fondé sur une nouvelle Constitution démocratique sur base de laquelle le peuple congolais choisira souverainement ses dirigeants, au terme des élections libres, pluralistes, démocratiques, transparentes et crédibles.

Ce vœu pieux omet en filigrane la garantie des élections voulues transparentes, plurielles, démocratiques et crédibles. Et pourtant, il convient de disposer d'un

---

[246] Article 5 de la Constitution du 18 février 2006.

cadre juridique et des animateurs politiquement incolores afin de garantir une élection transparente. Comment peut-on penser aux élections transparentes avec une écriture normative qui n'a pour vocation que la programmation de la tricherie[247] et une démocratie de façade qui résulte de la nomination des « élus ».

Il est quand même curieux que toutes les réformettes afférentes aux élections soient au service d'un groupe d'individus qui remettent en cause la crédibilité du processus démocratique pour servir leurs intérêts partisans, générant ainsi des Chambres législatives caporalisées au service d'une majorité politique préfabriquée, tel un instrument politique d'un groupe d'individus sans légitimité contre toute une nation.

En République démocratique du Congo, la question de la légitimité des gouvernants demeure l'une des préoccupations majeures des fondements de notre système démocratique. Cela remonte à l'indépendance politique qui aurait été un chèque en blanc pour qu'un groupe d'opérateurs politiques se fabriquent des mécanismes afin de représenter un peuple sans le consulter. La démocratisation de la RDC est donc un rêve qu'il faut construire par l'instauration de nouveaux paradigmes de gestion et la désignation des élus dotés d'une légitimité à représenter le peuple.

La légitimité d'un pouvoir politique s'apprécie sur base de la participation du souverain primaire dans le fondement du pouvoir. La théorie démocratique de légitimité implique que son principe repose sur le suffrage populaire[248]. La légitimité politique des dirigeants résulte donc du peuple qui accepte et participe à leur action.

Certes, les partis politiques comme institutions de production des acteurs que sont les candidats en sont l'une des lampes témoins dans ce processus. Aussi, les élections en constituent un des critères indispensables pour en mesurer la vitalité, en particulier lorsqu'elles se déroulent dans une ambiance de liberté, de transparence et de démocratie. Elles emportent comme corollaire, la passation civilisée et pacifique du pouvoir politique. Ce type d'alternance n'est pas le fruit d'un compromis politique obtenu nuitamment entre les présidents entrant et sortant en vue de s'assurer une sécurité pour sa personne, sa famille politique et biologique et ses investissements, ainsi que certaines critiques caricaturaient l'alternance politique entre Joseph Kabila Kabange et Félix Tshisekedi Tshilombo.

Le droit constitutionnel contemporain désigne la démocratie comme ce « régime politique où ni un individu ni un groupe ne s'approprie le pouvoir ». Ses titulaires sont désignés par le peuple par voie d'élections régulières organisées

---

[247] Voy. Les faiblesses de la loi n° 22/029 du 29 juin 2022 modifiant la loi n° 06/006 du 9 mars 2006 portant organisation des élections présidentielles, législatives, provinciales, urbaines, municipales et locales, telle que modifiée par la loi n° 11/003 du 25 juin 2011, la loi n° 15/001 du 12 février 2015 et la loi n° 17/013 du 24 décembre 2017.

[248] DEBBASCH, C. ; PONTIER, J.-M. ; BOURDON, J. ; RICCI, J.-C., *Droit constitutionnel et institutions politiques*, Paris, Economica, 4e édition, 2001, p. 115.

périodiquement, et sont contrôlés par lui[249]. La démocratie se veut ainsi une référentielle de société, de toute structure ou toute organisation sociétale. La doctrine renseigne que la démocratie moderne retient les éléments distinctifs dans l'identification d'un État de droit : une Constitution définissant des droits et devoirs fondamentaux des citoyens, les fonctions de l'État et les limites du pouvoir, les procédures de prise de décision et de la délibération politique[250].

En sus, on ne peut omettre de relever que la démocratie dépend aussi de ses valeurs exprimées qui segmentent les forces politiques autour d'elle, en termes de valeurs, de liberté et de l'égalité. À ce sujet, la « liberté et l'égalité sont, toutes deux, des valeurs névralgiques de la démocratie. Aussi, la liberté implique l'égalité au titre de conditions nécessaires de possibilité »[251], telle que présentée par la théorie de la justice[252].

C'est pourquoi l'alternance au pouvoir[253] politique procède de la succession par la voie des urnes, moyennant les règles constitutionnelles[254] relevant du droit positif comme loi en vigueur[255]. Ainsi, il est désormais soutenu dans la doctrine mouvante que la conquête du pouvoir est une réalité permanente. Elle implique, pour ce faire, l'alternance démocratique au pouvoir. Sans élections, il n'y a pas d'alternance démocratique. Dans cette perspective, Jean-Louis Esambo considère que « les régimes dictatoriaux sont réfractaires à l'idée de la concurrence politique. Ils en excluent même l'éventualité. L'émergence des courants politiques différenciés étant interdite, le pouvoir est considéré comme un costume taillé à la dimension de ses détenteurs »[256].

De ce qui précède, la légitimité des dirigeants politiques est au service de la consolidation d'un État de droit dont l'alternance est le catalyseur.

Dans la mesure où l'injustice avec ses corollaires, l'impunité, le népotisme, le régionalisme, le tribalisme, le clanisme et le clientélisme sont à l'origine de l'inversion générale des valeurs et de la ruine de la République démocratique du Congo, l'alternance démocratique offrirait, tant soit peu, une thérapie démocratique. En effet, elle instaure un climat de confiance entre les animateurs du jeu politique et sert de garantie à l'enjeu démocratique. Elle construit la paix et l'équilibre social, et édifie l'unité nationale. Elle augure l'émancipation d'une conscience nationale et la promotion de la démocratie, et trace le chemin pour le

---

[249] ARDENT, P., *Institutions politiques et droit constitutionnel*, 18e éd., Paris, LGDJ, 2006, p. 145.

[250] RAWLS, J., *La théorie de la justice*, trad. Fr., Cathérine Audard, Paris, Seuil, 1999, Préface, p. 8.

[251] BEACHLER, J., *Démocratie*, Paris, Calmann-Lévy, 1985, pp. 143-145.

[252] DAHL, R., *De la démocratie pluraliste en Afrique où l'Afrique en transition vers le pluralisme politique. La vie du droit en Afrique*, Paris, Economica, 1993, p. 37.

[253] TSHIKOJI, S., « De l'alternance politique au Congo-Zaïre : difficultés et perspectives », in *Pensée agissante* n° 10, Kinshasa, février 2001, p. 18 et ss.

[254] QUERMONE, J.-L., *L'alternance au pouvoir*, 2e éd. Paris, Montchrestien, PUF, 2003, p. 56.

[255] HERMET, G. *et alii.*, *Dictionnaire de la science politique et des institutions politiques*, 5e éd., Paris, Armand Colin, 2001, p. 5.

[256] ESAMBO KANGASHE, J.-L., *La Constitution du 18 février 2006 à l'épreuve du constitutionnalisme*, *op. cit.*, p. 199.

développement politique et social de l'État. Dans d'autres domaines, l'alternance stabilise le climat des affaires et offre le visage d'un État véritablement souverain et démocratique.

SECTION III.
État de droit et constitutionnalisation des partis

La constitutionnalisation des partis politiques renforce les fondements de l'État de droit, jadis basé essentiellement sur le respect de la hiérarchie des normes, l'égalité des citoyens devant la loi et la séparation des pouvoirs. La captation de pouvoir et son exercice étant le levier primordial du jeu politique et démocratique dans un État qui se veut de droit, constitutionnaliser les partis c'est consolider un segment important de la vie de l'État.

L'idée de constitutionnalisation renvoie à l'action consistant à donner à une règle la nature constitutionnelle. La constitutionnalisation des partis politiques désigne à la fois un processus visant à inscrire les partis dans la Constitution et l'action tendant à mettre en œuvre les principes qui participent de l'existence et de l'organisation des partis politiques. Autrement, il s'agit de reconnaître le rôle et la liberté des partis politiques dans la Loi fondamentale. L'idée fait par ailleurs référence à l'ensemble des mesures législatives et règlementaires qui précisent et déterminent les modalités d'application de cette liberté garantie par la Constitution[257].

Dans la plupart des pays, au sortir des périodes postcoloniales et des conflits sociopolitiques ayant connu des Constitutions dites de transition, on a, à l'encontre de la logique, légalisé les partis politiques avant que la Constitution ne vienne consacrer cette règle. C'est le cas de la RDC dont la loi de 2004 sur les partis politiques avait été mise en œuvre avant la Constitution de 2006 qui consacre un mouvement inverse de constitutionnalisation des partis déjà existants.

Pour El Hadji Omar Diop, la législation et la réglementation qui ont précédé la constitutionnalisation des partis dans les années 1990 n'étaient pas anticonstitutionnelles, puisque dans certains États, les Constitutions existaient et reconnaissaient l'existence juridique des partis politiques (Cameroun, Côte d'Ivoire et RDC)[258]. C'est dans le cadre de ces Constitutions que ces nouvelles législations et règlementations ont été élaborées. Il fallait sortir des contradictions qui existaient entre certaines dispositions de ces anciennes Constitutions et les nouvelles législations et réglementations.

Or, le processus normal de la hiérarchie des normes élaborée par Hans Kelsen se décline en trois temps : la Constitution, norme suprême se trouvant au sommet

---

[257] EL HADJI OMAR DIOP, *Partis politiques et processus de transition démocratique en Afrique noire*, Éditions Publibook Université, Paris, 2006, p. 87.
[258] *Idem.*

de la pyramide, puis la loi qui met en œuvre les dispositions constitutionnelles et, enfin, les règlements qui sont des actes d'application de la loi[259].

Ainsi donc, la constitutionnalisation consacre tant l'existence que les activités des partis ; elle a été un acte politique. Bien que ce soit une revendication certes formulée par les partis, il s'agit en réalité d'une question sociale. Elle renvoie ainsi à l'idée de contraindre les pouvoirs autoritaires à apporter des garanties pour la sauvegarde du pluralisme partisan.

Sur base de ces prémices, l'étude de l'encadrement du multipartisme congolais implique la connaissance de la problématique de la constitutionnalisation des partis politiques en elle-même pour une analyse documentée de la reconnaissance juridique du pluralisme politique d'une part (§1) ; ainsi que sa consécration constitutionnelle en République démocratique du Congo d'autre part (§2).

§1er. La constitutionnalisation des partis et le vent d'une alternative sociale démocratique

L'objectif reste celui de mettre en lumière la reconnaissance constitutionnelle du pluralisme partisan, encadré par les instruments juridiques dont la Constitution reste la norme suprême.

Remontant l'histoire des années 1990, les systèmes politiques africains issus des transitions démocratiques se fondaient essentiellement sur la reconnaissance du pluralisme politique par les différentes Constitutions, en cette formule générale embrassant le rôle, la création et l'exercice de leurs activités : « *Les partis politiques concourent à l'expression du suffrage, au renforcement de la conscience nationale et à l'éducation civique. Ils se forment et exercent librement leurs activités dans le respect de la loi* »[260]. C'est une innovation dans la réaffirmation du pluralisme politique intégral par les Constitutions de tous ces pays.

Cette officialisation des partis politiques consacrait le caractère pluraliste des sociétés africaines en ce sens qu'elles admettaient le libre jeu des opinions contraires. Ce pluralisme existait à tous les points de vue : syndical, artistique, religieux, philosophique ; mais il était d'abord politique. L'effectivité du pluralisme politique exigeait l'organisation de la conquête du pouvoir afin que tous les acteurs politiques aient des chances équitables[261].

D'ailleurs, Burdeau considère la démocratie comme un régime dans lequel le « *pouvoir est à prendre* »[262]. Le caractère majoritaire d'une opinion la rend habile à diriger. Pour cela, il faut considérer toutes les opinions comme égales : c'est le

---

259 *Ibidem*, p. 85.

260 Cf. Article 6 de la Constitution congolaise, 28 de la Constitution malienne, 4 de la Constitution sénégalaise, 3 de la Constitution guinéenne et 6 de la Constitution gabonaise.

261 EL HADJI OMAR DIOP, *Partis politiques et processus de transition démocratique en Afrique noire*, *op. cit.*, p. 87.

262 DEBBASCH, C. (dir.), *Droit constitutionnel et institutions politiques*, Paris, Economica, 2001, pp. 213-214.

principe de la neutralité de l'État. Il faut permettre à toutes les opinions de se faire connaître : c'est le principe d'égale admission aux moyens d'information. Il faut assurer l'égalité dans l'attribution et dans l'exercice du droit de vote : c'est le principe du suffrage universel[263].

C'est ce qui est aujourd'hui dans l'esprit de la lettre du constituant congolais qui, en gardant la charpente de ses Constitutions antérieures à donner une force juridique à l'Assemble des règles relatives à la formation de partis politiques. C'est dans cette perspective qu'ont été créées des associations qui ont peu à peu donné corps à la naissance des partis politiques, au sens actuel[264].

Néanmoins, comme dans une société moderne, l'existence des partis et regroupements politiques fait partie de l'expression de la démocratie. Elle favorise à bien des égards la promotion et la protection des droits de l'homme et des libertés publiques. La Constitution du 18 février 2006 organise effectivement ce type de démocratie lorsqu'elle situe l'origine du pouvoir dans le peuple qui « *l'exerce directement par voie de référendum ou d'élections et indirectement par ses représentants* »[265]. Seulement, aucune disposition ne soutient le fait que le nombre des partis était un indicateur démocratique. Le principe posé de liberté ne peut être confondu à la perversion ou à la construction des monstres que sont devenus les partis dans la vie politique : partis palmiers, partis mallettes, boutiques familiales, etc.

Créés et régulièrement enregistrés au ministère ayant les Affaires intérieures dans ses attributions, les partis bénéficient d'un égal traitement de l'État, des services publics et de tout détenteur de l'autorité publique[266]. La consécration constitutionnelle des partis politiques est réalisée par leur reconnaissance. L'encadrement juridique de ces derniers se fait par le biais de la reconnaissance de la fonction électorale. Cette reconnaissance fait des partis politiques des organes de mobilisation des électeurs en vue de la conquête du pouvoir. Elle met à la lumière le rôle que les partis politiques jouent ou sont appelés à jouer dans un processus électoral.

Pour ce faire, les développements qui suivent présenteront successivement la validation par la voie de la fonction électorale (A) et la validation par la voie de la liberté des partis politiques (B).

A. Validation par la voie de la fonction électorale

La constitutionnalisation du rôle électoral des partis politiques en Afrique constitue une reproduction textuelle de l'article 4 de la Constitution française de 1958 qui dispose que « *les partis et regroupements politiques concourent à*

---

[263] *Idem.*

[264] ONYEMBA DJONGANDEKE, L., *Les partis politiques et la construction d'un État de droit constitutionnel en République démocratique du Congo*, *op. cit.*, p. 1.

[265] Article 5, alinéa 1 de la Constitution.

[266] Article 4, alinéa 1er de la loi n° 04/002 du 15 mars 2004.

l'expression du suffrage »[267]. Ce texte particulièrement restrictif par rapport aux Constitutions de certains États européens, notamment italienne et allemande[268] qui préconisent, pour la première : « *le rôle de la détermination de la politique nationale* », et la seconde : « *la formation de la volonté politique*[269] ».

Or, la particularité des Constitutions africaines évoquées ci-haut demeure l'émanation de la Constitution française. Ce qui expliquait la vocation à tendance exclusivement électorale leur conférée par la Constitution.

Aujourd'hui, le rôle des partis politiques a dépassé cette mission électorale pour embrasser le renforcement de la conscience nationale et l'éducation civique[270]. Toutefois, ce rôle électoral établit une liaison entre la Constitution et les partis politiques.

Par ailleurs, la liaison entre suffrage des citoyens et naissance des partis politiques est plus nette lorsque l'on considère les partis politiques comme des organisations structurées, le plus souvent animées par une idéologie, qui ont pour but la conquête et l'exercice du pouvoir. Cette relation entre partis et suffrage est renforcée par la validation constitutionnelle du rôle électoral des partis politiques. La Constitution assigne aux partis l'importante mission de concourir à l'expression du suffrage, en apportant au peuple souverain l'assistance dont il a besoin pour connaître sa volonté dans les conditions de liberté et de transparence ainsi que dans l'animation de la vie politique. Dans ce rôle, les partis remplissent les fonctions d'intermédiaires entre le peuple et le gouvernement qui participent de la fonction de direction dont l'objectif ultime est la conquête et l'exercice du pouvoir.

Sous les auspices de la fonction électorale des partis politiques, il se présente un autel comminatoire sur la validation de la liberté des partis politiques.

B. La validation par la voie de la liberté des partis politiques

La constitutionnalisation des partis politiques en Afrique trouve son expression dans la liberté de ces derniers. Une liberté qui renvoie à la faculté reconnue à chaque citoyen de créer ou d'adhérer à un parti politique de son choix[271].

La conception institutionnelle des partis politiques est due aux rôles assignés à ces derniers dans la formation politique. Les textes juridiques consacrent en premier lieu aux partis politiques un rôle électoral. Dans une démocratie, l'intervention de corps intermédiaires contribue à l'expression du suffrage.

---

267 EL HADJI OMAR DIOP, *Partis politiques et processus de transition démocratique en Afrique noire*, *op. cit.*, p. 91.

268 AVRIL, P., *Essai sur les partis politiques*, Édition Payot, 2e éd., 1990, p. 115.

269 *Idem.*

270 Article 6, alinéa 2 de la Constitution congolaise RDC.

271 Voy., par exemple, les articles 6, alinéa 1er de la Constitution congolaise RDC, 5 de la Constitution béninoise, 3 de la Constitution camerounaise, 4 de la Constitution sénégalaise.

Démocratiquement, la création de ces organisations politiques doit être en principe libre. Les textes constitutionnels qui reconnaissent cette liberté de création constituent des dispositions juridiques positives propres aux partis politiques. C'est la même protection que l'on accorde aux partis dans l'exercice de leurs activités.

La liberté de création demeure une mise en œuvre de la liberté de tout individu de créer des associations à but essentiellement politique. Toute restriction matérielle est contraire aux Lois fondamentales qui régissent la liberté des partis[272].

Autrement dit, la création d'un parti politique n'exige pas un contrôle a priori. De même, un parti ne peut être créé que par les personnes physiques qui expriment explicitement et personnellement leur volonté. Dans le même sens, l'adhésion d'une association, qui aurait pour conséquence l'adhésion en bloc de tous ses membres, n'est pas possible, car chaque membre adhérant doit faire part de sa volonté[273].

La liberté de création et d'exercice des partis politiques est l'élément déclencheur du mouvement de démocratisation de nouvelles Constitutions dans l'espace francophone.

Élément moteur du pluralisme politique, la création des partis politiques exprime le droit de tout citoyen de s'organiser, d'adhérer et de participer dans des organisations qui ont vocation à conquérir, à exercer et à conserver le pouvoir. Quid de l'effectivité du pluralisme politique en RDC ?

§2e. L'effectivité du pluralisme politique en République démocratique du Congo

Le principe selon lequel la lutte pour le pouvoir a toujours été au centre de la vie politique est de mise. Selon les sociétés et les régimes, des partis, des factions, des clans ou des familles se battent pour prendre le pouvoir ou s'y maintenir[274].

De ce fait, la réflexion sur le pouvoir est souvent au centre de la philosophie politique : depuis Platon, on ne cesse de se demander comment et à quelles conditions un ou plusieurs hommes peuvent gouverner toute une cité. Du procès de Socrate aux purges staliniennes, l'affaire, en passant par l'affaire Dreyfus, des tueries de César Borgia aux camps de concentration hitlériens, le scandale de l'abus de pouvoir renouvelle toujours l'interrogation sur ce qui justifie le pouvoir politique et sur ce qui pousse tant d'hommes à risquer leur vie ou à l'user pour conquérir le pouvoir et l'exercer[275].

---

272 PEISER, G., « L'institutionnalisation des partis politiques dans la République fédérale allemande », in *RDP*, 1959, p. 649.

273 MEYER, M., « Les partis politiques dans la Loi fondamentale de la République fédérale d'Allemagne », thèse, Paris II, 1997, p. 115.

274 MAGNON, X., et VIDAL-NAQUET, A., « Le droit constitutionnel est-il un droit politique ? », Éditions Presses universitaires d'Aix-Marseillle, 2019, p. 109.

275 *Idem.*

Les hommes libres savent bien que tout pouvoir abuse et abusera (*Politique*, LXVII). Et pourtant, même si l'on en rêve parfois, on ne conçoit pas la société humaine sans pouvoir[276].

Évidemment, pour peu que l'on puisse remonter dans la nuit des temps, on s'aperçoit que l'existence des partis et regroupements politiques fait partie de l'expression de la démocratie et de la promotion des droits de l'homme. Elle constitue de nos jours un des critères de classification, mieux de qualification des régimes politiques. Un régime peut être qualifié de démocratique lorsqu'il favorise la liberté politique et la pluralité d'opinions. À l'inverse, tout régime qui affiche des attitudes réfractaires à la contestation et à l'émergence des courants d'idées différentiels se rapprocherait de la dictature[277].

Mais les craintes relatives à la multiplication des partis politiques et à la prégnance du fait ethnique dans la vie politique montrent l'acuité du problème et les défis que pose le phénomène du multipartisme en Afrique en général, dans sa particularité congolaise. L'effectivité du multipartisme s'analyse en fonction des menaces que le multipartisme politique fait peser sur la démocratie. Considérablement acteurs principaux du jeu politique, les partis et regroupements politiques ne naissent pas du néant. Ils s'organisent conformément aux textes qui plantent le décor de cette démultiplication malsaine et sans socle ni fondements idéologiques. Pour sauver la démocratie congolaise, il faut opérer une réforme dans le sens de la limitation du nombre des partis politiques.

A. Sur le plan international

Plusieurs textes internationaux évoquent la notion de la liberté associative. Le cadre d'activités des partis politiques se trouve dans la *Déclaration universelle des droits de l'homme et du citoyen*, le *Pacte international relatif aux droits civils et politiques* ou encore la *Charte africaine des droits de l'homme et des peuples*.

La *Déclaration universelle des droits de l'homme et du citoyen*[278] dispose que « tout individu a droit à la liberté d'opinion et d'expression, ce qui implique le droit de ne pas être inquiété pour ses opinions et celui de chercher, de recevoir et de répandre, sans discriminations des frontières, les informations et les idées par quelque moyen d'expression que ce soit »[279]. Le même texte précise que « toute personne a droit à la liberté de réunion et d'association pacifiques et que nul ne peut être obligé de faire partie d'une association. » Il indique que « toute personne a le droit de prendre part à la direction des affaires publiques de son pays, soit directement, soit par l'intermédiaire de représentants librement choisis »[280].

---

[276] *Ibidem*. 110.

[277] ESAMBO KANGASHE, J.-L., « *Les partis politiques et la promotion de la liberté associative* », in *Revue Fondation Konrad Adenauer*, Kinshasa, 2009, p. 15.

[278] *Journal officiel de la République démocratique du Congo*, numéro spécial, avril 1999, p. 7.

[279] Article 19.

[280] Article 20.

Ratifié par la République démocratique du Congo, le *Pacte international relatif aux droits civils et politiques*[281] reconnaît à toute personne « le droit de réunion pacifique. L'exercice de ce droit ne peut faire l'objet que de seules restrictions imposées par la loi et qui sont nécessaires dans une société démocratique, dans l'intérêt de la sûreté nationale, de la sécurité publique, de l'ordre public ou pour protéger la santé et la moralité publiques ou les droits et libertés d'autrui »[282].

La *Charte africaine des droits de l'homme et des peuples*[283] indique que « toute personne a le droit de se réunir librement avec d'autres. Ce droit s'exerce sous la seule réserve des restrictions nécessaires dictées par les lois et règlements, notamment dans l'intérêt de la sécurité nationale, de la sûreté d'autrui, de la santé ou de la moralité ou des droits et libertés des autres personnes »[284].

De l'analyse de ces textes juridiques, trois enseignements peuvent être dégagés. Dans une société démocratique, la liberté d'opinion et d'expression est garantie à toute personne. Toute personne qui y vit a le droit de prendre part à la direction des affaires publiques de son pays par l'exercice de la liberté de réunion et d'association pacifiques. Les restrictions apportées à ces droits et libertés ne peuvent être que légales. Elles ne sont justifiées que par les nécessités d'assurer la sécurité nationale, la santé et la moralité publiques, l'ordre public ainsi que les droits et libertés d'autrui. Était-ce le même langage au niveau national ?

B. Au niveau national

Sur le plan national, plusieurs textes nous servent de références juridiques sur les activités des partis politiques. Il s'agit de la Constitution du 18 février 2006 telle que révisée à ce jour ; de la loi n° 04/002 du 15 mars 2004 portant organisation et fonctionnement des partis politiques ; de la loi n° 06/006 du 9 mars 2006 portant organisation des élections présidentielles, législatives, provinciales, urbaines, municipales et locales ; de la loi n° 07/008 du 4 décembre 2007 portant statut de l'opposition politique ; du décret-loi n° 196 du 29 janvier 1999 portant organisation des manifestations et des réunions publiques, ainsi que de la circulaire n° 002/2006 du 29 juin 2006.

La Constitution de la République démocratique du Congo garantit le pluralisme politique[285]. Elle dispose que « tout Congolais jouissant de ses droits civils et politiques a le droit de créer un parti politique ou de s'affilier à un parti de son choix ». Et d'ajouter que les partis politiques concourent à l'expression du suffrage, au renforcement de la conscience nationale et à l'éducation civique. Ils

---

[281] Article 21, alinéa 1er.
[282] *Journal officiel de la République démocratique du Congo*, numéro spécial, avril 1999, p. 21.
[283] Article 21.
[284] *Journal officiel de la République du Zaïre*, numéro spécial, juin 1987, p. 7.
[285] Article 6.

se forment et exercent librement leurs activités dans le respect de la loi, de l'ordre public et des bonnes mœurs[286].

De ce fait, dans une société démocratique, l'existence des partis politiques rime avec l'exercice par eux de leurs droits constitutionnellement garantis. Telle est la raison d'être de la loi n° 04/002 du 15 mars 2004 qui porte organisation et fonctionnement des partis politiques[287] en République démocratique du Congo. Aux termes de cette loi, les partis politiques régulièrement créés et enregistrés au ministère ayant les Affaires intérieures dans ses attributions ont droit à un égal traitement par l'État, les services publics et par tout détenteur de l'autorité publique[288].

Dans l'exercice de leurs activités, les partis politiques s'engagent à promouvoir les droits de l'homme et les libertés fondamentales et doivent s'interdire de recourir à la violence ou à la contrainte comme moyen d'expression, d'action politique, d'accès ou de maintien au pouvoir[289]. C'est dans ce cadre qu'il est interdit à tout parti politique de se livrer aux activités militaires, paramilitaires ou assimilées[290].

La loi n° 08/005 du 10 juin 2008 portant financement public des partis politiques[291] renforce l'exercice par les partis politiques de leurs activités. Elle subordonne le bénéfice des subventions étatiques à l'enregistrement régulier au ministère ayant les affaires intérieures dans ses attributions.

La constitutionnalisation des partis s'est appuyée sur la loi n° 07/008 du 4 décembre 2007 portant statut de l'opposition politique[292], consolidant ainsi « l'aboutissement d'un consensus politique émergeant de plusieurs luttes pour la conquête des droits autour des valeurs et principes républicains qui doivent désormais caractériser le système politique congolais. Il s'agit notamment du pluralisme politique, de l'alternance démocratique au pouvoir et la reconnaissance de la différence »[293]. Elle consacre l'effectivité des droits et devoirs des partis et regroupements politiques de l'opposition, sans lesquels on ne peut parler d'une vraie démocratie et de l'État de droit en République démocratique du Congo. Gage de la stabilité politique dans le cadre du fonctionnement des institutions issues des élections démocratiques, l'opposition politique a le droit de critiquer l'action gouvernementale et de contribuer à l'amélioration de la conduite des

---

286 ESAMBO KANGASHE, J.-L., « Les partis politiques et la promotion de la liberté associative », *loc. cit.*, p. 16.

287 *Journal officiel de la République démocratique du Congo*, numéro spécial du 18 mars 2004, pp. 5-16.

288 Article 4, alinéa 1er.

289 Article 5, alinéa 2.

290 Article 6.

291 *Journal officiel de la République démocratique du Congo*, n° 13 du 1er juillet 2008, col. 5.

292 *Journal officiel de la République démocratique du Congo*, numéro spécial du 10 décembre 2007.

293 Exposé des motifs, p. 2.

affaires de l'État[294]. C'est dans ce cadre qu'elle a droit d'être informée de l'action de l'exécutif.

La problématique de l'encadrement des partis met en exergue deux concepts : le « juridique » et le « politique ». Le premier relève du droit et le second du pouvoir. Leurs rapports sont dictés par la norme qui les régule dans un État.

La perspective historique démontre que la relation entre les partis politiques et la Constitution a favorablement évolué au fil des années et convoque désormais une cohabitation plus que matrimoniale autour de l'équation, les partis politiques d'un côté, la Constitution de l'autre. L'institutionnalisation des partis qui a sous-tendu leur constitutionnalisation commémore la liberté qui est l'héritage partagé de toutes les sociétés démocratiques. L'enjeu à surveiller dans cette montée en puissance des partis demeure la consécration d'une démocratie partitocratique étant entendu que la déconstruction actuelle de l'État congolais est la transposition certifiée de la déliquescence des partis politiques à essence patrimoniale et familiale.

Constitutionnalisés, les partis politiques sont désormais au cœur du jeu politique en République démocratique du Congo. Ils sont constitués par le peuple, détenteur du pouvoir politique comme souverain primaire, régis par le droit et soumis à un régime juridique suivant la législation nationale adaptée aux instruments juridiques internationaux. Cernés dans un lien inextinguible avec la Constitution, ils constituent un indicateur de la qualification de tout État de droit et la condition *sine qua non* de la survie de la démocratie par opposition au système monarchique, leur valeur étant consolidée dans la Loi fondamentale. Ce qui s'avère d'autant plus légitime que, concourant à l'exercice démocratique pour la conquête du pouvoir d'État, ils n'en sont pas moins devenus des acteurs les plus immédiats de la vie publique, de l'enjeu et de l'ordre politique congolais.

****

En République démocratique du Congo, les partis politiques trouvent leur fondement dans la Constitution. Cela résulte du fait même de l'instauration d'un État dans lequel les actes des gouvernants doivent trouver leur justification dans la Constitution.

Quant à la primauté de la Constitution, nous avons abordé les notions relatives à la supériorité de celle-ci par rapport aux lois et règlements, aux traités et accords internationaux. Cette suprématie est servie spécifiquement par l'imposante autorité de la justice constitutionnelle.

Sur l'écran de légalité, l'accent a été mis sur la supériorité de la loi aux règlements, le contrôle juridictionnel de la légalité. Par ailleurs, l'omniprésence des droits subjectifs a fait l'objet de la recherche à partir de l'incontournable

---

[294] *Journal Officiel de la République démocratique du Congo*, numéro spécial du 10 décembre 2007, p. 2 et 4.

question de la protection des minorités et l'exaspérante quête des droits et libertés fondamentaux en constante évolution.

En définitive, il ne saurait y avoir d'État de droit si ce dernier ne propose pas de forme de gouvernance qui se place volontiers sous la coupe de l'autorité de la loi, considérée comme boussole et régulatrice de l'intérêt général.

L'analyse du second titre mettra en exergue la compréhension des partis politiques qui passe par la maîtrise du parcours qu'ils ont réalisé. Il s'agira de procéder par une approche herméneutique dans l'étude de leur évolution et dans leur normativité. Comme théorie de la lecture de l'exploitation et de l'interprétation des textes, l'herméneutique servira de base pour la pénétration des notions préliminaires sur les partis politiques.

En retrouvant l'origine athénienne de ce type d'organisations politiques, la future démarche se focalisera sur la place qu'a toujours recueillie pour les hommes vivant en société le désir de s'associer, bien que ces structures dans leur forme primitive n'aient jamais pu correspondre à la notion technique et contemporaine de parti politique, faute de règles fixant leur domaine d'activités ou encore leurs fonctions. L'aperçu de la notion de parti politique permettra de concentrer l'attention sur ce qu'est sa fonction essentielle dans le fonctionnement d'un État de droit.

Partant du cadre définitionnel et de la classification des partis politiques dont l'étude a procédé essentiellement du contexte sémantique ainsi que de l'approche doctrinale comme d'une classification des partis politiques en République démocratique du Congo, il s'est dégagé l'affirmation selon laquelle la crise qu'a connue et que connaît encore aujourd'hui la RDC relève de la crise d'hommes et de partis politiques et non celle de textes. Aussi, penser qu'il faut changer les textes sans une activité de moralisation collective de la société relève d'une très mauvaise thérapie. L'idée ainsi de changer, par exemple, la Constitution pour l'adapter aux réalités congolaises demeure une recette politique sans aucun fondement sociologique et scientifique.

Les textes souffrent gravement de la mentalité des dirigeants dans un contexte où ces derniers s'illustrent par tant de vices. La question de l'élite et de l'organisation des structures qui produisent les animateurs du jeu politique que sont les partis politiques constituent les deux fléaux qui menacent notre société de dépérissement. Si le peuple est amorphe, il est aussi victime de son élite et de son leadership politique obsolète caractérisé par une absence prononcée d'un leadership progressiste et visionnaire.

Scannant ainsi le fond du problème que le vent de belligérance cyclique, répétitive, voire permanente qui sévit au Congo marque et marquera pour longtemps l'aspiration à la démocratie et à l'État de droit, les crises institutionnelles ont donc négativement impacté les avancées démocratiques de la nation. Le contexte sémantique des partis politiques n'élude pas les paradigmes économiques qui ne plaident pas en faveur d'une quelconque relance, en raison de la mauvaise foi générée par l'ensemble de la classe politique. Ces acteurs n'ont pour unique recette que les dialogues et concertations, en dehors du cadre électoral, en vue de positionnement malheureux qui surplombe l'organisation de ces partis.

Ainsi, il y a lieu de retenir que le cadre définitionnel des partis politiques, quel qu'en soit le contenu, le continent ou le pays et quelle que soit la doctrine sous le prisme de laquelle il est analysé, se consolide autour de quelques indicateurs dictés par leurs fonctions et par leurs missions qui font d'eux un regroupement des personnes qui partagent un certain idéal.

Quant à leur classification, il y a lieu de soutenir qu'elle s'évalue aussi bien par leur mode d'organisation, leur manière de fonctionner que par les pouvoirs que s'arrogent ceux qui les dirigent.

Babacar soutient que les partis politiques, dans un régime représentatif, sont les vecteurs de la démocratie en ce qu'ils « *sont essentiels pour le fonctionnement et la pérennité de la démocratie, car, ils sont, non seulement des instruments de conquête du pouvoir par les élections régulières, équitables et transparentes, mais encore, des lieux où s'élaborent des idées et des propositions concrètes devant constituer des programmes alternatifs du gouvernement. Ils constituent également les moyens grâce auxquels les citoyens peuvent exprimer leur mécontentement, ou soutenir des actions du gouvernement* »[295].

Nous avons également abordé l'approche normative de l'organisation et du fonctionnement des partis politiques en RDC. Il y est affirmé, *a priori*, que la prérogative de la participation à la vie politique du pays est un droit fondamental rattaché à la citoyenneté. Son organisation formelle procède d'un besoin d'harmonisation et d'encadrement sans la satisfaction duquel l'arbitraire et la déloyauté caractériseraient la vie politique et, de surcroit, la survie institutionnelle.

C'est pourquoi, répondant au besoin de chaque État d'avoir des partis politiques avec un encadrement normatif qui correspond à son histoire et à son régime politique, la RDC s'est dotée d'un cadre normatif relatif à l'organisation et au fonctionnement des partis politiques.

Partant de son cadre constitutionnel axé essentiellement sur les trois grandes périodes, avant, pendant et après l'indépendance, le constat dégagé par l'étude s'ouvre aux spécificités de la scène politique à travers le temps. L'analyse présente ainsi l'époque léopoldienne et coloniale à travers la non-reconnaissance aux citoyens de leurs droits relatifs à l'activité politique dans leur terre acquise au monarque, ainsi que le déni des autres droits fondamentaux à ceux qui étaient alors soumis à la servitude.

La période de l'accession à l'indépendance est, quant à elle, présentée à travers les stigmates rémanents d'un passé colonial cédant le pas à la reconnaissance d'une classe politique au passé belliqueux.

En passant, il y a lieu de souligner que la Deuxième République fait à son tour passer l'étude par une timide reconnaissance des droits sous caution. Toutefois, la

---

[295] BABACAR GUEYE, « La démocratie en Afrique : succès et résistances », in *Pouvoirs*, p. 8.

longue période de transition qui a suivi la reconnaissance du multipartisme s'identifie à une pratique politique par essais et erreurs sur fond d'une « démocrature » présidentialisée soumise à des contestations. Ces contestations conduisirent notamment à l'insurrection armée de l'Alliance des forces démocratiques pour la libération du Congo (AFDL) ayant abouti à la chute du régime Mobutu. Le régime révolutionnaire des vainqueurs de l'AFDL s'installa par le décret-loi constitutionnel du 27 mai 1997 marqué par un net recul concernant les droits politiques, jusqu'à l'adoption d'une Constitution de la transition qui consacrait le retour à la normale.

Ainsi, le pluralisme politique en RDC est la recette consacrée par le cadre normatif, érigé et considéré en principe sacré. C'est l'héritage de la combinaison des dispositions de l'article 11 de la Constitution de la transition de 2003 et de l'article 1er de la loi n° 04/002 du 15 mars 2004 ainsi que les articles 6, 7 et 8 de la Constitution du 18 février 2006 telle que révisée le 20 janvier 2011.

Conclusion du titre premier

La première partie de l'extrait de cette recherche doctorale s'est donné pour leitmotiv l'analyse du sens et de l'essence de la démocratie participative, à la lumière du rôle des partis politiques en faveur de la construction d'un État de droit constitutionnel en République démocratique du Congo. Ainsi, la démocratie étant un concept pluriel, son étude a exigé un regard critique prenant en compte sa valeur normative et son contour doctrinal.

Il faut le souligner, si donc son sens est pluriel, son essence même est singulière. Dans son essence, la démocratie est la marque achevée de l'expression de la liberté. Son cadre d'expression par excellence demeure les partis politiques. C'est pourquoi l'attention est portée sur les fondements des partis politiques, sur l'État de droit constitutionnel ainsi que la saisine des partis par le droit.

Au titre premier, nous avons abordé les fondements juridiques des partis politiques à partir de leur évolution temporelle historique et leur normativité. Partant du cadre théorique vers une approche normative de l'organisation et du fonctionnement des partis politiques en République démocratique du Congo, il a été relevé que les partis politiques participent tant soit peu à la construction d'un État de droit constitutionnel et à la consolidation d'une démocratie par principe. Mais le chemin reste encore long pour parvenir à leur consécration définitive en faveur de l'affirmation de leur apport au profit de cet État de droit constitutionnel. La revisitation du cadre légal à la faveur d'une rationalisation du système multipartiste congolais était proposée comme réforme primaire dans l'encadrement du phénomène partisan en RDC.

Même si, aux yeux d'une certaine doctrine méfiante, cela est un défi perdu à l'avance, dès lors que le cadre d'expression de ces réformes est confié entre les mains d'un Parlement dont la légitimité est remise en cause, compte tenu du contexte du simulacre d'élections ayant été organisées en 2023, assimilées plutôt à une vaste opération de nomination des « parlementaires ».

TITRE II.

La place des partis politiques dans la participation démocratique pour une rationalisation du multipartisme en RDC

La grande innovation majeure du système politique en République démocratique du Congo réside dans la réaffirmation du pluralisme politique intégral par les différentes Constitutions[1].

L'urgence de rationaliser le pluralisme politique congolais est aujourd'hui de mise, tant la déliquescence de l'État n'étant que la transposition de la déliquescence de partis politiques. Étant la centrale de production des animateurs des institutions publiques, les partis politiques jouent un rôle négatif dans la construction des fondements démocratiques de la République démocratique du Congo.

Il devient loisible de mettre en exergue et de réfuter l'idée selon laquelle tout pluralisme égale démocratie. Dans le contexte congolais, le multipartisme confondu au pluralisme a longtemps perverti le jeu démocratique et impacté négativement l'enjeu politique.

En effet, le champ d'expression du multipartisme pervers désigne une problématique dans laquelle l'existence des partis politiques n'entraine nullement une véritable diversité démocratique, mais au contraire affaiblit fondamentalement le système politique par la fragmentation programmée du paysage politique, dictée par une panoplie des partis sans idéologie, ou tout le moins avec une idéologie clientéliste.

Les caractéristiques de cette perversion se manifestent par :

– un faible enracinement idéologique, étant entendu que la majorité des partis n'ont généralement pas des programmes politiques, encore moins une politique programmatique. Toute survie du parti s'opère autour d'un leader et se structure à partir d'un groupe ethnique ou d'une région plutôt qu'à partir des idées en limitant et en défavorisant ainsi la qualité du débat politique ;

[1] AMUKUNY MUKINAY, A., *Contribution à l'étude de la fraude en droit constitutionnel congolais*, *op. cit.*, p. 80.

– l'instabilité institutionnelle favorisant l'entrepreneuriat politique privé, avec à la clé, la recherche de position marquée par la préservation des intérêts clientélistes. La multiplication excessive des partis politiques dicte une certaine fragmentation d'opinions politiques et affaiblit l'opposition, rendant la formation d'alternatives politiques crédibles et complexes ;

– la dépendance financière et institutionnelle vis-à-vis de la mouvance au pouvoir : beaucoup des partis politiques, y compris ceux se réclamant de l'opposition, étant directement ou indirectement financés par le pouvoir, le multipartisme se veut formel, laissant peu d'espace à un jeu politique équilibré ;

– un manque manifeste d'autonomie des institutions électorales : dans le contexte où le manque de neutralité est criant dans le chef des institutions électorales, le jeu électoral est d'office au profit d'un camp et la transparence biaisée. Cela est un facteur qui discrédite les partis d'opposition et décourage la participation citoyenne ;

– la faible structuration interne des partis et personnalisation du pouvoir entrainant des scissions et instabilité des partis politiques. De même, le système politique congolais demeure dominé par la construction de figures emblématiques et historiques dictant la logique d'une loyauté personnelle à leurs égards en lieu et place de la loyauté envers des partis et leurs idéaux. Le multipartisme congolais est donc otage de ces fléaux. Il souffre car les partis ne peuvent émerger sans l'aval de ces réseaux du pouvoir ;

– l'influence du clientélisme et des logiques ethno-régionales : à ce niveau, il y a lieu de souligner que le soutien politique reposant très souvent sur les affinités tribalistes ou identitaires fait la promotion des réseaux clientélistes avec comme corollaire la fragmentation des partis, en empêchant la consolidation de grands partis nationaux ;

– une faible culture démocratique : la partition citoyenne est limitée par le manque d'éducation civique, la méfiance envers les partis et l'idée selon laquelle les élections ne changent pas réellement le pouvoir et le quotidien de la population, renforçant en effet le déséquilibre entre le parti dominant et les petites formations politiques faibles.

De ce qui précède, il y a lieu de retenir que le multipartisme congolais souffrait principalement d'une fragmentation excessive programmée, d'un manque d'idéologies dans le chef de partis, d'une ingérence du pouvoir, d'une inféodation congénitale des partis dominants, des faibles institutions électorales et d'une culture démocratique aux fondements très fragiles. Le multipartisme congolais est proclamatoire, il n'est pas une production des idéologies. La République démocratique du Congo est sous système d'un semi-multipartisme voilé. Le besoin de rationaliser le système partisan congolais est ainsi une nécessité en vue de réduire la fragmentation excessive et programmée du paysage politique et de le rendre cohérent, plus stable, efficace et un levier incontournable dans la refondation d'un État de droit constitutionnel, socle d'un développement intégral en République démocratique du Congo.

Rationaliser le multipartisme congolais vise, en outre, à transformer un multipartisme pléthorique, dispersé et pervers en un multipartisme organisé, structuré, encadré et fonctionnel dans le but de stabiliser le système politique et améliorer la qualité de la gouvernance institutionnelle dans l'ultime préoccupation du renforcement de la démocratie représentative par la responsabilisation des partis. Pour y parvenir, les partis doivent développer les bases militantes, construire des idéologies et programmes clairs et attractifs ainsi qu'ils doivent réellement s'implanter sur l'ensemble du territoire pour diffuser leurs projets de sociétés.

Les partis politiques sont donc reconnus comme segments essentiels dans le renforcement de la gouvernabilité. Un trop grand nombre des partis rend complexe la formation de majorité stable. D'où le but de la rationalisation qui cherche à faciliter tant la constitution des coalitions solides, à consolider la stabilité des institutions mais aussi la mise en œuvre des politiques publiques susceptibles de construire les fondements d'un État de droit constitutionnel et démocratique.

En effet, la reconnaissance des partis politiques consacre le caractère pluraliste de la vie politique, en ce sens qu'elle admet le libre jeu des opinions divergentes. L'effectivité du pluralisme politique exige l'organisation de la conquête du pouvoir afin que tous les acteurs politiques aient des chances équitables.

En dehors de la consécration constitutionnelle de la fonction électorale des partis politiques, d'autres dispositions constitutionnelles et législatives reconnaissent aux formations politiques des fonctions relatives à l'éducation, à la sensibilisation et à l'encadrement des citoyens, au développement de l'esprit civique et à la participation à la vie politique par des moyens démocratiques.

En science politique, la participation est un concept générique recouvrant les différents mécanismes par lesquels les citoyens peuvent contribuer aux décisions politiques dans un État. La démocratie participative est une forme de partage et d'exercice du pouvoir, fondée sur le renforcement de la participation des citoyens à la prise de décision politique dans le cadre de la démocratie représentative. En droit congolais, le parti politique demeure le cadre par excellence de la participation démocratique.

L'exercice de l'activité politique dévolu aux partis politiques rend compte de la responsabilité de ces structures partisanes dans la conception, la planification et l'application des politiques cohérentes et harmonieuses appelées à régenter la vie politique, économique et sociale suivant les règles de transparence et de redevabilité qui devraient caractériser toute gouvernance démocratique.

Il s'ensuit un besoin compréhensible d'analyser et de critiquer le régime juridique applicable aux partis politiques à la lumière de cet idéal dans la perspective de la matérialisation de l'État de droit qui, au-delà des mots et des symboles, doit être ressenti dans la pratique. De cet exercice découleront des recommandations conçues comme autant d'issues possibles d'une situation de léthargie vers une action des partis politiques basée sur l'utilitarisme.

CHAPITRE I.

L'impact des partis politiques dans la structuration et déstructuration de l'État congolais

Il est bien complexe de porter une critique sur la problématique du régime juridique applicable aux partis politiques dans leurs rapports de participation à la construction de l'État de droit constitutionnel en République démocratique du Congo.

L'impact des partis politiques dans la structuration et la déstructuration de l'État congolais est profond. Depuis l'indépendance, les partis ont contribué à construire les bases institutionnelles, mais ils ont aussi joué un rôle peu minimisable dans la fragilisation et la fragmentation de l'État.

Dans la structuration de l'État, il est loisible de souligner la construction du pluralisme politique grâce au multipartisme, l'encadrement et la socialisation politique, la formation et le renouvellement de la classe dirigeante ainsi que l'éducation civique. Dans certaines époques, les partis ont contribué à la stabilité institutionnelle par la formation de majorités parlementaires et la cohésion gouvernementale mais, surtout à la participation à la consolidation démocratique des institutions. Sans les partis politiques, le débat politique serait une affaire de la société civile. Les partis participent efficacement à l'animation du débat politique. Il reste donc à l'État congolais une légitimité par le jeu électoral et la représentation.

En outre, l'impact des partis politiques dans la déstructuration de l'État procède de l'affaiblissement de l'État jusqu'à sa paralysie programmée. Les phénomènes de personnalisation du pouvoir par des leaders et celui des partis-propriétés ont perverti leur apport dans la construction de la démocratie congolaise. La fragmentation et la tribalisation du champ sont devenues la caractéristique spécifique des partis politiques congolais, transposant ainsi ce fléau dans le fonctionnement de l'État. Les partis ont aussi contribué à promouvoir le clientélisme et la capture de l'État. Ils utilisent l'État comme source de ressources, les nominations comme récompenses partisanes, les institutions comme un partage du gâteau.

Pour parvenir à faire une autopsie approfondie de la structuration et la déstructuration de l'État par les partis, il convient de s'intéresser spécifiquement à la manière dont les partis politiques influencent la structuration et la déstructuration de l'État congolais par la destruction de ses institutions et, de surcroit, de son système démocratique et de sa population. L'on s'intéressera également aux effets handicapants du rôle des instances dirigeantes des partis politiques face à l'instabilité institutionnelle décriée.

SECTION I.
Influence des partis politiques dans la structuration et la déstructuration de l'état congolais

L'influence des partis politiques dans la valeur existentielle des institutions est loin d'être une donnée à rechercher par les loupes critiques. La vie institutionnelle est fondamentalement marquée par les partis. Les partis politiques en République démocratique du Congo, de la majorité comme de l'opposition, inscrivent leurs actions dans le cadre des institutions constitutionnelles existantes. Aussi, l'institutionnalisation de la contestation politique exige, de même, l'acceptation de l'opposition tant que celle-ci n'ambitionne pas de mettre en cause les institutions.

Les partis politiques comme leviers importants dans la vie de l'État influencent fondamentalement ses structures fonctionnelles. Cette influence est à rechercher dans l'impact actif des partis sur les institutions et la population, essentiellement dans la transposition de leur dysfonctionnement interne au sein des institutions, ainsi que dans le désintéressement de l'opinion et la démotivation du citoyen.

§1er. Le dysfonctionnement des partis politiques et les institutions

Les partis politiques n'évoluent pas en vase clos, mais dans un environnement institutionnel complexe qui conditionne profondément leurs ressources et leurs contraintes. L'environnement institutionnel des partis politiques relève de normes diverses, allant de la nature du régime politique, en passant par celles que chaque parti façonne pour réguler son propre fonctionnement interne jusqu'à la formation du gouvernement et à l'exercice de mandats parlementaires de leurs élus, sans omettre la formation civique de leurs membres et de l'opinion.

Les faiblesses observées et décriées dans le fonctionnement des institutions politiques du pays sont largement tributaires du mauvais fonctionnement des partis politiques dont sont issus leurs animateurs. Si la gestion de l'État est aujourd'hui tribalisée, il est indispensable de souligner que cela est le reflet du fonctionnement des partis, qui sont essentiellement des structures familiales. La dictature dans les partis, manifestée par la confiscation de la gestion de ces partis par leurs initiateurs, est également à la base de la dictature d'État et des coups de forces électoraux que connait la République à chaque cycle électoral. Si une partie du peuple est frustrée par cet élan de choses, une autre se méfie aussi bien de l'État que des partis, et se désintéresse de la vie publique.

Ainsi, l'État est dans l'obligation d'encadrer les partis pour juguler la prolifération de partis à essence alimentaire et à vocation ethnico-tribale. De là, les institutions politiques sont généralement à l'image des partis politiques. Il devient perceptible que la période du parti-État était plus agréable que celle du pluralisme pervers dans laquelle la RDC se plonge aujourd'hui. Afin d'en faire l'analyse fouillée, nous allons devoir scinder l'histoire du pays en deux parties, d'une part, de l'époque du parti-État le MPR, qui s'est vraiment distingué et qui a assurément légué le modèle de fonctionnement des partis congolais et, d'autre part, la période du multipartisme proclamé, marquée par la confusion entre les partis et les structures de l'État (A) ainsi par la confusion entre les partis et les groupes armés (B).

A. Confusion des partis et les structures de l'État

La République démocratique du Congo n'échappe pas à l'idée selon laquelle, l'État en Afrique subsaharienne doit être compris comme une instance rendue visible, réelle, grâce aux individus qui l'incarnent. Cette logique prégnante au sein des partis politiques l'est également dans le cadre des institutions et organismes étatiques. Les structures étatiques fonctionnent de façon telle que le pouvoir se ramène à sa personnification par les dirigeants. Ceux-ci sont perçus en tant qu'incarnation du pouvoir et, de ce fait, répercutent leur légitimité ou illégitimité, leur compétence ou alors leur incompétence, leur force ou leur faiblesse sur l'État[1].

De ce fait, pour la population et les animateurs, lutter pour le pouvoir, c'est chercher comment s'approprier la sphère de l'État. Les effets du pouvoir, dès lors, ne sont perceptibles qu'à travers, non pas les institutions de l'État, mais plutôt les individus qui les animent et leur sont intimement liés. L'État et son pouvoir sont l'objet d'une appropriation privée. Des auteurs en expliquent le processus par le fait de l'incorporation de la logique patrimoniale dans les institutions bureaucratiques[2].

Il convient donc d'affirmer qu'en Afrique noire, l'État ne peut être compris en dehors de la personnalité de ses dirigeants. La lutte acharnée entre les prétendants au pouvoir mobilise autour d'eux des groupes de soutien actifs, qui sont bien conscients de cette personnalisation.

L'État est perçu comme une possession patrimoniale. La lutte pour son contrôle vise l'accès à ses ressources ; la redistribution de celles-ci aux membres du clan ou de l'ethnie constitue un moyen de mobilisation du citoyen politique et de légitimation dans la sphère étatique.

---

1 UNDU MATSANZA, G., *État et partis au Congo-Kinshasa*, *op. cit.*, pp. 25 et s.

2 BRATTON et WALLE, cités par AUNDU MATSANZA, G., *État et partis au Congo-Kinshasa*, *op. cit.*, pp. 25 et s.

Mais pour les redistribuer équitablement, il faut posséder ; lutter pour le pouvoir, c'est accroître ses richesses et suffisamment les accumuler. La redistribution des richesses des dirigeants est un facteur important de participation politique. Elle mène les citoyens à légitimer ou admettre les structures de l'État d'autant plus qu'ils en tirent également une certaine satisfaction matérielle.

Le leadership et la légitimité politique se construisent sur le tapis de la redistribution de la richesse au groupe de soutien. L'accès à l'État et à ses ressources semble être une nécessité de survie politique dans le système néo-patrimonial. Il débouche sur le pouvoir économique et vice versa.

Dans la mesure où aucune différence n'est faite entre biens publics et privés dans le système néo-patrimonialiste, la personnalisation du pouvoir se double nécessairement de la logique d'accumulation. L'État est rendu visible par cette voie, et la société accède à ses ressources en passant par les individus qui occupent les structures de gouvernement. Dans un tel environnement, l'informel a beaucoup plus d'impact dans la relation au pouvoir. Il est démontré que l'identité est, dans ce cas, un des moyens d'accès à l'agenda politique et une arme de lutte et d'affirmation politique.

Avec le néo-patrimonialisme en République démocratique du Congo, les ressources de l'homme politique sont gérées de manière à entretenir le culte autour de sa personne et l'attrait des clients. En conséquence, aucune distinction n'est faite par les dirigeants entre les recettes de l'État et les revenus privés. Les produits du Trésor public sont dépensés pour leurs propres besoins politiques.

L'État existe à travers les individus qui occupent ses structures. Dans ce cas, les structures parallèles et informelles ont plus de poids que les structures officielles. La personnalisation du pouvoir et l'accumulation des ressources et de l'État entretiennent les réseaux des dirigeants et fondent les cultes de la personne plus que celui du droit ou de la loi.

La personnalisation du pouvoir et l'accumulation des ressources de l'État par les leaders politiques engendrent irrémédiablement un culte de la personne de ceux que l'on appelle *Big men*. Ce culte est lié à la systématisation du clientélisme dans les relations avec les structures de l'État. L'acteur politique devient un notable vénéré, devant résoudre les problèmes personnels des citoyens comme les parents s'occupent de leurs enfants. C'est ainsi qu'il n'est pas rare de voir les membres d'une région, d'une ethnie, du quartier ou de tout autre horizon envahir les bureaux, les cabinets politiques ou les domiciles des hommes politiques congolais, fussent-ils ministres, députés, ou revêtus de toute autre qualité[3].

Ce paternalisme s'édifie grâce à des moyens dont les citoyens sont plus ou moins certains de profiter pour accéder aux ressources que détiennent les dirigeants ; l'identité est un repère dans l'État. Ce lien entre le dirigeant et les citoyens devient en quelque sorte une relation de patron à clients.

---

[3] *Idem*, pp. 26-27.

Comme dans une relation d'affaires, il ne s'agit pas d'une relation de dépendance des uns envers les autres, mais d'une relation d'interdépendance. En effet, les dirigeants ont besoin des clients pour se légitimer et, à leur tour, les clients recourent à eux pour bénéficier des avantages de l'État. La flatterie pousse les uns au culte de la personne et les autres aux attitudes paternalistes qui les entraînent à promouvoir l'interventionnisme politique de façon à asseoir leur légitimité, mais aussi à combler quelque peu la déliquescence de l'État. Par ce fait, les uns et les autres repoussent la démarcation entre le public et le privé.

Pendant la période du MPR, l'une des étapes de son processus d'implantation a consisté à résoudre les problèmes structurels et les divergences entre le réseau administratif de l'État et celui du parti. À cet effet, une première étape a été franchie dès 1967 avec le cumul des fonctions de gouverneur avec celles de président régional du MPR.

Le premier congrès extraordinaire du MPR du mois de mai 1970 décrétait que le parti constituait l'instance suprême du pays et que les autres structures nationales devaient fonctionner sous son contrôle. En décembre de la même année, une révision constitutionnelle consacra de droit la position de parti unique qu'allait occuper le MPR[4].

Au mois d'août 1972, consécutivement à une décision du bureau politique du MPR, le comité du parti et le gouvernement fusionnent pour constituer ce qu'on a alors appelé « Conseil exécutif national ». Comme on peut le constater, la fusion entre les instances du parti et celles de l'État mena à la confusion des organes du parti et ceux de l'État.

Le MPR a cessé d'être un fait privé pour s'identifier à l'État dont il monopolisa tous les pouvoirs. Ce monisme sera confirmé en août 1974 à l'occasion d'une nouvelle révision constitutionnelle qui fera du MPR l'unique institution du pays. Le parti sera alors qualifié de « nation zaïroise organisée politiquement »[5].

Dans le fonctionnement même de l'État, le degré de militantisme devenait le principal critère de nomination à des postes politiques importants. Ceux qui feront preuve de fidélité au guide seront récompensés. En vue de se maintenir au pouvoir, et sur le conseil de ses proches, le Président Mobutu ressentit la nécessité de contrôler l'élite. Il inaugurera le chantier de la décadence de l'enseignement à travers la clochardisation des professeurs par un salaire modique en vue de les contraindre d'accepter les postes politiques et, de surcroît, faire partie du MPR. Malheureusement, plusieurs décennies après, la fonction d'enseignant, quoiqu'envahie par les politiques, demeure à la solde d'une désacralisation sans commune mesure. Le traitement d'un professeur, dans une République aux

[4] ARTHUR MALU-MALU, J. J., *Le Congo-Kinshasa*, *op. cit.*, pp. 158 et s.

[5] À partir de ce moment-là, tout Zaïrois sera par définition membre à part entière du parti. Et selon un slogan connu des anciennes générations, la qualité de membre du MPR était accordée automatiquement à tous les Congolais, même à ceux qui étaient encore dans les ventres de leurs mères.

ambitions multiples, est de loin inférieur à celui d'un parlementaire ou d'un huissier dans une régie financière.

En outre, il a fallu attendre l'année 1977 avec la guerre du Shaba pour voir une première brèche s'ouvrir dans la relative stabilité du régime. En effet, une nouvelle révision constitutionnelle intervenue en 1978 retira au chef de l'État la plénitude des pouvoirs et réhabilita le bicéphalisme. C'est à la faveur de ces événements que les pouvoirs judiciaire et législatif retrouvèrent leur autonomie.

Toutefois, ces avancées n'auront pas longtemps résisté aux assauts des laboratoires du parti. Elles seront remises en cause deux ans seulement après, soit en 1980. Au mois d'août de cette année, un nouvel organe de conception, d'inspiration, d'orientation et de décisions appelé le Comité central fut créé. En novembre de la même année, une ordonnance viendra réaffirmer la primauté du MPR dans la vie politique avec une nouvelle hiérarchie selon l'ordre suivant : le Président du parti, le Congrès, le Comité central et le Comité exécutif.

Au fil des années, les observateurs avertis notaient que la société zaïroise authentique s'était dotée des structures qui ressemblaient fortement à celles des pays d'Europe de l'Est. La population congolaise était désemparée devant cette inflation des structures, véritable décalque des organes de l'Union soviétique et de ses pays satellites[6].

Des groupes d'animation politiques furent créés pour danser et chanter à la gloire du chef. Très fréquemment, ces groupes se retrouvaient à Kinshasa pour participer aux concours nationaux de la meilleure chanson révolutionnaire. Animés d'un excès de zèle, des gouverneurs de province nommés par Mobutu prenaient parfois la direction des groupes d'animation de leurs provinces et participaient à ces concours en tant que chanteurs et danseurs.

Les entreprises publiques dont les directeurs étaient des présidents sectionnaires du MPR n'échappaient pas à la règle. Elles disposaient, elles aussi, de troupes d'animation politique comprenant une partie de leurs propres salariés. Ceux-ci étaient soumis à divers rituels lors du salut au drapeau institué tous les jours ouvrables avant de commencer la journée.

Au cours de cette cérémonie d'un quart d'heure était chantée *La Zaïroise*, hymne national, devant le drapeau du Zaïre, jadis emblème du MPR, et des chansons dédiées au guide. Pour composer ces textes à la gloire du pacificateur, les musiciens rivalisaient de créativité. Le parti prévoyait une enveloppe substantielle afin de récompenser les militants les plus méritants.

La juxtaposition des structures de fait à celles de droit aura certes servi à rendre illimités les pouvoirs du régime en place, mais comme technique de détournement du sens des dispositions constitutionnelles qui, elles, servent un but opposé, elle n'aura malheureusement pas réussi à annihiler l'État, qui, comme un serpent de mer, se régénère au fur et à mesure qu'on le coupe.

---

[6] ARTHUR MALU-MALU, J. J., *Le Congo-Kinshasa*, *op. cit.*, p. 159.

La perte de légitimité extérieure sera plus tard la cause primaire de l'affaiblissement de la légitimité des dirigeants politiques, en Afrique en général, et en République démocratique du Congo en particulier, notamment à la suite de la chute du mur de Berlin.

B. Confusion entre partis politiques et groupes armés

Les pratiques du MPR appartiennent-elles au passé ? Lorsqu'on regarde de près le fonctionnement récent et actuel des partis politiques congolais, rien n'est bien sûr. On peut encore y ressentir les relents des œuvres sorties tout droit des laboratoires du MPR.

Afin de comprendre l'influence des partis politiques dans le fonctionnement des institutions et la marche du pays après Mobutu et son parti unique, il convient de faire de l'histoire avant d'arriver à l'analyse du temps actuel. Pour ce faire, nous commencerons par l'histoire de l'AFDL, produit d'une alliance de partis politiques.

L'Alliance des forces démocratiques pour la libération du Congo (AFDL), ou parfois Alliance des forces démocratiques pour la libération du Congo-Zaïre, était une coalition de personnalités dissidentes au Président Mobutu et de groupes ethniques minoritaires congolais emmenés par Laurent-Désiré Kabila.

Tout était parti de ce qu'on a initialement présenté comme la révolte des Banyamulenge (les gens de Mulenge en kinyarwanda), peuple de pasteurs d'origine rwandaise, en majorité tutsi, établi de longue date dans l'est du pays, notamment sur les hauts plateaux de l'Itombwe, entre Fizi, Mwenga et Uvira dans le Sud-Kivu. Ils tireraient leur nom du mont Mulenge, un village dans le territoire d'Uvira. Les Banyamulenge revendiquent depuis la nationalité congolaise (autrefois nationalité zaïroise) qui leur a été déniée par Kinshasa[7].

La machine propagandiste mise en branle dès octobre 1996 par les initiateurs de la rébellion fonctionna pendant quelque temps. Comme il fallait s'y attendre, à la fois au niveau national et international, les gens se rendirent compte de la supercherie. Cela dit, lorsque la rébellion éclata, l'opinion internationale ne sut pas que le Rwanda et l'Ouganda étaient derrière le mouvement. Du moins, même si elle le sut, elle préféra garder le silence[8].

Le discours le plus récurrent pour comprendre ou expliquer la présence de l'armée rwandaise consiste à revenir sur les événements du 6 avril 1994 en rapport

---

[7] Au passage, il convient de souligner que les régions de l'est du Zaïre, aujourd'hui République démocratique du Congo, sont en proie à de sanglants et récurrents règlements de comptes interethniques sur fond de conflits fonciers. Depuis des décennies, la cohabitation est difficile entre les autochtones et les populations d'expression kinyarwanda, venues s'installer par vagues successives en République démocratique du Congo.

[8] Après la prise de Bukavu, d'Uvira et de Goma par les rebelles respectivement les 30 et 31 octobre, dès le 3 novembre 1996, les autorités zaïroises ont crié à l'agression extérieure, mais en vain. En dépit de la présence indéniable des militaires rwandais et ougandais sur le sol zaïrois, le Conseil de sécurité de l'ONU s'était contenté de simples condamnations, exhortant vaguement les belligérants à signer un cessez-le-feu, sans pour autant pointer du doigt le Rwanda et l'Ouganda.

avec l'assassinat des présidents rwandais et burundais de l'époque, événements à la base du génocide rwandais de la même année.

La guerre dévastatrice qui en découlera se soldera par la déroute des forces armées rwandaises qui iront alors se réfugier dans l'est de la République démocratique du Congo. À partir de ce moment, le nouvel homme fort de Kigali, Paul Kagame, vit dans ces présumés génocidaires une source d'insécurité, réelle ou supposée pour son pays. Il reproche au pouvoir de Kinshasa son incapacité à débarrasser cette partie de son territoire des factions armées qui l'écument et à sécuriser la zone frontalière.

C'est ainsi que sera planifiée une intervention au Zaïre à partir du Kivu, en s'appuyant sur la communauté banyamulenge, qui servira de paravent. Il est malheureusement évident que ce prétexte se porte encore très bien jusqu'au moment de la rédaction de ces lignes (2025) sous le regard complice de la communauté internationale qui minimise l'enjeu du conflit pour des intérêts économiques. L'enjeu de cette agression est loin d'être politique, il est économique. Pour y remédier, le peuple congolais devrait s'unir pour faire face à cette guerre d'agression. Malheureusement, le clientélisme politique et les crises électorales qui se succèdent font le lit d'une fissure au sein de la classe politique, donnant ainsi des béquilles aux puissances occultes et malveillantes qui en tirent les ficelles au détriment de la population congolaise.

Revenant à la question, afin de zaïrianiser l'opération, une structure *ad hoc* appelée AFDL (Alliance des forces démocratiques de libération) fut mise en place. C'est ici que l'on retrouve le rôle majeur joué par certains partis politiques congolais. En effet, constituée en 1996, l'ADFL regroupait le PRP (Parti de la révolution populaire), fondé en 1967 et dirigé par Laurent-Désiré Kabila, l'ADP (Alliance démocratique des peuples) créée en 1995 et présidée par Déogratias Bugera, le CNRD (Conseil national congolais de résistance pour la démocratie), issu du MNC/L (Mouvement national congolais, tendance Lumumba) et dirigé par André Kisase Ngandu, et le MRIZ (Mouvement révolutionnaire pour la libération du Zaïre)[9].

Pour sa part, l'Ouganda a jeté ses forces dans la guerre dite de libération pour d'autres raisons. Comme la plupart des pays de la région, le régime de Kampala est confronté à des mouvements rebelles qui mènent régulièrement des opérations de déstabilisation de son pouvoir à partir du territoire zaïrois. Rien d'étonnant que le président Yoweri Museveni saisisse cette occasion pour tenter de nourrir le prétexte de nettoyer les poches de rébellion alors qu'il mène en réalité une aventure économique.

Pour l'ADFL, les choses sont beaucoup plus faciles qu'elle ne pouvait l'imaginer. La rébellion affronte un régime fragilisé tant à l'intérieur qu'à l'extérieur du pays. Elle bénéficie de l'appui de la population qui trouve l'occasion tant attendue d'en finir avec Mobutu. Encouragés par leurs propres

---

[9] Dès sa création, l'AFDL est marquée d'un double sceau : une tradition lumumbiste représentée par le PRP et le CNRD, et une sensibilité tutsie matérialisée par le MRLZ et l'ADP.

officiers qui les déconseillent de se battre pour un système moribond et avilissant, les soldats gouvernementaux fuient la bataille et se rallient massivement à la rébellion. La suite est connue, Kinshasa va vite tomber et la page du pouvoir de Mobutu sera définitivement tournée.

Toutefois, le nouveau pouvoir de Kinshasa sera rapidement confronté au même scénario, cette fois dans un rôle différent. Laurent-Désiré Kabila deviendra la cible de ses anciens alliés rwandais et ougandais. Et là encore, les partis politiques vont jouer un rôle majeur, alors que la confusion entre les partis politiques et les groupes armés va se prolonger[10]. De ce récit, il est clairement démontré qu'il existe une confusion permanente entre nos partis politiques et l'armée. Il existe des généraux de l'armée qui sont, par de noms d'emprunt, cofondateurs de partis politiques. Les montées en grade obéissent également à cette donne politique. Dans la pratique, il existe des partis politiques faisant presque office de vitrine des armées étrangères.

C. Les partis politiques, vitrine des armées étrangères en vue de la conquête du pouvoir politique

Si aujourd'hui les Congolais comprennent mieux les enjeux politiques qu'il y a une vingtaine d'années, il faut dire que la longue transition démocratique, au cours de laquelle les masques de certains leaders politiques sont tombés, a été riche d'enseignements. Ainsi, même avec l'arrivée d'un libérateur autoproclamé, en la personne de Laurent-Désiré Kabila, les Congolais n'étaient plus prêts à avaler n'importe quelle couleuvre.

Quelques semaines après l'entrée de l'AFDL, la population congolaise qui a observé les pratiques du nouveau régime, commençait à déchanter. Certains se sont interrogés : Kabila était-il un nouveau Mobutu ? Était-on en train de faire du mobutisme sans Mobutu ? Dans tous les milieux, on ne cessait de s'interroger sur les intentions totalitaires du nouvel homme fort de Kinshasa.

Vite, il est apparu que Laurent-Désiré Kabila n'avait rien de démocrate. Les quelques tentatives de moralisation des pratiques de la classe dirigeante étaient vite abandonnées. Comme son prédécesseur, Kabila s'est attribué des pouvoirs étendus. Il est, par exemple, à la fois chef de l'État et ministre de la Défense. Il dirige par décret, et cela laisse la porte ouverte à toutes sortes d'abus. Le pays fonctionne sans Parlement, sans Constitution, sans contre-pouvoir en mesure de contrôler les actes posés par le chef de l'État. Le président semble être au-dessus des lois. Le culte de personnalité revient en force dans les médias officiels. Les journaux de grande écoute de la radio et la télévision nationale commencent généralement par un éditorial laudatif sur le président.

La liberté de la presse recule, les droits de l'homme sont également malmenés, les libertés politiques et individuelles sont restreintes et la démocratisation est

---

[10] ARTHUR MALU-MALU, J. J., *Le Congo-Kinshasa, op. cit.*, p. 204 s.

renvoyée aux calendes grecques. On ne compte pas les arrestations arbitraires des opposants et les exécutions expéditives pour des motifs politiques.

C'est dans ce contexte que se réalisera la recomposition de l'opposition politique sous le régime de Laurent-Désiré Kabila. Plutôt hétéroclite, elle sera composée de quatre grands types d'opposants. La première catégorie est constituée des partis d'opposition de l'époque de Mobutu, nés avant ou pendant la transition, comme l'UDPS, le PALU ou le MNC/L. Ces partis se retrouvent marginalisés par le nouveau régime qui leur a ravi la place. Faisant l'objet de restriction dans leur activité, ils sont entrés de fait dans l'opposition au nouveau pouvoir.

À côté de cette opposition, un autre courant constitue la deuxième catégorie d'opposants, issu de nouvelles formations ou des formations déjà existantes, qui se sont rangés dans l'opposition à Kabila[11]. Le troisième groupe d'opposants regroupait les anciens barons et dignitaires du régime de Mobutu, dont une grande partie s'était retrouvée en exil un peu partout à travers le monde.

Enfin, une opposition armée regroupant d'anciens mobutistes verra le jour avec la création de deux mouvements rebelles. L'un est le Rassemblement congolais pour la démocratie (RCD) qui se scinde en deux factions rivales : l'une basée à Goma et soutenue par le Rwanda, l'autre basée à Kisangani et appuyée par l'Ouganda ; l'autre est le Mouvement de libération du Congo (MLC).

C'est dans ce contexte que l'on est passé d'une guerre à une autre. En effet, le 2 août 1998, le pays bascule à nouveau dans la guerre. Les deux brigades de l'est de la République démocratique du Congo prennent Goma et Bukavu sans tirer le moindre coup de feu. Aucune bataille n'a lieu, faute de combattants.

Le Rwanda et l'Ouganda ne sont pas étrangers à ces mutineries. Dans la nuit du 2 au 3 août 1998, plusieurs témoignages firent état de nombreuses rotations effectuées par les véhicules de l'armée rwandaise entre le Rwanda et la ville congolaise de Goma. L'aéroport de Goma connut une activité intense. L'armée rwandaise y faisait débarquer hommes et matériels de guerre. Le pouvoir de Kigali voulait marquer de son empreinte la nouvelle guerre de libération en République démocratique du Congo[12]. Pour Paul Kagame et compagnie, l'heure avait sonné pour se débarrasser de Kabila. La mise à mort politique du chef de l'État congolais était également approuvée par le pouvoir de Kampala qui restait toutefois en retrait au début des hostilités. Il ne leur était pas acceptable que cet allié qu'ils avaient autrefois porté à bout de bras puisse voler de ses propres ailes.

Le scénario est en effet quasiment le même que celui du mois d'octobre 1996, mais les acteurs ont changé. Le nouveau mouvement rebelle qui sert de vitrine politique aux deux armées étrangères portait le nom de Rassemblement congolais pour la démocratie. Mais comme pour l'AFDL, les masques ne mirent pas longtemps à tomber.

---

[11] *Idem*, pp. 204 et s.

[12] *Ibidem.*

Lorsque les deux factions du RCD se livrent une bataille sans merci pour le contrôle de la ville de Kisangani en juin 1999, dans les faits, ce sont deux armées étrangères qui se battent sur le sol congolais. Face à la dégradation de la situation, le Conseil de sécurité des Nations Unies réagit mollement en exigeant, du bout des lèvres, la cessation des hostilités sans pour autant dénoncer les agissements de Kigali et Kampala.

D'autres combats opposeront les troupes rwandaises et ougandaises en 2000, causant des centaines de morts et d'importants dégâts matériels, notamment la destruction d'un hôpital public dans la ville de Kisangani, toujours en se servant de l'étiquette du RCD.

En outre, un autre mouvement rebelle vit le jour dans la province de l'Équateur, le Mouvement de libération du Congo (MLC), soutenu par l'Ouganda et dirigé par Jean-Pierre Bemba qui avait réussi à entraîner avec lui d'anciens généraux de Mobutu. Ce mouvement s'est emparé d'une partie du nord du pays sans difficulté majeure. Il faut dire que les troupes du MLC sont en partie composées des éléments des ex-FAZ tombés en disgrâce. C'est ainsi que dans les villes de l'Équateur libérées, le drapeau du Zaïre s'est mis à flotter à nouveau.

En position de faiblesse et conscient du coût élevé de la guerre, Kabila accepte finalement de signer un accord de cessez-le-feu à Lusaka le 31 août 1999. Plus tard, après l'attentat contre la vie de Laurent-Désiré Kabila, dans le cadre du dialogue inter-Congolais et sous l'égide d'un facilitateur, le gouvernement de Kinshasa négocie à Sun City, en Afrique du Sud, avec les mouvements rebelles, l'opposition politique et la société civile. En avril 2002, un accord partiel conclu entre le MLC et le gouvernement ressortira de ces pourparlers. Accord au terme duquel le chef du MLC, Jean-Pierre Bemba, sera désigné Premier ministre de transition. Le MLC, toujours soutenu par l'Ouganda, acceptera ainsi de mettre à la disposition du gouvernement ses troupes pour leur intégration dans la nouvelle armée nationale.

L'accaparement des richesses par la classe politique est une constante des pays autoritaires où la politique tourne autour de l'allocation impérative des richesses. Cette situation donna raison à Jean-François Médard qui affirmait que l'enjeu central de la compétition politique restait le partage du gâteau national et qu'en Afrique, elle était beaucoup plus directe et immédiate[13].

Ainsi, le partage des postes politiques était le pendant de la conclusion des alliances et a consisté à attribuer des postes clés aux alliés, comme facture de la corruption politique, à ceux qui ont aidé à conquérir le pouvoir, comme il a toujours été soutenu que la corruption qui est l'un des principaux obstacles à la transformation structurelle en Afrique est décrite comme un phénomène étroitement lié à la mauvaise gouvernance. Certains auteurs pensent que la clochardisation de la majorité de la population par l'élite politique corrompue

---

[13] MÉDARD, J.-F., « Autoritarisme et démocratie en Afrique noire », cité par ABDOURAHAMANE OUMAROU, *Les partis politiques, démocratie et État de droit en Afrique : l'exemple du Niger*, L'Harmattan, Paris, 2017, p. 111.

explique la généralisation de la corruption dans la société en Afrique[14]. Et la République démocratique du Congo n'est pas en reste.

La grande responsabilité de l'élite politique est donc pointée du doigt. Il devient, dans ce cas, facile de soutenir que les rébellions imposées aux populations civiles ne sont qu'une affaire de quelques personnes. Les populations ne sont que des victimes.

En ce qui concerne les partis politiques, ils contribuent grandement à l'entretien du fléau des rébellions au nom de la recherche du pouvoir par des mécanismes anticonstitutionnels. Mais, lorsqu'ils arrivent au pouvoir, les différents dispositifs mis en place pour une gouvernance de qualité semblent ne pas porter de fruit à la hauteur du discours politique vendu sous l'aire d'opposition. Le pouvoir en place joue par ailleurs un rôle important dans cette dégradation des valeurs démocratiques dans le chef des partis. En réprimant fortement l'activité politique de l'opposition, le pouvoir étouffe son épanouissement et offre des béquilles à ses velléités de rébellion.

D. Confusion entre identités politique et ethnique

Depuis l'effondrement du bloc communiste et la libéralisation politique à l'est de l'Europe, l'ethnisme est au cœur des préoccupations majeures des hommes politiques et des pouvoirs internationaux. Le phénomène ethnique est perçu comme une menace sérieuse susceptible de mettre en péril la stabilité politique et sociale de beaucoup d'États[15].

La relation au sein de l'État en Afrique subsaharienne se caractérise aussi par une espèce de fusion ou de confusion entre l'identité politique et l'identité ethnique des hommes au pouvoir. L'identité du dirigeant a un effet symbolique sur sa communauté d'origine : cette dernière se mobilise dans le soutien politique du dirigeant issu d'elle afin de s'assurer une visibilité dans l'espace national et un accès aux ressources de l'État.

Cette attitude qui se vérifie dans les cas de la République démocratique du Congo constitue ce que Max Weber appelle « honneur ethnique ». Il s'agit du sentiment de satisfaction que suscite subjectivement l'identité ethnique ou super ethnique auprès des membres d'une communauté lorsque l'un des leurs accède à des responsabilités.

L'espace politique congolais regroupe des structures politiques à caractère ethnique sous la dénomination générale de ressortissant de tel espace[16]. Il n'est pas rare d'assister à des scènes de liesse, des festivités et des remerciements lorsque, par exemple, à l'occasion de la publication d'une équipe gouvernementale, tel fils ou telle fille ressortissant ou ressortissante de tel espace politique figure sur la liste[17].

---

[14] AYISI, L., *Corruption et gouvernance*, L'Harmattan, Paris, 2013, p. 134.
[15] COLARD, D., *Cours de grands problèmes politiques contemporains*, Paris, LGDJ, 1997, p. 73.
[16] Par exemple : Grand Kasaï, Grand Katanga, Grand Équateur, etc.
[17] AUNDU MATSANZA, G., *État et partis au Congo-Kinshasa*, *op. cit.*, pp. 29-31.

Dans ces circonstances, une confusion s'établit entre les intérêts ethniques et politiques. Les partis politiques sont essentiellement organisés sur base des appartenances ethniques ou régionales. Le soutien aux dirigeants ou à leur parti ne s'appuie quasiment pas sur l'idéologie ou les projets de société, qui bien souvent n'existent pas. L'élément recherché est la représentation de l'ethnie dans les sphères du pouvoir.

Cette fusion ou confusion entre les identités politiques et ethniques permet au *Big man* de recourir à la communauté ethnique, au moment opportun, pour revendiquer le pouvoir étatique et en user afin d'accroître son prestige et son influence dans la société. Il s'agit donc d'un pouvoir qui semble fonctionner au service des intérêts communautaires des dirigeants.

La participation au jeu politique n'a pas toujours été que celle des partis : c'est aussi celle des communautés. Les partis politiques et les communautés luttent souvent pour le même objectif ou presque : prendre part directement ou indirectement à l'exercice du pouvoir. Entre eux s'établit une relation à la fois de lutte et de coopération. Les partis politiques veulent conquérir le pouvoir mais ils ne peuvent y arriver qu'avec le soutien, notamment, des communautés. Celles-ci tiennent à une représentation politique pour accéder aux ressources de l'État, mais elles ne peuvent y parvenir qu'avec le concours des partis[18].

L'usage politique de l'identité ethnique apparaît alors comme le trait d'union entre les deux. Par lui, l'action de la communauté peut fusionner avec celle des partis politiques. La « citoyenneté » partisane s'affirme dans ce cas par la dialectique entre l'identité du parti et l'engagement communautaire. L'identité mobilise les groupes sociaux et politiques pour les incorporer au processus qui mène à l'appropriation ou à la légitimation de l'État postcolonial. Les solidarités communautaires, qui ont été détruites par les changements structuraux, sont ainsi confortées et captées par les partis pour contribuer à interagir avec les communautés ethniques dans le champ politique.

Cette segmentation sur base identitaire multiplie les intervenants dans l'espace politique et permet l'ascension des *Big men*, dont le statut dépend de leur capacité à satisfaire leurs collaborateurs et clients, eux-mêmes confrontés aux demandes de « en bas du bas ». Cette chaîne de relation contribue à l'intensification de la participation politique.

L'usage de l'ethnicité en politique entretient ainsi cette confusion entre partis politiques et communautés ethniques et stimule le néo-patrimonialisme dans la démocratie en Afrique noire. Les partis qui se servent de l'ethnicité dans leur combat construisent ainsi un système de soutien politique et de redistribution des ressources de l'État. C'est donc à raison qu'il est soutenu que dans cette partie du monde, le politique n'est qu'accessoirement question de conviction, de grandes

---

[18] *Idem.*

causes idéologiques. Il entretient, en général, des factions qui spéculent sur une redistribution des dividendes en échange des soutiens temporaires[19].

La démocratie en Afrique semble trouver sa particularité à ce niveau : elle multiplie le nombre d'acteurs qui reproduisent les caractéristiques néo-patrimonialistes décriées, autrefois, l'apanage d'un chef unique. L'État est alors l'objet de lutte entre divers acteurs (partis, communautés, etc.), qui mobilisent et intègrent les citoyens à leur combat et parviennent à faire admettre celui-ci auprès d'eux, comme l'instance de leur souveraineté[20].

C'est avec la démocratisation que se constate un engouement pour la réactualisation des traditions, qui encourage cette confusion des identités ethniques politiques. Le recours au passé est devenu une référence dans la mobilisation politique. À la place des monuments, des uniformes, des commémorations, les acteurs politiques africains réinventent les cérémonies d'intronisation politique en référence à leurs traditions, et mettent en exergue le lien de descendance dans la lignée de chefs coutumiers pour s'attirer le soutien ethnique.

C'est pourquoi, durant la transition congolaise, il s'est observé de fréquentes cérémonies d'investiture d'hommes politiques dans les milieux coutumiers. Les attributs de la monarchie théâtralisée sont apposés, notamment le port de la peau de léopard, de crocodile ou de plumes d'oiseaux, l'installation dans un « *tipoy* » (chaise à porteurs royale), symbole du droit d'engager politiquement la communauté. Par ces symboles, l'ethnicité contribue au rapprochement de l'État avec la société, ce qui montre aussi son appropriation par les autochtones[21].

Toutefois, cette note positive ne saurait gommer le fait que le recours à la communauté ethnique est devenu, d'après la réalité, une instrumentalisation des hommes politiques avides de pouvoir, qui n'hésitent pas à se servir de ce qui, normalement, appartient à la tradition pour assouvir leur soif.

Selon Boshab, outre la crédibilité, deux autres conditions paraissent nécessaires pour influencer le pouvoir politique. Il faut, d'abord, que le parti en question accepte le pouvoir en place comme jouissant d'une certaine légitimité, étant entendu qu'il existe plusieurs formes de légitimité. Or, non seulement les partis fossilisés n'acceptent pas le pouvoir en tant que tel, depuis Mobutu, en passant par les deux Kabila, jusqu'à Tshisekedi aujourd'hui, l'exclusion sans réserve des autres étant leur unique moyen d'expression, mais aussi, surtout n'est légitime pour eux que le pouvoir dans lequel ils occupent des postes clés.

De manière générale, dès que le besoin de vivre aux crochets de l'État est satisfait, pour ces partis, la question de la légitimité du pouvoir ne se pose plus.

---

[19] DALOZ, J.-P., *Le (non-)renouvellement des élites en Afrique subsaharienne*, CEAN, Bordeaux, 1999, p. 24.

[20] AUNDU MATSANZA, G., *État et partis au Congo-Kinshasa*, *op. cit.*, pp. 29-31.

[21] Pour aller plus loin sur les liens entre l'État et le pouvoir coutumier, voy. BOSHAB E., *Pouvoir et droit coutumiers à l'épreuve du temps*, Louvain-la-Neuve, Academia-L'Harmattan, 2007.

Ils estiment que leur dénomination ou sigle, et non les urnes, suffit pour conférer la légitimité[22].

Ensuite, être capable d'influencer le pouvoir, c'est également être en mesure d'amorcer un dialogue avec ce dernier, le dialogue ne signifiant ni trahison à son idéal, ni reniement de soi. Car dialoguer, c'est d'abord reconnaître la relativité de la vérité en politique. C'est, en conséquence, accepter que tout le monde soit faillible ; que le contact avec l'autre, non seulement rend chacun perfectible, mais permet, également, de mieux se connaître en tirant de l'autre ce qui fait sa force. Or, en prônant le nihilisme, les partis fossilisés sortent de l'orbite du pouvoir et ne peuvent, de la sorte, aucunement l'influencer.

Notion contingente et éminemment politique, l'intérêt général varie dans le temps et dans l'espace. Il n'en reste pas moins un noyau dur à partir duquel toute personne, sauf mauvaise foi manifeste, peut estimer qu'il ne s'agit pas d'un intérêt particulier, mais plutôt de celui qui doit profiter à tous, même si ce dernier n'est déterminé, dans le cas d'un État, que par les gouvernants et, concernant une organisation partisane, par le groupe dirigeant.

Au sein du parti politique, la notion d'intérêt général revêt une double acception. Premièrement, dans un sens restreint, il s'agit d'une somme de décisions qui, dans le fonctionnement du parti, protège tous les adhérents. Dans un sens large, par intérêt général, au sein du parti, il faut entendre la vision globale prenant en considération les intérêts de tous, sinon de la majorité.

L'aspiration de la majorité se traduit dans les revendications et propositions qui font qu'en définitive, le discours du parti ne passe plus pour sectaire, mais rencontre davantage les desiderata de la majorité. Lorsque ce discours récolte l'assentiment de la majorité, l'alternance est assurée. Et donc, si le projet de société d'un parti politique est tellement singulier qu'il ne peut prétendre emporter l'adhésion de la majorité, pareil parti, dans le calcul des probabilités, détient fort peu de chances d'accéder au pouvoir.

À vrai dire, dans les partis politiques congolais, le chef considère le parti non pas comme un patrimoine commun de personnes avec lesquelles il partage le même idéal, mais comme un bien privé relevant de son propre patrimoine et de lui-même en qualité de chef. Apparaît ici le phénomène d'appropriation exclusive du parti par un individu. Tous reprennent la formule de Louis XIV, en se limitant à remplacer le mot « État » par « parti ». Ce qui donnerait donc la formule « le parti, c'est moi ».

En réalité, le parti n'existe pas. Il y a un chef qui pense que son aura vraie ou supposée suffit à lui seul. Puisqu'il n'y a aucune distance entre le chef et le parti, les procédures d'engagement des dépenses, les actions disciplinaires, les majorités requises pour briguer tel ou tel mandat, les conditions pour engager le parti vis-à-vis des tiers ne dépendent pas, en réalité, des textes du parti mais de la seule volonté du « chef ».

---

[22] BOSHAB, E., *Entre les colombes et les faucons*, *op. cit.*, pp. 73 et s.

Tout règlement n'est qu'un simple ameublement qui ne peut empêcher le chef de faire ce que bon lui semble. Celui-ci n'est guère redevable vis-à-vis des partisans. C'est plutôt eux qui lui doivent tout. Car, croit-il, les adhérents profitent de son patrimoine en s'exprimant au nom du parti. Dans la plupart des cas, s'agissant de ces partis politiques, les comptes ne sont pas tenus : les cotisations, si elles sont versées, ne servent pas à la réalisation des missions du parti mais plutôt de frais d'entretien du chef qui en dispose à sa guise[23]. Le chef peut mettre son droit de veto sur toutes les décisions régulièrement prises, les annuler en violation de toutes les règles, édicter les règles nouvelles en rupture avec les statuts.

Le chef n'est pas concerné par le Règlement d'ordre intérieur : tout lui est permis. Il vit en dehors, dans tous les cas, au-dessus de toutes les normes édictées pour le fonctionnement du parti. Au niveau interne, le parti et les partisans doivent s'effacer au profit exclusif du chef. Lorsque celui-ci est condamné pour les infractions de droit commun, les partisans se pressent de parler de persécutions dont sont victimes les membres de leurs partis. Et sur le plan externe, l'intérêt général se trouve, par recoupement, dans le discours ; tandis que dans les faits et gestes, il semble introuvable.

Dire que l'intérêt général est difficilement décelable dans l'agir quotidien des partis politiques congolais peut soulever des discussions interminables qui iraient jusqu'à accuser l'analyste de manque d'objectivité. Et pourtant, la question d'intérêt général ne devrait même pas se poser, puisqu'il s'agit de boutiques privées dont les propriétaires recherchent avant tout la maximisation du lucre à des fins personnelles.

Dans toute organisation, le débat constitue un grand moment de relecture du chemin parcouru pour mieux baliser celui qui reste à parcourir. Fort souvent, et tel est le contraste, les organisations qui prêchent la démocratie aux autres se caractérisent, dans leur fonctionnement, par l'exclusion du débat dans les choix qui affectent l'avenir. C'est le cas notamment pour les partis politiques qui réclament toujours plus de démocratie, tandis qu'eux-mêmes ne peuvent être cités comme modèles de démocratie, tant dans leur fonctionnement que dans leur organisation.

En analysant la nature du débat dans les partis politiques congolais, la doctrine relevait déjà deux secousses importantes : premièrement, au sein de ces formations, un discours sur la démocratisation existe pour le besoin de la consommation extérieure, tandis que sur le plan interne, il s'est dégagé un fonctionnement plutôt autocratique.

En effet, la gangrène connue des partis politiques, évidemment ceux de l'opposition, est que les malheurs qui s'abattent sur la République démocratique du Congo proviennent essentiellement du manque de démocratie. Par conséquent, il est toujours suggéré ce raccourci facile : l'Occident doit cesser toute

[23] *Idem*, pp. 73 et s.

coopération avec le gouvernement en place pour l'obliger à s'inscrire en faveur de la démocratie[24].

Au terme de ces développements, il apparaît que le fait ethnique pourrait à lui seul saborder les partis politiques. L'instrumentalisation de l'ethnie a été un des facteurs déterminants dans le déclenchement de la guerre en RDC. S'y rajoutent des dérives régionalistes qui renforcent la crainte des acteurs et des observateurs des systèmes politiques africains. Les considérations ethniques et régionales ont pris une telle importance qu'elles sont intégrées dans la gestion du pouvoir.

§2e. Partis politiques, désintéressement de l'opinion publique et démotivation du citoyen

Telle qu'elle est conçue aujourd'hui, la démocratie libérale suppose la représentation des fractions du peuple par des partis politiques différents.

Mais comme le souligne Kabuya Lumuna, les partis politiques congolais donnent souvent l'image d'un simple instrument d'ascension sociale pour les élites politiques[25]. C'est pourquoi la réflexion sur sa représentativité au regard des intérêts de la population, dont la participation à la vie politique, est le moindre souci des partis politiques. Les citoyens doivent pourtant se déterminer à travers la participation à des élections démocratiques à l'issue desquelles les responsables politiques sont élus.

Abdourahamane Oumarou définit la participation citoyenne comme « un processus d'engagement obligatoire ou volontaire des personnes ordinaires, agissant seules ou au sein d'une organisation en vue d'influer sur une décision portant sur des choix significatifs qui touchent leur communauté. Cette participation peut avoir lieu ou non dans un cadre institutionnalisé et être organisée sous l'initiative des membres de la société civile ou des dirigeants[26] ».

La participation dans un cadre non institutionnalisé se résume à quelques manifestations publiques sous forme de marches de protestation ou de soutien. Elle se fait à l'initiative des partis politiques et de la société civile. Sous d'autres cieux, ce type de procédé comporte un impact non négligeable sur les dirigeants. Évidemment, en République démocratique du Congo, il n'est pas rare de voir des groupes d'individus manifester sur la voie publique.

Force est néanmoins de constater que ces manifestations sont pour la plupart les résultats de la manipulation politique des partis politiques dont les actions sont généralement destinées au soutien des individus et non à la défense d'une cause d'intérêt général. Moyennant quelques billets de banque, des hommes et des

---

[24] Pourtant, l'expérience a démontré que même lorsque des coopérations structurelles ont été suspendues, cela n'a pas amené le régime en place à s'ouvrir, ni même à s'assouplir.

[25] KABUYA LUMUNA SANDO, C., *La démocratie congolaise et ses principaux défis*, *op. cit.*, p. 139.

[26] ABDOURAHAMANE OUMAROU, *Les partis politiques, démocratie et État de droit en Afrique : l'exemple du Niger*, L'Harmattan, Paris, 2017, p. 119.

femmes sont candidement conviés à prendre part à telle ou telle autre manifestation organisée par les partis politiques.

Même lors d'une interpellation d'un ministre au Parlement, notamment pour une simple question écrite ou orale avec ou sans débat, les partis politiques congolais n'hésitent pas à manipuler des sympathisants de circonstance afin de lui apporter leur soutien dans les locaux mêmes de la Chambre. Ainsi, toute interpellation contre un ministre est perçue comme une attaque contre le parti auquel il appartient. Ce dernier, autant que sa tribu, a l'obligation de le soutenir. En raison de la dimension ethniciste, les manifestants considèrent cette activité comme un combat personnel en vue de la défense de la tribu ou de la région. Il y a donc bien plus qu'une simple question de contrôle parlementaire.

En ce qui concerne la participation institutionnelle à travers les partis politiques, il faut noter une certaine désillusion des citoyens envers les partis qu'ils ne considèrent plus forcément comme leurs meilleurs représentants.

De ce fait, l'augmentation du taux d'abstention aux différentes élections est un des indicateurs de cette réalité. Il y a lieu de noter une différence majeure dans l'engouement de la population pendant les élections entre les premières élections de 2006, celles de 2018 et de 2023, par exemple. Le sentiment général est que la population vit les élections comme une farce, un processus de désignation de la volonté d'un groupe d'individus. L'impression générale est qu'elle participe à une activité dont l'issue est déjà connue bien avant. Les élections s'apparentent ainsi à un mécanisme de légitimation des choix ou de désignation des élus par un groupe de faucons installés au pouvoir.

En portant un regard critique sur l'Afrique en général, et la RDC en particulier, la participation, à l'occasion des élections, même faible, apparaît de loin plus importante qu'en dehors des périodes électorales[27]. En effet, après les élections, le citoyen, du moins pour celui qui a pris la peine de se déplacer pour exprimer sa voix, se presse de se détourner de la vie politique pour laisser l'élu agir. Est-ce pour cela que les représentants du citoyen ne traduisent pas suffisamment ses aspirations en règles ? Poser la question, c'est parfois y répondre.

Bien sûr que sur le plan juridique, le droit congolais exclut tout mandat impératif. Néanmoins, sur le plan politique, il existe tout de même comme une obligation de l'élu, en tant que mandataire, de se référer aux besoins et intérêts de ses électeurs. Le parlementaire congolais ne subit cependant, en général, aucune pression suffisamment importante pour se sentir obligé d'agir conformément aux intérêts des électeurs.

Les causes de cette désaffection sont nombreuses. Elles tiennent d'abord à l'incapacité des partis politiques à changer la vie quotidienne. De nombreuses promesses d'un meilleur lendemain faites avant et pendant les élections restent généralement des souvenirs lointains pendant toute la mandature[28].

---

[27] *Idem*, p. 119.
[28] *Ibidem*, p. 120.

Les choses fonctionnent de façon telle que les leaders des partis sont incapables de s'entendre sur l'essentiel, dans l'intérêt du pays ; lequel laisse place aux combinaisons d'alliances et aux compromissions politiques de toutes sortes au point de faire douter le citoyen et faire naître en lui une idée erronée de démocratie et une perception négative de la chose publique.

S'agissant de la participation du citoyen à la vie politique, il convient de noter qu'il s'observe, de manière générale à travers le monde, un certain essoufflement de la démocratie. En effet, de plus en plus, les citoyens tournent le dos à la vie politique. On le constate notamment lors des élections, présidentielles ou législatives, au cours desquelles les abstentions sont de plus en plus remarquables.

L'opinion publique est par essence dynamique. Elle change dans le temps et dans l'espace. C'est en raison de cela qu'elle peut être favorable à un camp politique dans un contexte temporel et spatial déterminé et s'y montrer hostile en d'autres temps et d'autres lieux.

A. Désintéressement de l'opinion publique

De manière générale, les adhérents des partis politiques ne sont pas à l'image de l'ensemble de la population. Ils présentent des traits caractéristiques des élites. Même à la base des partis, des mécanismes d'auto-sélection sociale semblent fonctionner pour les adhérents qui ne sont pas représentatifs de la population. C'est ainsi que certains adeptes de la démocratie regrettent souvent, y voyant un signe de mauvaise santé démocratique.

En fait, en République démocratique du Congo comme ailleurs, n'oublions jamais que l'adhésion reste un acte tout à fait volontaire. Même si, en Occident, en général, ceux qui désirent adhérer à un parti ou qui se laissent convaincre de le faire sont très politisés et donc très éduqués, bien insérés dans la société.

Les adhérents sont, en RDC, soit des personnes qui veulent être actives dans la société et influencer son orientation, soit des personnes dont on a profité de la naïveté et se trouvent embarquées dans une aventure dont elles ne connaissent pas l'issue.

Si cette mauvaise représentativité des adhérents n'est pas nécessairement signe de dysfonctionnements de la démocratie représentative, elle peut cependant poser des problèmes dans la mesure où l'adhérent est un relais d'opinions. Un relais est une personne qui, pendant les campagnes électorales, mobilise son entourage en faveur des candidats de son parti. Cette fonction de relais d'opinions sera donc moins bien assurée dans certains milieux plus pauvres en adhérents.

Lorsque la représentativité sociale des adhérents n'est pas bonne, il en serait de même de celle idéologique. Les électeurs, les sympathisants et les membres d'un parti partagent à peu près la même orientation politique, ou n'en ont pas du tout.

À l'affaiblissement des niveaux de sympathie partisane, il faut associer la baisse du nombre d'adhérents et de militants.

1. Effet « radio trottoir »

L'expression « radio trottoir » se réfère à la rue en tant que vecteur d'informations diverses. Il s'agit bien souvent de simples rumeurs véhiculées par tradition orale jusqu'à constituer une opinion. Les partis politiques sont souvent partagés quant à la valeur positive de ces mouvements de colportage, selon qu'ils sont au pouvoir ou dans l'opposition.

Souvent, ces informations, bien qu'au départ erronées, parviennent à déstabiliser certains acteurs politiques. Leur caractère déloyal à bien des égards est alors l'atout qu'exploitent volontiers des adversaires politiques qui n'ont pas réussi à faire triompher leur cause par les voies officielles. Ce phénomène est en outre le signe d'une défiance généralisée contre les voies publiques d'information, les médias étant généralement intéressés par les causes des protagonistes politiques.

2. Effet « Parlement debout »

Les « parlements debout » sont les assemblées de jeunes de certains partis politiques de masses, se formant spontanément en certains lieux géographiquement stratégiques pour se communiquer les nouvelles et mots d'ordre du parti ou de leaders les plus populaires, échanger et propager les rumeurs, préparer des marches et des manifestations et, parfois, ordonner et préparer des expéditions punitives contre des adversaires, amorçant l'apparition d'embryons de milices des partis.

Pratique dictée par une jeunesse désœuvrée qui croit au changement par la politique, cette dynamique est devenue un danger pour la démocratie. Si, hier, ces regroupements de jeunes symbolisaient un certain dynamisme et l'engagement pour la cause politique, aujourd'hui, l'image en est généralement détériorée en raison de pratiques d'anti-valeurs telles que les injures, stigmatisations et parfois attaques contre les adversaires politiques.

La transformation des « parlements debout » en une milice au service du pouvoir plonge la gouvernance politique dans l'anarchie. Ces individus se sont littéralement érigés en tribune de règlement de comptes politiques sous la confiance en la protection du pouvoir en place.

Rassemblés autour de points de vente de journaux ou aux installations de leurs sièges national, fédéral ou local, ces jeunes, auxquels s'allient même des personnes âgées, se partagent des affirmations, parfois non vérifiées, dont le dénominateur commun reste le dénigrement des adversaires politiques. L'appellation « parlementaires » par laquelle ils s'identifient tient au fait que, dans leurs concertations, ces jeunes lèvent des options politiques graves, allant, parfois, jusqu'à délibérer contre des individus ou des partis hostiles au leur. Quant à l'adjectif « debout », il tient à la position qu'ils prennent pour parlementer.

Une telle évolution de petits rassemblements de jeunes somme toute inoffensifs vers une milice redoutable a été observée, notamment dans l'UDPS, parti qui du reste était à l'origine du phénomène de « parlements debout ».

B. Démotivation du citoyen

La citoyenneté apparaît comme le statut juridique reconnu à un individu et confirmant son appartenance entière à un État donné. Elle implique un certain nombre de droits dans la participation du citoyen au processus de prise de décisions.

La démocratie se justifie essentiellement par l'idée de la participation du citoyen à la gestion des affaires publiques. À travers les élections, les citoyens élisent leur mandataire pour accomplir cette mission du fait de nombreuses tares des partis politiques affectant la démocratie. Cette participation se caractérise par un désintérêt grandissant du citoyen pour la chose publique, une perte de croyance même en la valeur du processus démocratique. La désaffection se manifeste notamment par la faible participation aux consultations électorales. Néanmoins, cette apathie mérite d'être tout de suite nuancée.

En effet, nous sommes loin d'affirmer ici que seuls les partis politiques développent des vices qu'ils répandent au niveau des institutions étatiques. D'autres pans de la société, qui ne nous intéressent pas spécialement ici, contribuent aussi aux limites de l'ancrage de l'État de droit constitutionnel.

1. Causes de la démotivation du citoyen par l'action des partis politiques

Le comportement des dirigeants, les réalités conjoncturelles et parfois les implications conjoncturelles de l'opinion façonnée au gré des événements politiques peuvent déterminer les citoyens à s'intéresser à l'action des partis politiques ou s'en éloigner.

a. L'épicurisme des dirigeants

La « politique du ventre », expression chère à la journaliste belge Colette Braeckman devenue populaire pendant les années 1990 traduit mieux et en peu de mots le comportement des dirigeants du tiers-monde en général, et de la République démocratique du Congo en particulier. Considérant le pouvoir politique comme source d'enrichissement, les dirigeants, pourtant portés à ces fonctions par les militants, oublient ces derniers et se mettent à vivre dans une ostentation telle que la population les perçoit comme de simples jouisseurs préoccupés uniquement par leurs intérêts personnels.

b. La transhumance éhontée des hommes politiques

Il s'agit en réalité d'un abus du droit d'appartenir à la formation politique de son choix. Même au sein des organes délibérants, il s'observe une fâcheuse tendance à quitter intelligemment sa famille politique pour rejoindre d'autres formations sur fond de promesses de soutiens politiques ou financiers.

En dépit des dispositions de l'article 110[29] de la Constitution, reprises par les Règlements intérieurs des deux Chambres du Parlement, la transhumance politique n'a jamais vraiment cessé. Des députés et sénateurs élus sur des listes des partis politiques s'appuient sur le fait que l'article précité vise le député ou le sénateur qui a volontairement quitté son parti ou son regroupement politique, pour créer des crises parfois intempestives et risibles afin d'amener les instances dirigeantes de leurs partis à les exclure. Cette exclusion est alors brandie comme la cause de la cessation de leur lien politique envers ces partis dont ils conservent néanmoins le siège du fait de n'avoir pas quitté leur parti par leur propre volonté.

À ce jour, la transhumance politique est renforcée par l'arrêt de la Cour constitutionnelle du 15 janvier 2021. Se fondant sur l'interdiction du mandat impératif prévu à l'article 101, alinéa 4 de la Constitution, la Cour a consacré la possibilité pour les députés de faire une nouvelle déclaration d'appartenance politique au cours de la législation. De fait, cette Cour a déconstruit la quintessence de la discipline des parlementaires et consacré un régime liberticide. Les députés ont vu dans cette décision une faveur politique juridiquement couverte pour nourrir l'idée de la transhumance.

Ainsi, les citoyens qui observent ce jeu malsain de positionnement politique y voient la manifestation d'un manque d'engagement sincère dans le chef des politiciens. Cet arrêt controversé est en fait l'unique base juridique sur laquelle est assise la majorité parlementaire dite de l'Union sacrée. Il reste à savoir combien de temps prendra cette posture jurisprudentielle qui touche à la démocratie des partis et remet en cause la démocratie participative.

Pour maintenir cette mainmise sur le mandat des élus, les députés de l'Union sacrée ont glissé au sein de la loi électorale, à son article 10 bis, une disposition consacrant la surveillance du mandat en vue de consolider la majorité sous prétexte de transposition de l'esprit de l'article 110 de la Constitution congolaise du 18 février 2006.

2. Effets de la démotivation

Ces effets pourront s'observer à travers une tendance à la disponibilité creuse de l'électorat, basé sur la recherche du lucre. Entre prostitution électorale et garantie de survie politique, il s'observe un recours prononcé à la violence, la naissance des milices politiques, la perpétuation de l'ethnicisation et de la clanicisation des partis politiques.

a. La « prostitution électorale »

Il y a forcément à considérer que les multiples tares de la classe politique conduisent à la démobilisation de l'être politique. Cette démobilisation a eu pour

[29] L'article 110, dernier alinéa de la Constitution congolaise du 18 février 2006 stipule que le député national, le sénateur ou le suppléant qui quitte délibérément son parti politique durant la législature est réputé avoir renoncé à son mandat parlementaire ou à la suppléance obtenus dans le cadre dudit parti politique.

conséquence l'absence de véritables militants de différents partis politiques. Il y a, là, l'une des explications qui justifient la quasi-impossibilité pour un parti de remporter seul les législatives en République démocratique du Congo.

L'expérience récente a démontré que jamais un acteur politique ne saurait être assuré que les personnes qui l'acclament sont ses véritables militants. Lors des meetings où leur présence est payée à coups de dollars américains, ces acteurs politiques sont conscients que ces mêmes applaudisseurs se retrouveront le lendemain dans les manifestations de leurs adversaires.

b. Le recours à la violence

À court d'idées, nombre de partis politiques congolais ont souvent remplacé la capacité de convaincre par la fougue. Entre corruption et intimidation, les responsables des partis puissants n'hésitent pas à organiser des situations de troubles où leurs adversaires sont systématiquement châtiés, dans les rues ou à domicile.

c. La naissance des « milices politiques »

En désespoir de cause, les partis politiques ont tendance à s'assurer une certaine invincibilité en recourant à la force des bras. Ainsi, il existe, en RDC, de nombreux partis politiques qui, s'appuyant sur les moyens du Trésor public, recrutent secrètement des jeunes, généralement désœuvrés, pour assurer leur sécurité.

d. La perpétuation de l'« ethnicisation » et de la « clanicisation » des partis politiques

D'un point de vue sociologique, la RDC est un pays cosmopolite. Sa classe politique n'a jamais réussi à se départir du phénomène identitaire. Conscients de cette donne, les dirigeants s'appuient sur les ressortissants de leurs communautés d'origine. Ces derniers n'hésitent pas à s'adonner à de l'ostracisme contre les autres partis dont les dirigeants viennent d'autres communautés que la leur.

À une autre échelle, le conflit peut exister même entre membres d'une même communauté qui entretiennent entre eux des castes, à telle enseigne que, selon le cercle auquel on appartient et suivant la proximité que l'on partage avec l'initiateur ou le plus haut dirigeant du parti, on se croit créancier de faveurs particulières.

Ainsi, étant donné que les partis politiques, le constitutionnalisme et le juge forment un triangle essentiel au fonctionnement de tout État démocratique, il est plus que nécessaire de consacrer cette deuxième section aux liens qui solidifient ces notions.

SECTION II.
Les partis politiques, le constitutionnalisme et le juge dans la structuration de l'état de droit constitutionnel en RDC

Dans un régime fondé sur le constitutionnalisme et guidé par les principes de la primauté de la Constitution, de la séparation des pouvoirs, de la protection des droits, les partis politiques se présentent en instruments de représentation du pluralisme politique, en canaux de participation citoyenne, en acteurs de la compétition démocratique entre société civile et institutions étatiques.

L'intervention du juge est de mise dans la naissance, le fonctionnement et la disparition des partis politiques. Le juge judiciaire qui intéresse cette étude est un acteur essentiel, car il protège les libertés publiques, essentiellement, la liberté de l'association, la liberté politique, la liberté d'expression. Il sanctionne les infractions politiques ou électorales et peut, dans certains systèmes, assurer un contrôle diffus de constitutionnalité en refusant d'appliquer une loi contraire aux droits fondamentaux.

Autant que les décisions judiciaires, le respect des valeurs du constitutionnalisme joue un rôle capital dans la structuration des fondements de l'État de droit. Tout État guidé par des indicateurs de gestion moderne de la cité s'inspire de principes directeurs de ce dernier. Peu de recherches font le parallélisme entre le constitutionnalisme et le pouvoir judiciaire. Pourtant, les décisions judiciaires en sont la cheville ouvrière.

Il est ainsi soutenable de se placer dans l'angle de la promotion du constitutionnalisme par le pouvoir judiciaire pour apprécier, à leur juste valeur, les indicateurs exogènes qui participent de la structuration de l'appareil étatique. Aussi, tout État de droit impose aux pouvoirs publics l'obligation de se conformer au droit et de s'y soumettre. La Constitution demeure le socle normatif autour duquel se structure ce droit. Toute violation de ce principe sacro-saint de la soumission de tous au droit constitue un recul de l'État de droit constitutionnel.

Il y a lieu de souligner qu'une certaine doctrine philosophique estime qu'une telle affirmation soutiendrait l'idée qu'il s'agit d'une prétention idéologiquement apparente que de considérer la Constitution comme un instrument de pacification dans un pays et que le droit serait conflictuel par essence. En effet, le droit régule la société à la faveur des puissants, car l'expert juriste est, de cette ontologie du droit, l'artisan d'une technocratie juridique qui empêcherait de se défendre contre les dirigeants ou les plus puissants. Dans cette logique, le particulier n'aurait d'autre choix que de se complaire d'un état de fait entretenu par l'illusion d'une vérité juridico-judiciaire qui favorise la paix sociale dans la société.

D'où en reléguant l'expression philosophique de la Constitution au plan secondaire au seul profit de l'aspect touchant à la limitation du pouvoir, les juristes ont exclu le politique du sérail de l'État et l'ont réduit à un Léviathan émasculé.

S'agissant de différents principes du constitutionnalisme ainsi que de l'importance que celui-ci présente dans la formation d'un État de droit constitutionnel, l'implication du pouvoir judiciaire dans la consolidation, la promotion et la protection des valeurs qu'il incarne[30] serait d'un apport incommensurable pour le développement des formations politiques.

Cet apport apparaît clairement dans la mission assignée au pouvoir judiciaire par la Constitution, qui est celle de garantir les libertés individuelles et les droits fondamentaux des citoyens[31]. En déphasage des libertés garanties par la Constitution que le constitutionnalisme classe au-dessus de toutes les lois, les dirigeants des partis politiques, portés par le désir de dominer les structures qu'ils ont créées, paraissaient compter sur la puissance de l'argent pour se forger une personnalité illusoirement providentielle qui cache mal leur gloutonnerie et leur tendance tyrannique. Pourtant, une telle attitude fragiliserait les missions dévolues aux partis et regroupements politiques.

Ainsi, un bref aperçu du concept de constitutionnalisme aidera à scruter les droits individuels par lui garantis en matière de pluralisme politique ou de fonctionnement des partis politiques (§1), qui sont mis à l'épreuve par les dirigeants desdits partis (§2).

§1er. Les contours de la notion de constitutionnalisme

Moyen de limitation du pouvoir exercé dans un État moderne, le constitutionnalisme fait partie intégrante de la démocratie libérale[32]. Il constitue, à l'instar de la démocratie, l'un des concepts les plus discutés et les plus controversés en science politique et droit constitutionnel[33]. Il se dégage une certaine similitude entre le constitutionnalisme et la formation des partis politiques en tant que locomoteurs du pluralisme politique consacré par la Constitution[34].

L'appréhension d'un tel rapport requiert de procéder à une analyse du concept de constitutionnalisme en droit constitutionnel (A) avant de s'intéresser à la corrélation entre le constitutionnalisme et la formation des partis politiques en RDC (B).

A. Le constitutionnalisme en droit constitutionnel

Doctrine par excellence sur la protection et la promotion de la Constitution, le constitutionnalisme est une notion qui doit être mieux élucidée (1) afin d'orienter la réflexion sur sa promotion (2).

---

[30] ONYEMBA DJONGANDEKE, L., « La promotion du constitutionnalisme par le pouvoir judiciaire sous la Constitution du 18 février 2006 telle que révisée à ce jour en République démocratique du Congo : ce que la société démocratique veut de nos juges », in *Cahiers africains des droits de l'homme et de la démocratie ainsi que du développement durable*, *Revue africaine interdisciplinaire*, 26e année, n° 76, volume 4, Kinshasa, juillet-septembre 2022, pp. 65-88.

[31] Article 150, alinéa 1er de la Constitution du 18 février 2006.

[32] BEAU, O., *Droit constitutionnel et institutionnel*, Paris, LGDJ, 2002, pp. 133-134.

[33] MBATA BETUKUMESU MANGU, A., *op. cit.*, p. 30.

[34] Article 6, alinéa 1er de la Constitution du 18 février 2006.

1. Notion de constitutionnalisme

Le constitutionnalisme peut revêtir plusieurs significations. À ce sujet, Jean-Louis Esambo soutient que le constitutionnalisme n'est pas moins difficile à définir tant si bien que son contenu divise la doctrine[35].

Pour sa part, Jacques Djoli estime que « le constitutionnalisme est une doctrine philosophique et politique qui voit dans l'utilisation du procédé constituant, selon sa signification moderne, un moyen indispensable à la lutte contre l'absolutisme »[36].

Olivier Beaud perçoit le constitutionnalisme sous un double point de vue. Dans son acception large, le constitutionnalisme est une « technique consistant à établir et à maintenir les freins effectifs à l'action politique et étatique ». La notion renfermerait, selon l'auteur, « la promotion d'un gouvernement limité et la substitution du gouvernement des hommes par celui de la loi ». Au sens restreint, « le constitutionnalisme est un moyen de limitation du pouvoir exercé dans un État moderne. Il fait partie intégrante de la démocratie libérale »[37].

Par-delà les considérations avancées par les auteurs, le constitutionnalisme est un moyen de contrôle institué pour préserver la Constitution en général, et les droits et libertés qui y sont garantis en particulier. Il apparaît comme la sentinelle de l'État de droit constitutionnel, chargée de veiller au respect du texte constitutionnel au sein des États qui disposent d'une Constitution. Pour la protection de ce texte, il est institué ou créé un juge spécialisé pour connaître de ses violations.

En démocratie, le constitutionnalisme incarne la protection de la dévolution et de l'exercice du pouvoir politique de telle sorte que tout dérapage est sanctionné par l'autorité judiciaire. Dans l'un de ses piliers, le constitutionnalisme s'inscrit en faux contre le dépassement des mandats constitutionnels et milite pour que la limitation des mandats démocratiques ou politiques ait une origine constitutionnelle et soit considérée comme une valeur démocratique.

Ce qui revient à dire que le constitutionnalisme mérite que ses enseignements soient pris en considération par les différents acteurs au pouvoir. En d'autres termes, les principes du constitutionnalisme doivent être promus et connus davantage afin de scruter son importance en droit constitutionnel.

2. La promotion du constitutionnalisme

La promotion est le mécanisme par lequel la notion est portée à la connaissance du public pour son application. Par promotion, il faut entendre la voie par laquelle procède une personne pour vanter ou expliquer le bien-fondé d'une chose.

---

[35] ESAMBO KANGASHE, J.-L., *La Constitution congolaise du 18 février 2006 à l'épreuve du constitutionnalisme*, *op. cit.*, p. 19.

[36] DJOLI ESENG'EKELI, J., « Le constitutionnalisme africain, entre la gestion des héritages et l'invention du Futur », *op. cit.*, disponible sur www.raif.ord/mot.php3.

[37] BEAU, O., *Droit constitutionnel et institutionnel*, *op. cit.*, pp. 133-134.

En droit, la promotion représente les moyens utilisés pour informer le public de l'existence d'un texte de loi. Elle est généralement précédée par la publication dudit texte au *Journal officiel* afin d'en assurer une large diffusion et de garantir son opposabilité aux destinataires.

La lecture de la Constitution du 18 février 2006 permet de réaliser que le constituant a mis en place plusieurs mécanismes au travers desquels la promotion de la Constitution, et par ricochet du constitutionnalisme, est garantie et organisée. Ces mécanismes sont de plusieurs ordres : politique, judiciaire et individuel.

Notons que, d'un point de vue théorique, la Constitution du 18 février 2006 n'a pas manqué de structurer les choses dans le sens de la promotion des valeurs du constitutionnalisme. À titre illustratif, il importe de mentionner l'existence d'un contrôle de constitutionnalité et le recours en violation de la Constitution destinés à assurer sa suprématie, la répression pénale des actes de violation de la Loi fondamentale, la garantie des droits et libertés fondamentaux par le juge constitutionnel, administratif et judiciaire.

La Cour constitutionnelle est chargée du contrôle de la constitutionnalité des lois et des actes ayant force de loi. Les lois organiques, avant leur promulgation, et les Règlements intérieurs des Chambres parlementaires et du Congrès, de la Commission électorale nationale indépendante ainsi que du Conseil supérieur de l'audiovisuel et de la communication, avant leur mise en application, doivent être soumis à la Cour constitutionnelle qui se prononce sur leur conformité à la Constitution.

Aux mêmes fins d'examen de la constitutionnalité, les lois peuvent être déférées à la Cour constitutionnelle avant leur promulgation par le président de la République, le Premier ministre, le président de l'Assemblée nationale, le président du Sénat ou le dixième des députés ou sénateurs[38].

En ce qui concerne spécialement la formation des partis politiques, la Constitution prévoit que l'adhésion au parti politique est libre. Cette liberté est encadrée par les différents textes qui organisent la création et/ou la formation des partis politiques. Cependant, l'on constate que les dirigeants de ces partis s'inscrivent souvent aux antipodes du prescrit constitutionnel et législatif, notamment lorsqu'ils sont appelés à exercer certaines charges incompatibles avec la gestion d'une formation politique[39]. La Constitution précise à ce propos que « *les fonctions de membre du gouvernement sont incompatibles avec l'exercice de tout mandat électif, de tout emploi public, civil ou militaire et de toute activité professionnelle à l'exception des activités agricoles, artisanales, culturelles, d'enseignement et de recherche. Elles sont également incompatibles avec toute responsabilité au sein d'un parti politique* »[40].

En violation de ce prescrit constitutionnel, certains dirigeants politiques, par leur gloutonnerie politique, se cachent derrière des appellations fallacieuses –

[38] Article 160, alinéas 1, 2 et 3 de la Constitution du 18 février 2006.
[39] Il en est ainsi des membres du gouvernement.
[40] Article 97 de la Constitution du 18 février 2006.

notamment celle d'autorité morale dissimulant un rôle de président ou de dirigeant – pour se maintenir en tant que dirigeants des partis politiques et y conserver l'hégémonie.

Le constitutionnalisme qui lutte contre l'absolutisme du pouvoir comporte un lien étroit avec la formation des partis politiques. Ce lien mérite d'être passé rapidement en revue.

B. Le constitutionnalisme et le rôle minimaliste des partis politiques

Le rapport entre le constitutionnalisme et la formation des partis politiques est soutenu. Cela pourrait se démontrer par l'analyse du pluralisme politique.

1. Le constitutionnalisme et le pluralisme politique

Le constitutionnalisme définit et encadre les nouvelles règles du jeu politique en matière d'accession au pouvoir. La lecture minutieuse de l'article 6 de la Constitution permet de se rendre compte que le constituant congolais a traduit sa volonté de rompre avec les excès et les affres des dictatures composites successives qui ont institué « *l'injustice avec ses corollaires, l'impunité, le népotisme, le régionalisme, le tribalisme, le clanisme et le clientélisme qui sont à l'origine de l'inversion générale des valeurs et de la ruine du pays* »[41].

C'est ainsi qu'aux termes de l'article 220 de la Constitution du 18 février 2006, « *la forme républicaine de l'État, le principe du suffrage universel, la forme représentative du gouvernement, le nombre et la durée des mandats du président de la République, l'indépendance du pouvoir judiciaire, le pluralisme politique et syndical ne peuvent faire l'objet d'aucune révision constitutionnelle* »[42].

Dès lors, le pluralisme politique fait partie intégrante des principes formant la matrice identitaire de cette Constitution, la substance de l'ordre constitutionnel congolais.

La doctrine considère le pluralisme politique comme l'une des caractéristiques fondamentales du constitutionnalisme africain. C'est la raison pour laquelle Etekou Bedi opine que la reconnaissance du pluralisme politique a favorisé l'émergence d'un cadre politique concurrentiel propice à l'organisation d'élections pluralistes. Elle est devenue, poursuit l'auteur, le nouveau paradigme des régimes politiques d'Afrique d'autant plus qu'elle a permis de restaurer la séparation et l'équilibre du pouvoir et de poser les jalons d'un État de droit élevant le juge constitutionnel au rang d'autorité régulatrice de l'action politique[43].

Ainsi qu'il apparait, avant de nouer ses liens avec les partis politiques, le constitutionnalisme prend en charge la reconnaissance aux citoyens leur droit de créer une formation politique par la Constitution. Le constituant du 18 février 2006 affirme l'existence des partis politiques en consacrant, non seulement le

---

[41] « Exposé des motifs de la Constitution », *JORDC*, n° spécial du 18 février 2006, p. 5.

[42] Art. 220 al. 1er de la Constitution du 18 février 2006.

[43] ETEKOU BEDI, Y.-S., « *L'alternance démocratique dans les États d'Afrique francophone* », thèse pour le doctorat d'État, ABIDJAN, Université de Cocody-Abidjan, 2013, p. 9.

pluralisme politique ou le multipartisme, mais surtout, en érigeant en infraction imprescriptible de haute trahison l'institution d'un parti unique[44].

Cependant, ce lien intrinsèque entre le constitutionnalisme et le pluralisme politique s'apprécie davantage lors de la création et/ou de la formation des partis politiques.

2. La résurgence du phénomène du parti dominant

Le constituant congolais autorise la formation d'un parti politique par un groupe de personnes réunies autour d'une idéologie dans le but de poursuivre les missions consacrées à l'article 6 de la Constitution.

À ce sujet, l'on note, dans le fonctionnement des partis et regroupements politiques, plusieurs attitudes de la part des responsables desdits partis politiques qui, sans doute, s'écartent des prescrits légaux.

Pour s'en convaincre, l'article 5 de la loi sur les partis politiques prévoit[45] une série d'obligations à charge des partis politiques et de leurs membres. Il en est ainsi de l'obligation de non-discrimination. Bien souvent, les initiateurs des partis politiques se considèrent au-dessus de tous les camarades. Ils leur imposent des décisions qui s'écartent même de la raison du parti politique. Pareilles décisions font perdre le sens même d'une formation politique et transforment les missions des regroupements ou partis politiques en des mystères du fait des attitudes des dirigeants politiques.

Il importe de préciser que la formation des partis politiques tend non seulement à les constitutionnaliser, mais surtout à forger un droit des partis politiques en tant que nouvelle branche du droit public interne mettant en exergue la place que ces derniers occupent désormais en droit constitutionnel et leur influence en droit électoral.

a. Pour un nouveau droit constitutionnel congolais des partis politiques ?

À première vue, la question semble banale et même inutile. Et pourtant, l'interrogation n'est pas sans fondement. À travers le décorticage des notions de

---

[44] Article 7, alinéa 2 de la Constitution du 18 février 2006.

[45] Article 5 : « *Dans leurs création, organisation et fonctionnement, les partis politiques veillent :*

a. à leur caractère national et ne peuvent ni s'identifier à une famille, à un clan, à une tribu, à une ethnie, à une province, à un sous-ensemble du pays, à une race, à une religion, à une langue, à un sexe ou à une quelconque origine, ni instituer toutes discriminations fondées sur les éléments ci-dessus ;

b. au respect du principe de l'alternance au pouvoir par la voie du libre choix du peuple ;

c. à la consolidation de l'unité nationale ;

d. à la préservation de la souveraineté de l'État congolais ;

e. à la préservation de la sécurité et de l'intégrité du territoire national ;

f. au respect du caractère républicain, démocratique, social, laïc et indivisible de l'État congolais.

Ils s'engagent à promouvoir la démocratie en leur sein, les droits de l'homme et les libertés fondamentales et à ne jamais recourir à la violence ni à la contrainte comme moyen d'expression, d'action politique et d'accès ou de maintien au pouvoir.

droit constitutionnel, nous pouvons constater aisément la prise en charge par le droit public des partis politiques.

b. Les partis politiques en droit constitutionnel

L'étude des partis politiques relève *a priori* de la science politique. Toutefois, sa prise en charge par le droit constitutionnel est perceptible.

Lorsqu'on réalise la panoplie des publications, depuis les temps immémoriaux, consacrées au droit constitutionnel, et par ricochet à la Constitution, il devient redondant de cogiter sur la signification de la Constitution. Pourtant, la tâche n'est pas aisée. Et pour cause, on est tenté d'user même de métaphores pour représenter la Constitution afin de mieux la comprendre et la cerner.

Au-delà de sa dimension normative, la Constitution apparaît, en droit constitutionnel des partis politiques, comme le « veau d'or de la vie politique moderne et la doctrine son oracle »[46]. Sur ce terreau métaphysique du droit, on trouve des « prédicants », des juristes de dimanche, des marchands juridiques du week-end, des « pèlerins constitutionnels », des « tambourineurs », des « griots », des « experts », des « visiteurs du soir », des « pirates », voire des adeptes de la « sorcellerie – noire ou blanche – constitutionnelle ». Ces derniers sont des spécialistes de « messes noires » sous forme de « debbascheries », des révisions ou changements constitutionnels qui provoquent « la fraude à la Constitution », portant l'insécurité globale et l'instabilité politique en Afrique[47].

Toutefois, avant d'en arriver à toutes ces considérations, il sied de mieux situer le sens à donner à la Constitution. Depuis l'origine du droit constitutionnel, soit au cours de la seconde moitié du XVIIIe siècle, il s'est observé une réclamation, de plus en plus accrue, de la liberté contre l'autorité détenue et exercée par le monarque. La quête du sens de la Constitution n'était pas épargnée jusqu'à devenir difficile à appréhender[48].

Les origines de la Constitution semblent obscures à telle enseigne qu'on lui confère une histoire non seulement riche, mais surtout ambiguë[49]. Cette approche se justifie par le fait qu'on rattache à la Constitution la double idée de pacte et de contrat social. Pour éviter de tomber dans la facilité, les chercheurs soutiennent que la Constitution comporte une multitude d'acceptions de nature juridique,

---

[46] POIRMEUR, Y. et ROSENBERG, D., « La doctrine constitutionnelle et le constitutionnalisme français », in *CURAP*, *Les usages sociaux du droit*, Paris, PUF, 1989, pp. 230-251.

[47] BOLLE, S., « Les révisions dangereuses sur l'insécurité constitutionnelle en Afrique », *in* MABAKA, P. (dir.), *Constitution et risque(s)*, Paris, L'Harmattan, 2010, p. 253.

[48] ESAMBO KANGASHE, J.-L., *Le droit constitutionnel*, Louvain-la-Neuve, Academia-L'Harmattan, 2013, p. 87.

[49] ARDANT, P. *et alii.*, *Institutions politiques et Droit constitutionnel*, Paris, 17e éd., LGDJ, 2005, pp. 47-49.

politique, moderne et technique[50]. Ces acceptions permettent d'induire qu'il n'est pas aisé de définir la Constitution.

Juridiquement, la Constitution est un document qui comporte un ensemble de règles relatives à l'organisation des pouvoirs publics et à leur rapport avec les citoyens. L'accent est mis sur le corps des règles devant régir l'État pris dans toutes ses dimensions. Cette acception semble ouvrir la brèche à celle politique, dans la mesure où l'organisation de l'État est parfois confiée aux acteurs politiques.

Ainsi, sur le plan politique, la Constitution renvoie à une certaine liberté reconnue aux individus, assurée, garantie et protégée par les pouvoirs de l'État et des gouvernants et dont la limite est soigneusement prévue et agencée. Comme on le voit, l'acception politique prend en quelque sorte la conception moderne de la Constitution où l'accent est mis sur le profit que tirent les citoyens.

En d'autres termes, au sens moderne, l'aménagement constitutionnel du pouvoir crédite l'idée du développement au bénéfice des citoyens. De cette orientation quant à la définition de la Constitution, il résulte que cette dernière offre un aspect plus technique que politique et juridique. Techniquement, le texte constitutionnel décrit les organes de l'État et leurs relations réciproques.

De cette présentation quadripartite, il est important de retenir que la Constitution est un corps de règles à portée générale relativement à la survie de l'État et de l'homme. En clair, c'est un document écrit qui dicte des règles sur l'organisation, l'accès, l'exercice et la dévolution du pouvoir par les gouvernants moyennant respect des droits et libertés fondamentaux dont la violation est sanctionnée par la juridiction constitutionnelle.

Il apparaît clairement que la définition de la Constitution amène la doctrine à développer une panoplie de théories susceptible de faciliter sa compréhension. Certes, l'accent est placé sur le pouvoir politique avec ses corollaires, c'est-à-dire les conditions d'accès, d'exercice, de dévolution et de limitation ; l'organisation de l'État dont les éléments constitutifs sont fortement protégés par ladite Constitution, le fonctionnement et les rapports entre les institutions étatiques, la séparation des pouvoirs (exécutif, législatif et judiciaire), les provinces et les entités territoriales décentralisées, les institutions d'appui à la démocratie, les conditions relatives à la ratification des traités et accords internationaux, les modalités de la révision constitutionnelle.

Toutes ces matières plongent parfois la doctrine dans un cul-de-sac pour définir réellement ce qu'est la Constitution. Et pour établir un certain équilibre, la voie est ouverte aux courants classiques et modernes dont nous avons parlé dans le point relatif à la signification du droit constitutionnel.

---

[50] PACTET, P., *Institutions politiques et Droit constitutionnel*, Paris, 13e éd., Masson, 1998, pp. 57-60.

C'est dans cette perspective que Dieudonné Kaluba[51] ressort une signification moderne de la Constitution, l'accent étant mis sur la démocratie constitutionnelle. Cette dernière notion reconnait l'importance capitale des forces politiques et sociales, notamment les partis politiques qui jouent, on s'en doute bien, un rôle déterminant dans le renforcement des valeurs de la démocratie[52] ; mais, en même temps, une mamelle de la démocratie constitutionnelle avec, en toile de fond, l'appui des principes de l'État de droit.

La Constitution est un instrument juridique de limitation du pouvoir, un acte du peuple souverain et l'expression d'une philosophie politique[53]. Cette philosophie peut n'être qu'implicite. Une telle appréhension permit à Maurice Hauriou de distinguer la Constitution politique de la Constitution sociale[54]. C'est cette dernière qui reflète les aspirations sociales de ses destinataires, le peuple étant souvent considéré comme le constituant originaire par excellence. C'est la dimension sociale de la Constitution.

Actuellement, il existe une théorie biologique de la Constitution[55]. Considérée comme telle, la Constitution serait une traduction juridique de la pacification des rapports de forces entre les groupes politiques présents dans la communauté nationale. Pourtant, cette tendance conduirait à abandonner l'idée selon laquelle la Constitution est une norme supérieure édictée par la volonté rationnelle du peuple souverain.

À en croire Dieudonné Kaluba, cette conception de la Loi fondamentale s'accommoderait mieux de la pensée développée par Konrad Lorenz suivant laquelle l'organisation des groupes humains repose, en majeure partie, sur les rites

---

[51] KALUBA DIBWA, D., *La justice constitutionnelle en République démocratique du Congo*, *op. cit.*, p. 28.

[52] ESAMBO KANGASHE, J.-L., *Traité de droit constitutionnel congolais*, *op. cit.*, p. 273.

[53] ARTHUR MALU-MALU, J. J., *Le Congo-Kinshasa*, *op. cit.*, p. 204 s.

[53] *Idem*.

[54] CHAGNOLLAUD, D., *Droit constitutionnel contemporain*, *op. cit.*, p. 26.

[55] Stéphane Mouton écrit dans « Les représentations biologiques de la Constitution », *in* POUTHIER, T. (dir.), *Le Droit constitutionnel et les sciences de la nature, de Bacon à Kelsen*, Toulouse, Presses de l'Université de Toulouse 1 Capitole, et LGDJ-Lextenso, 2018, pp. 37-47, que mystérieuses et ambiguës et/ou suspectes, tels sont les premiers qualificatifs qui permettraient de définir les relations entre la biologie et la notion de Constitution. L'auteur rapporte que le concept « biologie » est une notion quasi absente de la pensée de la « doctrine constitutionnelle classique », des traités d'Hauriou (*Précis de droit constitutionnel*, Sirey, 1929), de Barthélemy et Duez (*Traité de droit constitutionnel*, Panthéon-Assas, 2004), de Carré de Malberg (*Contribution à la théorie générale de l'État*, Sirey, rééd. CNRS, 1984), d'Esmein (*Éléments de droit constitutionnel français et comparé*, Sirey, 1927-1927). Seul Duguit s'y réfère implicitement, partant du postulat que la société est un « être vivant » (*Traité de droit constitutionnel*, de Broccard, 1927). Selon cet auteur, la Constitution, depuis l'Antiquité, est la démonstration d'une volonté de soustraire la société politique à la réalité violente et destructrice pour l'Homme et de l'organiser sur des valeurs, la vérité, la justice et la liberté reposant sur des vertus nées d'un arrachement de l'homme à la Nature. Elle est le résultat d'une victoire de la civilisation sur la barbarie.

d'inhibition phylogénétique et culturels de l'instinct d'agression[56]. Cet argument est discutable, car une telle démarche induirait à recroqueviller la Constitution autour des rites génétiques et culturels. Pourtant, la Constitution est plus que cela.

Dans la conception démocratique de la Constitution dont la nature et les phénomènes inhérents aux choses de la vie ne sont pas rejetés, exclus, pour reprendre les mots de Stéphane Mouton[57], ils sont médiatisés par les lois de la Raison et de l'État. Ce point est important, car il permet d'opposer de manière définitive le rapport démocratique et le rapport totalitaire de la biologie à la Constitution dont le ressort philosophique potentiellement révolutionnaire pourrait justifier la construction d'un système politique et juridique fondé sur une relation directe de la société politique et de son pouvoir vis-à-vis de la Nature[58]. Il est donc possible de remarquer que les questions relatives à la Nature, au respect et la protection de la vie sous toutes ses formes, et plus précisément les questions de biologie reviennent dans le champ social et politique[59].

Même les animaux se voient élevés au rang d'êtres vivants susceptibles d'être protégés par la Constitution contre les violences faites par l'homme. Ces questions sont aujourd'hui convoquées dans la Constitution de l'État sous deux occurrences, celles de l'infiniment petit et de l'infiniment grand pour reprendre la métaphore pascalienne[60].

Mais quelque chose change dans le processus de reconnaissance moderne de la Nature dans la Constitution. Aujourd'hui, la Nature tend à devenir un principe de revendication politique, voire de contestation de l'État et de sa production normative rationnelle. La nature se redresse contre le pouvoir, la norme, la « raison raisonnante » de l'État pour reprendre la notion de Heidegger[61].

La conception biologiste de la Constitution oriente la pensée vers la communautarisation ou la régionalisation de la Constitution. En clair, cette théorie serait à la base de la représentation du texte constitutionnel par rapport aux régions, aux communautés, voire aux coutumes individuelles. Raison pour laquelle, on parle de Constitutions des pays occidentaux qui influencent celles des États africains en quête permanente de constitutionnalisme, avec comme conséquence de mettre en branle les coutumes occidentales et africaines.

On arrive ainsi à ce qu'on appelle, en droit constitutionnel moderne, le mimétisme réciproque[62]. Ce rapprochement, parfois tacite, voire implicite, conduit à l'internationalisation du droit constitutionnel[63]. On assiste, indique Jean-

---

56 KALUBA DIBWA, D., *La justice constitutionnelle en République démocratique du Congo*, *op. cit.*, p. 28.

57 MOUTON, S., « Les représentations biologiques de la Constitution », *loc. cit.*

58 *Idem.*

59 *Ibidem.*

60 *Ibidem.*

61 *Ibidem.*

62 Qui incarne les rapprochements des pratiques de l'Occident en Afrique et vice versa.

63 Le thème a occupé les travaux de la quatrième conférence annuelle du Réseau africain de droit constitutionnel tenue du 2 au 4 février 2011 à Rabat au Maroc.

Louis Esambo, dans chaque continent, au rapprochement des pratiques et modèles institutionnels pour que l'idée d'un mimétisme unilatéral ne fasse plus du chemin[64]. L'auteur enfonce le clou en arguant que « tout comme l'on voit des pratiques ou conceptions considérées jusque-là comme "africaines" reprises, ailleurs, dans les projets de réforme sans que l'on sache si cela relève du mimétisme ou d'un mouvement de convergences »[65].

À notre avis, les États africains doivent s'émanciper en abandonnant toutes les Constitutions octroyées, empruntées de l'étranger, surveillées par la force du mimétisme, pour confectionner des textes qui soient non seulement le rétroviseur de notre histoire sociétale et politique, mais aussi le reflet de nos ambitions et de nos convictions comme valeurs positives partagées.

Cette réflexion ne s'éloigne pas beaucoup de la vision anthropologique développée par plusieurs chercheurs. Ainsi, parlant de la vision sociale et surtout du rôle individuel du peuple dans la codification du droit africain ancien, identifié au droit contractuel, il est mis en exergue l'apport combien important de la tradition basée sur un sens à la fois mystique et religieux ainsi que sur les pratiques.

Qu'il soit d'expression collective ou individuelle, le droit sous l'Afrique ancienne était, en l'absence de la cité (forêts, désert) ou en raison de sa jeunesse (savane), une donnée si négligeable, embryonnaire, étouffée qu'il était caractérisé non seulement par la mysticité, mais aussi par la parenté[66].

Au-delà de tous ces efforts pour définir la Constitution dans sa conception biologique, il convient de garder à l'esprit que son autorité a un fondement théorique différent de celle écrite, dont le respect est assuré par la caractérisation formelle de ses règles d'élaboration et de révision ainsi que le fait politique admis que c'est un acte de volonté du souverain : le peuple lui-même[67].

La définition de la Constitution issue de la place du souverain primaire comporte quelque mérite de placer ce dernier au centre de la vision défendue par chaque Constitution. C'est la raison pour laquelle Kitete Kekumba Omombo relevait que la Constitution tente de concilier les aspirations populaires qui, loin d'être toujours centripètes, sont généralement centrifuges. La raison est d'ordre sociologique en ce que l'on rencontre rarement les peuples foncièrement homogènes[68].

Il s'en dégage que cette définition relance le débat autour du sens à donner à la Constitution qui doit être assise sur des bases sociales. À cet effet, rien ne

[64] ESAMBO KANGASHE, J.-L., *Le droit constitutionnel*, *op. cit.*, p. 30.
[65] *Idem.*
[66] Pour les détails, KAYEMBA NTAMBA MBILANJI, « L'autorégulation sociale sous l'Afrique noire postcoloniale. Impuissance du droit, primauté de la parenté et de la mysticité », communication au colloque « Droit et Développement », Kinshasa, faculté de droit, Université de Kinshasa, 1981.
[67] KALUBA DIBWA, D., *La justice constitutionnelle en République démocratique du Congo*, *op. cit.*, p. 34.
[68] KITETE KEKUMBA OMOMBO, cité par KALUBA DIBWA, D., *idem*, p. 35.

pourrait justifier le mimétisme constitutionnel multilatéral dans la mesure où chaque peuple a sa propre histoire calquée sur ses us et coutumes.

Pourtant, Dieudonné Kaluba, dans la quête de la définition de la Constitution, opine qu'à force de trop particulariser l'Afrique, la Constitution pourrait y paraître finalement comme un objet juridiquement non identifié ; ce qui, poursuit l'auteur, enlèverait à la notion l'essentiel de son contenu sémantique et, du coup, son utilité opératoire[69], voire son identité socioculturelle.

Pour ne pas céder au désespoir, il serait prudent d'adopter la démarche entreprise par Jean-Louis Esambo, qui définit la Constitution en s'appuyant sur les critères matériel et formel[70], quoique controversés en doctrine.

Du point de vue matériel, la Constitution est un document écrit qui regroupe l'ensemble des règles relatives à la dévolution et à l'exercice du pouvoir dans l'État, sans oublier la protection des droits de l'homme et des libertés publiques.

Cette définition peut donner l'illusion d'être suffisante, alors qu'elle demeure quelque peu évasive quant au processus d'élaboration de la Constitution. Pourtant, il serait souhaitable de tenir compte de la procédure d'élaboration de ce texte fondamental afin de mieux ressortir sa supériorité sur les autres normes. Raison pour laquelle la référence au formalisme de son élaboration permettra de mieux explorer le sens à lui accorder.

Ainsi, au sens formel, la Constitution, lit-on chez Jean-Louis Esambo, est une Loi fondamentale qui réglemente les institutions politiques et qui, par sa nature, ne peut être rédigée ou modifiée que par un organe spécial et suivant une procédure différente de celle des autres règles juridiques[71]. Il se dégage à ce niveau qu'un accent particulier est mis sur la procédure de l'élaboration et de la révision de la Constitution.

Il est même avancé que la définition formelle de la Constitution présente un certain avantage par rapport à celle matérielle. Et pour cause, la Constitution formelle a le mérite de ne comporter que les règles édictées suivant la procédure particulière et une autorité spécialement investie.

Toutefois, il est important d'indiquer qu'une telle affirmation ou prise de position mettrait à mal la substance même de la norme constitutionnelle qui, on s'en doute bien, réglemente, comme il convient de le dire, le fonctionnement de l'État. En plus, la seule procédure d'élaboration de la Constitution par une autorité investie n'est pas une raison suffisante pour faire primer la définition formelle sur celle matérielle. Car il peut arriver que l'on constate une certaine dérive dans la procédure d'élaboration de la Constitution[72].

---

[69] KALUBA DIBWA, D., *La justice constitutionnelle en République démocratique du Congo*, *op. cit.*, p. 37.

[70] ESAMBO KANGASHE, J.-L., *Le droit constitutionnel*, *op. cit.*, pp. 88-89.

[71] *Idem*, p. 88.

[72] Par exemple, le décret-loi constitutionnel n° 003 du 27 mai 1997 relatif à l'organisation et à l'exercice du pouvoir en République démocratique du Congo concentrait l'intégralité du pouvoir entre les seules mains du président Kabila.

À notre avis, les deux définitions de la Constitution sont loin de se marier en toutes circonstances. Il peut arriver que, bien qu'élaborée par un organe spécial et suivant une procédure particulière, la Constitution contienne des dispositions qui n'ont aucun lien avec l'organisation et l'activité de l'État ou la protection des libertés fondamentales, car ces dispositions relèvent, normalement, du domaine de la loi ordinaire, de sorte que c'est leur présence dans le texte de la Constitution qui leur confère une valeur formellement constitutionnelle.

Pour s'en rendre compte, à plusieurs reprises, on peut retrouver ces détails moins importants dans une Loi fondamentale. À ce propos, la Constitution helvétique protège les animaux des excès toujours possibles de l'activité humaine. Les secteurs concernés par cette protection sont le transport[73], l'agriculture[74] et le génie génétique[75]. On peut aussi noter la limitation à quarante-huit heures de la garde à vue par la Constitution du 18 février 2006[76], alors que cette matière relève du domaine de la loi[77].

Il en ressort que la définition de la Constitution tient compte de plusieurs éléments, tant et si bien que la procédure de son élaboration ne suffit pas pour la rendre compréhensible. C'est ainsi que nous considérons la Constitution comme une loi spéciale, élaborée suivant une procédure ou une technique donnée ; elle énonce, non seulement les principes généraux sur l'organisation de l'État en général, le fonctionnement des institutions de l'État, mais également garantit les droits et libertés publiques des citoyens.

Vue sous l'angle constitutionnaliste, la Constitution est un texte juridique revêtu d'une valeur supérieure par rapport aux autres, qui régit l'accès, l'exercice et la dévolution du pouvoir dans un État, et organise les droits et libertés dont le juge est le garant.

Au demeurant, en faisant référence à la dévolution et à l'exercice du pouvoir dans l'État, il n'est pas possible de faire abstraction des partis politiques qui sont au centre de la gravité du pouvoir politique. On pourrait dire la même chose du droit constitutionnel des libertés publiques, tant il est vrai que le phénomène partisan relève intrinsèquement de l'exercice d'un droit politique, celui de participer à la gestion du pouvoir politique dans l'État.

La Constitution congolaise du 18 février 2006 telle que modifiée à ce jour consacre une série de droits et libertés pour les citoyens, parmi lesquels celui de

---

[73] Article 84 al. 1er de la Constitution du 18 avril 1999.

[74] Article 104 de la même Constitution.

[75] Article 120, *ibidem*.

[76] Article 18 al. 4 de la Constitution du 18 février 2006 tel que modifié par la loi n° 11/002 du 20 janvier 2011 portant révision de certains articles de la Constitution de la République démocratique du Congo, in *JORDC*, numéro spécial, 52e année, Kinshasa, 5 février 2011.

[77] Article 26 bis du décret du 6 août 1959 portant Code de procédure pénale entré en vigueur le 15 avril 1960 par l'Arrêté royal du 15 mars 1960 tel que modifié par la loi n° 15/024 du 31 décembre 2015, in *JORDC*, numéro spécial, Kinshasa, 29 février 2016 ; articles 72 et 73 de l'ordonnance n° 78/289 du 3 juillet 1978 relative à l'exercice des attributions des officiers et agents de police judiciaire près les juridictions de droit commun.

créer un parti politique ou de s'affilier à un parti de son choix[78]. Aussi, l'alinéa 3 de son article 6 dispose que les partis politiques concourent à l'expression du suffrage. Cela infère qu'il faut connaître tout de même la place des partis politiques dans le droit électoral.

c. Les partis politiques en droit électoral

La science du droit électoral peut renvoyer, d'emblée, à la législation relative à l'organisation d'une élection tout court. Et pourtant, elle est aussi vaste qu'elle s'intéresse aux opérations pré-électorales et post-électorales au-delà du déroulement proprement dit d'une élection. Nous ne saurions nous étaler sur toutes ses spécificités dans le cadre de ce travail.

En effet, le pouvoir politique et la souveraineté irriguent toute la branche du droit public, en général, et le droit constitutionnel, en particulier. En matière de pouvoir, nous fait remarquer Maurice Hauriou, deux grosses questions se présentent : « … l'une est celle de savoir en vertu de quoi le pouvoir a le droit de commander ; l'autre, que nous estimons très embarrassante, est de savoir, dans un groupe donné, qui aura le droit de commander »[79].

Si la réponse à ces interrogations est suspendue à l'examen des notions de *pouvoir* et de *souveraineté,* il y a lieu de faire appel à Maurice Kamto, qui considère le pouvoir comme « un phénomène sociétal, lié à notre commune existence […] »[80]. Aussi, le rapport de l'homme avec le pouvoir détermine la forme de gouvernement[81]. Autant, il ne peut y avoir de société sans pouvoir, constate un autre auteur[82].

La doctrine renseigne que la notion de souveraineté a été à l'origine d'abondantes théories[83]. Au chapitre de celles-ci figure la théorie démocratique de la souveraineté. Cette théorie confère au peuple ou à la nation le statut de titulaire de la souveraineté dans un État[84]. La *Déclaration des droits de l'homme et du citoyen de 1789*, issue de la Révolution française, parachève la théorie démocratique de la souveraineté, bouleversant ainsi tout l'édifice de la théorie théocratique. Elle dispose en son article 3 que « *le principe de toute souveraineté*

[78] Article 6 al. 2 de la Constitution du 18 février 2006 tel que modifié par la loi n° 11/002 du 20 janvier 2011 portant révision de certains articles de la Constitution de la République démocratique du Congo, in *JORDC*, numéro spécial, 52e année, Kinshasa, 5 février 2011.

[79] HAURIOU, M., *Précis de droit constitutionnel*, (reproduction de la 2e édition de 1929 de Recueil Sirey) présentée par HUMMEL J., Paris, 2e éd., Dalloz, 2015, p. 17.

[80] KAMTO, M., *Pouvoir et droit en Afrique, essai sur les fondements du constitutionnalisme dans les États d'Afrique noire francophone*, Paris, LGDJ, 1987, p. 17.

[81] ARDANT, P. et MATTHIEU, B., *Droit constitutionnel et institutions politiques*, Paris, 27e éd., LGDJ/Lextenso, 2015-2016, pp. 144 et s.

[82] DUHAMEL, O. et MENY, Y., *Dictionnaire constitutionnel*, Paris, PUF, 1992, p. 770.

[83] Les théories théocratiques qui donnent au pouvoir une origine divine et les théories démocratiques qui estiment que le pouvoir réside dans la collectivité des citoyens. Le peuple est titulaire de la souveraineté ; celle-ci appartenant au peuple ou à la nation suivant la théorie considérée, v. sur ces questions DUHAMEL, O. et MENY, Y., *op. cit.*, pp. 161 et s.

[84] *Idem*, p. 162.

réside essentiellement dans la nation. Autrement, nul corps, nul individu ne peut exercer d'autorité qui n'en émane expressément ». Désormais, le pouvoir de commandement appartient à la nation au détriment du roi. Le pouvoir du sang et de la force cède la place à la raison par le truchement d'un discours rationnel. C'est le sens même de la légitimité légale-rationnelle[85].

Cette consécration de la souveraineté nationale est sans équivoque et marque le fondement textuel de la démocratie représentative qui sera davantage précisée dans la Constitution française du 4 octobre 1958. Cette dernière dispose en son article 3 que « *la souveraineté nationale appartient au peuple qui l'exerce par ses représentants et par voie référendaire* ».

La disposition précitée est reprise en des termes quasi identiques par les Constitutions des États d'Afrique noire francophone, notamment celle de la République démocratique du Congo du 18 février 2006 qui dispose en son article 5 que « *la souveraineté appartient au peuple. Tout pouvoir émane du peuple qui l'exerce directement par voie de référendum ou des élections et indirectement par ses représentants. Aucune fraction du peuple ni aucun individu ne peut s'en attribuer l'exercice…* ».

Le procédé démocratique de désignation des représentants du peuple est communément appelé « élection ». Celle-ci, comme opine bien Jean-Claude Masclet, « constitue le procédé privilégié de légitimation du pouvoir. Il n'y a, en démocratie, d'autorité politique que celle issue de l'élection. Cette dernière fournit aux gouvernants un titre pour agir et commander, en même temps qu'elle fonde et justifie leur pouvoir, assurant ainsi leur autorité. Aussi, l'élection explique et justifie l'obéissance. Elle résout ce que saint Thomas d'Aquin appelait le mystère de l'obéissance civile »[86].

---

[85] En 1789, la Révolution française commence. Dans les *Cahiers de doléances* rédigés au printemps de la même année, le tiers état proteste vivement contre ce qu'il considère comme de l'injustice sociale et certains souhaitent imiter l'Angleterre où le pouvoir royal est limité par l'existence du Parlement. Dès le 17 juin de la même année, les États généraux se transforment en Assemblée nationale et décident que, désormais, ce seront les députés qui voteront les impôts. Le 21 septembre 1792, les députés de la Convention, réunis pour la première fois, décident à l'unanimité de l'abolition de la royauté en France. Suivra l'abolition de l'esclavage pendant la Deuxième République dans les colonies françaises, mais aussi la création le 4 septembre 1870 de la démocratie parlementaire après la défaite de Napoléon III. Après autant de conflits jusqu'en 1946, à la question des institutions, se posera le problème de la représentativité et de la légitimité du pouvoir, car aucun des hommes n'est élu. En 1958, après des réformes et le changement de la Constitution de la Ve République, les Français ont élu de Gaulle. De la monarchie absolue à la République, l'histoire politique de la France offre un bel exemple de changement : le pouvoir de la force a cédé la place à la raison. Les citoyens se choisissent librement leurs dirigeants suivant les critères de rationalité pour l'intérêt général.

[86] Voy. DU BOIS DE GAUDUSSON, J. ; CONAC, G. et DESOUCHE, Ch., *Les Constitutions africaines publiées en langue française*, tomes 1 et 2, Paris, La Documentation française, 1997, p. 452 ; DU BOIS DE GAUDUSSON J. ; CONAC, G. et DESOUCHES, Ch., *La Documentation française*, 1998, p. 458.

Il résulte de la pensée qui précède que la détermination de ceux qui doivent commander procède du choix du peuple souverain exprimé à l'issue d'une consultation électorale.

L'importance acquise par l'élection au cours de la seconde moitié du XXe siècle a amené les acteurs de l'univers du droit et de la science politique à la considérer comme indicateur indispensable de la mise en place d'un régime démocratique. C'est sans nul doute en raison de cela que la matière a conduit à l'enrichissement du droit public, en général, et celui du droit constitutionnel, en particulier, à travers la naissance « *du droit électoral* »[87].

Jean-Yves Vincent et Michel de Villiers[88] expliquent que « par droit électoral, il faut entendre l'ensemble des règles définissant le pouvoir de suffrage et qui en aménage l'exercice ». Ainsi encore, mais plus largement, Monsieur Jean-Claude Bastion et Madame Chabannier[89] affirment que « le droit électoral fixe le cadre dans lequel s'exercent, au suffrage direct ou indirect, les opérations de désignation des responsables élus des institutions de la République, l'élection des représentants au Parlement européen et l'exercice du référendum populaire ».

Dans la même orientation, Jean-Claude Masclet[90] indique que le droit électoral est celui qui régit les élections par lesquelles le citoyen désigne ses représentants, ici désignés comme parlementaires ou animateurs des institutions[91].

Parmi les pionniers, mieux les précurseurs de cette nouvelle discipline en République démocratique du Congo, Jean-Louis Esambo[92] choisit une approche définitionnelle très critique. L'auteur voit le « droit électoral » difficile à percevoir ; selon lui, une confusion est facilement décelable dans ses rapports avec le « droit des élections ». Celui-ci, poursuit l'auteur, est défini au sens strict comme « une discipline qui étudie le processus d'organisation et de gestion d'une élection désignant les personnes investies d'une fonction publique ou d'un mandat public ». Critiquant cette définition, Esambo pense que ce droit ne serait pas, de ce point de vue, différent du « droit des élections », le vote qu'il postule pouvant se dérouler dans plusieurs domaines, notamment syndical, confessionnel, associatif ou politique. À la différence du droit des élections qui a vocation à être générique, le droit électoral revêt une dimension essentiellement politique du vote faisant du coup apparaitre un lien entre l'élection et la citoyenneté, la conception de celle-ci étant comptable de l'exercice par chaque citoyen de sa souveraineté[93].

Toutes ces approches définitionnelles, rappelons-le, ont le mérite de mettre en évidence le fait que le droit électoral est constitué de normes relatives à

---

[87] ODIMULA LOFUNGUSO KOS'ONGENYI, L., *Manuel de science politique*, Paris, L'Harmattan, 2016, p. 45.

[88] VINCENT, J.-Y. et DE VILLIERS, M., *Code électoral commenté*, Lexis Litec, 8e éd., 2007, p. 18.

[89] BASTION, J.-C. et CHABANNIER, *Le droit des élections locales*, Paris, LGDJ, 2004, coll. « Systèmes », p. 19.

[90] MASCLET, J.-C., *Droit électoral*, Paris, PUF, 1989, p. 11.

[91] *Idem.*

[92] ESAMBO KANGASHE, J.-L., *Le droit électoral congolais*, *op. cit.*, p. 19.

[93] *Ibid.*, p. 19.

l'organisation et au fonctionnement des élections. À notre entendement, toutes ces définitions pêchent du fait qu'elles entretiennent une confusion entre le droit électoral et le droit des élections. Aussi, réduisent-elles celui-ci à un simple aménagement juridique des systèmes électoraux, des modes du scrutin ou à l'aménagement du contentieux qui en résulte.

Oubliant ainsi que le droit électoral, étant une discipline issue du droit constitutionnel, s'occupe des élections politiques (l'élection présidentielle, les élections législatives…), c'est-à-dire pour lesquelles le citoyen est appelé à désigner les représentants de la nation qui participent à l'exercice de la souveraineté. Il combine aussi le dispositif juridique et les pratiques électorales qui fondent la légitimité du pouvoir.

Ainsi, le droit électoral est au cœur de la gouvernance institutionnelle. Si le juge électoral ne répare pas les insuffisances de l'organisation d'une élection, pipée ou truquée, les institutions sont une fabrique légale de ce qu'auront été les contours de celle-ci.

Ainsi, nous définissons le droit électoral comme une branche du droit constitutionnel qui étudie à la fois les règles juridiques, les pratiques et l'ensemble du contentieux relatifs aux élections des représentants des institutions de la République.

Dans ces conditions, point n'est besoin de démontrer que les élections riment avec les partis politiques et que le droit électoral, avec son corollaire, le contentieux électoral, n'ignore pas les partis politiques, mais bien au contraire.

Somme toute, il est à présent possible de répondre à la question de l'existence d'un droit des partis politiques. Si, dans les programmes officiels en République démocratique du Congo, cette discipline n'existe pas encore, du moins en ce qui concerne les enseignements du droit, il n'est pas absurde de le proposer. On pourra alors enseigner le « droit constitutionnel des partis politiques ».

Dans ce domaine, l'Europe est très avancée dans ce que nous appelons le chantier du nouveau droit constitutionnel. Yves Poirmeur et Dominique Rosenberg ont d'ailleurs publié il y a plus de dix ans ce qu'ils ont appelé « droit européen des partis politiques »[94].

Loin de généraliser cette pensée rattachée à la situation particulière des auteurs et au contexte d'élaboration de leur ouvrage, l'histoire politique de plusieurs États témoigne, cependant, de ce que les partis ont longtemps été soumis au droit commun des associations. Cela n'est plus tout à fait vrai pour la majorité des États

[94] L'Europe a adopté une Charte des partis politiques européens pour une société non raciste, signée à Utrecht, aux Pays-Bas, le 28 février 1998. Les partis politiques des États membres de l'Union européenne se sont engagés à adhérer à un certain nombre de principes déontologiques, considérant notamment le préambule de l'acte unique européen dans lequel les États membres de la Communauté européenne s'engagent à travailler ensemble à la promotion d'une démocratie basée sur les droits fondamentaux reconnus par les Constitutions et législations des États membres, la Convention européenne de sauvegarde des droits de l'homme et des libertés fondamentales et la Charte sociale européenne.

qui consacrent, de plus en plus, des législations particulières aux partis politiques. Il en va ainsi de la République démocratique du Congo.

En effet, en plus de l'aménagement de quelques dispositions constitutionnelles relatives aux partis politiques, il existe toute une loi particulière sur les partis politiques, à laquelle s'ajoutent des dispositions de la loi électorale.

Aussi, si la question des *partis politiques* fait référence aux *libertés publiques*, il s'impose de considérer que *l'organisation, le fonctionnement, l'encadrement et l'éthique qu'il faut imprimer aux acteurs vont au-delà et participent à la nouvelle théorie d'un Nouveau droit constitutionnel congolais des partis politiques*. C'est ce qui construit la nuance de démarcation entre le droit constitutionnel institutionnel, normatif, des libertés publiques et celui des partis politiques.

En d'autres termes, *si le premier vise la liberté d'association, le droit de créer un parti politique, celui d'adhérer à un parti de son choix et de le quitter librement*, le second est relatif à *l'organisation, au fonctionnement, à la désignation des membres dirigeants et à leur déchéance, à leur participation aux élections par la désignation de ceux de leurs membres devant concourir au pouvoir, aux modes de financement, de contrôle et de la déontologie des partis politiques ainsi qu'aux sanctions administratives et pénales.*

Au regard de ce qui précède, il n'est pas absurde d'affirmer l'existence d'un droit constitutionnel des partis politiques qui ressort clairement de l'arsenal juridique congolais.

Après cette analyse, il est nécessaire de scruter les raisons profondes du dysfonctionnement des partis politiques dont la cause majeure demeure la mystification de ses initiateurs.

§2e. Les causes de dysfonctionnement des partis politiques

A. La mystification des initiateurs des partis

Depuis l'avènement de la démocratie multipartiste, les différents régimes se caractérisent par la mise en vedette des personnalités assumant la fonction présidentielle – initiateur à la tête des partis –. Ce leadership est tel que dans certains pays africains, il a donné naissance au mythe de chef irremplaçable. Cela s'explique par la pauvreté des adhérents et le non-encadrement rigoureux des pouvoirs des initiateurs des partis politiques.

C'est particulièrement le cas de la République démocratique du Congo qui a vu Joseph-Désiré Mobutu régner sans partage pendant 32 ans et être célébré comme le guide éternel.

C'est lui qu'on appelait « l'homme seul » qui a réussi à se faire passer pour un irremplaçable. Lui seul incarnait les institutions de l'État et le pouvoir politique suprême. Grâce au fameux MPR, parti politique dont il était le guide éclaireur, il a réussi à asseoir son omniprésence au sein de chaque institution et organisme de l'État à la fois au niveau national, provincial et local[95].

C'est pourquoi, en vue de décourager cette mystification de chefs à tous les niveaux de l'État, la Constitution du 18 février 2006 a un régime de limitation du pouvoir, donnant à l'Assemblée nationale le pouvoir d'interpeller le Premier ministre ou tout autre membre du gouvernement pour obtenir toutes sortes d'informations ou d'explications sur les activités ou actes de gestion du gouvernement.

Dans la même optique de limitation du pouvoir, l'Assemblée nationale est fondée à mettre en cause la responsabilité politique du gouvernement par le vote d'une motion de censure ou de défiance.

Néanmoins, les prérogatives ci-dessus ne sont rarement mises en œuvre que rarement. Le monnayage des motions et interventions des députés a conduit à la banalisation de cette prérogative cruciale du Parlement.

En théorie, le régime semi-présidentiel peut conduire à la cohabitation, lorsque les majorités parlementaire et présidentielle ne coïncident pas. Le président sera alors tenu de nommer un Premier ministre issu de la première majorité. Dans ce cas, l'exécutif et le législatif s'accrochent jalousement à l'exercice de leurs prérogatives, entraînant souvent des conflits entre les deux pouvoirs et entre les deux principaux acteurs de l'exécutif.

Dans son histoire politique, la République démocratique du Congo n'a quasiment pas connu ce scénario. D'abord, parce que pendant très longtemps, comme cela a été souligné, du temps de Mobutu, les élections étaient renvoyées aux calendes grecques. Et lorsqu'elles étaient organisées, il ne s'agissait que d'un simulacre d'élections, parce que tout le monde était appelé à voter pour le guide et ses partisans, et ce, par tous les moyens légaux et illégaux à disposition du pouvoir.

Récemment en revanche, la RDC n'est pas passée loin d'une situation de cohabitation. À l'issue des élections de décembre 2018, Félix Tshisekedi est proclamé élu président de la République. Son parti politique, l'UDPS, ni sa coalition électorale, le CACH n'avaient cependant obtenu la majorité parlementaire susceptible de lui permettre de gouverner les mains libres. La majorité parlementaire était en revanche acquise à la coalition politique du Front commun pour le Congo, le FCC du président de la République Joseph Kabila. Le camp au pouvoir dut donc négocier avec les anciens adversaires. Les accords politiques conclus entre les deux parties ont permis la constitution d'un gouvernement national qui a travaillé pendant plus ou moins deux ans. Toutefois, cet accord de gouvernance volera aux éclats, moins de trois ans après sa constitution. Le président de la République formera à ses côtés, en cours de législature, sous le label de l'Union sacrée de la nation, une nouvelle majorité parlementaire qui reliera la quasi-totalité des députés de la Chambre basse.

---

[95] ARTHUR MALU-MALU, J. J., *Le Congo-Kinshasa*, *op. cit.*, pp. 210 et s. ; AUNDU MATSANZA, G., *État et partis au Congo-Kinshasa*, *op. cit.*, pp. 25 et s.

Dès lors, le régime politique semi-présidentiel institué par la Constitution du 18 février 2006 est susceptible de fonctionner comme un régime présidentiel lorsque la majorité parlementaire est subordonnée au président de la République. Il en fut ainsi lors des deux mandats de Joseph Kabila. Son pouvoir a vu coaliser divers partis politiques autour d'une majorité prenant de nominations différentes au gré des circonstances : Majorité présidentielle, MP ; Alliance pour majorité présidentielle, AMP ; ou encore Front commun pour le Congo, FCC[96].

Lorsque la majorité des députés appartient au parti présidentiel, ce dernier devient la clé de voûte des institutions de la République, emportant un risque d'inconvénients majeurs dans la marche de l'État.

Des observateurs avertis relèvent, à juste titre, la nocivité de cette situation d'hypertrophie des pouvoirs entre les mains d'une seule institution. Selon Babacar Gueye, lorsque l'exécutif et le législatif sont entre les mains du président de la République, qui est en même temps chef du parti ou de la coalition majoritaire à l'Assemblée nationale, l'exécutif et le législatif ne sont plus en réalité séparés mais solidaires sous l'autorité du chef de l'État.

Pourtant, selon les règles constitutionnelles et législatives applicables en République démocratique du Congo, le chef de l'État, aussitôt élu, doit prendre congé de ses charges au sein de son parti. C'est dans ce sens qu'il lui est interdit d'assumer des fonctions quelconques au sein d'un parti politique. La réalité du fonctionnement des institutions démontre cependant que les présidents de la République se servent toujours des partis politiques comme instruments de propagande et d'influence de l'opinion. Le président est en réalité le patron du parti présidentiel ou de la coalition qui en constitue la majorité.

En République démocratique du Congo, il est facile de faire constater le rôle combien pratique et politique que jouent les chefs d'État et sa famille biologique au sein de leurs formations politiques. Il est même scandaleux que les cadres du parti nommés à des charges publiques viennent recevoir la bénédiction de la mère biologique du président de la République. En bref, les chefs d'État exercent une influence notable sur les partis.

C'est le cas de Joseph Kabila et le PPRD ainsi que du Président Félix Tshisekedi et l'UDPS.

1. La pauvreté des adhérents

La pauvreté des ménages en RDC, exacerbée par une économie non viable et presque réfractaire aux réformes courageuses, est un facteur de manipulation de la jeunesse. C'est en effet la pauvreté qui explique l'inculture de nombreux jeunes qui, avec la vigueur qu'ils acquièrent au fil de l'âge, sont exploités de manière éhontée par des dirigeants politiques qui se servent d'eux comme des marchepieds.

96 AUNDU MATSANZA, G., *État et partis au Congo-Kinshasa, op. cit.*, pp. 25 et s.

2. Le non-encadrement légal des pouvoirs des initiateurs des partis politiques

De toute évidence, le pouvoir des dirigeants des partis politiques manque d'encadrement. Confondant les partis avec les éléments de leur patrimoine personnel ou familial, les dirigeants des partis politiques n'hésitent pas à faire figurer parmi les instances dirigeantes les membres de leurs familles, même lorsqu'ils sont dénués de toute expérience politique.

C'est la loi sur les partis politiques qu'il convient d'incriminer sur ce point, dans la mesure où elle n'a pas pourvu aux modalités d'exercice du pouvoir au sein du parti politique. Certes, la loi de 2001 sur les partis politiques prévoit que l'organisation et le fonctionnement de ceux-ci doivent être démocratiques. Mais à bien des égards, les dirigeants des partis politiques savaient compter sur l'inculture des adhérents pour leur imposer leurs pratiques, mais également sur une justice souvent corrompue pour échapper à la rigueur de la loi.

B. Conséquences de la mystification

Il s'observe une tendance à la mystification des initiateurs des partis politiques auxquels les membres prêtent souvent faussement et erronément des pouvoirs mystiques. De cette mystification découle une tendance à l'arbitraire, notamment dans la désignation des concurrents à la compétition électorale.

1. Autoritarisme dans la direction des partis politiques et caporalisation des adhérents

Plusieurs facteurs expliquent l'autoritarisme dans la direction des partis politiques en République démocratique du Congo. Il s'agit essentiellement du caractère patrimonial du parti qui est en réalité un héritage familial. Ils relèvent à la fois de l'histoire politique, du cadre juridique, de la culture organisationnelle et de la logique socio-économique du pays. Le long passé d'autoritarisme sous le mouvement populaire de la révolution prédispose les Congolais aux pratiques autocratiques. À côté de cet héritage du parti unique, l'organisation politique consacre une centralisation extrême du pouvoir, malgré la programmation éhontée d'une décentralisation proclamatrice éloignée de la réalité, sans omettre la propension culturelle du commandement vertical du pouvoir.

Aussi, faut-il l'épingler, malgré plusieurs tentatives de construire un système démocratique en RDC, il apparait une image d'un pays dans une sorte de transition politique éternelle et inachevée. Les compromis à l'africaine sont loin d'être une transition démocratique. Depuis 2006, le multipartisme existe juridiquement, mais les pratiques internes démocratiques internes sont faibles. Les leaders reproduisent les logiques de la zaïrianisation dans un triptyque, face au président ou leader, il faut soumission aveugle, suivisme et loyauté. Les sympathisants sont donc définitivement caporalisés. Ils subissent le diktat du leader.

2. Désignation arbitraire des concurrents à la compétition électorale

À force de laisser aux initiateurs des partis politiques ou à leurs dirigeants les pleins pouvoirs d'engager leurs partis, il s'observe une tendance de leur part de désigner arbitrairement les membres appelés à concourir aux suffrages. Parfois, les membres effectifs des partis sont surpris de retrouver sur leurs listes électorales des personnes dont ils ne connaissent pas le parcours au sein des structures du parti.

La plupart du temps, les responsables des partis se fondent sur l'importance rattachée à l'aura politique des personnes concernées pour les intégrer sur les listes à la veille d'une compétition électorale. Ainsi, on a vu faire partie de la compétition électorale des artistes musiciens qui ne maîtrisent pas le vocabulaire de la scène politique, voire des sportifs qui ont confondu la scène politique avec l'arène des arts martiaux.

Au-delà de la frustration que cela entraîne dans le chef des membres, il s'agit d'une attitude exaspérante et démotivante, qui s'écarte ostensiblement de l'idéal démocratique dans lequel les partis politiques sont appelés à fonctionner.

Conclusion du chapitre premier

Le chapitre premier du titre deuxième de la présente étude constitue une critique du régime juridique applicable aux partis politiques face à l'idéal de leur participation à la matérialisation de l'État de droit constitutionnel.

Faisant le choix de mener la recherche à partir de l'influence des partis politiques dans la structuration et la déstructuration de l'État congolais, il est d'emblée soutenable que l'influence de ces organisations politiques est à la base, d'une part, de la transposition de leur dysfonctionnement dans les institutions étatiques et, d'autre part, du désintéressement de l'opinion et de la démotivation du citoyen qui pense que la politique est une affaire des autres, des seuls politiciens.

Si les tares du fonctionnement souvent décrié au sein des institutions politiques du pays sont largement tributaires du mauvais fonctionnement des partis politiques, il faudra dire sans la moindre hésitation que les premières sont généralement à l'image des seconds.

Ce dysfonctionnement des partis politiques est marqué par la fusion et/ou confusion des institutions des partis et celles de l'État, caractérisées par la militarisation de la politique et la politisation de l'armée ainsi que de la police et des services d'intelligence.

Ce titre aborde, à son deuxième chapitre, la question du constitutionnalisme à l'épreuve de l'hérédité des dirigeants des partis politiques congolais. En effet, moyen de limitation du pouvoir exercé dans un État moderne, le constitutionnalisme fait partie intégrante de la démocratie libérale.

En déphasage des libertés garanties par la Constitution que le constitutionnalisme classe au-dessus de toutes les lois, les dirigeants des partis politiques, portés par le désir de dominer les structures qu'ils ont créées, s'arrogent un pouvoir providentiel qui cache mal leur gloutonnerie et leur tendance tyrannique.

C'est pourquoi l'appel fait à la notion du constitutionnalisme revêt un intérêt particulier car, en réponse au comportement quelque peu tyrannique des dirigeants des partis politiques, « *la promotion d'un gouvernement limité et la substitution du gouvernement des hommes par celui de la loi* » est le prélude à la démystification des initiateurs des partis politiques et à la structuration des institutions politiques, gage d'un État de droit démocratique et constitutionnel ainsi que d'un développement participatif intégral de l'État congolais.

Cela implique un parachèvement théorique en faveur d'un multipartisme rationalisé pour mettre en musique toutes ces valeurs primordiales dans l'expression de la démocratie participative dont la vocation est l'éclosion d'un droit constitutionnel congolais des partis politiques.

Les partis politiques, le constitutionnalisme et le juge, essentiellement, le juge judiciaire, sont interdépendants en ce que les partis politiques organisent la représentation et participent à l'expression du peuple et à l'exercice du pouvoir, le constitutionnalisme définit le cadre dans lequel ils opèrent et le juge judiciaire veille au respect effectif de ce cadre et protège les droits politiques.

D'où la conclusion : sans partis politiques, pas de pluralisme ; sans constitutionnalisme, pas de règles du jeu démocratique et sans juge judiciaire, pas de garanties ni protection des libertés. C'est l'articulation qui structure le fonctionnement de l'État constitutionnel et démocratique.

CHAPITRE II.

De l'instauration du multipartisme rationalisé en droit constitutionnel Congolais

Le multipartisme rationalisé n'est pas un multipartisme limité ni, autoritaire. Il est plutôt un multipartisme structuré, organisé, régulé et responsabilisé. Il vise une certaine rationalisation dans le mécanisme d'octroi de documents de création et de fonctionnement de partis, la stabilité des institutions, le renforcement de la qualité des partis politiques et garantit un meilleur pluralisme démocratique. Il est le véritable levier de la construction d'un État de droit constitutionnel. Il ne se présente pas comme un frein à la liberté politique ou associative mais une réponse adéquate à l'image controversée que présentent les partis politiques congolais. Il s'agit de structurer le pluralisme pour qu'il soit efficace et susceptible de produire un vrai débat politique, une compétition politique équilibrée et des institutions publiques solides.

Du point de vue juridique, l'instauration d'un multipartisme rationalisé convoque le renforcement du cadre juridique par l'implication des lois qui imposent des conditions plus strictes et rigoureuses comme l'implantation réelle sur l'ensemble, un nombre minimal de membres fondateurs, le dépôt d'un programme politique ambitieux et chiffré, une caution financière conséquente payée par les membres et une transparence sur l'origine des moyens financiers.

Pour ce qui relève du caractère tribal des partis politiques, il est capital d'interdire des partis politiques ethniques ou communautaires par l'imposition d'un caractère véritablement national et l'instauration de sanctions contre toute tribalisation des organes du parti.

Du point de vue de la gestion interne du parti, l'exigence d'une organisation interne démocratique doit être de mise. Elle doit prévoir l'organisation des congrès dont les conclusions doivent être déposées au ministère ayant en charge les questions de partis politiques.

Au niveau du Parlement, encadrer la liberté d'appartenir ou non à un parti ou groupe parlementaire. Interdire le changement de parti ou statut de tout parlementaire au cours d'une législature. Cela limiterait le nomadisme des élus. Dans la formation de groupes parlementaires, ériger en obligation le seuil minimum acceptable de députés ou sénateurs pour former un groupe parlementaire au sein de l'Assemblée nationale ou du Sénat, assortie d'un programme concerté si le groupe parlementaire est un produit d'une coalition pour décourager des alliances de circonstances dont la majorité sont contre nature.

La rationalisation passe aussi par la professionnalisation des partis politiques et l'instauration d'un juge spécialisé chargé des questions spécifiques des partis politiques, chargé de contrôler la légalité de leurs existences, suivre leurs fonctionnements et la légalité des décisions qui résultent de congrès, des élections et nominations, contrôler toute forme de subvention, valider les redditions des comptes pour toute activité liée aux financements des partis, élections des membres. Rendre obligatoires les écoles des partis, les programmes d'éducation civique et l'encadrement des débats idéologiques.

Le ministère de l'Intérieur doit renforcer son rôle de contrôle administratif pour :

– une vérification rigoureuse et programmée des statuts ;
– organiser la certification des dirigeants des partis ;
– programmer les contrôles des finances publiques des partis.

La Commission électorale nationale indépendante devrait jouer un rôle très conséquent dans cette dynamique de rationalisation des partis comme organe organisateur des élections par l'imposition des obligations aux partis durant le long du processus électoral en exigeant que :

– les partis déposent de listes équilibrées ;
– le dépôt de listes pour l'élection présidentielle et les législatives soit précédé des primaires internes ;
– le respect du genre et de la jeunesse soit observé.

En République démocratique du Congo, plus de mille partis politiques sont enregistrés au ministère de l'Intérieur. Malgré cette panoplie de partis, ils ont des caractéristiques presque communes : partis à vocation alimentaire et aux fondements clientélistes et tribaux.

Le multipartisme intégral en vigueur au Congo a montré ses limites dans le dysfonctionnement des institutions politiques. Ce système mérite une réévaluation. Une refonte du système partisan est impérieuse afin d'aboutir à la constitutionnalisation d'un multipartisme rationalisé.

Dans un État en quête permanente d'équilibre politique toujours, les excès relevés dans le comportement des dirigeants politiques et, sans doute aussi, les faiblesses et les lacunes des règles législatives régissant les partis politiques empêchent certainement les partis politiques de jouer pleinement leur rôle dans la construction d'un État de droit constitutionnel. D'où la nécessité d'envisager des réformes du système partisan. Ces réformes méritent d'être accompagnées par la redynamisation de la justice.

Pour y parvenir, il faut partir des fondements politologique et positiviste.

SECTION I.
Vers une réforme politologique et positiviste du multipartisme congolais

À un moment donné, priorité a été accordée à la lutte contre les autoritarismes et à l'élaboration d'un cadre constitutionnel et institutionnel de nature à permettre l'établissement de régimes de démocratie pluraliste. Aujourd'hui, les partis politiques sont au cœur de la réussite ou de l'échec des processus de démocratisation.

Ils occupent une place de prédilection dans l'enracinement de l'État de droit constitutionnel où la Constitution reconnaît aux citoyens une série de droits et devoirs, dont celui de créer un parti politique et d'y adhérer. Le fonctionnement des partis politiques en République démocratique du Congo nécessite des réformes de nature à renforcer leur identité à partir de leur statut constitutionnel jusqu'à l'homme politique dans son essence politologique.

Les réformes relatives à l'organisation et au fonctionnement des partis politiques tendant à consacrer, en droit constitutionnel congolais, un droit des partis politiques, partant des aspects politologiques (§1er) avant de s'étendre sur les aspects normatifs (§2).

§1er. Les réformes politologiques

Si les partis politiques sont au cœur du jeu démocratique, mieux de la construction de l'État de droit, l'homme politique, lui, est au cœur des enjeux et des actions politiques. C'est ce dernier qui oriente et décide du sens à donner à la démocratie et au jeu politique.

La valeur interdisciplinaire de cette étude. En sociologie politique, il est affirmé que « *tout le monde parle politique. Tout le monde fait de la politique, même de manière passive, comme le font ceux qui prétendent ne pas s'intéresser. Comme le dit un célèbre adage, les problèmes politiques sont les problèmes de tout le monde et les problèmes de tout le monde sont les problèmes politiques* »[1].

En effet, au-delà des aspects positivistes qui sont concernés parmi les réformes à engager pour permettre aux partis politiques de contribuer à la construction d'un État de droit en RDC, des réformes d'essence politologique doivent être menées autour de l'homme congolais pour réussir le pari de sa réformation idéologique, véritable levier de sa redéfinition sociale.

Ces réformes sont essentiellement axées sur sa valeur culturelle et sa valeur sociale, ces dernières participeront inéluctablement à refonder le socle sur lequel doit s'ériger la construction d'un État de droit constitutionnel en République démocratique du Congo.

---

[1] BONGELI YEIKELO ya ATO, E., *Sociologie politique. Perspectives africaines*, Paris, L'Harmattan RD Congo, 2020, p. 17.

§2. Les réformes liées à l'homme politique congolais

Il ne fait l'ombre d'aucun doute que toute collectivité est composée d'individus. Toutefois, la somme des comportements de ses membres suffit-elle à rendre compte correctement de ce que l'on appelle l'institution de la société ? s'interroge Philippe Braud, qui pense que la réponse à cette interrogation, qui a parfois pu sembler insoluble, entraîne d'importantes implications pour une compréhension correcte des rapports entre psychologie et sociologie politiques[2].

Dans la conjugaison des efforts pour la construction de l'État de droit constitutionnel en RDC, un travail indispensable doit être réalisé autour de l'homme congolais dans sa façon de concevoir et de faire de la politique. Il s'agit là d'un préalable et d'un impératif à la démarche de sa responsabilisation. Cette réforme est essentiellement liée à son système éducatif qui devrait être renforcé.

En effet, l'individu est un « animal social ». Les êtres humains ne peuvent être conçus en dehors d'une vie collective qui leur fournit à la fois les moyens matériels de subvenir à leurs besoins et les outils intellectuels de leur intercompréhension[3]. En philosophie comme en sciences sociales, deux concepts généraux émergent. D'une part, l'individu, membre d'une collectivité, et d'autre part, la société composée d'individus[4]. Mais quand il s'est agi de penser les rapports qui les unissent, les fondateurs de la sociologie se sont divisés en deux grandes écoles de pensée. Les uns ont considéré que la recherche devait privilégier l'étude des structures sociales, dans la mesure où ce sont elles qui conditionnent les attitudes et comportements des individus. Pour eux, la société est donc, en ce sens, première. D'autres, au contraire, soulignent que ce sont les individus qui construisent et façonnent la société dans laquelle ils se meuvent. Ils en constituent l'élément originaire, ce qui incite à considérer leur activité personnelle comme le point de départ de toute analyse des phénomènes collectifs[5].

D'où l'intérêt des réformes politologiques, s'agissant du rôle des partis politiques dans la construction de l'État de droit, l'homme étant au centre de la politique et de l'action qui en est la conséquence.

Dès l'accession de notre pays à la souveraineté internationale, tout le combat politique a tourné autour des individus. Les uns se réclamaient de Lumumba[6] (MNC), alors que les autres, eux, se rattachaient à Kasa-Vubu (Abako). À côté de ces deux groupes antagonistes, se battaient aussi ceux de Tshombe (UMHK[7]), et

---

[2] BRAUD, Ph., *La Sociologie politique*, coll. « Manuel », 12e éd., Paris, LGDJ, 2016, n° 5.

[3] *Idem*, n° 6.

[4] *Ibidem*.

[5] BRAUD, Ph., *op. cit.*, n° 6.

[6] Le nom de Patrice Émery LUMUMBA constitue désormais le socle d'une valeur marchande politique sans précédent. La majorité des partis politiques dont les leaders sont de l'espace Sankuru se réclame lumumbiste sans appliquer son idéologie basée sur l'unité nationale et la justice sociale. Il se dégage ainsi une certaine commercialisation, pas de l'idéologie mais du nom dont l'explication sociologique se rapproche des atouts tribaux.

[7] Union minière du Haut-Katanga.

de Kalonji (MNC-K), etc. Plus tard, les gens seront fiers dans leur peau de mobutistes, de kabilistes, bembistes, tshisekedistes, katumbistes, fayulistes, etc.

Avec ou sans idéologie claire ou projets de société connus, tout le soutien politique se rattache à la personne de tel ou tel leader politique, le plus souvent, pour des raisons de proximité régionale ou tribale. Le pays n'en a bénéficié que très peu ou presque pas, alors que, au contraire, c'est autour de la construction de l'État pour un développement durable que tout devait tourner.

Ce registre sombre de la politique de notre pays est beaucoup plus marqué par la recherche de la satisfaction des appétits politiques individuels. Que le combat politique soit mené au côté d'un leader politique avec qui l'on partage les racines tribales ou sur base d'autres raisons, c'est l'intérêt personnel qui motive le militantisme d'hier et d'aujourd'hui, même si dans le discours, c'est le pays et les intérêts du peuple qu'on prétend défendre.

C'est ainsi qu'il faut amener l'Homme congolais à intérioriser les valeurs fondamentales qui président à la construction de l'État de droit constitutionnel. Ceci revient à dire qu'il faut l'amener à orienter son action politique vers l'intérêt général, vers un projet de société qui met l'intérêt supérieur de la nation au centre du combat politique et de tous les enjeux. En ce sens, au lieu de se ranger et de courir derrière les individus, la tribu ou la survie, toutes les énergies et toutes les intelligences doivent converger vers la construction de l'État, dans la recherche de véritables politiques publiques sur la sécurité, la santé, l'économie, l'éducation, etc.

Pour ce faire, il va falloir : –

– exiger un centre de formation civique parmi les éléments constitutifs d'un dossier d'agrément pour le fonctionnement d'un parti politique ;

– exiger des partis politiques, avant tout agrément, de disposer d'un espace médiatique en vue de participer au renforcement de la conscience nationale et à l'éducation civique. Ceci participe de la campagne de changement de mentalité avec un nouveau système éducatif qui renforce la culture des valeurs.

Le travail sur l'homme est plus facile dans un espace politique encadré. Si les potins politiques demeurent dans un multipartisme sauvage, dans lequel se trouve la RDC, il serait inconcevable de rêver d'un quelconque développement, les mêmes causes produisant les mêmes effets.

1. La réforme du système décisionnel dans les instances dirigeantes des partis

Compte tenu de la place qu'occupent les partis politiques dans notre système politique, l'État ne peut laisser les décisions importantes liées aux rapports qu'ils entretiennent entre les mains de seuls dirigeants. Il y va de la sauvegarde des intérêts des citoyens qui y adhèrent. En effet, les décisions qui en découlent impactent la vie institutionnelle. C'est le cas, par exemple, de la procédure de désignation des animateurs de postes réservés à l'opposition, ainsi qu'aux mécanismes de désignation des juges constitutionnels ou des animateurs de la commission électorale indépendante.

L'État doit s'offrir des mécanismes de participation à la démocratisation des partis pour que cette dernière contribue efficacement au renforcement de l'État. Il est inconcevable que les partis contribuent à la consolidation de la démocratie alors qu'ils fonctionnent dans une dictature ; et que toute ambition soit considérée comme une auto-exclusion.

En effet, l'un des maux qui minent la gouvernance des partis politiques est l'inamovibilité de leaders, avec son corollaire, l'instrumentalisation et la chosification de ses membres. Il est rare de voir un parti politique congolais organiser un mécanisme solide de rotation à la tête de ses principaux organes. Étant des faits privés, les partis politiques sont dirigés par des individus à la tête de leurs structures pour un règne sans partage. Il est donc facile d'affirmer qu'avec les louanges du cercle des courtisans nait facilement le mythe du dirigeant irremplaçable.

Afin de favoriser et internaliser l'alternance au sein des partis, en apprentissage à l'alternance dans la gestion du pouvoir, n'y a-t-il pas urgence que l'État prévoit la mise en place d'un cadre légal de limitation des mandats dans la Charte des partis politiques ? Tel est notre avis, dans la mesure où de la dictature ne peut jaillir la démocratie. Cette démarche permettrait, au bout d'un nombre de mandats bien définis, que le leader cède son fauteuil, tout en continuant à être utile au parti à un autre poste. Aussi, faut-il le rappeler, pour que cette prérogative soit accordée aux adhérents, une formation civique est capitale pour acquérir des compétences et être en mesure de remplir ces responsabilités. Dès lors, de quelle manière pourrait-on procéder à la démocratisation des partis politiques ?

a. La nécessité de démocratisation des partis politiques

À l'instar de Kabuya Lumuna, nous partons du présupposé selon lequel un parti politique qui évolue en démocratie pluraliste et qui revendique cette démocratie doit être lui-même représentatif des valeurs démocratiques. Il y a donc une représentativité au regard de ses valeurs qui peut être évaluée par le niveau de démocratie interne et pratiquée au sein du parti[8].

Dans la majeure partie des recherches sur les partis politiques, la question des adhérents n'est pas circonscrite théoriquement. Est adhérent, toute personne qui accepte, par la signature d'une fiche d'adhésion d'un parti politique, d'en être membre. Cette qualité lui confère les mêmes droits que les fondateurs du parti.

Dans la conception de Max Weber[9], les adhérents sont en l'occurrence une caractéristique essentielle des partis politiques. C'est en fonction de ce paramètre que le sociologue allemand distingue les partis politiques des associations

---

[8] KABUYA LUMUNA, C., *op. cit.*, pp. 155 et s.

[9] ANDOLFATTO, D., « Les adhérents : une ressource réévaluée », in *Les partis politiques. Quelles perspectives ?* ANDOLFATTO, D. ; GREFFET, F. ; OLIVIER, L. ; (dir.), L'Harmattan, Paris, 2001, p. 99.

prescrites, qui sont intégrées dans l'organisation administrative et au sein desquelles l'engagement n'est pas volontaire.

Dans le même sens, Maurice Duverger[10] considère que la notion d'adhérent éclaire de manière plus circonstanciée la nature même de la communauté partisane. Cette dernière notion est liée à une certaine conception des partis politiques, apparue au XXe siècle avec les partis socialistes et contribue à fonder la distinction entre partis de masse, d'une part, et partis de cadres, d'autre part.

Dans le premier cas, les adhérents sont la matière même du parti, la substance, c'est-à-dire son action. De même, il sélectionne en leur sein une élite en vue de la conquête et de l'exercice du pouvoir politique[11].

Dans le second cas, l'adhésion est plutôt un acte réservé à quelques-uns, considérés comme notables. Il faut dire que c'est un type de formation qui privilégie les activités électorales et cherche à gagner avant tout des supporters, structurant rassemblement majoritaire[12].

Toutefois, cela n'exclut pas l'existence d'adhérents, mais le rôle apparaît négligeable tandis que la direction du parti est extrovertie, absorbée par l'opinion publique[13]. Il s'ensuit que cette distinction n'a pas d'importance capitale en ce qui concerne les partis politiques congolais, tant il est vrai qu'ils présentent beaucoup de similarités quant à leurs adhérents.

Nous l'avons souligné précédemment, l'une des premières observations qui s'imposent lorsqu'on s'attarde sur l'étude des partis politiques congolais est l'absence totale de démocratie interne. Ces partis politiques ressemblent à des propriétés privées. La parole n'y est pas libre et les débats n'y ont pas lieu. Pourtant, « le parti politique devrait s'affirmer également comme un lieu de parole, une véritable "logocratie" qui somme ses dirigeants et intellectuels de produire du verbe »[14].

Toute offre partisane passe par l'invention d'un lexique, d'une syntaxe, d'un univers d'arguments qui fonctionnent comme des repères et des signes de reconnaissance.

Un des débats d'actualité relatif à la vie des partis politiques est axé sur l'évaluation de la place accordée aux adhérents ainsi qu'à la liberté d'expression au sein de ces organisations. Outre la question de leur nombre, l'enjeu des partis politiques est aussi celui de savoir s'ils s'acheminent ou pas vers un nouveau modèle de partis, non plus construits autour de la figure d'un seul homme, qui joue souvent le rôle du guide-éclaireur, mais d'une idéologie commune.

On peut, en effet, constater qu'ailleurs, le fonctionnement des partis politiques a évolué et évolue encore. Cette évolution ne s'accompagne pas d'une

---

[10] Cité ici par ANDOLFATTO, D., *ibidem*.

[11] Par ailleurs, il tire l'essentiel de ses ressources financières des cotisations que versent ses membres.

[12] ANDOLFATTO D., *ibidem*.

[13] *Idem*.

[14] HASTINGS, M., « Partis politiques et administration du sens », *in* ANDOLFATTO, D. ; GREFFET, F. ; OLIVIER, L., (dir.), *op. cit.*, p. 29.

marginalisation du pouvoir des adhérents, mais bien au contraire. En effet, un certain nombre de grands partis politiques européens, par exemple, en Grande-Bretagne et en Allemagne, mais également, avec un certain retard en France, ont modifié leurs règles de fonctionnement en accordant plus de place aux adhérents. Allant de la sélection des dirigeants, voire des candidats, à l'approbation des programmes, on note notamment le recours au vote direct des adhérents pour la sélection du président du parti et du secrétaire de circonscriptions et l'augmentation du nombre de membres élus par les adhérents dans l'ensemble des instances collégiales.

Les partis clientélistes ne sont pas tous convertis à la vertu civique ni au désintéressement. Partout où la pénalisation de la pratique des relations de connivence entre partis politiques et intérêts économiques s'est rouvert le vieux débat sur les fonctions et le fonctionnement des partis politiques est d'actualité.

Les analyses sur cette question sont souvent contradictoires. Il est constaté, d'une part, l'affaiblissement de la fonctionnalité des partis dans le rôle de recrutements du personnel politique, dans les actions de socialisation politique (formation civique, animation du débat démocratique), ainsi que dans leur responsabilité programmatique (agrégation des demandes, propositions de réponses).

D'autre part, il est observé la monopolisation des fonctions en question par les partis : impossibilité de faire carrière politique en dehors des partis ; danger de tout débat politique, voire de toute information politique, de dégénérer en propagande partisane ; et incapacité de poser un problème politique et de rechercher sa solution en dehors du clivage partisan.

La contradiction entre la piètre opinion que le peuple a spontanément des partis politiques et leur place dans la vie démocratique et institutionnelle pose le problème des partis politiques comme organisations au sein d'un État. Pour un parti politique, l'avenir se conjugue en termes d'accès au pouvoir, ou à tout le moins, d'influencer le pouvoir pour faire triompher l'idéal pour lequel il a été créé. Dans un cas comme dans l'autre, il s'agit de donner un sens au parti, car le pouvoir en est l'essence.

Autrement, on ne se trouve plus en face d'un parti politique privilégiant les moyens démocratiques pour son combat politique, mais plutôt d'une faction de fanatiques prêts à utiliser tous les moyens pour le pouvoir, y compris les plus ignobles.

Pour un parti politique, se situer dans la logique de l'accession au pouvoir revient à représenter une véritable alternative pour la population. Les partis politiques actuels n'intègrent pas suffisamment les vrais problèmes du peuple. Pourtant, même ceux d'entre eux qui ne savent pas définir les objectifs qu'ils poursuivent prétendent toujours parler au nom du peuple. Détenir un mandat électoral pour légitimement représenter les mandants n'est pas leur préoccupation. Ils sont mandataires sans mandat, puisqu'ils ignorent les mandants, pour reprendre les mots d'Évariste Boshab.

Cependant, cette façon d'impliquer le peuple sans son mandat préalable relève d'un culte identitaire. Il s'agit là d'un travail de légitimation politique[15] : le discours confond souvent destinateur et destinataire pour ne pas singulariser le locuteur qui ne serait là que pour ses intérêts personnels, mais par la magie du phénomène identitaire, c'est lui qui harangue passe, en définitive, pour porte-parole, sans l'être.

Les partis politiques sont de plus en plus fréquemment et intensément réglementés par le droit en tant qu'organisations sociales particulières. Les différentes formes juridiques ont concouru à cette prise en charge de l'organisation partisane par le droit étatique[16].

Par-delà toute la critique, les partis politiques représentent des fractions de la population mobilisée autour des objectifs qui doivent concrétiser leurs aspirations. À l'analyse de la démocratie congolaise, il se constate deux différentes catégories d'objectifs : des objectifs communs ou globaux, fondés sur les attentes de toute la communauté nationale et qui concernent chaque citoyen ; et des objectifs particuliers, fondés sur les intérêts particuliers d'une communauté, d'un groupe ou d'une classe sociale.

Dans cet ordre d'idées, l'impact des objectifs poursuivis amènera des adhésions plus ou moins massives à tel ou tel parti politique, dans telle ou telle circonscription électorale. La représentativité du parti politique peut donc être établie selon l'importance des chiffres électoraux et selon la portée des objectifs affichés. Les partis politiques consolident certaines circonscriptions en leur fief électoral traditionnel.

Sur ce, une évidence récurrente se constate depuis l'apparition du phénomène partisan en République démocratique du Congo. En effet, il est à noter que les résultats confirment à nouveau très largement le caractère ethnique et provincial des partis politiques congolais, qu'ils soient anciens ou nouveaux… les partis de la majorité et de l'opposition possèdent leur base dans les provinces d'où sont originaires leurs leaders[17].

Cependant, la loi n'admet pas le parti d'intérêt local. Une représentation tribale n'engage à aucun programme spécifique visant le développement de l'espace tribal. Il y a ainsi une sorte d'obscurantisme auto-entretenu, selon les termes de Kabuya Lumuna[18] qui pense cependant que l'obscurantisme trouvera ses limites dans la décentralisation appliquée. Car les élections provinciales et locales rendront certainement compte d'une autre dynamique qui sépare progressivement les incohérences entre la représentation à l'Assemblée nationale et la

---

[15] LE BART, C., *Le discours politique*, PUF, Paris, 1998, p. 92.

[16] En revanche, le droit international, général ou régional n'a presque pas encore saisi cet objet. En effet, les grands textes conventionnels du droit international, universel, européen, américain, africain reconnaissent et proclament la liberté politique, la démocratie, le vote sincère ; mais aucun n'évoque la question des partis politiques en tant que tels.

[17] Rapport final de la mission d'observation électorale de l'Union européenne, 2012, p. 15.

[18] KABUYA LUMUNA, C., *op. cit.*, p. 158.

représentation dans l'assemblée provinciale, dans le Conseil de chefferie ou le Conseil de secteur.

Pour dissiper ces incohérences, la pensée politique congolaise doit certainement reconsidérer quelques idées fondamentales du prêt à penser politique dominant depuis l'époque de la lutte pour l'indépendance.

Il s'agit avant tout de l'idée selon laquelle la démocratie libérale représentative n'autorise pas la limitation du nombre de partis. Elle postule que les citoyens sont libres de s'associer pour promouvoir, protéger et défendre les intérêts auxquels ils croient. Sans interférence ni directive du pouvoir établi autres que les justes exigences du respect de l'ordre public et des droits d'autrui. Ensuite, le prêt à penser politique professe trois théories paradoxales au regard des réalités observées, à savoir que :

1. la conscience tribale est contraire à toute conscience politique ;
2. le parti politique ne peut représenter que l'intérêt national ;
3. les partis politiques ne peuvent se justifier qu'en référence à une conscience socioprofessionnelle.

Seulement, il n'existait pas encore de catégorisation socioprofessionnelle des populations congolaises qui puissent rendre compte d'une représentativité des partis politiques fondée sur les rapports sociaux. Il n'y a pas de contradictions sociales qui atterrissent dans sa masse critique. Il n'y a pas de luttes ouvertes entre des classes sociales conscientes et mobilisées face à face. Il y a essentiellement un face-à-face inégal et oppressant entre, d'un côté, l'État qui est inachevé, et de l'autre, les populations désœuvrées, peu instruites et peu impliquées dans les affaires publiques. Le cadre d'épanouissement de tous ces vœux ne peut qu'être le multipartisme rationalisé.

b. La nécessité de faire du parti un cadre de formation et de moralisation

Une certaine complaisance entoure la vie des partis politiques congolais. La charte des formations politiques, les lois électorales et les autres textes de la République semblent ne pas leur être appliqués de manière rigoureuse et systématique. Des sanctions sont néanmoins prévues. Elles vont de la suspension à la dissolution. Les unes et les autres sont susceptibles d'être mises en mouvement, tantôt par le ministre de l'Intérieur, tantôt par les instances judiciaires. Mais avant d'en arriver aux pénalités, il y a lieu d'exercer, à la base, un contrôle strict sur les conditions de création des partis, en faisant en sorte que ceux qui ne remplissent pas les critères requis ne soient pas agréés.

Par ailleurs, dans leur fonctionnement, les partis politiques posant ou défendant des actes contraires à la Constitution doivent voir leurs actions réprimées, partant de la suspension temporaire des activités à la dissolution ; le tout dans la stricte observance de droits acquis et garantis aux particuliers.

Soulignons-le, dans un environnement d'impunité, la principale menace qui plane sur les partis politiques se trouve en leur sein, dans les dissensions et crises internes dont ils font régulièrement l'objet.

Dans ces circonstances, il n'est pas exagéré d'affirmer que le système partisan en République démocratique du Congo souffre d'un manque d'effectivité des sanctions. D'où il importe de veiller à leur encadrement à travers une application rigoureuse des règles qui les régissent. Car, cela relève de la volonté politique. L'objectif de cette rationalisation est de permettre aux partis politiques de jouer pleinement leur rôle, particulièrement celui d'agent de la socialisation de la population au travers de leurs missions et de leurs fonctions. Il s'agit là d'une forme d'éducation à la société.

Certes, l'éducation à la citoyenneté n'est pas exclusivement dévolue aux partis politiques. Cependant, ceux-ci peuvent véritablement jouer leur partition à travers des programmes adaptés. Il s'agit évidemment d'une œuvre de longue haleine, car moins d'individus dans la société sont respectueux des lois par vertu. La formation assurée doit tendre à inculquer au citoyen l'acquisition de la culture démocratique dont les avantages sur le développement sont certains[19].

En effet, en République démocratique du Congo comme dans plusieurs pays d'Afrique, la démocratie a consacré les droits et libertés du citoyen qui a une conception singulière de la jouissance de ses prérogatives ; la plus répandue consiste à penser que la démocratie est synonyme d'affranchissement aux règles.

De ce fait, de manière générale, il existe un manque d'égards vis-à-vis de la règle, comme il est permis de l'illustrer à travers quelques exemples. Il suffit notamment de prendre la route à travers les rues de Congo-Kinshasa, par exemple, pour s'en rendre compte. Le Code de la route est systématiquement bafoué. L'ordre et la sécurité sur les routes sont une véritable gangrène. Les mesures administratives de l'autorité provinciale, comme « l'opération coup de poing » sous le mandat du gouverneur Jean Kimbunda, et les multiples mesures prises par les autorités sont infructueuses. Elles donnent simplement lieu à des courses-poursuites entre la police et les usagers. En réalité, il n'existe de police que de nom. Les policiers sont en majorité des hors-la-loi.

Les règles de conduite et de circulation souffrent aussi dans toutes leurs facettes : qu'il s'agisse du port de la ceinture de sécurité dans les véhicules, du port du casque pour les motards, de l'interdiction de téléphoner au volant, de l'interdiction de conduire en état d'ivresse ou encore du respect des feux de signalisation.

On pourrait multiplier ce genre d'exemple sous d'autres aspects de la circulation automobile tels que les stationnements, le dépassement, le parking, mais aussi dans bien d'autres domaines de la vie, le même constat sera fait. Le citoyen qui oserait faire la moindre remarque aux auteurs de ces comportements inciviques en aura pour son compte. Bref, la République est entièrement à la merci de sa population. La caractéristique de gouvernance congolaise est que chacun crée ses règles. Cela induit que tout se dérègle.

---

[19] ABDOURAHAMANE OUMAROU, *op. cit.*, pp. 121-122.

Ces agissements du citoyen déteignent également sur la préservation de son cadre de vie. La ville de Kinshasa, par exemple, n'est pas une référence en matière de propreté. Les ordures ménagères, les sacs plastiques, les emballages sont jetés n'importe où et n'importe comment. Toute la publicité autour de l'assainissement relève de la poudre aux yeux pour dissiper les sommes affectées à ces opérations aussi bien par l'administration provinciale que par les partenaires extérieurs des secteurs de l'assainissement, de l'environnement et du développement.

Sans occulter la part de responsabilité des autorités publiques, on est tenté de dire que le citoyen contribue largement à ce phénomène d'insalubrité ambiante.

Pourtant, pendant la dictature, bien que la démocratie ne fût pas encore expérimentée, le citoyen congolais avait peur de l'autorité publique. Il observait un minimum de règles de conduite sociale. Il semble que l'entrée dans l'ère démocratique a quelque peu amené son lot d'inconvénients. Dès lors, pourrait-on conclure que le vrai changement de mentalité ne peut s'opérer que dans un système dictatorial et que le développement rapide ne peut se concevoir que sous le régime autoritaire ?

Certains analystes tentent toutefois de tempérer ces inquiétudes, à tort ou à raison, en affirmant que ces comportements participent au processus de la démocratisation et en sont un passage obligé[20].

En revenant ainsi sur la question des adhérents, Dominique Andolfatto considère que le parti politique constitue le lieu privilégié de leur éducation politique[21]. Le parti politique possède donc bien cette propriété de rendre son message idéologique omniprésent à l'activité sociale, non pas comme un langage superficiel ou comme une seule apparence, mais bien comme un langage englobant, un surcode susceptible d'intervenir à tous les niveaux et sur toutes les actions.

Pour l'auteur précité, en privilégiant l'analyse des tensions en œuvre dans les partis, l'approche en termes d'administration du sens contribue à l'ancrage sociétal du phénomène partisan. Les partis politiques agissent en qualité de médiateurs sociaux, d'intercesseurs entre la société civile et la société politique. Ce sont des institutions de passage où transitent en permanence des attentes, des espoirs, des projets, des affects, des croyances.

Cette architecture complexe et dynamique du parti politique confirme l'intuition intéressante que le phénomène partisan constituerait un fait social total.

Fonction d'éducation politique du citoyen, fonction programmatique, fonction latente de sociabilité, les partis politiques en tant qu'arènes de débats, en tout cas agents de socialisation, fonction de médiation, jouent le rôle d'intégration sociale. Ce sont là les diverses réponses à la question de savoir à quoi sert un parti politique. Il est, en effet, nécessaire pour la survie des partis politiques qu'ils disent et s'expliquent à eux-mêmes leurs propres fins.

---

[20] SAWADOGO, R. W., « Résistances et démocratisation en Afrique », in *Cahiers philosophiques* 1/2014, n° 136.

[21] ANDOLFATTO, D., « Les adhérents : une ressource réévaluée », *loc. cit.*, p. 99.

Ainsi, il est indispensable qu'à travers un système de sens soient dégagées leurs différences. L'effet de ces récits identitaires est de rendre normal, inévitable, indiscutable le sentiment d'appartenance à un groupe. Il a pour tâche de définir ces groupes, de les faire passer de l'état latent à celui d'une communauté dont les membres sont convaincus d'avoir des intérêts communs à défendre ensemble. *Le récit identitaire désigne donc un univers de reconnaissance qui permet à la fois d'affirmer l'unité interne du groupe partisan et de l'identifier au regard extérieur.* Cet effet de sens se retrouve aussi bien dans les régimes autoritaires que dans les démocraties pluralistes. Le parti devient alors l'ordonnateur unique ou privilégié des symboliques nationales ou classistes[22].

En ce sens, le parti politique se présente d'abord comme un lieu de mémoire, le dépositaire d'une histoire édifiante constamment travaillée, jalousement protégée. La politique partisane du sens repose sur un constant va-et-vient entre ce qui a toujours été et ce qui doit advenir. Agent de liaison entre le passé et l'avenir, le parti se raconte toujours des histoires sur son histoire[23].

En effet, un parti politique est donc à la fois un musée, un dépôt d'archives, une boutique de souvenirs, un album de photos jaunies et une minute de silence. Le rapport partisan à la mémoire renvoie également à la manière, chaque fois singulière dont un parti politique fait diffuser à travers des porte-parole autorisés, une mémoire dite collective, parvient à homogénéiser les représentations individuelles du passé. Il s'agit, en ce sens, de signer un contrat mémoriel, créer un impact de solidarité entre les générations et les événements[24]. C'est aussi tisser les liens explicatifs qui soudent l'action politique à la présence rassurante d'un déjà là.

La formation du citoyen, ici les adhérents, va de pair avec la communication des partis politiques, à l'interne ou à l'externe.

Les partis politiques sont de part en part traversés par des impératifs de communication : communication interne propre à toute organisation qui doit aussi articuler les divers niveaux du national et du local, du centre et de la périphérie ; communication externe qui permet aux partis de se situer par rapport au pouvoir et de rechercher les soutiens des citoyens. Il faut dire que ces dernières années, la science politique ainsi que les sciences de l'information et de la communication ont profondément renouvelé les domaines de communication politique devenus incontournables.

Nombreuses sont, en effet, les études qui démontrent l'impact et les enjeux de la communication politique sur les partis[25]. Les partis politiques congolais ont

---

[22] HASTINGS, M., *loc. cit.*, p. 27.
[23] *Idem*, p. 28.
[24] *Ibidem*, p. 29.
[25] Les pionniers des études de communication portant sur les partis politiques n'ont pas pris toute la mesure des problèmes communicationnels et quand ils l'ont fait, c'est en empruntant à d'autres pionniers, notamment les psychologues de foule ou les chercheurs sur la propagande. Un matériel scientifique pour le moins réducteur.

encore beaucoup à apprendre dans cette matière[26]. La communication au sein des partis tourne essentiellement autour des hommes politiques plutôt qu'autour des partis eux-mêmes ou de leurs projets de société. Les chargés de communication, les porte-parole ainsi que toute autre forme de canal de communication créé au sein des partis s'investissent dans la connaissance des hommes forts du parti au détriment de ses idéaux.

Bien entendu, ce déficit de communication masque l'absence de toute idéologie propre à chaque parti et la nature ethnique ou régionale de leurs fondements. Cela explique, par ailleurs, les difficultés d'implantation locale des partis politiques congolais dont les fondements sont généralement tribaux.

En République démocratique du Congo, l'idée généralement répandue dans la classe politique est qu'il n'y a pas de morale en politique : tous les moyens sont bons pour parvenir à ses fins. Il s'agit d'une conception dominante généralement attribuée, à tort ou à raison, à Nicolas Machiavel. C'est le réalisme qui veuille que l'important en politique soit d'obtenir le pouvoir et de le conserver quels qu'en soient les moyens[27].

À l'opposé de cette conception politique, la pensée d'Emmanuel Kant postule que l'être humain est un animal qui a besoin d'un maître. En l'absence de maître, il est incapable de se conformer à l'impératif moral. Kant pense donc que la morale est la fin visée par la politique[28].

Il se dégage ici l'impression que la population demeure apathique face au manquement observé dans la vie politique. Elle ne manifeste sa réprobation que de manière sélective et non incisive. Les hommes politiques en ont pleinement conscience et n'hésitent pas à s'en servir.

De ce qui précède, la moralisation des partis politiques par l'application des principes leur permettra d'être efficaces sur le terrain.

2. Les réformes relatives au renforcement des activités des partis politiques

La problématique des réformes sur le fonctionnement des partis politiques tourne essentiellement autour du financement propre des partis politiques et du statut de l'opposition. Pour renforcer l'efficacité des activités des partis politiques, un appui financier de l'État est nécessaire. Il y va de la vivacité de la démocratie. Dans la pratique, il s'observe une absence totale de volonté politique dans l'exécution de cette obligation légale. Les dirigeants craignent, en effet, de prêter des béquilles aux potentiels adversaires. D'où la nécessité pour les partis d'avoir du financement propre.

---

[26] WUILLEME, T., « L'étude des partis sous l'angle de la communication politique : une mise en perspective », *in* ANDOLFATTO, D. ; GREFFET, F. ; OLIVIER, L. (dir.), *op. cit.*, pp. 225 et s.

[27] MAMPUYA KANUNK'A TSHIABO, A., « Postface », *in* ESAMBO KANGASHE, J.-L., *Le droit constitutionnel*, *op. cit.*, pp. 9-16, spéc. 13-16.

[28] KANT, E., *Idée d'une histoire universelle du point de vue cosmopolite*, Bordas, 1993.

a. Le difficile financement propre des partis politiques

Le financement des partis politiques apparait comme une contrainte supplémentaire des États africains, confrontés aux multiples défis de la pauvrette, de la santé, de la construction économique, de la sauvegarde de l'unité nationale.

Par financement propre des partis politiques, il faudra entendre les divers procédés auxquels les partis peuvent recourir en vue de réunir des fonds propres, nécessaires à leur fonctionnement et la réalisation de leurs activités politiques.

Il est ainsi loisible d'examiner le fondement du financement propre des partis politiques, les ressources privées autorisées aux partis politiques, avant de faire l'état des lieux des difficultés de leur mobilisation dans le contexte congolais.

En effet, le parti politique étant créé par ses membres, avec des objectifs bien précis, ceux-ci doivent le doter des moyens financiers conséquents pour son fonctionnement et la réalisation de ses objectifs. Ce mode de financement garantit l'indépendance du parti vis-à-vis de ses animateurs et de l'État.

À ce titre, le parti peut disposer de ressources financières propres provenant des cotisations de ses membres et de ses activités. En tant que personne morale, le parti politique peut disposer de patrimoines mobilier et immobilier propres et nécessaires à son fonctionnement et à la réalisation de ses activités. Ainsi, pour participer activement à la consolidation de la démocratie, chaque parti doit avant tout compter sur ses ressources propres.

Contrairement aux dispositions du décret-loi n° 194 du 29 janvier 1999 relatif aux partis et aux regroupements politiques qui limitait les sources de financement des partis politiques, il leur est désormais permis de rechercher des ressources financières propres tant à l'intérieur qu'à l'extérieur du pays[29], dans le but affiché de leur offrir les chances égales en matière de financement et de corriger les inégalités constatées à cet égard. C'est ainsi que pour financer leurs activités, les ressources financières des partis politiques doivent provenir des cotisations[30], dons[31] et legs[32] de leurs adhérents et sympathisants, des opérations mobilières[33] et immobilières et des recettes réalisées à l'occasion des manifestations ou publications[34]. Il s'avère que les ressources privées mobilisables par les partis

[29] L'exposé des motifs de la loi n° 04/002 du 15 mars 2004 portant organisation et fonctionnement des partis politiques.

[30] Il s'agit d'une somme d'argent fixée au préalable par les statuts d'un parti politique ou l'organe statutairement compétent, et imposée à chaque membre effectif, soit mensuellement, soit trimestriellement.

[31] Les dons correspondent aux sommes d'argent versées de son vivant et à titre généreux par un membre effectif ou sympathisant dans le compte d'un parti politique.

[32] Il s'agit des donations faites par testament d'un membre effectif ou sympathisant du parti en faveur de ce dernier.

[33] Les opérations mobilières supposent que les partis politiques disposent de biens meubles desquels ils peuvent tirer des revenus.

[34] Article 22 de la loi n° 04/002 du 15 mars 2004 portant organisation et fonctionnement des partis politiques.

politiques en République démocratique du Congo demeurent essentiellement les cotisations et les libéralités.

Cependant, le déséquilibre financier est très criant entre, d'un côté, les partis politiques dont les membres sont aux « affaires », c'est-à-dire participent à la gestion institutionnelle comme ministres, parlementaires, autorités territoriales, mandataires publics ou membres des cabinets ministériels et, de l'autre côté, ceux de l'opposition, sans moyens.

Les partis d'opposition se contentent de maigres ressources provenant de la vente des cartes de membre et de modiques cotisations mensuelles, par ailleurs aléatoires du fait de l'absence et du manque de mécanismes de recouvrement par la voie de la contrainte.

Les partis au pouvoir comme le PPRD d'hier et l'UDPS d'aujourd'hui ont imposé à leurs membres occupant des fonctions publiques des cotisations obligatoires allant de 10 % à 30 % prélevées à la source sur leurs rémunérations. Cette pratique, bien que garantissant aux partis aux affaires une source sûre de financement, contribue au développement des pratiques de corruption, d'abus de biens sociaux et exacerbe le népotisme et le clientélisme.

De manière générale, les personnalités nanties des partis politiques, membres ou sympathisants, en particulier celles qui sont « aux affaires » prennent en charge l'une ou l'autre dépense des activités politiques, tandis que les fonds de la campagne électorale sont à charge de chaque candidat qui, une fois élu, a du mal à se soumettre à la discipline du parti. Cela pourrait constituer un prétexte à la rébellion des élus tiré de ce que les fonctions qu'ils occupent proviennent de leur investissement personnel.

Il sied de préciser que les cotisations des membres, les dons et legs en faveur des partis politiques peuvent provenir aussi bien de l'intérieur que de l'extérieur du pays[35]. Ils doivent néanmoins faire l'objet d'une déclaration au ministère des Affaires intérieures indiquant leur provenance, leur nature et leur valeur et ne pas être d'origine délictueuse.

Cependant, il est interdit à tout parti politique de recevoir, directement ou indirectement, tout soutien financier ou matériel provenant d'un État étranger. La question qui demeure est celle de savoir si les partis politiques congolais peuvent recevoir un soutien financier d'autres partis politiques étrangers ou d'organismes non gouvernementaux[36].

De notre point de vue, si ces organismes non gouvernementaux sont financés, pour l'essentiel, par les États étrangers, leur soutien aux partis politiques serait un

---

[35] Article 23 de la loi n° 04/002 du 15 mars 2004 portant organisation et fonctionnement des partis politiques.

[36] De plus en plus, les partis politiques en RDC ont émis le vœu de voir les organismes internationaux comme IFES et EISA leur accorder un soutien financier pour leur permettre de mener des activités de mobilisation et de leurs membres, plutôt que de se limiter aux séminaires de formations de leurs cadres. Voy. Pour les détails sur ces débats, NGOMA BINDA, P. ; OTEMIKONGO MANDEFU YAHISULE, J. et MOSWA MOMBO, L., *op. cit.*, p. 137.

soutien indirect d'un État étranger, et partant, irrégulier. En revanche, lorsque ces entités sont financées par des fonds provenant pour l'essentiel de personnes privées étrangères, ils sont réguliers et peuvent contribuer au financement des activités d'un parti politique. Cela n'a aucune incidence sur l'indépendance des partis politiques. Une autre question, en relation avec le financement des partis politiques en RDC, est relative à l'absence de financement des partis par l'État.

b. Du financement public des partis politiques

En appui à leurs ressources financières propres, les partis politiques peuvent bénéficier des subventions de l'État pour la réalisation de leur mission constitutionnelle. Ce principe est consacré directement par la Constitution qui dispose en son article 6 que « les partis politiques peuvent recevoir de l'État des fonds publics destinés à financer leurs campagnes électorales ou leurs activités, dans les conditions définies par la loi ». Cette volonté exprimée par le constituant est matérialisée par la loi n° 08/005 du 10 juin 2008 portant financement public des partis politiques, laquelle détermine les conditions d'accès à ce financement et les modalités de leur mise en œuvre.

Les objectifs visés par le législateur à travers le financement public des partis politiques sont nobles. Il s'agit de :

i) stabiliser et consolider la démocratie pluraliste par le renforcement préalable de la capacité d'action des partis politiques ;

ii) assurer une plus grande indépendance des partis politiques ;

iii) garantir l'égalité des chances entre tous les partis politiques représentés aux assemblées délibérantes[37].

Le financement public des partis politiques est constitué de fonds prévus aux crédits du budget de l'État. Il concerne aussi bien les dépenses couvrant les activités permanentes des partis que celles consacrées à l'organisation des campagnes électorales. Quant au montant de la subvention destinée à contribuer à certaines dépenses de fonctionnement des partis politiques, il ne peut être inférieur à 0,5 % ni supérieur à 1 % de la totalité des recettes à caractère national revenant à l'État. Il doit être inscrit chaque année dans la loi de finances.

Par ailleurs, l'État est censé participer, *a posteriori*, au financement des campagnes électorales des partis politiques par le remboursement des dépenses électorales qu'ils auront effectuées[38]. C'est ainsi que le montant de la participation de l'État destiné au financement des campagnes électorales doit être inscrit dans la loi de finances de l'année qui suit l'organisation de chaque consultation

[37] L'exposé des motifs de la loi n° 08/005 du 10 juin 2008 précitée. Les autres objectifs visés par le législateur sont notamment : iv) contribuer à la moralisation de l'activité politique par une plus grande transparence ; v) promouvoir la vertu de l'égalité de traitement ; vi) doter les partis politiques d'un minimum de moyens pour le financement de leurs activités politiques.

[38] Article 7 de la loi n° 08/005 du 10 juin 2008 portant financement public des partis politiques.

électorale. Il est fixé à 2 % de la totalité des recettes à caractère national revenant à l'État[39].

Dans tous les cas, la subvention allouée aux partis politiques à titre de financement de leurs activités ou de remboursement des dépenses des campagnes électorales doit être répartie entre les partis représentés, au moins à une des assemblées délibérantes, proportionnellement au nombre de leurs élus[40].

c. De l'avantage d'un statut plus attractif pour l'opposition

D'après les dispositions des articles 4 et 5 de la loi sur le statut de l'opposition, le droit à l'opposition est reconnu à tout parti ou regroupement politique. Appartient à l'opposition, le parti ou le regroupement qui ne participe pas à l'exécutif. Est (sont) réputé(s) avoir renoncé au bénéfice du statut de l'opposition le parti ou les regroupements politiques qui acceptent de partager les responsabilités de l'exécutif national, provincial ou local[41].

Lors de leur constitution, les groupes parlementaires au niveau national, provincial et local font une déclaration d'appartenance à la majorité ou à l'opposition, auprès de leurs bureaux respectifs. Les partis politiques non représentés à l'Assemblée nationale, au Sénat et aux assemblées provinciales et locales font la déclaration de leur appartenance à l'opposition ou à la majorité auprès du ministère ayant les Affaires intérieures dans ses attributions[42].

Les partis politiques de l'opposition exercent leurs activités conformément à la Constitution, aux lois et règlements de la République.

Sans négliger les divers devoirs qui s'imposent à l'opposition, il est primordial d'insister sur le fait que les chefs des partis et des groupements politiques de l'opposition, à différents niveaux, sans que cela ne puisse entraîner un quelconque engagement, sont reçus, à leur demande ou à l'initiative des autorités, par les autorités nationales, provinciales et locales, ou par leurs représentants. De même, les chefs de partis et regroupements politiques de l'opposition peuvent recevoir ou être reçus par les missions diplomatiques accréditées ou les personnalités officielles en République démocratique du Congo[43].

Les groupes parlementaires de l'opposition politique jouissent d'un droit de représentation proportionnelle au sein des institutions où ils siègent. Cette représentation leur est aménagée explicitement par le Règlement intérieur de la

---

[39] Article 9 de la même loi.

[40] Précisons que les assemblées délibérantes visées ci-dessus sont : i) l'Assemblée nationale, ii) le Sénat, iii) l'Assemblée provinciale, iii) le Conseil urbain, iii) le Conseil municipal, iv) le Conseil de secteur ou de chefferie. Les listes des élus par parti politique sont fournies par les bureaux respectifs de ces assemblées.

[41] Loi n° 07-008 du 4 décembre 2007.

[42] Pendant l'état d'urgence où l'état de siège proclamé conformément aux articles 85 et 86 de la Constitution, les droits des partis de l'opposition ne peuvent être suspendus ou restreints que dans les mêmes conditions que les autres partis, et ce, conformément à l'article 61 de la Constitution.

[43] Article 13 de la loi n° 07-008 du 4 décembre 2007 sur l'opposition.

Chambre parlementaire à laquelle ils appartiennent. Ce quota concerne aussi bien le Bureau des assemblées que des commissions permanentes.

La loi portant statut de l'opposition insiste pour que les activités des partis politiques de l'opposition bénéficient d'une couverture médiatique par les organes publics de presse dans les mêmes conditions que les partis de la majorité ou du pouvoir. À cet effet, un citoyen jouissant de ses droits civils et politiques ne peut faire l'objet d'aucune discrimination, notamment pour l'accès aux fonctions publiques autres que politiques, motivées par son appartenance à un parti ou à un regroupement politique de l'opposition, ni pour ses opinions politiques.

La constitutionnalisation des droits de l'opposition conduit à leur conférer un caractère sacré en vue d'enraciner la stabilité du système politique. L'opposition devient, au même titre que la majorité, dans un rôle différent, certes, mais tout aussi essentiel, un élément clé de notre système démocratique, fondé sur l'alternance au pouvoir et la reconnaissance de la différence.

Le critère de définition et de distinction de l'opposition repose sur les seuls aspects institutionnels et donc démocratiques. Ils sont en fait les seuls à être opérationnels, tant il est vrai que les aspects sociologiques, tout aussi importants, ne peuvent fonder démocratiquement et sans contestation la définition et la distinction de l'opposition.

Il faut noter que l'opposition extra-parlementaire est reconnue et jouit de tous les droits ouverts aux partis politiques dans le cadre des libertés établies à cet effet.

La différenciation des niveaux d'opposition tient compte de l'organisation politique du pays, qui a vu se démultiplier des niveaux de délibération au niveau national, provincial et local. À chacun de ces niveaux de pouvoir correspond une expression de l'opposition qui ne coïncide pas nécessairement avec le niveau national. Cependant, à chacun de ces niveaux existe une minorité politique qui doit s'exprimer sur des sujets importants de la vie de la cité. C'est ce qui justifie l'étendue de la loi qui s'applique également aux niveaux provincial et local.

Les droits et devoirs de l'opposition sont codifiés suivant un équilibre qui reconnaît à la majorité le droit constitutionnel de gouverner, dans un climat apaisé, et à l'opposition le droit de critiquer l'action gouvernementale et de contribuer à l'amélioration de la conduite des affaires de l'État, notamment par la participation efficace à l'exercice du contrôle parlementaire.

L'opposition politique est organisée par un Règlement intérieur adopté par les groupes parlementaires de l'opposition à l'Assemblée nationale et au Sénat. La question du leadership de l'opposition est abordée dans le chapitre III qui organise le principe de la désignation démocratique du porte-parole de l'opposition au sein de l'opposition parlementaire et extraparlementaire. La qualité de porte-parole ne lui confère nullement une quelconque autorité sur les autres formations politiques de l'opposition ; elle lui accorde plutôt un droit de représentation de l'opposition, sans renier son caractère pluriel.

Enfin, les droits reconnus à l'opposition font l'objet d'une protection par un dispositif pénal qui sanctionne leurs violations. L'usage de la violence contre l'opposition dans la conduite de sa lutte est proscrit et entraîne des sanctions pénales. L'objectif affiché est de dissuader les comportements antirépublicains visant à supprimer un des rouages importants de notre paysage institutionnel. Ces comportements étant souvent une source de déstabilisation du pays, ils doivent être définitivement bannis de notre espace politique. C'est pourquoi le dispositif pénal vient ici en garde-fou contre les tentations de dérive.

d. Pour une loi portant cadre de concertation permanent entre le pouvoir et l'opposition

Plusieurs pays à travers l'Afrique ont doté leurs espaces politiques d'un mécanisme *sui generis* de dialogue politique[44] inventé par la classe politique. Au Niger, par exemple, il a été créé le Conseil national de dialogue politique[45]. Ce dernier est un cadre permanent de préventions, de règlement et de gestion des conflits politiques à travers le dialogue et la concertation entre la classe politique, toutes les tendances confondues, et le gouvernement autour des questions d'intérêt national[46].

Le Conseil regroupe tous les partis politiques légalement reconnus et répartis en trois regroupements politiques à savoir : la mouvance présidentielle (majorité au pouvoir), les partis politiques de l'opposition et, enfin, les partis politiques non affiliés (censés n'appartenir ni à la majorité ni à l'opposition)[47].

Ce cadre de concertation est placé sous la présidence du Premier ministre, chef du gouvernement, secondé de deux vice-présidents, à savoir : le chef de file de l'opposition et celui de la majorité. Y siègent aussi les grands témoins qui sont des personnalités assez représentatives de la société civile, désignées *intuitu personae*, et qui participent à ses réunions, en cas de besoin, pour apporter leur contribution sur des questions bien précises. Les décisions sont prises par voie de consensus par les représentants de toute la classe politique, tel sous l'arbre à palabres africaines ; ce qui, *a priori*, exclut tout conflit dans la mise en œuvre.

Des chercheurs et hommes politiques y voient tout particulièrement les vertus du consensus. Le politologue béninois Édouard Kodjo le qualifie de « consencratie », qui signifie la gouvernance démocratique par le consensus, adaptée aux réalités africaines.

L'idée est certainement noble, mais le bilan démontre que le credo du consensus fait de plus en plus défaut au sein de cet organe. De profondes

---

[44] Le dialogue en Afrique est une valeur acceptée par les communautés qui constituent leurs nations. La politique est aussi régentée par la culture de l'arbre à palabres. Ici, la difficulté demeure le reniement de sa parole ; le dialogue n'étant nullement codifié. On peut prendre pour exemple l'accord de l'opposition politique signé à Genève entre Jean-Pierre Bemba, Félix Tshisekedi, Moïse Katumbi, Martin Fayulu, Vital Kamerhe, etc., et la suite de cet engagement renié dans la foulée.

[45] Par le décret n° 2004-030/PRN du 30 janvier 2004.

[46] Cette institution a suscité beaucoup d'admiration de plusieurs autres États africains, dont la République du Tchad.

[47] ABOURAHAMANE OUMAROU, *Partis politiques et État de droit en Afrique*, *op. cit.*, pp. 151 et s.

divergences sont régulièrement apparues en rapport avec la convocation et avec l'ordre du jour des réunions. Quand l'ordre du jour doit aborder les questions de fonds touchant à la survie politique du pouvoir, de véritables pommes de discorde sont régulièrement observées, le pouvoir et l'opposition ne cessant de se regarder en chiens de faïence.

Certes, en République démocratique du Congo, depuis la Conférence nationale souveraine, au début des années 1990, des dialogues entre Congolais se sont multipliés, de façon ponctuelle, sans avoir réussi à se constituer en cadre permanent d'échanges républicains. Sanctuaire de transhumance, ces cadres se sont soldés par un partage de pouvoirs et responsabilités, soit pour légaliser un dépassement de mandat, soit pour le justifier, mettant le peuple complètement de côté[48].

Il est peut-être venu le temps de penser à un cadre de dialogue permanent (non pour que ce dernier remplace les élections, qui constituent le seul cadre de désignation des représentants du peuple) qui, loin d'être une structure de partage des gâteaux, devrait plutôt servir à la résolution et à l'anticipation des préoccupations touchant à l'intérêt général.

§2e. Les réformes normatives sur les partis politiques

D'emblée, il convient de préciser que la loi sur les partis politiques est antérieure à la Constitution du 18 février 2006. Elle a été adoptée en application de la Constitution de la transition du 4 avril 2003, élaborée dans un contexte particulier, différent de celui ayant conduit à la promulgation de l'actuelle Constitution.

La consécration d'un *Nouveau droit constitutionnel congolais des partis politiques* est subordonnée à l'appréhension de la question des réformes constitutionnelles sur les partis politiques (A), avant celles organiques (B).

A. Les réformes constitutionnelles sur les partis politiques

Pour appréhender l'urgence de construire des réformes constitutionnelles relatives aux partis politiques, il est nécessaire d'en évaluer la portée par l'intérêt de consacrer un droit constitutionnel congolais des partis politiques et son lien avec les valeurs du constitutionnalisme.

---

[48] Pour aller plus loin sur les dialogues ayant émaillé l'histoire politico-institutionnelle de la République démocratique du Congo, BAHOZE BARAKA, O., « Soixante ans d'accords et (dés)accords : la République démocratique du Congo entre raison de la force et force de la raison », *in* BARAKA AKILIMALI, J. et MAKUNYA MUHINDO, T. (dir.), *L'État africain et la pratique postcoloniale. Repenser 60 ans d'alternative institutionnelle et idéologique sans alternative socio-économique*, Paris, L'Harmattan, 2021, pp. 153-183.

1. Les raisons des réformes : pour la revalorisation des missions des partis politiques

Les réformes constitutionnelles aux fins de formalisation d'un droit constitutionnel des partis politiques ont vocation à poser les jalons d'une branche autonome en droit public (a) qui ne s'écarte pas de l'objectif poursuivi par le constitutionnalisme (b). Cela invite la question de *l'intérêt scientifique de réformer.*

a. De l'intérêt de consacrer le droit constitutionnel congolais des partis politiques

L'intérêt de formaliser le droit constitutionnel congolais des partis politiques s'apprécie davantage à travers les réformes nécessaires à la Constitution qu'il importe de passer en revue.

La préoccupation majeure qui se dégage de la grille des réformes nécessaires à la Constitution consécutivement aux partis politiques est de jeter les bases d'une nouvelle branche du droit constitutionnel, celle des partis politiques. Pour ce faire, la plus grande réforme à opérer demeure la révision de la Constitution, à son article 220. Mais il faut noter que cette disposition est intangible. Néanmoins, cette intangibilité devient relative si son déverrouillage participe d'une réforme positive de consécration, de renforcement ou d'encadrement des libertés.

En d'autres termes, la nécessité des réformes est dictée par le vœu de l'encadrement du multipartisme congolais. Il s'agit de proposer à quatre grandes formations politiques, partant d'une classification universellement admise en droit des partis : partis de gauche, de droite, du centre et que toutes les autres idéologies non alignées constituent un bloc. Allusion faite aux partis écologistes, animistes, etc.

Cette idée est d'autant plus soutenable que jusqu'à présent, aucune formation politique n'a eu à proposer une nouvelle recette politique qui s'éloigne théoriquement de la classification idéologique de gauche, de droite, ou du centre. L'ensemble des autres partis non classifiés, autrement qualifiés de « *non alignés* », constitue plutôt de groupuscules qui insistent sur un aspect soit du socialisme, soit du libéralisme ou de la démocratie, selon qu'on veut accorder plus d'attention à la nature, pour sa protection ou selon qu'on insiste sur la protection de l'environnement ou des animaux.

Pour y parvenir, nous proposons une élection générale qui mettra aux prises tous les partis, au terme de laquelle les quatre premières formations politiques pourraient être retenues. À cet effet, le ministère de l'Intérieur procèdera au retrait des agréments des autres partis qui seront dissous de droit. Les individus qui faisaient partie d'autres partis politiques devront faire le choix d'adhérer à un des quatre partis qui auront le droit d'opérer comme tel. Ces quatre formations retenues doivent battre campagne à partir des idéologies classifiées et des projets de sociétés.

Il n'est pas soutenable qu'à l'instar des églises qui, tout en prêchant un même Dieu, se comptent à plusieurs milliers, les partis politiques qui doivent exercer dans un environnement régulé pour se proposer en leviers incontournables de la gouvernance, quoiqu'ayant une même idéologie, se dénombrent à plusieurs centaines, constituant ainsi des *ligablos* d'essence familiale et des instruments de marchandage et de confection de la politique du ventre.

Aussi, il est nécessaire d'instaurer un droit disciplinaire des partis politiques. Ce dernier devra viser la dissolution de plein droit de tout parti ou regroupement politique qui n'obtiendrait aucun élu au terme d'un cycle électoral. Cette sanction aura comme corollaire l'interdiction à tous ses membres fondateurs d'adhérer à une autre formation politique ou d'en créer une dans les dix ans qui suivent à dater de leur déchéance.

C'est en définitive la Constitution, la loi et, éventuellement, les règlements qu'il faut viser pour pourvoir à un régime souple et fonctionnel pour les partis politiques appelés à contribuer efficacement à l'avènement de l'État de droit constitutionnel intrinsèquement attaché au constitutionnalisme, dont le lien mérite aussi d'être évoqué et analysé.

b. Le droit constitutionnel des partis politiques et le constitutionnalisme

Le constitutionnalisme, tel que précédemment circonscrit, insiste sur la démocratie comme le canal par lequel, au nom du principe de la souveraineté, les dirigeants politiques sont choisis par le peuple. Dans ce processus, eu regard à leurs missions constitutionnelles, les partis politiques jouent un rôle de premier plan.

Dès lors, la constitutionnalisation de la mission des partis politiques, aujourd'hui embryonnaire et insuffisante, mérite d'être renforcée. Il s'agit, *en substance*, de déverrouiller l'article 220 de la Constitution pour remplacer le pluralisme politique ouvert, politiquement pervers, par un multipartisme encadré, scientifiquement rationalisé. Aussi, il est loisible de revoir l'écriture constitutionnelle en conditionnant le fonctionnement des partis politiques par l'éducation civique de ses membres. Autrement dit, il est question de renforcer les missions des partis politiques aussi bien vis-à-vis de la population que de l'État.

Les infractions liées à la création, à l'organisation et au fonctionnement des partis politiques méritent également d'être constitutionnalisées. Si l'idée de ramener le nombre des partis à quatre est complexe, il est possible de proposer une solution de suppression pratique. Par ailleurs, un parti politique qui, au terme d'un cycle électoral, n'aura obtenu aucun siège devrait être dissout de plein droit et ses animateurs comme ses membres effectifs perdront le droit d'adhérer à une autre formation politique et encore moins d'en créer une, pendant un délai de dix ans.

Ce train de mesures aura le mérite de contraindre les partis à l'association, à telle enseigne que l'exigence du seuil de représentativité consacrée par la loi électorale serait sans objet. Ce qui participerait de la vivacité de la démocratie sous une surveillance orthodoxe.

On le voit, le nombre des partis politiques n'est toujours pas à confondre avec le multipartisme bien compris. Au contraire, des formations politiques partageant une même idéologie mais enregistrées sous des arrêtés distincts relèvent plutôt de ce que nous qualifions de monomultipartisme[49].

D'où la légitime interrogation : comment peut-on justifier que le PPRD et l'UDPS, tous socio-démocrates soient toujours, l'un dans l'opposition et l'autre dans la majorité ?

Revenant à la question de l'opposition ; il faut faire remarquer que contrairement à la loi sur les partis politiques, antérieure à la Constitution, celle relative à l'opposition politique a été élaborée et adoptée en 2007. Elle est censée, en principe, s'adapter à la volonté du constituant originaire.

En déphasage avec le prescrit de l'article 8 de la Constitution, l'opposition politique fonctionne et traverse une misère politique indescriptible, de telle sorte qu'il est urgent d'envisager des réformes.

2. La Constitution du 18 février 2006 et le multipartisme rationalisé

Au regard de l'échec des partis politiques à consolider la construction d'un État de droit constitutionnel en RDC, la Constitution devrait consacrer un pluralisme rationnel, limitant le multipartisme à quatre formations politiques. L'institution d'un pluralisme rationnel implique la révision de l'article 6 et le déverrouillage de l'article 220 qui consacre un pluralisme intégral aux conséquences perverses.

En effet, l'évolution, en droit constitutionnel, rentre parmi les paramètres qui sous-tendent cette discipline. La leçon à tirer ici loge dans le décor que plante Henri Simonart, lorsqu'il écrit que « le livre se veut à la fois une réflexion critique des théories sur le pouvoir constituant, sur le pouvoir de révision, mais aussi et surtout, une contribution prospective en vue de parvenir à asseoir, dans les faits, un véritable État de droit constitutionnel, assurant la primauté effective du droit. L'effectivité du droit, singulièrement du droit constitutionnel qui régit le statut et l'action des titulaires du pouvoir et consacre les droits fondamentaux des citoyens… »[50].

Il y est soutenu aussi que les critiques portées contre les partis politiques tirent leurs sources « du registre dit de dysfonctionnement curable, notamment,

[49] Le *monomultipartisme* est un néologisme qui désigne un multipartisme pervers, empruntant du peu, du système monopartisan et du système multipartisan. Dans ce système, des structures qui, au regard de leurs idéaux, devraient être ensemble pour former un même parti sont éparpillées pour des intérêts politiques.

[50] SIMONART, H., « Préf. », *in* BOSHAB, E., *Entre la révision de la Constitution et l'inanition de la nation*, *op. cit.*, pp. 5-6.

l'instabilité de la norme constitutionnelle, la marginalisation de l'alternance par l'usage de plusieurs subterfuges et la trahison des élites »[51].

Ainsi, aucune institution ne peut construire sa valeur si la Constitution qui en constitue le soubassement n'a pas de solidité et de stabilité. Sa désacralisation est au cœur de toutes les crises politiques et institutionnelles. C'est pourquoi le débat sur la norme constitutionnelle et sa crise intéresse particulièrement les chercheurs en droit constitutionnel.

Engagé dans la question, Jacques Djoli estime que « la crise constitutionnelle en République démocratique du Congo est d'abord celle de la norme constitutionnelle en soi et, plus particulièrement, des valeurs qu'elle véhicule et qui la fondent. Cette crise pose fondamentalement la question du devoir d'obéissance naturelle et spontanée à la norme, la reconnaissance de la supériorité transcendantale des mécanismes d'une dimension invisible et anthropologique : un droit qui ne se fonderait pas sur un récit, sur une mystique constitutionnelle de représentation collective serait un droit étranger et faible »[52] : « le droit n'existe que par des hommes et pour des hommes installés sur un territoire »[53].

En outre, soulignons-le, par une éducation civique et une culture politique construite, les partis politiques sont à même de consolider la stabilité de la norme constitutionnelle, en renforçant le verrouillage des dispositions intangibles tout en tenant compte de l'évolution socio-anthropologique. Toute société étant dynamique, c'est tout le sens du déverrouillage positif de l'article 220.

Autant, il faut insister sur le rapport étroit qui se dessine entre les partis politiques, la norme constitutionnelle et l'alternance démocratique.

Sur ce, considérée comme opération entrainant « la permutation de deux partis ou de deux coalitions au pouvoir et dans l'opposition »[54] à la suite d'une compétition électorale, l'alternance en démocratie pluraliste détient le secret du renforcement de la légitimité d'un régime politique, quoiqu'elle ne constitue pas la seule forme de démocratie, puisque les démocraties co-associatives[55] font exception.

Dans une dialectique comparée, il est soutenu que « l'alternance est, pour, par exemple, Valéry Giscard d'Estaing, le critère pertinent pour apprécier, si un régime politique est oui ou non, démocratique : "Un régime admet-il l'existence d'une opposition effective, disposant de la possibilité de devenir à son tour la majorité ? Il est réellement démocratique et populaire. La refuse-t-il ? Dans ce cas, quelles que soient les justifications avancées, il n'est ni populaire ni démocratique" »[56], affirmait-il.

---

[51] *Idem*, p. 375.

[52] DJOLI ESENG'EKELI, J., *Droit constitutionnel : expérience congolaise*, *op. cit.*, p. 241.

[53] PONTIER, J.-M., « La problématique du territoire et du droit », *in* DOAT, M. ; Le Goff, J. et PEDROT, Ph. (dir.), *Droit et complexité pour une nouvelle intelligence du droit*, Rennes, Presses universitaires de Rennes, 2007, pp. 39-62, p. 39, cité par DJOLI ESENG'EKELE, J., préc., p. 241.

[54] QUERMONE, J.-L., *L'alternance au pouvoir*, Paris, Montchrestien, PUF, 2e éd., 2003, p. 8.

[55] *Idem*, p. 13.

[56] GISCARD D'ESTAING, V., *Démocratie française*, Paris, Fayard, 1976, p. 147.

Il y a lieu de souligner que toutes ces questions sont censées trouver des réponses adéquates à partir des réformes fondamentales relatives aux partis politiques.

Le deuxième débat est relatif aux missions et cadres juridiques des partis politiques dans leurs rapports avec les regroupements politiques, les institutions d'appui à la démocratie comme la Commission électorale nationale indépendante (CENI) et la Cour constitutionnelle ainsi qu'avec d'autres institutions étatiques.

Cette question est d'autant plus pertinente qu'à notre avis, l'érection des regroupements politiques ou plates-formes électorales en acteurs concourant à l'expression du suffrage en lieu et place des seuls partis politiques est contraire à la Constitution.

Abordant le débat sur la recomposition numérique des députés au sein de l'Assemblée nationale, Eugène Banyaku Luape évoque la question précitée. Pour l'auteur, « il est établi légalement une différence entre l'exercice normal et permanent de l'activité politique des partis et l'exercice pour la conquête du pouvoir lors des compétitions électorales par des regroupements politiques ou les plates-formes électorales.

La différence réside en ce que, d'une part, les partis politiques bénéficient de la nature juridique qui leur accorde la qualité d'exercer légalement et de manière permanente l'activité politique tout au long de leur existence formelle ; et, d'autre part, les regroupements politiques et les plates-formes électorales dont l'exercice de l'activité politique se limite seulement, pendant la campagne électorale et au cours du déroulement du scrutin jusqu'à la proclamation des résultats définitifs, justifiant ainsi la nature factice et temporaire de leur existence formelle »[57].

L'intelligence de l'article 6 de la Constitution congolaise du 18 février 2006 jette la base juridique de l'institution des partis politiques comme seules entités autorisées à concourir à l'expression du suffrage.

Dès lors, quel est le soubassement juridique de la participation des regroupements politiques à l'expression du suffrage ?

Les opérateurs politiques ont toujours nourri l'appétit de contrôler l'organisation des élections, y compris lorsque cela implique de contourner les lois si elles se posent en obstacles. C'est la raison pour laquelle, dans le vœu de rafler le plus de sièges à l'Assemblée nationale, la majorité a introduit dans la loi électorale la notion de seuil de représentativité, exigeant aux partis de se regrouper au sein de regroupements politiques, omettant que les regroupements sont en réalité des associations ou des coalitions momentanées formées au gré de la conjoncture politique, parfois sur base d'un simple protocole d'accord.

L'article 8 de la Constitution prévoit que *l'opposition politique est reconnue en République démocratique du Congo. Les droits liés à son exercice, à ses activités et à sa lutte pour la conquête démocratique du pouvoir sont sacrés. Ils ne peuvent subir de limites que celles imposées à tous les partis et activités*

---

[57] BANYAKU LUAPE EPOTU, E., *Recueil, op. cit.*, p. 3.

politiques par la présente Constitution et la loi. Cette disposition constitutionnelle n'est pas respectée, ni dans sa lettre, ni dans son esprit. La fonction et les droits de l'opposition politique sont banalisés par les autorités politiques.

La fonction de l'opposition est marginalisée dans les États démocratiques en construction. Pourtant, toute gouvernance a besoin de contradiction positive, du débat politique, de l'échange de points de vue pour s'améliorer. C'est dans ce sens qu'il faut « *situer son action dans le prolongement du parti politique partageant un certain nombre de valeurs au service de la critique du gouvernement, de la conquête et de l'exercice du pouvoir* »[58].

Les critiques formulées par l'opposition doivent être faites dans un cadre institutionnel et juridique, afin que ces efforts soient inscrits dans la dynamique d'une alternance démocratique et politique. Cela implique que le pouvoir public en saisisse la portée et la place dans son exercice. Banaliser ainsi le fonctionnement de l'opposition politique, c'est méconnaître un des socles primaires de l'exercice démocratique. L'opposition est, de ce fait, l'antichambre du pouvoir.

En effet, dans un régime démocratique, « *l'opposition remplit la fonction politique de contre-pouvoir et celle pédagogique de ses membres. En dehors de sa vocation à représenter la minorité du corps électoral aux assemblées délibérantes, l'opposition politique se doit de surveiller et contrôler l'action gouvernementale* »[59].

Pour Nabli, « *l'opposition politique constitue un contre-pouvoir* »[60]. Sa présence, réaffirme Jean-Louis Esambo, « *permet d'éviter l'autoritarisme de la majorité au pouvoir. À cette fin, l'opposition politique dispose d'importants moyens de contrôle sur le gouvernement, les entreprises publiques et les établissements publics. Ainsi, au-delà de la fonction de contre-pouvoir, la reconnaissance de l'opposition politique participe de la consolidation du pluralisme et du renouvellement du personnel politique. Lorsque, en effet, la majorité au pouvoir perd les élections, une nouvelle génération d'hommes politiques nait, elle se prépare à assumer les fonctions politiques importantes à l'occasion d'une nouvelle victoire électorale et que c'est la désorganisation de l'opposition qui cesse d'être un contrepoids parmi les forces d'accompagnement et de consolidation des actions de la majorité au pouvoir* »[61].

Les acteurs politiques qui font le choix de l'opposition doivent mesurer le niveau d'engagement politique qui est le leur, dans la promotion d'une nouvelle classe politique et d'un nouvel ordre politique.

---

58 DJOLI ESENG'EKELI, J., « Problématique de l'opposition politique en Afrique noire postcoloniale : cas de la RDC : mythe ou réalité », *in* BAKANDEJA WA MPUNGU, G. ; MBATA MANGU, A. ; KIENGE KIENGE, R., *op. cit.*, p. 85.

59 ESAMBO KANGASHE, J.-L., *Traité de droit constitutionnel congolais, op. cit.*, p. 288.

60 NABLI, B., « L'opposition parlementaire : un contre-pouvoir saisi par le droit », in *Pouvoirs* n° 133, Paris, Seuil, 2010, p. 127.

61 ESAMBO KANGASHE, J.-L., *Traité de droit constitutionnel congolais, op. cit.*, p. 289.

D'où la deuxième fonction de l'opposition politique qui est pédagogiquement d'éducation civique et politique, aussi bien pour ses fondateurs que ses membres sympathisants.

Kitenge Mpange affirme avec raison que « si, depuis 1960, l'État colonial Bula-Matadi (le briseur de rochers) a bien cédé le pas à l'État souverain d'une République, *Res Publica* (la chose publique), le serin national s'est aussitôt craquelé, puis a disparu sous les orages, tempêtes et tensions centrifuges des 350 tribus intégrant le pays. Cette maladie sociale dégénérative s'apparente à la schizophrénie, soit une discordance entre la pensée de l'individu et le monde qui l'entoure.

Le Congolais est dyssocial. Sa logique première, collectivisme et consensus tribaux, s'est dédoublée, par la force de l'histoire, d'une seconde logique contradictoire de promotion individualiste et de démocratie à l'Occidental. L'auteur précité renchérit qu'écartelé entre deux loyautés, celle à sa petite patrie, la tribu, et celle de la grande patrie, la Nation, il ne peut servir deux maîtres à la fois. La nation a perdu face à la tribu instrumentalisée en tribalisme parfois par les élites politiciennes en mal de pouvoir »[62].

De ce qui précède, l'éducation de la population n'étant pas l'apanage du seul parti ou de la seule coalition au pouvoir, l'opposition politique doit inscrire ses actions dans la durée. Toutefois, son immobilisme conduit au manque d'anticipation sur les enjeux politiques qu'elle subit plutôt que de les gérer, réduisant ainsi ses chances d'accession au pouvoir[63]. Ce qui conduit au questionnement sur l'idée de savoir si la banalisation de l'opposition politique et de ses droits ne trouve pas son fondement dans le silence loquace du constituant.

Le constituant congolais est-il silencieux face à la problématique de la mise en œuvre du statut de l'opposition politique ? Un questionnement aussi important ne peut trouver de réponse que dans l'analyse minutieuse de la loi qui régit ce statut.

En effet, la Constitution[64] reconnait l'opposition politique ainsi que les droits liés à son existence, à ses activités et à sa lutte pour la conquête démocratique du pouvoir politique. La Loi fondamentale sacralise ainsi, aussi bien le statut juridique de l'opposition politique que les droits y afférents. À ce niveau déjà, nous pensons que la Constitution aurait dû pénaliser toute volonté à violer ces droits sacrés, compte tenu de la fragilité de notre apprentissage démocratique et de l'absence, à peine voilée, d'une volonté politique à construire une opposition en même de faire le contrepoids du pouvoir. Il s'agit là d'un silence coupable du constituant.

Quant à la loi portant statut de l'opposition, ce texte fait ressortir que depuis 1960, la République démocratique du Congo a traversé plusieurs crises politiques qui ont mis à mal la cohésion nationale et les libertés publiques. L'acceptation

---

[62] KITENGE MPANGE, D., *Le double agenda de la RD Congo : tribus ou Nations ?*, Paris, L'Harmattan, 2007, page de couverture.

[63] ESAMBO KANGASHE, J.-L., *Traité de droit constitutionnel congolais*, *op. cit.*, p. 290.

[64] Article 8 de la Constitution du 18 février 2006.

réciproque du pouvoir et de l'opposition a souvent fait défaut pour assurer une démocratie apaisée. La mise en place d'un statut de l'opposition politique en République démocratique du Congo est une innovation de son système politique.

Pour nous, cette évolution soulignée est un chapelet de bonnes intentions, ne tenant nullement compte des contours autocratiques qui sous-tendent le fonctionnement de nos institutions politiques et notre gouvernance publique.

C'est le cas, par exemple, du droit de manifester qui est bafoué par le pouvoir public. Pourtant, notre droit a opéré, depuis la Constitution de 2006, une mutation de régime en abandonnant le régime de l'autorisation pour celui de l'information.

Bien que l'on puisse reprocher au constituant de n'avoir pas assorti l'inobservance des droits de l'opposition des sanctions pénales, il faut tout de même mettre en exergue « *l'objectif qui était celui de contribuer à l'avènement d'une démocratie faite de tolérance, d'acceptation de l'autre et de débat, sur fond d'un pacte républicain garantissant effectivement l'alternance démocratique au pouvoir en donnant à l'opposition une visibilité sociale et institutionnelle conforme à son poids démocratique dans le pays* »[65].

Du point de vue du droit pénal constitutionnel, notre critique est tempérée, quoique pas de manière spécifique, en ce sens qu'en conférant aux droits de l'opposition politique un caractère sacré, le Constituant a reconnu à son existence et à son statut une valeur constitutionnelle en vertu de ses articles 7, 8 et 220.

Ainsi, l'article 7 de la Constitution dispose que l'institution, sous quelque forme que ce soit, d'un parti unique sur tout ou partie du territoire est une infraction imprescriptible de haute trahison punie par la loi.

Plus fondamental est que « *si l'interdiction du parti unique n'est pas une innovation en droit constitutionnel congolais, l'orientation pénale du constituant est une nouvelle caractéristique tirée de l'expérience antérieure où la hardiesse des tenants du pouvoir foulait aux pieds les valeurs et principes fondamentaux de la République* »[66]. Étant une disposition clef du nouvel ordre constitutionnel, l'article 220[67] introduit le pluralisme politique dans les matières substantielles ne pouvant faire l'objet d'aucune révision.

Par-delà ce que nous avons qualifié de silence loquace du constituant, il y a nécessité d'identifier les formes d'opposition politiques prévues par le constituant congolais.

La loi sur le statut de l'opposition politique a essuyé des critiques. Certains auteurs ont soutenu que la procédure de son adoption était entachée d'inconstitutionnalité. En effet, s'agissant, en vertu de l'alinéa 2 de l'article 8 de la Constitution, une Loi organique, elle ne pouvait être adoptée que conformément

[65] Exposé des motifs de la loi n° 07/008 du 4 décembre 2007 portant statut de l'opposition politique.

[66] Exposé des motifs de la loi n° 07/008 du 4 décembre 2007 portant statut de l'opposition politique.

[67] Article 220 al. 1er de la Constitution du 18 février 2006 : « *La forme républicaine de l'État, le principe du suffrage universel, la forme représentative du gouvernement, le nombre et la durée des mandats du président de la République, l'indépendance du pouvoir judiciaire, le pluralisme politique et syndical ne peuvent faire l'objet d'aucune révision constitutionnelle* ».

à la procédure spéciale et au quorum particulier. L'article 124 de la Constitution dispose que « *les lois auxquelles la Constitution confère le caractère de Loi organique sont votées et modifiées à la majorité absolue des membres composant chaque chambre* »[68]. D'après Jean-Louis Esambo, « *le législateur a préféré un raccourci, évitant même de l'intituler comme tel pour échapper au contrôle préalable de constitutionnalité* »[69].

Sur la question des formes d'opposition, le législateur retient deux formes d'opposition : l'opposition parlementaire et l'opposition extra-parlementaire[70].

L'opposition est dite parlementaire lorsqu'elle s'exerce au sein des institutions et dans un cadre établi. Elle est extra-parlementaire lorsqu'elle s'exerce en dehors du cadre institutionnel. Sa caractéristique particulière, à la différence de la précédente, est de s'exprimer par les discours, manifestations ou autres activités mettant en lumière sa désapprobation face à la politique de la majorité, mais sans aucune conséquence majeure sur l'action gouvernementale ou le fonctionnement normal des institutions[71].

En conclusion, s'autoriser l'audace d'analyser l'instauration d'une démocratie à partir de l'étude des partis politiques relève d'un choix méthodologique complexe. Les réformes courageuses pour la consolidation de la démocratie en République démocratique du Congo ont rarement donné droit de cité à la question des partis.

Le premier constat qui se dégage de cet exercice est que les partis politiques ont besoin d'un cadre institutionnel propice à leur participation à l'instauration d'un État de droit démocratique. Et pourtant, les États africains, en général, et l'État congolais, en particulier, sont encore en quête de cette identité susceptible de créer des conditions favorables à l'épanouissement d'un ordre démocratique.

Cette situation trouve sa source, notamment dans les faiblesses de légitimité qui caractérisent les dirigeants des partis congolais ainsi que dans l'absence de l'autorité de l'État.

Dès lors, la production constitutionnelle africaine ignorant ces espaces réels et les mécanismes de leur articulation naviguent dans un dogmatisme creux et abstrait, préférant s'en servir à l'exégèse, à l'artificialité et à la phraséologie importée. Aussi, l'État moderne, d'essence occidentale, ignore-t-il ces lieux instinctifs, affectifs, irrationnels qui brident et détournent toutes les énergies[72] ?

---

[68] Article 124 de la même Constitution.

[69] ESAMBO KANGASHE, J.-L., *Traité de droit constitutionnel congolais*, *op. cit.*, p. 285.

[70] Article 2 al. 2 de la loi n° 07/008 du 4 décembre 2007 portant statut de l'opposition politique.

[71] ESAMBO KANGASHE, J.-L., *Traité de droit constitutionnel congolais*, *op. cit.*, p. 285.

[72] DJOLI ESENG'EKELI, J., *Droit constitutionnel. L'expérience congolaise (RDC)*, coll. « Comptes rendus », Paris, L'Harmattan, 2013, p. 58. L'auteur utilise l'expression « dualisme » pour faire référence à la « structure étatique classique », opposée aux « structures partisanes ». À ce dualisme se greffe un second dualisme dissolvant entre les « structures officielles » et les « structures cachées ». Pour Jacques Djoli, deux ordres étatiques coexistent dans les pays africains : l'ordre étatique moderne et l'ordre clanique ou ethnique. Les structures réelles du pouvoir fragilisent les structures officielles.

Les cicatrices identitaires de l'État telles que décrites ci-dessus peuvent-elles couronner une expression adéquate de formation politique comme les partis politiques ? Voilà un questionnement fondamental à partir duquel l'on peut soutenir que l'échec de l'État et de ses affiliés naît de la « *parenté appuyée sur la mysticité et la contradiction principale de la société noire postcoloniale. Elle est l'épicentre, la plaque tournante d'un système de paralysies et joue comme un fait matriciel imprimant sa marque paralysante sur tout le reste : elle explique pour une masse d'événements et de phénomènes qui ont alors, par rapport à cette matrice, le caractère de faits induits ou dérivés de la parenté* »[73].

D'où réformer le fondement des partis politiques implique la refondation même de l'État, qui induit la (re)visitation de la Loi fondamentale pour l'adapter à la dynamique de tout fonctionnement institutionnel classique et équilibré. Sur ce, nous avons toujours affirmé que « *donner à l'État un instrument juridique qui encadre la politique et réadapter, par moments, cet instrument* »[74] relève d'une activité normale au sein d'une société dynamique. En effet, tout ce qui est intangible n'est pas du droit, car il faut tenir compte de l'évolution de la mentalité qui nous fait assister à la dépénalisation progressive des infractions d'hier.

Somme toute, les démocraties modernes font du pluralisme politique leur leitmotiv, tant « *l'alternance du pouvoir suppose l'existence du pluralisme politique mais également l'organisation régulière des élections libres et démocratiques qui mettent en place le gouvernement de la majorité dans le respect de l'opposition* »[75]. C'est à partir de cette bipolarité fonctionnelle que se conçoit le pluralisme politique, et que l'opposition a le droit de critiquer ouvertement l'action du gouvernement en vue de contribuer à l'amélioration de la conduite des affaires de l'État[76].

3. La Constitution face à l'opposition politique

La désignation du porte-parole de l'opposition, prévue par la loi portant statut de l'opposition s'est heurtée à plusieurs obstacles. L'absence d'un critérium défini et de modalités claires de désignation fait obstacle pour que l'opposition congolaise trouve enfin une personnalité appelée à la coordonner. Pourtant, la désignation de ce porte-parole aurait permis de rendre le jeu démocratique plus intéressant et plus enrichissant au plus grand avantage de la nation tout entière.

L'argument généralement avancé comme obstacles est la dévolution au Parlement de la compétence de désigner ce porte-parole et la limitation des candidatures aux forces ayant obtenu au moins un siège aux législatives.

---

[73] KAYEMBA N'TUMBA, M., « L'autorégulation sous l'Afrique noire postcoloniale. Impuissance du droit, primauté de la parenté et de la mysticité », Communication au colloque « Droit et développement », in *faculté de droit de l'Université de Kinshasa*, 1981, p. 8.

[74] BOSHAB MABUDJ, E., *Entre la révision de la Constitution et l'inanition de la nation*, *op. cit.*, p. 59.

[75] ESAMBO KANGASHE, J.-L., *La Constitution congolaise du 18 février 2006 à l'épreuve du constitutionnalisme*, *op. cit.*, p. 205.

[76] Articles 2 et 4 de la loi n° 07/008 du 4 décembre 2007 portant statut de l'opposition politique.

Néanmoins, l'absence manifeste de volonté politique n'y est pas étrangère. En fait, le pouvoir n'a point besoin d'une opposition organisée.

Toute déclaration liée au vote du porte-parole de l'opposition s'avère être un vaste projet de bonnes intentions. L'opposition d'hier, qui exprimait les mêmes revendications, excelle aujourd'hui dans les mêmes pratiques qu'elle décriait.

À côté des réformes liées à la Constitution en vue de la formalisation d'un droit constitutionnel congolais des partis politiques, se greffent celles relatives aux autres domaines, à l'instar de la loi organique.

De l'analyse de la loi n° 07/008 du 4 décembre 2007, il transparaît que la reconnaissance des droits et devoirs de l'opposition politique ne semble pas avoir préoccupé le constituant. Jean-Louis Esambo soutient que « *la question n'a pas été abordée avant l'élaboration de la Constitution du 18 février 2006. Il n'a donc pas existé de corps de règles spécifiques garantissant les droits et les obligations de l'opposition* »[77]. D'où l'affirmation soutenable de l'idée suivant laquelle « *l'opposition au Congo se pose en termes de transfert du droit et de la démocratie et que ce transfert du droit dépasse celui du texte juridique pour atteindre le transfert des représentations associées et donc, de la démocratie. Pour tout dire, le droit n'est pas seulement les textes mais surtout ce qu'en font les acteurs* »[78].

Dans cet ordre d'idées, la matérialisation de ce transfert de la volonté du constituant loge, telle que le prévoit la Loi fondamentale, dans la simple consécration de la sacralité des droits et activités de l'opposition politique ainsi que de sa lutte pour la conquête démocratique du pouvoir[79].

Par-delà les critiques, la loi n° 07/008 du 4 décembre 2007 portant statut de l'opposition politique marque l'aboutissement d'un consensus politique émergeant de plusieurs luttes pour la conquête des droits autour des valeurs et principes républicains qui doivent désormais caractériser le système politique congolais. Il s'agit notamment, comme spécifié dans l'exposé des motifs de la loi, du pluralisme politique, de l'alternance démocratique au pouvoir et de la reconnaissance de la différence[80].

Il se dresse un cordon ombilical partant du parti politique à la consolidation d'un État de droit, en passant par l'élu, sa position au Parlement, selon qu'il est de l'opposition ou de la majorité.

Au sujet de l'élu, il convient d'affirmer que le député est, dans l'esprit de l'article 101 de la Constitution[81], libre dans l'exercice de son mandat. Celui-ci

---

[77] ESAMBO KANGASHE, J.-L., *Traité de droit constitutionnel congolais*, *op. cit.*, p. 203.

[78] DJOLI ESENG'EKELI, J., « Problématique de l'opposition politique en Afrique noire postcoloniale : cas de la RDC : mythe ou réalité », *loc. cit.*, pp. 101-102.

[79] Article 8 de la Constitution du 18 février 2006.

[80] Exposé des motifs de la loi n° 07/008 du 4 décembre 2007 portant statut de l'opposition politique.

[81] Article 101, al. 4 de la Constitution du 18 février 2006.

n'est, certes, pas impératif, mais le siège qu'il occupe appartient au parti ou regroupement politique sur la liste duquel il a été élu[82].

B. La nécessaire réforme normative et politique du système partisan congolais

Le multipartisme rationalisé appelle aux réformes liées non seulement aux missions des partis politiques (1), mais aussi à leurs devoirs (2).

1. Réformes relatives aux missions des partis politiques

L'article 5 de la loi sur les partis politiques énumère de manière exhaustive les missions des partis politiques. Elles sont essentiellement limitées à la conquête du pouvoir politique. Il s'ensuit que ces missions ne suffisent pas à faire triompher la cause de l'État de droit démocratique.

Il est important de penser à enrichir les missions d'autres attributs de leur existence à l'échiquier national pour leur faire jouer le rôle qui est véritablement le leur, à la lumière des enjeux mondiaux. Les sujets multiples liés notamment à l'écologie et à la cause humanitaire ne sauraient demeurer indéfiniment le champ d'action de seules ONG. Il est important de repenser le rôle des partis, afin de les rapprocher davantage des réalités quotidiennes de la population.

2. Réformes relatives aux devoirs des partis politiques

Consécutivement aux missions renouvelées des partis politiques, il convient de renforcer le rôle qu'ils sont appelés à jouer dans la conception de la politique de la nation. Ainsi, il serait d'un intérêt majeur d'imposer aux partis politiques une participation aux idées claires qui devraient sous-tendre cette politique. Il pourrait s'agir de communications ponctuelles, mais systématisées, à l'adresse des institutions afin qu'elles se servent du contenu pour la conduite de la nation.

L'analyse de la loi n° 04/002 du 15 mars 2004 indique que le dédoublement des partis politiques est interdit[83]. Aussi, l'introduction de « *regroupement politique* », équivalent de parti politique est une violation de l'article 6 de la Constitution et comporte une grande dérive dans le fonctionnement du système politique, particulièrement dans le système électoral.

Banyaku Luape fait remarquer que « *deux dispositions sur les partis politiques relevées dans la Loi fondamentale et la loi du 15 mars 2004 ne reconnaissent qu'aux seuls partis politiques, la qualité d'exercer l'activité politique et celle de concourir à l'expression du suffrage. Si cette même qualité réservée aux partis politiques revient aux regroupements politiques gigantesques et parfois,*

[82] Article 101, al. 2 de la Constitution précitée.

[83] Article 7 de la loi n° 04/002 du 15 mars 2004 qui dispose qu'aucun parti politique ne peut adopter la dénomination, le sigle, le symbole et autres signes distinctifs d'un autre parti politique déjà enregistré.

illégitimes, par manque d'assises politiques réelles, alors la démocratie en pâtit »[84].

Pour que la démocratie s'installe véritablement, il importe que les institutions publiques accordent une place de choix et une attention particulière aux partis politiques qui sont le socle de l'encadrement civique du citoyen et les seuls canaux autorisés pour concourir à l'activité du suffrage.

C'est ainsi qu'il est nécessaire de repenser la loi relative aux partis politiques, élaborée dans le contexte de la transition, pour la conformer à la logique démocratique du pluralisme intégral auquel la RDC a souscrit depuis l'avènement de la Troisième République.

En effet, toute réforme liée à la loi, dans le domaine des partis politiques, exige un regard rigoureux sur ce que pense la doctrine. Une telle affirmation s'impose au regard de la place que la doctrine occupe au prisme de la vie institutionnelle en RDC, et plus spécifiquement en ce qui concerne les partis politiques.

La fatalité juridique est à trouver dans l'écriture des trois lois électorales du 9 mars 2006, du 25 juin 2011 et du 24 décembre 2017 et dans l'annexe de la loi de 2004 signée le 22 juin 2018 par le ministre de l'Intérieur[85].

En effet, plusieurs dispositions légales se rapportant aux partis politiques ont commencé à faire allusion tout de même aux regroupements politiques, à valeur juridique équivalant aux partis politiques, dans une synonymie juridiquement dangereuse, mieux, inconstitutionnelle.

En questionnant la science du droit, mieux, celle qu'il convient de nommer désormais le droit constitutionnel des partis politiques, il s'affiche que l'introduction par la loi électorale du « regroupement politique » comme acteur de participation à la conquête du pouvoir a été opérée en violation de l'article 6 de la Constitution congolaise du 18 février 2006 ; et en contradiction avec les articles 1, 2 et 3 de la Loi organique portant organisation et fonctionnement des partis politiques qui confèrent à ces derniers la mission exclusive ainsi que la qualité à exercer légalement tant l'activité politique que les prérogatives constitutionnelles de concourir à l'expression du suffrage sur toute l'étendue du territoire.

Tout l'argumentaire de la formalisation législative de cette illégalité n'a été qu'une manche politique de justification d'une forfaiture politicienne.

Les effets de la loi électorale n° 17/03 du 24 décembre 2017 modifiant et complétant la loi n° 06/006 du 9 mars 2006 affirmant, dans son exposé des motifs, la nécessité des regroupements politiques, le souci du législateur qui lisait les

---

[84] BANYAKU LUAPE EPOTU, E., *Recueil*, *op. cit.*, pp. 11-12.

[85] L'article 13 de la loi n° 06/006 du 9 mars 2006 dispose : « *Aux termes de la présente loi, on entend par liste, un document établi par les partis politiques ou regroupements politiques comportant plusieurs noms de candidats. Dans une circonscription électorale à un siège à pourvoir, les partis politiques ou regroupements politiques* ». À son article 14, la loi ajoute : « *Le regroupement politique est défini comme une association créée par les partis politiques légalement constitués en vue de conquérir et d'exercer le pouvoir par voie démocratique* ». L'article 15 de la même loi affirme qu'un regroupement politique ne peut présenter qu'une seule liste.

faiblesses dans le système de la représentation proportionnelle de listes ouvertes à une seule voix préférentielle, notamment l'inflation galopante des partis politiques et des candidatures entrainant l'émiettement des suffrages et la sous-représentativité au sein des assemblées délibérantes, avec un coût financier considérable des élections, n'ont jamais réussi à déconstruire les arguments qui ont milité en faveur du législateur de 2006. Ce choix est visiblement dicté par une volonté d'exclusion politique.

Du point de vue de la légistique, il était plutôt question « d'un correctif du système proportionnel des listes, par le regroupement des acteurs et partis politiques en des grandes composantes ».

Une doctrine soutient que la « loi n° 17/03 du 24 décembre 2017 reprend les mêmes dispositions d'équivalence entre partis et regroupements politiques tout en introduisant insidieusement dans l'article 118 au point 2 de l'alinéa 1er un seuil de représentativité, du nombre total des suffrages valablement exprimés déterminé au niveau national. Au point 4, il est stipulé que seules les listes des partis politiques et regroupements politiques ou des indépendants ayant atteint ou dépassé ce seuil national de 1 % sont admises à l'attribution des sièges.

La même loi introduit une nouveauté sur le relèvement au niveau national de frais de dépôt non remboursable de candidature qui passe de 250 000 francs congolais par liste à 1 600 000 de francs congolais par siège en vertu de l'article 121, au point 2 de l'alinéa 2. Comme au niveau provincial, les frais s'élèvent ostensiblement à 1 000 000 de francs congolais »[86].

Les frais de dépôt comme condition de participation à un scrutin, surtout quand le montant perd sa valeur symbolique pour devenir une source de financement du processus électoral, viole l'esprit de l'article 5, alinéa 4 de la Constitution congolaise du 18 février 2006 et devient une cause d'exclusion de certains individus.

Il sied de préciser que ce débat rappelle tout de même la problématique du financement des partis politiques. Car les assemblées délibérantes sont, depuis plus d'une décennie, constituées des anciens gestionnaires, ministres, mandataires, etc. Parce que les élections exigent, par-delà les stratégies, les moyens conséquents. Ainsi, si les acteurs du jeu électoral vont à cette compétition sans équilibre financier, le peuple effectuera son choix en fonction de cet indicateur qui est loin de répondre aux missions traditionnellement légales d'un élu.

C'est pourquoi, le pouvoir public doit rendre effective la loi portant financement des partis politiques. Cela vaut de même pour l'institutionnalisation effective de la fonction du porte-parole de l'opposition. Autant, ceci fait donc revenir à la surface la question de savoir qui, au regard de la loi portant statut de l'opposition, est un opposant ?

---

[86] BANYAKU LUAPE EPOTU, E., *Recueil*, *op. cit.*, p. 6.

Ce troisième débat, d'actualité sans cesse brûlante, vaut toute sa place dans le cadre de cette dissertation juridique.

L'article 8 de la Constitution du 18 février 2006 prévoit la nécessaire existence d'une opposition politique ainsi que les droits liés à son statut et à sa création, à ses activités et à sa lutte pour la conquête démocratique du pouvoir. Le constituant originaire du 18 février 2006 consacre le principe de la sacralité tant du statut d'opposant ainsi que de ses droits en RDC[87].

La loi[88] portant statut de l'opposition politique a nourri la volonté de promouvoir le débat politique qui est le gage de la vivacité politique et de l'alternance démocratique. Le but poursuivi par cette loi est de consolider la démocratie pluraliste et de favoriser la participation de l'ensemble des forces politiques au renforcement de la conscience nationale et à l'éducation civique[89] dont la portée est toujours singulièrement existentielle.

Pour s'en convaincre, « sorti des limbes et même des nimbes de la sacralité, en ce qu'il n'y a point de citoyen sans sublimation de l'individu, Dieudonné Kaluba Dibwa affirme que les enseignements d'éducation à la citoyenneté semblent y retourner par le biais, non seulement du contexte sociopolitique des États africains, en quête sempiternelle et perpétuelle d'émergence démocratique, mais aussi, dans une configuration mondiale marquée, de plus en plus, par la radicalisation, l'escalade du fondamentalisme et de l'extrémisme religieux qui impriment une aura mystique à cet enseignement »[90].

Le rôle de l'éducation civique au sein des partis politiques, par exemple, est une condition légale mais aussi une nécessité sociale. On ne peut construire de démocratie sans citoyenneté. Dans ce sens, il appert que « la question de la citoyenneté est à l'origine de vives controverses dans les sociétés démocratiques au regard des transformations majeures qui sont vécues et qui se sont accrues, la mondialisation de l'économie ayant largement contribué à modeler différemment les rapports entre les États ainsi qu'entre l'État, les institutions de la société civile et les citoyens.

L'Afrique n'échappe pas aux discours concernant l'établissement de la démocratie et l'exercice de la citoyenneté qu'elle suppose, d'autant plus que les questions soulevées sont nombreuses et stratégiques, eu égard au passé colonialiste de plusieurs États et aux défis du développement social et aux exigences de gouvernance qui s'y rattachent ».

La faiblesse démocratique qui caractérise nos institutions comme symbole des États africains, en général, et de la République démocratique du Congo, en

---

[87] Article 8 de la Constitution du 18 février 2006.

[88] Loi n° 07/008 du 4 décembre 2007 portant statut de l'opposition politique, Kinshasa, in *JORDC*, numéro spécial, 48e année, 10 décembre 2007.

[89] Article 1er al. 2 de la loi n° 07/008 du 4 décembre 2007 portant statut de l'opposition politique, Kinshasa, in *JORDC*, numéro spécial, 48e année, Kinshasa, 10 décembre 2007.

[90] KALUBA DIBWA, D., *Éducation à la citoyenneté. Leçon inaugurale*, Kinshasa, Éditions Eucalyptus, 2017, p. 7.

particulier, provient de la démission de l'élite, de l'absence d'une culture politique et de choix de la classe politique. Il est affirmé que « les intellectuels, dans l'ignorance de leurs choix politiques, constituent une masse amorphe dont l'action parait ambiguë et localisée contradictoirement dans l'espace des classes sociales »[91].

L'idéal démocratique reste donc un projet à réaliser, projet à géométrie variable, s'il est tributaire de l'histoire et de la géographie socioculturelles singulières des États qui y souscrivent et qui sont, en plus, contraints par les aléas du contexte politique d'ensemble à l'échelle nationale et planétaire.

À l'instar de nombreux États africains, la RDC n'est pas à l'abri des questionnements liés à son positionnement politique à l'ère du positionnement postcolonialiste, le choix pour la démocratie proclamé en 1960 et consolidé par l'affirmation du multipartisme en 1990 l'ayant en quelque sorte orienté sur une telle voie[92].

À l'instar d'autres pays africains, la République démocratique du Congo est toujours en quête, paisible ou sanglante, de structures institutionnelles susceptibles de concilier son tempérament et son peuple[93] avec les caractéristiques d'un État moderne. Or, il n'y a pas d'État moderne sans système juridique qui transcende la personnalisation à outrance de la vie politique[94].

Il est inquiétant que plus de soixante ans d'indépendance après, la classe politique ne soit pas en mesure de trancher, tant la forme de l'État que le régime politique de façon définitive. Jacques Djoli Eseng'ekeli l'évoquait déjà dans sa réflexion sur le droit constitutionnel dans son expérience congolaise.

Abordant la problématique des tendances centralisatrices dans la production et la pratique constitutionnelles, il soutient que « *la production constitutionnelle reste dominée depuis 1960 par des tiraillements entre les tenants des tendances fédéralistes et ceux des tendances unitaristes dans l'articulation verticale de pouvoirs et entre les tenants de régime présidentiel et parlementaire dans l'articulation horizontale des pouvoirs. On aboutit à des textes de compromis accordant une large autonomie aux provinces sous forme de fédéralisme administratif ou composite assourdi ou annoncé ou encore de régionalisme constitutionnel mais dans la pratique, il y a une centralisation constante et rampante. Sur le plan horizontal, on navigue le régime parlementaire et le régime présidentiel. Et très souvent, le compromis est trouvé à travers des régimes* sui generis, *mixtes ou semi-présidentiels qui se révèlent souvent comme des coquilles*

---

[91] KABAMBA MBIKAY, A., « Les intellectuels face à la crise de développement du Congo, un questionnement d'internautes », in *Les intellectuels congolais face à leurs responsabilités devant la nation. Mélanges en mémoire du Professeur* A. R. ILUNGA KABONGO, ICREDES, Kinshasa-Montréal-Washington, 2007, p. 237.

[92] KALUBA DIBWA, D., *Éducation à la citoyenneté. Leçon inaugurale*, *op. cit.*, p. 9.

[93] DJELO EMPENGE OSAKO, « Contribution à l'étude des tendances fédéralistes dans l'évolution politique et contemporaine du Zaïre », thèse de doctorat en droit public, Université de Liège, année académique 1973-1974, p. 6.

[94] KALUBA DIBWA, D., *Éducation à la citoyenneté. Leçon inaugurale*, *op. cit.*, p. 9.

vides et par la persistance des tendances présidentielles et la marginalisation des parlements aux compétences émasculées »[95].

Il y a lieu de proposer des réformes qui produisent un régime qui soit le canal de traduction des besoins de la population auprès des dirigeants. L'expérience des crises politiques de 1960 entre Lumumba et Kasa-Vubu, de 2020 entre le FCC et le CACH, comme celle qui se profile à l'horizon entre l'Union sacrée et le FCC, Ensemble pour la République et la société civile devraient servir de repères pour penser aux réformes.

C'est le sens du débat qui a prévalu vers la fin de la coalition FCC-CACH sur la pondération politique entre, d'un côté, le Premier ministre qui détient la majorité parlementaire et le président de la République qui a la majorité présidentielle.

À ce sujet, il y a lieu de souligner que le mimétisme législatif calqué sur les modèles belge et français ayant dessiné ses limites, le débat sur la théorie du régime primo-ministériel est l'œuvre de querelles de camps politiques, car l'écriture de notre Constitution démontre clairement que le premier détient plus de pouvoirs que le chef de l'État.

Le vrai détenteur du pouvoir politique est le Premier ministre qui conduit l'action gouvernementale et contresigne les actes politiques du chef de l'État.

Il en ressort que la démocratie stagne encore en RDC. Pour Kabuya Lumuna : « *Les chefs politiques ont fini par confondre l'État et leur personne. Chacun des quatre premiers présidents (congolais) est arrivé au pouvoir à sa façon spéciale. Chacun d'eux a eu son Congo à lui seul, doté d'une Constitution, pour lui seul, dont il peut se servir à sa guise, d'un peuple et des militants qui ne pouvaient aimer et soutenir que lui seul* »[96].

De ce qui précède, il y a lieu d'affirmer que le sous-développement de la République démocratique du Congo, aussi bien du point de vue politique qu'économique, est le fruit d'absence de volonté politique à ériger des repères légaux à partir desquels devraient se construire l'État et la nation.

Pour Ambroise Kamukuny Mukinay : « Au lieu de porter bonheur au peuple, apporter la stabilité aux institutions, bonheur et considération aux dirigeants qui auront ainsi contribué heureusement à leur confection, l'irrespect des textes constitutionnels a engendré une crise permanente et multiforme. Le peuple aura été tellement chosifié par l'appropriation personnelle du pouvoir d'État qu'il vit aujourd'hui, dans un pays doté d'extrêmes richesses, en dessous du seuil de pauvreté »[97].

---

[95] DJOLI ESENG'EKELI, J., *Droit constitutionnel : l'expérience congolaise*, *op. cit.*, p. 49.

[96] KABUYA LUMUNA, C., *Histoire du Congo. Les quatre premiers présidents*, Kinshasa, Éd. SECCO et CEDI, 2002, p. 11, cité par KALUBA DIBWA, D., *Éducation à la citoyenneté. Leçon inaugurale*, *op. cit.*, p. 7.

[97] KAMUKUNY MUKINAY, A., « Contribution à l'étude de la fraude en droit constitutionnel congolais », thèse de doctorat en droit public, Kinshasa, Université de Kinshasa, 2007, cité par KALUBA DIBWA, D., *Éducation à la citoyenneté*, *op. cit.*, p. 10.

Bien qu'on ne puisse pas statuer sur le degré d'intériorisation des exigences démocratiques, la poursuite de l'idéal de la démocratie suppose la mise sur pied d'un plan des mœurs politiques et sociales. Cet idéal semble se heurter à une force toujours vive, corporatiste et participative, qui reconduit des comportements politiques, administratifs et civiques équivoques, voire contestables dans certains cas. Qui pis est, notre pays qui, depuis plus de soixante ans, connaît des régimes politiques aussi transitoires les uns que les autres, est un cas pathologique au chevet duquel tout chercheur doit accourir[98].

Ce qui nous conduit à cette interrogation populaire : « Comment la population d'un pays comme la République démocratique du Congo, l'un des poids lourds de l'Afrique, avec son sous-sol immensément riche, un énorme potentiel hydroélectrique, des terres fertiles et le meilleur des climats dont un agriculteur ne puisse jamais rêver, sans parler d'une démographie dynamique soutenue par une immense vitalité, peut-elle vivre après son indépendance dans un tel dénuement ? »[99]

Revenant à la problématique de la place des partis politiques, il est nécessaire que certaines réformes normatives participent de l'introduction de l'obligation des dirigeants des partis politiques par la voie des élections, à la matérialisation du système de financement des partis politiques, à l'introduction, dans la loi, de dispositions relatives à la désignation du porte-parole de la majorité et les dispositions pénales renforçant le patriotisme. De quelle manière et dans quel cadre, ces réformes seraient-elles possibles ?

a. Du choix de désigner par la voie des élections

D'ordinaire, le pouvoir de désignation des dirigeants des partis politiques se nourrit des prémices de la fondation même des partis. Les fondateurs, qui sont présents lors de la création du parti politique, abandonnent généralement la conduite de celui-ci au fondateur le plus influent.

De la sorte, les assemblées constituantes ne sont que des manifestations factices pour donner à leurs démarches un semblant de normalité et de légalité. Il aurait été souhaitable que des dispositions impératives de la loi pourvoient à un système par lequel il s'établit une différence entre fondateurs et dirigeants, ceux-ci devant obligatoirement être désignés à la suite d'élections réellement libres et transparentes en interne.

b. La matérialisation du système de financement des partis politiques

Autant pour leur fonctionnement que leur participation aux compétitions électorales, les partis politiques ont besoin de moyens que l'État doit mettre à leur disposition afin de favoriser l'équité et la régularité des compétitions électorales.

---

[98] KALUBA DIBWA, D., *préc.*

[99] DJOLI ESENG'EKELI, « Le constitutionnalisme africain entre la gestion des héritages et l'invention du futur. L'exemple congolais », thèse de doctorat d'État en droit public, Université Paris I-Panthéon-Sorbonne, 2003, p. 7.

Tout un cadre légal existe, mais reste lettre morte en raison du déficit de volonté politique. Il convient d'exiger l'effectivité et la régularité de ce financement.

c. Du besoin de la suppression ou, à tout le moins, du remboursement de la caution électorale

Il est nécessaire de prévoir le remboursement de la caution à tout parti, regroupement ou candidat qui obtient un nombre ou une proportion déterminée des voix. Dans un multipartisme rationalisé, les critères et les conditions d'éligibilité ainsi que de recevabilité de candidatures doivent être objectifs, centrés sur la moralité des candidats et l'existence réelle des partis, et non sur les aspects financiers aux allures discriminatoires et non inclusives.

d. La consécration de la parité dans les instances dirigeantes des partis politiques

La question de la parité Homme-Femme telle que consacrée dans la Constitution est loin d'être une question mathématique. Elle traduit plutôt la volonté du législateur à jeter la base d'un équilibre social. Les partis politiques sont donc le cadre de prédilection de la confection de cette base à partir de leurs rôles et missions constitutionnels. Le pluralisme rationalisé doit aussi mettre la femme au cœur de l'activité politique.

Dans l'encadrement que nous proposons, il est nécessaire que soit érigé en obligation le fait que la femme soit représentée à la hauteur de 30 % dans les instances dirigeantes des partis politiques. Il ne doit toutefois pas s'agir de favoritisme, mais d'une promotion positive basée sur la compétence et la méritocratie.

e. De l'urgence de légiférer sur le statut des membres de la majorité et de porte-parole de la majorité

Il est incompréhensible que le droit positif congolais ait prévu une loi portant statut de l'opposition sans préconiser celle portant statut des membres de la majorité et de son porte-parole.

Et pourtant, l'équilibre politique exigerait, pour mettre le président de la République à l'abri du rapprochement avec son parti politique d'origine, qu'il serait utile de prévoir le poste de porte-parole de la majorité qui jouerait le rôle d'interlocuteur de l'opposition politique pour des discussions ou échanges sur des questions politiques hors du cadre gouvernemental, mais prise en charge par le champ politique ou institutionnel.

f. La nécessité d'instituer des dispositions pénales renforçant le patriotisme

À ce jour, les dispositions répressives contenues dans la loi sur les partis politiques ne concernent que les personnes physiques. De l'article 31 à l'article 33 de cette loi, l'on peut s'apercevoir que les personnes incriminées ne peuvent être que des individus agissant pour le compte du parti ou du regroupement politique.

Pourtant, en tant que personnes morales, les partis politiques peuvent se compromettre, notamment à travers l'institution d'un parti unique, ou encore l'entrave à la campagne électorale. Un renforcement, mieux une extension des dispositions légales concernant ces partis est donc nécessaire à la bonne marche de la démocratie libérale et pluraliste en RDC.

C. Les réformes électorales

La question des élections est étroitement liée au multipartisme. En vue d'accroître l'égalité entre concurrents au suffrage, il est important de mesurer, voire de limiter leur puissance financière, mais également celle de leurs dirigeants, dont l'esprit hégémonique doit céder le pas à la veine démocratique.

1. Le besoin de changer de mode de scrutin

La gouvernance du multipartisme rationalisé exige le changement de modes de scrutins. La proportionnelle étant un système de fabrication des partis politiques, il y a lieu de modifier le système majoritaire qui est un système figé et qui favorise les alliances, la République démocratique du Congo étant un pays cosmopolite, qui requiert des alliances pour sa gouvernabilité.

2. L'introduction de l'obligation d'organiser les primaires

Dans le but de jeter les fondements démocratiques au sein des partis politiques, il convient de trouver le moyen de leur imposer l'approche démocratique de désignation de leurs dirigeants, voire des personnes devant agir en leur nom en vue de la course aux suffrages. Cette prérogative ne peut être ni dévoyée ni accaparée par les dirigeants.

Ainsi, il est plus que nécessaire que le cadre normatif prévoie la mise en place de règles cohérentes leur permettant notamment de ne porter aux scrutins que des personnes réellement investies à la suite d'un processus de primaires. L'organisation de celles-ci peut bénéficier de l'expertise de la CENI qui, avec son matériel et son personnel, organiserait et proclamerait les résultats avant de les certifier, quitte à attribuer à une juridiction de l'ordre administratif la compétence de connaître du contentieux qui en résulterait. Il ne serait certainement pas mal indiqué d'envisager que cette juridiction soit la Cour administrative d'appel qui, à la lumière de l'organisation administrative nationale, a pour ressort la province.

En conclusion, la rationalisation du multipartisme congolais implique les réformes de la loi sur les partis politiques par le renforcement des critères de création, de fonctionnement et de leurs financements ; la création d'un juge spécial sous forme d'une autorité de régulation de la vie politique avec pour mission la surveillance du fonctionnement des partis politiques et la sanction contre tout manquement. Et toutes ces réformes ne peuvent prospérer dans un contexte d'une promotion fondamentale de la culture démocratique par tous acteurs de l'État et des institutions publiques.

On ne peut parvenir à l'encadrement du système partisan congolais sans des réformes juridiques rigoureuses, une régulation institutionnelle cohérente, une professionnalisation des partis politiques avec à la clé un juge spécialisé sanctionnant tout manquement. Les pouvoirs publics doivent accompagner toutes ces politiques publiques avec comme objectif ultime de produire un système politique moins éclaté, plus stable, représentatif mais surtout démocratique.

SECTION II.
Partis politiques et réformes de la justice constitutionnelle et administrative

Il s'agit, essentiellement ici, de renforcer l'indépendance du pouvoir judiciaire dans l'optique du renforcement et de la stabilisation des institutions, spécifiquement parlementaire, qui apparaissent, du point de vue de notre démarche, comme un obstacle à l'éclosion du droit constitutionnel des partis politiques.

La justice est en soi, à la fois un idéal philosophique, un mécanisme de restauration de paix sociale et une institution centrale dans l'articulation des principes qui construisent l'État de droit. En effet, ce sont les juges qui permettent de la rendre effective.

Il va de soi que la mission leur assignée ne peut être correctement accomplie s'ils ne disposent d'un statut les mettant à l'abri des injonctions émanant du pouvoir exécutif et incursions du pouvoir législatif par des arrêts régulateurs qui controversent sa jurisprudence. Leur indépendance est donc indispensable.

§1er. L'impératif d'un nouveau visage de la justice constitutionnelle

La justice constitutionnelle fait partie du droit public. Sa mission primaire est d'assurer l'autorité de la Constitution. Si cette forme de justice ne peut s'émouvoir que dans un État de droit, elle est beaucoup plus exprimée dans un État de droit constitutionnel.

Il est sans doute important de repenser le rôle de la Cour constitutionnelle qui en est le cadre d'exécution pour lui permettre de se placer au diapason de parachèvement des fondements jetés par les partis politiques pour instaurer un État de droit constitutionnel en RDC.

A. Pour une Cour réformée

L'image de toute institution dépend de ses animateurs. De même, la valeur de la justice constitutionnelle est tributaire de l'indépendance des juges de la Cour constitutionnelle. Dans un État de droit, le juge constitutionnel a la mission d'assurer le respect de la hiérarchie des normes, de promouvoir l'égalité des citoyens devant la loi et de consolider la séparation des pouvoirs.

En RDC, l'indépendance du pouvoir judiciaire est consacrée par les dispositions de l'article 149, alinéa 1 de la Constitution du 18 février 2006[100] aux termes desquelles « le pouvoir judiciaire est indépendant du pouvoir législatif et du pouvoir exécutif ».

Il y a lieu d'en inférer que le pouvoir judiciaire est indépendant de tout autre. Seulement, cette indépendance constitutionnellement proclamée peine à se traduire, car dans les faits, le juge congolais est fondamentalement inféodé par les politiques. Il est aujourd'hui presque impossible qu'un juge se prononce dans une matière sensible sans se questionner sur ce que pense le politique, essentiellement le président de la République. Le juge organise désormais, de lui-même, les mécanismes de son inféodation.

En effet, si l'on s'en tient à l'écriture de la Constitution, on pourrait s'arrêter là et constater que le pouvoir judiciaire est indépendant. Mais entre les textes et la réalité, l'écart est considérable. La propension des autres pouvoirs à interférer dans l'exécution des compétences du pouvoir judiciaire n'est plus à démontrer. Il est des dossiers judiciaires dans lesquels les jugements et arrêts relèvent d'une commande politique. Les caractéristiques du dysfonctionnement de la justice relèvent notamment de :

– l'ingérence du politique dans le judiciaire ;

– la violation du principe de l'inamovibilité des magistrats du siège ;

– le mauvais fonctionnement et l'inefficacité du Conseil supérieur de la magistrature.

Pour ce qui est du pouvoir judiciaire, il s'observe l'épineux problème de l'exécution des décisions de justice qui se heurte à des influences extérieures. Or, l'on ne peut parler de l'effectivité de l'État de droit que lorsque le juge peut, non seulement dire le droit (jurisdictio), mais aussi imposer sa mise en œuvre concrète (imperium)[101].

C'est pourquoi l'État, qui est le titulaire de la contrainte légale et détenteur de la force publique, devrait mieux s'investir afin que les décisions de justice reçoivent exécution. La justice n'a de sens que lorsque les décisions ne sont pas exécutées.

La question qui se pose en ce moment-là est de savoir précisément quelles seraient les réformes à proposer pour renforcer l'indépendance du pouvoir judiciaire, spécialement celle de hautes juridictions à l'instar de la Cour constitutionnelle ou du Conseil d'État qui sont régulièrement sollicités pour apprécier la validité des actes et décisions d'une certaine importance et incidence politique.

En effet, pour ce qui relève des nominations des juges de la Cour constitutionnelle, si l'on ne savait dénier à l'exécutif le droit de nommer les juges, il n'en demeure pas moins que la nomination des personnalités notoirement

---

[100] À cela s'ajoutent notamment les articles 82, 151 et 152 de la même Constitution.

[101] GUETTIER, C., « L'administration et l'exécution des décisions de justice », in *AJDA*, n° spécial, juillet-août 1999 sur « puissance publique et impuissance publique », p. 67.

politiques, à quelque titre que ce soit, ne devrait pas être recommandée. Il faut prévoir des mécanismes drastiques pour choisir des personnalités intègres. C'est pourquoi le renforcement de l'indépendance du pouvoir judiciaire passe inévitablement par l'extraction des influences politiques de ces juridictions.

Le renforcement de l'État de droit passe également par les juridictions inférieures qui, malgré leur rang, connaissent des litiges relatifs aux contentieux des partis politiques et de la régularité de leur décision, sans oublier les procédures pénales contre les personnalités politiques[102].

En conclusion, le renforcement du fonctionnement de la justice, en la mettant à l'abri des intrusions du politique, entraînerait une meilleure gestion des contentieux impliquant les partis politiques, de même que la lutte contre la transhumance politique aurait une incidence sur la stabilisation de l'institution parlementaire.

Étant donné le rôle éminent des partis politiques dans la mise en œuvre du droit constitutionnel des partis, il est essentiel que soit parfaitement assaini leur champ de prédilection, à savoir le processus électoral. Le rôle de la justice doit se jouer dans un cadre suffisamment assaini qui ne laisse place, ni à des erreurs grossières, encore moins, à des pratiques éhontées de corruption.

1. En matière de contentieux électoral

La Cour constitutionnelle est, du point de vue institutionnel, la juridiction la plus haute du système judiciaire de la République démocratique du Congo. Le fait que son président soit d'office président du Conseil supérieur de la magistrature témoigne de son influence, au-delà de ses compétences en matière contentieuse.

En matière électorale, le rôle joué par la juridiction dans le processus démocratique demeure jusqu'à ce jour mitigé. La gestion des contentieux électoraux de 2011, 2018 et 2023 fournit une illustration éloquente de son inféodation par le pouvoir politique. Cette prestigieuse juridiction a souvent essuyé, à tort ou à raison, des critiques acerbes à cause de certains mal-jugés qui ne peuvent s'expliquer que dans une logique d'interventionnisme politique.

Transformant parfois une simple requête en interprétation en un véritable acte d'appel, la Cour a été amenée à se dédire sur des arrêts où ne pouvait pourtant la guider que le calcul arithmétique des voix obtenues par des candidats. À cause de ces nombreuses méprises, elle a forcé le pays à disposer de plus de députés qu'il n'en faut, les revendications contre ses méthodes de travail ayant inspiré à certains d'entre eux d'opérer des sit-in dans des postures parfois indécentes. On pourrait les appeler les députés du sit-in[103].

---

[102] ABOURAHAMANE OUMAROU, *op. cit.*, pp. 151 et s.

[103] Une grande partie de ces députés sont le produit des manifestations et des contestations organisées dans l'enceinte de la Cour constitutionnelle de la République démocratique du Congo. Aussi, pour des raisons politiques, certains ont été proclamés en raison de leur capacité à revendiquer, parfois même quand, en réalité, ils n'étaient pas éligibles, d'autres revendiquant le fait d'être en voie de bénéficier des voix de certains élus de leurs listes ayant dépassé le seuil.

2. La prérogative controversée du pouvoir de régulation de la vie politique

Le droit comparé présente plusieurs sources qui nourrissent la notion du pouvoir de régulation de la vie publique exercé par les juges constitutionnels. Ces sources sont d'origine constitutionnelle et jurisprudentielle. La Constitution béninoise confère au juge constitutionnel le pouvoir de réguler la vie politique. Le juge constitutionnel français s'était, dès 1962, qualifié lui-même d'organe de régulation. L'exercice du pouvoir de régulation de la vie politique, de par sa sensibilité, exige des juges une certaine moralité pour ne pas conduire à l'institution du gouvernement des juges au service de la politique.

L'aspect moral que postule l'exercice de la politique au sein d'un État recommande une certaine intégrité qui doit être perçue en tout temps dans le chef des animateurs d'une institution aussi stratégique que la Cour constitutionnelle. La régulation de la vie politique, dont elle se reconnaît la compétence, notamment à travers deux de ses arrêts devenus célèbres[104], devrait lui imposer une pratique constitutionnelle exempte de reproches.

La mission primaire de tout juge est d'instaurer l'harmonie dans la société. La fonction de régulation de la vie politique n'est pas un chèque en blanc donné au juge constitutionnel pour se substituer au législateur. Elle n'a de sens que si elle règle un vide juridique[105] ou consolide un fonctionnement institutionnel harmonieux.

Il incombe ainsi à la loi d'encadrer cette pratique pour éviter de laisser un boulevard au juge constitutionnel qui, du reste, accuse encore beaucoup de retard dans l'affirmation de son indépendance et de son audace face aux sollicitations politiques. D'où la nécessité de réviser l'organisation de la Cour.

B. Les motivations de la réforme de la loi n° 13/026 du 15 octobre 2013

Les critiques relatives à la composition, au fonctionnement ainsi qu'à la production jurisprudentielle de la Cour constitutionnelle congolaise exigent aussi une analyse rigoureuse sur le bien-fondé de son opérationnalité pour nourrir l'urgence et l'intérêt de la révisitation de son cadre normatif et de son cadre fonctionnel. Le principe de l'irrécusabilité de ses membres exige un commentaire nécessaire.

Il convient donc de s'intéresser profondément au règlement de cette Cour qui, à tout prendre, manque à certains principes cardinaux du procès équitable comme la possibilité de récuser ses membres, même dans l'hypothèse de la présence des éléments évoqués aux dispositions des articles 49 à 59 de la loi du 16 octobre 2002

---

[104] Arrêt R. Const. 89 relatif à la nomination de commissaires spéciaux et R. CONST. 1816.

[105] L'idée d'une certaine doctrine béninoise, qui influe sur le juge constitutionnel congolais, n'est pas de servir de béquilles à un pouvoir politique par une décision politiquement motivée, mais de répondre à un besoin d'équilibre social et de fonctionnement harmonieux des institutions de l'État.

de la Loi organique portant organisation, fonctionnement et compétences des juridictions de l'ordre judiciaire.

L'impossibilité de récusation fondée sur le besoin d'assurer la permanence de la Cour est dépassée par l'évidence de leur production jurisprudentielle controversée. Il est nécessaire de rappeler que par-delà leur statut particulier, les membres de la Cour demeurent des juges, ayant des accointances dans la société. Tenant ainsi de la constitutionnalisation et de la protection du droit de la défense, l'on devrait garantir à tout justiciable la possibilité de récuser jusqu'à un maximum de deux juges. Cela ne poserait aucun préjudice au regard de leur nombre.

À la lecture du cadre légal et réglementaire de la Cour constitutionnelle, le premier constat est celui qui met le justiciable face à trois évidences : l'inamovibilité des juges, le caractère irrévocable et exécutoire de ses arrêts et l'impossibilité d'en récuser les membres.

Visiblement, les rédacteurs de ces textes ont laissé l'image que les juges de la Cour seraient irréprochables. Pourtant, ils pourraient se retrouver dans un ou plusieurs cas de récusation. Il suffit d'en étudier le mode de désignation pour comprendre le sens de leur redevabilité à l'égard du politique. La théorisation autour de leur supposée ingratitude vis-à-vis du politique demeure un vœu pieux. Dès lors, la redynamisation de la Cour constitutionnelle passe par la réforme en faveur de la récusation de certains de ses membres.

D'ailleurs, à tout prendre, il est impossible que les griefs formulés, dans ce contexte, à un membre affectent tous ceux qui ont été désignés de la même manière que lui. Il semble que l'idée ait été qu'une demande de récusation d'un juge a de fortes chances d'affecter ceux qui partagent avec lui la même provenance.

Toutefois, pour une juridiction aussi hautement politique, il n'est pas exclu que la Cour constitutionnelle soit composée de personnes et de personnalités qui, étant plus de trois, n'assurent pas au justiciable un procès équitable et le fassent redouter une impartialité de leur part. Il n'est même pas exclu qu'aucune des personnes portées à la fonction de juge constitutionnel ne lui rassure de son impartialité ou de son indépendance. À ce jour, il n'est pas encore pourvu aux solutions légales devant permettre à un tel justiciable d'éviter que de telles personnes statuent sur son litige.

Les hypothèses peuvent s'étendre à la possibilité que le président de la Cour soit lui-même insusceptible d'inspirer confiance à un justiciable. Il devient raisonnable de se demander dans quelle mesure un tel justiciable pourrait faire confiance à la Cour, sachant que son président garde une influence sur chacun de ses membres.

§2e. De la nécessité de réformer la compétence juridictionnelle en matière de partis politiques

La compétence juridictionnelle est l'aptitude d'une juridiction à connaître d'un litige ou situation de droit privé. Ici, il convient, sans doute, de revoir la compétence juridictionnelle en matière de contrôle des partis politiques, mais également, la composition du siège des juridictions appelées à connaître des différends les mettant en cause.

A. Pour une Cour administrative d'appel compétente pour connaitre des litiges concernant les partis

Une Cour administrative d'appel est une juridiction du second degré de l'ordre administratif chargée de connaître, au deuxième degré, des affaires jugées une première fois par une juridiction administrative de premier degré.

Du point de vue de l'équivalence des administrations, la Cour d'appel occupe le rang de direction. Son ressort étant provincial, il paraît logique que les contentieux liés aux partis politiques, tenant par ailleurs compte de la maturité des juges de cette juridiction, soient de sa compétence.

Au demeurant, il reste important de partir de l'interrogation relative à la nature juridique du parti politique comme justification du champ de la réforme, partant de la hiérarchisation des compétences des juridictions de l'ordre administratif. Un parti politique est, en effet, une structure de droit privé. Par essence, les juridictions de l'ordre administratif s'occupent des différends nés de l'application d'actes juridiques du droit public. Ces actes juridiques concernent les services publics, cernés sous le prisme de l'intérêt général pour la satisfaction duquel ils existent.

Un parti politique, par contre, n'existe que pour la réalisation de sa conquête du pouvoir d'État. Cela ne semble pas suffisant pour lui valoir de figurer parmi les structures dévolues à la compétence des juridictions de l'ordre administratif. Il semble, cependant, que le législateur ait fait prévaloir l'apparence sur la réalité, au point d'admettre que si les partis politiques sont engagés dans la lutte pour gouverner la cité, alors, forcément, leur action procède de la perspective d'assurer ou de contribuer à la satisfaction de l'intérêt général.

Dans cette optique, il serait judicieux, si une telle idée devait prévaloir, d'envisager une juridiction suffisamment élevée en rang pour connaître des contentieux nés de l'application des statuts des partis politiques. La Cour administrative d'appel, dont le ressort est celui de la province, devrait être préférée au tribunal administratif d'instance.

La raison de cette préférence doit se retrouver dans le rang de la Cour administrative d'appel, dont les juges sont suffisamment aguerris pour comprendre les spécificités de la scène politique et se prononcer en toute connaissance de cause et sans influence indue.

B. Pour un juge consulaire chargé du règlement des différends au sein des partis politiques

En principe, la scène politique devrait être régulée de manière à y avoir une justice des pairs, à l'instar de l'Ordre national des avocats. Une telle justice aurait l'avantage de traiter les différends liés au comportement particulièrement rattaché à l'être moral qu'est le parti politique, laissant les contentieux opposant leurs membres aux juridictions désignées par la loi. Pareille approche permettrait d'asseoir de bonnes pratiques en matière de fonctionnement des partis politiques afin de les rendre plus redevables vis-à-vis de la nation.

De toute façon, le fonctionnement de la justice dans les matières mettant en scène des partis en proie à des conflits internes ou externes devrait s'organiser et s'administrer avec le concours de juges consulaires qui, eux, auraient l'avantage d'agir et de raisonner de manière pragmatique, loin des considérations typiquement théoriques du droit qui peuvent s'avérer éloignées des réalités de la scène politique.

La désignation de ces juges consulaires pourrait être organisée par les partis eux-mêmes se prononçant suivant des modalités à définir par la loi. Le siège des juridictions administratives appelées à connaître des contentieux relatifs aux partis politiques serait présidé par les juges magistrats de carrière, assistés de deux personnalités politiques siégeant à leurs côtés comme membres de la composition.

L'idée de juges non professionnels fait de plus en plus de chemin en droit congolais. Déjà, depuis 1978, la création des tribunaux de paix avait rendu nécessaire l'admission des juges assesseurs parmi les juges de carrière pour les affaires sur lesquelles ces tribunaux devaient statuer en vertu de la coutume[106].

En 2001, lors de la création des tribunaux de commerce, il a été admis qu'un juge, magistrat de carrière, devait siéger comme président, entouré de deux juges consulaires désignés par la Fédération des entreprises du Congo.

La présence des juges non professionnels aux côtés des juges de carrière dans les magistratures économiques que sont les tribunaux de commerce tient au fait qu'ils sont mieux outillés pour renseigner le juge sur les pratiques commerciales et aider ainsi à la préservation de la stabilité du climat des affaires.

Au sein des tribunaux de paix, par exemple, la participation des juges assesseurs se fonde sur le fait qu'ils sont réputés connaître la coutume applicable à l'espèce soumise au juge de droit écrit[107]. Celui-ci, trop porté à l'application de la loi, pourrait s'avérer peu connaisseur des règles sociales qui, en certains milieux, défient le droit écrit. Bien qu'il soit reconnu que l'application de la coutume n'est envisageable que si elle se conforme à la loi ainsi qu'aux bonnes

[106] Cette logique a figuré dans l'ordonnance-loi n° 82-020 du 31 mars 1982 portant Code de l'organisation et compétence judiciaires. On la retrouve aussi dans la loi organique n° 13/011-B du 11 avril 2013 portant organisation, fonctionnement et compétences des juridictions de l'ordre judiciaire.

[107] LUZOLO BAMBI LESSA, E.J., *Traité de droit judiciaire. La justice congolaise et ses institutions*, Kinshasa, PUC, 2018.

mœurs, un regard attentif du juge envers ces règles est souvent le gage de la régulation harmonieuse de la société.

Il paraît logique d'envisager le même modèle de composition du siège en ce qui concerne les contentieux au sein ou entre partis politiques. Des juges consulaires désignés par les instances de régulation des partis politiques pourraient contribuer positivement à la bonne administration de la justice en ce secteur, dans la mesure où les réalités ainsi que les intrigues de la scène politique pourraient échapper au juge de carrière.

Pour y arriver, il semble tout de même important d'imaginer une justice des pairs en matière de résolution des différends au sein ou entre partis politiques. Le concept de justice des pairs a également connu une certaine évolution en droit congolais. On la retrouve essentiellement au sein des ordres professionnels, mais également au sein des organisations syndicales du domaine journalistique à l'instar de l'UNPC[108].

La justice des pairs est importante, car en tout premier lieu, elle s'exerce par des personnes jouissant de la présomption de la connaissance des règles et de l'expérience des circonstances qui peuvent dicter tel ou tel autre comportement. Aussi, elle fait éviter les scandales ainsi que les discrédits qui pourraient ressortir de la tenue des audiences publiques. Lorsqu'une telle justice existe, elle permet de filtrer les affaires devant être présentées au juge et d'asseoir une certaine discipline favorable au bon fonctionnement du secteur.

De toute évidence, la mise en place d'un tel système remet en surface les questionnements au sujet du rôle du ministère de l'Intérieur en matière de contrôle et de surveillance des partis politiques. Il appartient au législateur de concevoir des mécanismes appropriés pour faire coexister une telle justice des pairs avec les pouvoirs régaliens du ministère de l'Intérieur. Toutes ces réformes ont vocation à outiller les partis politiques et à les encadrer pour leur contribution efficace à la construction d'un État de droit constitutionnel en République démocratique du Congo.

---

[108] L'Union nationale de la presse congolaise, UNPC en sigle, est une organisation indépendante de soutien aux journalistes en République démocratique du Congo.

Conclusion du chapitre deuxième

Le présent chapitre a abordé la problématique des réformes susceptibles de permettre aux partis politiques de contribuer à la construction et/ou à la consolidation de l'État de droit constitutionnel en République démocratique du Congo. À cet égard, les réformes préconisées suggèrent la révision de la Loi fondamentale afin d'adapter les missions et les obligations imposées aux partis politiques, et ce, dans le but de les amener à contribuer à la construction et à la consolidation de l'État de droit constitutionnel. Dans le même sens, la révisitation de certaines lois régissant la vie politique s'impose. Ainsi, il est souhaitable de consacrer le principe de la désignation des dirigeants des partis politiques par la voie des élections internes et d'opérationnaliser le financement public des partis politiques afin de les aider à réaliser correctement leur mission constitutionnelle et légale. Il est également nécessaire d'introduire des dispositions de nature à faciliter la désignation du porte-parole de l'opposition et de renforcer le dispositif pénal afin de galvaniser le patriotisme des animateurs des partis politiques. La bonne prise en charge des différends qui naissent au sein des partis politiques passe par la mise en place d'une justice des pairs préalables à celle étatique.

Pour renforcer la démocratie au sein des partis politiques, l'instauration de l'organisation des primaires au sein des partis politiques a été préconisée. Ces élections auront pour instance de certification la Commission électorale nationale indépendante. Aussi, nous avons suggéré la dévolution à la Cour administrative d'appel la compétence en matière de contestation des résultats des primaires ainsi que l'interdiction de la détention du monopole de décision par les instances dirigeantes des partis politiques dans la désignation des candidats aux élections.

Abordant la problématique de la redynamisation de la justice constitutionnelle, nous avons émis le vœu de voir cette dernière être redynamisée au travers de la révision du rôle du juge constitutionnel congolais. Ce qui implique la révisitation du cadre juridique relatif à la Cour constitutionnelle en vue d'adapter son organisation et son fonctionnement ainsi que la procédure de désignation de ses membres.

Conclusion du titre deuxième

Rationaliser le système multipartisan ou le multipartisme congolais en vue de permettre aux partis politiques de contribuer à la construction et à la consolidation de l'État de droit constitutionnel en République démocratique du Congo demeure l'ambition principale de cette étude. La matérialisation de cette rationalisation passe par la mise en place des nouveaux principes directeurs devant régir les relations entre les partis politiques et l'État.

En effet, la légitimité de tout système de gouvernement étant liée à sa vocation à concevoir un mode d'existence et de fonctionnement apte à matérialiser son développement. Il est essentiel que l'État, en régulant la vie en société, se serve des outils structurels, dont le fonctionnement est basé sur des règles cohérentes.

S'agissant des partis politiques, leur existence cesse de se justifier s'ils ne se conçoivent pas comme des gouvernements en miniature, exprimant constamment, par leur manière de s'autogérer, leurs convictions idéologiques profondes, dont ils vanteraient les mérites dans la facilitation et la matérialisation du développement de l'État qu'ils seraient appelés à diriger.

Dans un monde acquis à la démocratie, les instruments et actions des partis politiques doivent traduire cette adhésion formelle à cette forme de gouvernance en démontrant la compatibilité de leur idéologie à la fois avec celle-là et au besoin du développement national, en parfaite communion avec les règles impératives de l'État de droit.

C'est dans cette optique que la présente étude a interrogé le droit positif congolais sur ses atouts en faveur de l'effectivité de la participation des partis politiques à la matérialisation de la démocratie et de la construction de l'État de droit constitutionnel en RDC.

Ce qui a nécessité de passer en revue le régime juridique applicable aux partis politiques et le fonctionnement de ces derniers qui a relevé l'insuffisance en termes d'encadrement de la moralité au sein des partis politiques, en général, et dans le chef de certains de leurs dirigeants, en particulier. Du fait de l'abandon des partis politiques au diktat de leurs dirigeants, le droit congolais laisse la scène politique sombrer dans de nombreux vices qui finissent par décourager certains citoyens à adhérer aux partis et, partant, par justifier leur désintéressement à la gestion des affaires politiques.

Attirés par l'appât du gain, les acteurs politiques congolais tournent autour des avantages matériels, rappelant assez souvent la « politique du ventre ». Évoluant pour les besoins des intérêts familiaux, les partis politiques connaissent une transhumance qui ne fait que confirmer l'opinion selon laquelle, en RDC, le parti politique serait une machine de positionnement et d'enrichissement personnel de son initiateur ou de sa famille.

De plus, avec la tendance à la professionnalisation de la vie politique, les partis ont acquis un rôle de sélection des responsables appelés à gouverner. La vocation du parti à servir à la satisfaction de l'intérêt général devrait, par conséquent, inspirer des règles nouvelles de droit impliquant l'administration électorale dans la désignation des dirigeants ainsi que des candidats aux élections.

Conclusion générale

Au terme de cette étude, il convient d'affirmer que dans tout système démocratique, les partis politiques influent fondamentalement sur l'ordre juridique et politique, et participent de ce fait substantiellement à la construction de l'État de droit constitutionnel.

Cette réflexion a permis de mettre en lumière la vie des partis, leurs missions et fonctions ainsi que leur apport dans la construction de l'État de droit constitutionnel en République démocratique du Congo.

L'objectif ultime a été de concevoir une technique favorable au basculement du multipartisme pervers consacré dans notre système normatif et politique vers un pluralisme rationnel, lequel encadre la liberté de créer les partis politiques et impose à ces derniers l'obligation de remplir les fonctions ainsi que les missions qui leur sont assignées par la Constitution. En effet, le nombre pléthorique des partis politiques congolais, ajouté à l'absence de tissu idéologique et de vision programmatique de la gouvernance de la société, n'est ni au service du citoyen, ni à celui de la démocratie.

Cette recherche dégage un constat malheureux selon lequel, le fonctionnement des partis congolais est marqué par une certaine parentalisation et une tribalisation affectant considérablement leurs missions légale et sociale d'animation de la vie démocratique. Elle suggère ainsi une relecture des fondements anthropologiques des partis et une révolution de leur cadre normatif, dans la dynamique de la rationalisation du système partisan, en faveur d'un multipartisme rationalisé en RDC.

Dans la perspective d'El Hadji Omar Diop, la dynamique des partis, par ses aspects internes et externes, pose la véritable problématique de l'organisation et de l'action des partis conformément aux valeurs et principes démocratiques, mais aussi l'apprentissage et la diffusion d'une culture démocratique[1]. Leur participation à l'édification de l'État de droit constitutionnel demeure, en République démocratique du Congo, un champ en friche.

Relançant le débat sur un champ scientifique peu engagé dans la doctrine juridique, la présente étude a été une occasion de marier le droit à la science politique pour les bases d'un droit constitutionnel congolais des partis politiques.

---

[1] OMAR DIOP, E. H., *op. cit.*, p. 684.

Partant des fondamentaux de la démocratie constitutionnelle et de l'État de droit déontologique[2], cette recherche présente toute son originalité, en axant, en effet, essentiellement sa démarche sur l'indispensable apport des partis politiques dans la construction de l'État de droit constitutionnel.

En clair, si l'État est l'instrument de la liberté commune et que la démocratie représentative fait l'éloge de l'élu, cette dernière ne peut se réaliser sans l'existence des partis politiques. Cela se vérifie tout particulièrement dans un système électoral proportionnel[3].

C'est ce qui conduit une partie de la doctrine à définir les partis politiques comme des réseaux d'organismes et d'individus[4] et à estimer que leur création est calquée sur le régime des associations, se questionnant du reste si l'alignement sur le régime associatif correspond à la volonté de fondre le régime des partis politiques dans le droit commun, qui est lui-même protecteur.

Le constat semblait tellement banal qu'au fil du temps, la réglementation étatique est devenue de plus en plus courante[5], allant des idées qu'ils sont en droit de promouvoir, des activités qu'ils pensent réaliser dans l'espace public, à leurs structures internes et mode de fonctionnement qui sont, de plus en plus, encadrés.

En outre, il y a lieu de rappeler que le vœu des partis politiques de gouverner l'État n'est pas nouveau[6] ; c'est un combat qui remonte à plusieurs décennies, comme le prouve à suffisance l'implication directe de l'État dans leurs affaires internes et leurs activités extérieures[7].

Il convient de noter particulièrement l'instauration des mécanismes de financement public qui a pris une ampleur inédite, invitant à en chercher les raisons, à en décrire les formes et en appréhender les effets[8].

Cela infère que la contribution à la théorie d'un droit constitutionnel congolais des partis politiques doit être avivée par la grande transformation qui touche tout

---

[2] Un État dans lequel règle le respect des principes fondamentaux et des valeurs universelles de régulation de toute activité publique ou privée.

[3] MAGER, U. et GIESECK, B., « Les partis politiques » sous la direction de Jean-Philippe DEROSIER, 4e Forum, 21, 22 et 23 juin 2018, Université de Lille, Ex-4487 CRDP-Centre, « *Droits et perspectives du droit* », Lille, France, 2018, p. 37.

[4] DWYRE, D., *Political Parties and Compaign Finance: what Role do the National am Parties Play? Contributionau Compaign Finance Task Force conference, Bipartisan Policy Center*, Washington, DC, 21 avr. 2017, p. 2.

[5] BIZEN, I. VAN ; TEN NAPEL, H.-M., « Regulation political Parties: European democracies in comparative perspective », *in* TEN NAPEL, H.-M. (dir.), *Regulation Political Parties. European Democraties in comparative Perspective*, Leiden University Press, 2014, p. 7.

[6] BOUVIER, M. ; RICHEUR, L. ; CAMBY, J.-P., « La régulation des partis politiques », *in* POIRMEUR, Y. (dir.), *La régulation des partis politiques*, Paris, LGDJ-Lextenso, 2019, p. 13.

[7] BIEZEN VAN, I., « Political Parties as Public Utilities », *Party Politic*, 10 juin 2004, pp. 701 et s. ; KATZ R. S. ; MAIR, P., « Chanping Models Parties organisation and Party Democracy : The emergence of the Cartel Party », *Party Politic*, 1er janv. 1995, pp. 5 et s.

[8] BOUVIER, M. ; RICHEUR, L. ; CAMBY, J.-P., *op. cit.*, p. 13.

à la fois la forme[9] des partis qui, après avoir été, pour les principaux, des partis de masse, se métamorphosent en partis électoraux professionnels[10].

Ceux des systèmes démocratiques qui restreignent dans une perspective néolibérale le champ d'application de leur principe – le pouvoir du peuple par le peuple et pour le peuple – déterminent les limites du pluralisme acceptable et s'efforcent de conceptualiser une nouvelle forme de démocratie intra-partisane restituant le pouvoir, pas aux leaders et chefs de partis politiques mais aux adhérents qui constituent l'échantillon du souverain primaire et les vrais détenteurs de jeu politique et de l'enjeu démocratique.

De même, il peut désormais être affirmé que le système démocratique congolais git dans un multipartiste de façade. Il s'agit, dans la réalité, d'un *mono-multipartisme* achevé, caractérisé par l'*ethnicisation* et la *paternalisation* dans la gestion des partis politiques. Pour proposer un *multipartisme encadré* et une régulation réelle des partis politiques, il est nécessaire de privilégier une approche comparative pour démontrer la pertinence du travail de codification étatique des partis politiques, et son intensification croissante à travers la mise en place des institutions de régulation[11].

Dans un regard comparatif, ce sont les partis eux-mêmes qui densifient leurs statuts et renforcent leur droit disciplinaire[12]. Ils ont inventé, dans le cadre de l'autonomie normative qui leur est laissée[13], une règlementation pour sélectionner par des primaires[14] leurs candidats aux élections. Par ailleurs, ils se dotent

---

[9] POMBENI, A., *Introduction à l'histoire des partis politiques*, Paris, PUF, 1992, p. 165.

[10] PANEBIANCO A., *Political Parties: Organisation and Power*, Cambridge, Cambridge University Press, 1988, p. 244.

[11] KERLÉO, J.-F., « La transparence de la vie publique en droit », in *Sens-Dessous* n° 20, 2017, pp. 20 et s.

[12] POIRMEUR, Y., « Le droit disciplinaire des partis politiques », *in* BENETTI, J. ; LAVADE, A. ; ROUSSEAU, D. (dir.), *Le droit interne des partis politiques*, Mare Martin, 2017, pp. 63 et s. ; sur les systèmes de sanction, voy. HERMEL, A., « La discipline dans les partis politiques et la démocratie représentative en France de 1981 à nos jours », thèse de doctorat en droit public, Université de Nancy II, 2000 ; POTIER DE LAVARDE, E., « L'ordre juridique partisan », thèse de droit public, Paris II, 2013 ; ALLAL, A. ; BUÉ, N., « Les partis se tiennent par leurs noyaux durs ? Jalons pour une analyse du lien partisan », *in* ALLAL, A. ; BUÉ, N. (dir.), *Indisciplines partisanes. Comment les partis politiques tiennent leurs militants*, Villeneuve-d'Ascq, Presses universitaires de Septentrion, 2016, pp. 11 et s.

[13] HAURIOU, M., « La théorie de l'institution et de la fondation », *in* HAURIOU, M., *Aux sources du droit*, Blond & Gay, 1933, pp. 89 et s. ; MICHOUD, L., *La théorie de la personnalité morale*, Paris, LGDJ, 1924 ; ROMANO, S., *L'ordre juridique*, Paris, Dalloz, 2002 ; DUCLOS, N., « Faire avaler un bifteck à un rúminant. À propos de l'institutionnalisation des primaires en France », in *RFDC* n° 108, 2016, pp. 851 et s. ; RAMBAUD, R., « Le financement de la vie politique et les primaires ouvertes en France », *in* LEFEBVRE, R. ; TREILLE, E. (dir.), *Les primaires ouvertes en France. Adoption, codification, mobilisation*, PUR, 2016, pp. 125 et s.

[14] Sur les facteurs de l'adoption des primaires : LEFEBVRE, R., « Comment les primaires ouverts sont-ils devenus possibles en France ? Une approche comparée des processus d'adoption au PS et UMP », *in* BENETTI, J. ; LEVADE, A. ; ROUSSEAU, D. (dir.), *op. cit.*, pp. 149 et s.

d'instances chargées de les organiser et d'en surveiller le bon déroulement[15]. Néanmoins, ces évolutions n'ont été ni uniformes ni, encore moins, linéaires[16]. Elles révèlent qu'un besoin de réguler les partis est apparu dans toutes les démocraties.

C'est pourquoi, par une démarcation théorique, cette monographie participe de l'autopsie fondamentale du tissu politique congolais tel qu'opéré par une enquête auprès des partis politiques et leurs membres, en mettant en exergue l'examen de leurs fondements, leurs organisations, leurs fonctionnements et leur capacité à influencer, en structurant ou déstructurant les institutions étatiques, pour participer à la construction d'un État de droit constitutionnel en RDC.

Pour y parvenir, des réformes sont proposées, dictées par ce besoin réel de règlementation des partis politiques qui est désormais un enjeu de premier plan dans la confection du droit politique, qui dépasse largement le souci déjà très vieux des États européens et, aujourd'hui, également celui des États africains, capables de les supprimer[17], de les domestiquer.

Il se dégage que la différenciation d'un véritable droit des partis, hier, français ou occidental, aujourd'hui, congolais, sorti peu à peu de l'insignifiance qui avait longtemps caractérisé une certaine doctrine, a ouvert un nouvel agenda de recherche et suscite la publication de nombreux et riches travaux aux frontières du droit et de la science politique, centrés plus spécialement sur la constitutionnalisation des partis, leur régime juridique, leur régulation financière et plus largement le contenu des réglementations particulières auxquelles ils sont soumis.

En République démocratique du Congo, le besoin de théoriser un droit constitutionnel des partis est plus qu'urgent, au regard de la prépondérance des partis politiques, par la segmentation de la vie politique à partir de la place que le constituant leur donne dans la compétition électorale.

Sur le plan structurel, les partis africains en général et congolais en particulier sont caractérisés, d'une part, par l'influence démesurée de leurs leaders qui caporalisent leur existence, en faisant de leurs membres de simples instruments de leur ascension politique personnelle et, d'autre part, par l'expression liberticide et la transhumance politique.

À ce sujet, l'accent a été mis sur la nécessité d'encadrer les partis politiques en Afrique. En effet, « la liberté des partis politiques, dans un régime démocratique pluraliste, n'est pas antinomique avec la nécessité de leur encadrement, aux formes classiques de restrictions imposées aux partis politiques que l'on retrouve

---

[15] LEVADE, A., « Le droit des primaires : règles, contrôle, finance, sanctions », in *Pouvoirs* n° 144, 2015, pp. 99 et s.

[16] DANGERON, B., « Le statut juridique du parti en droit français : de l'impossible reconnaissance au difficile encadrement », *in* HUMMEL, J. (dir.), *Les partis politiques et l'ordre constitutionnel*, Mare & Martin, 2018, pp. 87 et s.

[17] DENQUIN, J.-M., « Partis politiques et ordre constitutionnel », *in* HUMMEL, J. (dir.), *op. cit.*, pp. 240-241.

partout ailleurs, viennent s'ajouter les formules qui sont certainement plus développées dans les pays africains et qui visent à empêcher que les partis politiques ne s'emparent de l'entièreté de l'espace politique »[18].

Aussi, sur le plan de la liberté et de la sûreté des personnes, il est à faire observer que les droits individuels sont affectés notamment en ce qui concerne la sécurité des leaders des partis d'opposition dans divers pays du continent[19]. L'urgence de la constitutionnalisation des limites de la liberté des partis, dans le but de promouvoir la cohésion entre les membres et les citoyens qui n'ont pas fait le choix d'adhérer à des formations politiques, est de mise.

Par ailleurs, la fragmentation et la fragilité subséquente des sociétés politiques imposent qu'il soit fait interdiction aux partis politiques de pratiquer le tribalisme et le régionalisme. Plusieurs textes constitutionnels imposent cette règle, à l'exemple de l'article 25 de la Constitution ivoirienne[20]. Bien que le fait identitaire[21] et tribal soit constitutionnellement interdit[22], les seules insertions de ces préoccupations dans les constitutions ne peuvent suffire à juguler ce phénomène[23].

Dans la dynamique de consolider l'ordre public et la liberté des partis, le constituant congolais consacre aussi bien la souveraineté du peuple[24], le pluralisme politique[25] que l'opposition politique ainsi que les droits liés à son existence[26]. Il crée ainsi une frontière nette entre les principes de la liberté et ceux du respect de l'ordre public.

Pour renforcer ce régime, les « États membres de l'Union africaine ont adopté la Charte africaine de la démocratie, des élections et de la gouvernance qui fournit certaines obligations en matière de pluralisme et de démocratie »[27].

---

[18] BOUVIER, M. ; RICHEUR, L. ; CAMBY, J.-P., *op. cit.*, 169.

[19] DEGNI SEGUI, R., *Les droits de l'homme en Afrique noire francophone. Théories et réalités*, Abidjan, Éd. du CERAP, 2015, pp. 327 et s.

[20] L'article 25 de la Constitution ivoirienne du 8 nov. 2016 contient la formule suivante : « *Sont interdits les partis et groupements politiques créés sur des bases régionales, confessionnelles, tribales, ethniques ou raciales* ».

[21] Mouvance qui désigne un mouvement de pensée ou un courant politique de l'extrême droite européenne apparu à la fin du XXe siècle mettant l'accent sur la défense des Européens de race blanche, avec une vision ethnique de la politique. Dans le contexte africain, cette idéologie a pris place dans la vie politique au point d'être irrémédiable.

[22] Article 25 de la Constitution ivoirienne.

[23] ONDOUA, A., « La population en droit constitutionnel. Le cas des pays d'Afrique francophone » et ROSSATANGA-RIGNAULT, G., « Identités et démocratie en Afrique. Entre hypocrisie et faits têtus », in *Afrique contemporaine*, 252n 2012/2, pp. 87 et s. et 59 et s.

[24] L'article 5 de la Constitution.

[25] Les articles 6 et 7 de la même Constitution.

[26] L'article 8 du même texte.

[27] Son chapitre 3 relatif aux principes dispose : « Les États parties s'engagent à mettre en œuvre la présente Charte conformément aux principes énoncés ci-après : – le respect des droits de l'homme et des principes démocratiques ; – l'accès au pouvoir et son exercice conformément à la Constitution de l'État partie et au principe de l'État de droit ; – la promotion d'un système de gouvernement représentatif ; – la tenue régulière d'élections transparentes, libres et justes ».

En RDC, comme dans plusieurs autres pays africains, au nom de la liberté, la transhumance politique est l'une des caractéristiques d'une grande partie des acteurs politiques.

Si cela pouvait être justifié, au regard du principe de liberté de création ou d'adhésion à un parti, sur le plan de la moralité et de l'éthique politique, il est un fléau qu'il faut éradiquer. Ce mal dilue toute la valeur du combat politique qui doit incarner de la constance.

La transhumance politique étant une des caractéristiques des acteurs politiques, l'on a vainement tenté de la justifier en soutenant que le changement d'affiliation politique postélectorale d'un élu se traduit dans les formations intérieures de l'assemblée dans laquelle il siège.

Représentants des partis au Parlement[28], les groupes parlementaires sont directement affectés par ce transfuge. Il s'accompagne souvent de la démission ou de l'exclusion du groupe auquel l'élu concerné appartenait à l'origine. Corrélativement, l'élu nomade adhère au groupe qui représente son nouveau parti ou, s'il n'en existe pas, devient indépendant. Aussi, comme les groupes participent à la constitution des différents organes de chaque Chambre parlementaire[29], le nomadisme emporte des effets, par ricochet, sur les « organes du travail parlementaire »[30].

En réponse, nous démontrons que la transhumance politique impacte négativement la vie de la démocratie. Les manifestations directes sur les groupes des assemblées parlementaires réelles et perceptibles illustrent les liens qu'entretiennent les partis et les groupes parlementaires[31], définis comme la représentation du parti politique sur le plan parlementaire[32], en raison de la relation étroite qui les unit et de l'interdiction de toute « bigamie »[33] parlementaire et politique[34].

En Afrique, à partir de la décennie 90, certains auteurs ont présenté la libéralisation du régime des partis politiques comme une des clés, pour ne pas dire, l'une des manifestations fortes de l'évolution constitutionnelle des pays[35].

---

28 COLLIARD, J.-C., *Les régimes parlementaires contemporains*, Presses de FNS, 1978, p. 208.

29 CONNIL, D., *Les groupes parlementaires en France*, Paris, LGDJ, 2014, p. 123.

30 AVRIL, P. ; GICQUEL, J. ; GICQUEL, J.-E., *Droit parlementaire*, Paris, LGDJ, 2014, p. 123.

31 POIRMEUR, Y. ; ROSEMBERG, D., *Droit des partis politiques*, Paris, Ellipse, 2008, pp. 133 et s.

32 WALINE, J., « Les groupes parlementaires en France », in *RDP* n° 6, 1961, p. 1172.

33 Le fait d'appartenir à deux groupes parlementaires par ruse politique.

34 FONDRAZ, L., *Les groupes parlementaires au Sénat sous la Ve République*, Paris, Economica, 2000, p. 79.

35 KANTÉ, B., « L'évolution constitutionnelle des États d'Afrique occidentale francophone : tendances récentes », *in* PIERGIGLI, V. ; TADDIA, I. (dir.), *International conference on African constitutions*, Bologna, nov. 26th, 1998, Torino, GIAPPICHELLI Editore, 2000, pp. 25 et s. ; AMOR, A., « L'émergence de la démocratie dans les pays du tiers-monde : l'exemple des États africains », *in* ROUSSILLON, H. (dir.), *Les nouvelles Constitutions africaines : la transition démocratique*, Presses de l'Institut d'études de Toulouse, 1995, pp. 13 et s.

En sus, pour Nkaifon, l'Afrique noire francophone est passée du multipartisme au multipartisme[36]. Pour El Hadji Omar Diop, les Constitutions de la période des indépendances redonnaient les élections libres, le suffrage universel et les partis politiques, et l'instauration du système de partis uniques a éclipsé les acquis démocratiques des premières années d'indépendance[37]. La République démocratique du Congo navigue entre le vent d'un multipartisme pervers et l'image de son renforcement taxé de multimonopartisme programmé. D'où la préoccupation de savoir comment encadrer ce phénomène à partir de l'ordre constitutionnel, en prenant en compte les fondements politologiques.

S'il n'est de doute que l'ordre constitutionnel influence les partis, il n'est pas moins évident que la réciproque est vraie. La saisine des partis politiques par le droit constitutionnel n'est plus aujourd'hui sujet à controverse. Jadis tenus à l'écart des sciences juridiques, les partis politiques sont aujourd'hui les incontournables de la démocratie constitutionnelle.

Pour le reste, si la tradition occidentale veut que les partis politiques amènent dans les assemblées législatives les classes qui y étaient exclues, en République démocratique du Congo, une vivante doctrine distingue[38] trois générations des partis.

La première génération concerne les partis nés de la réaction contre les colonisateurs. Il doit être souligné que certains de ces partis avaient comme objectif principal la défense des intérêts de l'occupant et non la conquête du pouvoir. D'autres encore avaient principalement pour objectif la défense des intérêts communautaires.

La deuxième génération s'est rapportée à la vague des années 1990, période marquée par la libération de la parole et qui a mis fin au long bâillonnement du peuple par un régime autoritaire. La majorité des partis concernés n'avaient pas inscrit la conquête du pouvoir dans leur agenda politique.

La troisième génération concerne les partis nés après la lutte contre le vent des dictateurs. Elle est particulièrement marquée par la chute du Président Mobutu, même si la caractéristique de ces derniers était toujours l'absence d'un idéal politique et d'une idéologie réelle sur la gouvernance démocratique. Le problème majeur pour les partis politiques de la deuxième et de la troisième génération est qu'ils naissaient sans être accompagnés d'un développement conséquent du parlementarisme, alors que c'est celui-ci qui, par l'encadrement des élus et leur formation continue, donne le vrai sens au phénomène partisan qui renforce les liens entre les élus et les organes dirigeants de leurs partis.

---

[36] Selon les expressions de NKAIFON PEFURA, S., Le Cameroun. Du multipartisme au multipartisme, Paris, L'Harmattan, p. 250.

[37] OMAR DIOP, E. H., *Partis politiques et processus de transition démocratique en Afrique noire francophone, recherches sur les enjeux juridiques et sociologiques du multipartisme dans quelques pays de l'espace francophone*. Paris, Publibook, p. 687.

[38] BOSHAB, E., *République démocratique du Congo, entre les colombes et les faucons, op. cit.*

Nous ajoutons, à cette classification proposée par Évariste Boshab[39], une quatrième génération des partis politiques nés après ou peu avant l'avènement de la Constitution du 18 février 2006. Ils sont le produit de la mouvance de l'organisation des élections dites démocratiques et régulières, qui ne se distinguent pas fondamentalement de la troisième génération, mais qui interviennent dans un tout autre environnement politique et juridique. Ils sont marqués par le retour en scène des anciens faucons mobutistes et la transformation de mouvements de rebelles en partis politiques. Le cas du RCD, MLC, RCD /KML.

En effet, avec l'avènement de la Constitution du 18 février 2006, l'on peut considérer que les partis politiques, motivés par les dispositions des articles 6, 7 et 220, alinéa 1er, ont pris goût à la compétition électorale. Les Congolais n'hésitent plus à multiplier les formations politiques dans l'objectif d'être présents sur l'arène politique, détruisant l'essence même du pluralisme politique.

Évidemment, on y retrouve les traits caractéristiques des partis politiques des autres générations, les relents de tribalisme, de personnalisation et de concentration du pouvoir autour d'un individu sont encore bien présents et ne semblent pas prêts à disparaître ; mais leur omniprésence fait en sorte que le phénomène partisan est grandement apprivoisé, même par le plus ordinaire des citoyens.

Abordant la question des réformes d'essence normative, cette recherche aurait pu proposer la révision de la Constitution pour uniquement procéder à l'encadrement du pluralisme politique pervers en faveur d'un pluralisme rationalisé[40] en RDC. Malheureusement, le contexte politique, à ce jour, ne s'y prête guère, le pouvoir étant à la recherche d'arguments pour se maintenir.

D'où le choix de réviser l'article 6 de la Constitution congolaise du 18 février 2006 pour limiter le nombre des partis politiques. Pour ce qui est du cadre légal, l'objet de la révision serait de revoir les missions et devoirs des partis politiques par l'instauration du caractère contraignant de l'obligation de concourir à la formation civique. Elle devrait également prévoir l'introduction de la désignation des dirigeants des partis politiques par voie d'élections et la matérialisation du système de financement des partis politiques, l'introduction de dispositions relatives à la désignation du porte-parole de la majorité, l'introduction de dispositions facilitant la désignation du porte-parole de l'opposition, ainsi que la consolidation des dispositions pénales renforçant le patriotisme ainsi que la création d'une justice des pairs préalables à la justice classique.

---

39 *Idem.*

40 L'article 220 de la Constitution du 18 février 2006 telle que révisée dispose que « *la forme républicaine de l'État, le principe du suffrage universel, la forme représentative du gouvernement, le nombre et la durée des mandats du président de la République, l'indépendance du pouvoir judiciaire, le pluralisme politique et syndical ne peuvent faire l'objet d'aucune révision constitutionnelle. Est formellement interdite toute révision constitutionnelle ayant pour effet de réduire les droits et libertés de la personne ou de réduire les prérogatives des provinces et entités territoriales décentralisées* ».

Enfin, cette monographie n'a nullement la prétention d'avoir vidé la question relative à l'analyse des partis politiques et leur apport dans la construction d'un État de droit constitutionnel en République démocratique du Congo. Elle ouvre plutôt, sous une nouvelle dialectique, les portes d'un chantier scientifique longtemps écarté, à tort ou à raison, de la structuration de la vie et de la déstructuration des institutions étatiques.

Ce débat est celui de la place des partis politiques dans le processus de l'identification, de la confection des valeurs démocratiques pour la construction d'un véritable État de droit constitutionnel en République démocratique du Congo, comme l'envisageait Évariste Boshab, sous une approche interrogatoire : la République démocratique du Congo : *Entre les colombes et les faucons, où vont les partis politiques ?* La réponse à cette question posée en 2001, qui intervient en 2023, soit vingt-deux ans après, est qu'au regard de la relecture de fondements anthropologiques des partis politiques opérée au travers de la relecture de ses fondements théoriques, proposant une nouvelle dialectique d'un droit constitutionnel congolais des partis politiques, ces derniers se veulent plutôt des faucons que de simples colombes.

Pour parachever cette démarche de la construction d'un État de droit constitutionnel, il faut une approche globale et pluridisciplinaire de la recherche sur les partis politiques en République démocratique du Congo. Une telle tâche est, comme on peut le constater, au-delà des compétences du juriste, fut-il publiciste[41].

[41] KALUBA DIBWA, D., *Du contentieux constitutionnel en République démocratique du Congo, op. cit.*, p. 489.

Postface

Auguste MAMPUYA KANUNK'A-TSHIABO
Professeur ordinaire émérite
Ancien juge ad hoc à la Cour internationale de justice – CIJ.

Pour un ouvrage faisant déjà l'objet d'une préface et d'une postface, il serait légitime de se demander si un autre écrit de présentation ne serait pas superfétatoire. Surtout, si l'on sait que la première émane du formateur de l'auteur, qui a dirigé la thèse de doctorat dont le présent ouvrage est tiré, et que la seconde est l'œuvre de l'un des maîtres avérés de l'école de droit public interne de l'Université congolaise, la réponse à cette question est sûrement positive.

Dès lors, pourquoi avoir accepté de procéder à cette écriture alors que je m'étais moi-même interrogé sur l'opportunité d'une postface ? Je m'y suis résolu après avoir entièrement lu le livre ainsi que, je l'avoue, la préface et l'avant-propos. L'initiative s'avéra vite plus qu'utile, en ayant compris qu'un troisième regard, n'ayant pas eu à examiner et à évaluer à quelque titre que ce soit la matrice initiale du livre, c'est-à-dire la thèse, était en effet susceptible de faire des découvertes concernant de nouveaux aspects révélant une valeur ajoutée ou, tout simplement, une interrogation qui peut s'avérer pertinente.

Aussi, me suis-je retrouvé sans le devoir de vanter les qualités de l'œuvre de Laurent Onyemba, ce à quoi se sont admirablement livrés les auteurs de la préface et de l'avant-propos ; pour ma part, j'y ai trouvé autre chose à relever et mettre en exergue. De fait, le lecteur trouvera avec bonheur une masse d'informations que ne révèle pas la connaissance ordinaire et habituelle que nous avons tous de l'objet de l'ouvrage, les partis politiques ; en effet, nous sommes face à une matière que nous croyons tous connaître, tellement ordinaire et tellement dévaluée par les politiciens que, généralement, le regard qu'on en a frisé le mépris, en tout cas la déconsidération et la banalisation. Pourtant, à la lecture, on découvre la richesse de la question des partis politiques, avec des détails qu'on ne voit pas toujours, surtout que l'auteur profite de chaque petite problématique que soulève son étude pour mettre en exergue la réalité de la vie politique et des comportements des acteurs politiques, ces fameux « politiciens », lesquels, dans la pratique quotidienne congolaise de la « politique à la congolaise », se dénudent comme un monde sans valeurs, sans éthique, sans morale et dont les valeurs, l'éthique et la morale sont en fait l'inversion de ces concepts, ils ne seraient même pas conduits par le simple « scrupule ». Tout celui qui, par habitude, suit la vie « politique » congolaise va se régaler en se remémorant les croustillants épisodes de cette dernière à des moments restés parfois inoubliables, en redécouvrant les diverses raisons et causes du pullulement de groupes abusivement appelés « partis politiques », l'arrogance des créateurs et propriétaires de ces groupes méprisant la pensée et l'intelligence qu'ils voudraient voir abandonnés à la porte d'entrée de leurs partis par les adhérents, les circonstances de la massive transhumance collective inédite et historique de 2020-2021, tels des troupeaux affamés et assoiffés, à la recherche de contrées regorgeant d'herbe et d'eau fraîches, etc. Je regrette seulement le fait que seuls, en effet, ceux qui connaissent la vie politique congolaise concrète pourront jouir de ces moments de véritable détente et de thérapie par le rire dans la lecture de cet ouvrage.

Pour autant, avec des yeux extérieurs, j'ai découvert ce qu'un non-initié appellerait facilement « querelles », et serait sans doute tenté de croire en des querelles d'écoles pouvant lui paraître somme toute artificielles.

De fait, il commence à naître dans les recherches et enseignements en droit, comme des embranchements, à partir de ce qui n'était jusque-là que des questions ou différentes problématiques étudiées dans le cadre du cours de « droit constitutionnel ».

En droit constitutionnel, une tendance est née de choisir certaines matières jusque-là étudiées et développées dans les cours et recherches de droit constitutionnel pour, de plus en plus, les considérer comme objets d'études, de recherches et d'enseignement autonomes, ces activités étant ainsi appelées à promouvoir de nouvelles branches de droit public indépendantes du droit constitutionnel. En a été ainsi extirpé en premier, après la matière des « libertés publiques », le « droit électoral » ou « droit des élections » ; encore que dans cette frénésie de spécialisation et d'autonomisation, certains font, fendant le cheveu en quatre, une nette distinction entre ces deux, « droit électoral » et « droit des élections », bien évidemment sur un critère finalement artificiel non convaincant. Pourtant, concernant le cours des « libertés (publiques) », on sait que toutes ou presque toutes les libertés publiques naissent et sont sauvegardées dans la Constitution, très peu se trouvant édictées par la loi mais, en tout cas, leur principe et leur garantie suprême étant l'œuvre de la Constitution.

Quant au « droit électoral », le concept et sa prise en charge par la recherche, la science et l'enseignement, relativement récente, n'ont pas encore permis une nombreuse littérature. Ainsi, dans la littérature francophone qui nous est la plus familière, la notion n'apparaît véritablement que dans les années 1980-1990 chez des auteurs comme Jean-Claude Masclet (*Droit électoral*, Paris, PUF, 1989), *Le droit des élections politiques*, Paris, Presses universitaires de France (Que sais-je ?), 1992, de N. Mayer 1993, Laurent Touvet et Yves-Marie Doublet (2007). Tandis que pour l'Université congolaise, c'est essentiellement et pratiquement le seul doyen J.-L. Esambo qui incarne cette tendance, avec, en dehors de celles relatives au « droit constitutionnel congolais » et à la constitution congolaise, ses publications exclusives sur la question, notamment l'ouvrage *Le droit électoral congolais*, Academia-L'Harmattan, 2016 (1re édition), 2020 (2e édition), suivi d'un ouvrage d'une autre dimension, le *Traité de droit électoral congolais*, Bruylant, février 2025.

Tous ces auteurs, en définissant le concept « droit électoral », en justifient le bien-fondé. Aussi, n'est-ce pas la légitimité ou le bien-fondé d'un droit électoral ou des élections ou encore de toute autre question de droit constitutionnel qui en serait détachée, qui pose problème, mais la volonté exprimée par certains d'en faire une discipline différente et distincte du droit constitutionnel, comme on avait entendu le préfacier même du *Traité de droit électoral congolais* de J.-L. Esambo, le professeur Djedjro Francisco Meledje, exprimant ses réserves, alors que, justement, il présentait l'ouvrage lors de son vernissage.

Mon propos n'est pas de rejeter toute idée de l'autonomie de ces matières, encore que tout finit par paraître comme justifié et normal ou même rationnel, ainsi que le démontre l'exemple du « droit des libertés publiques » auquel tout le monde a fini par s'habituer, et tant mieux, mais il est vrai que la prétention à une telle autonomie pourrait ne pas toujours être convaincante. Mais, à vrai dire, mon intention est simplement de mettre l'accent sur cette tendance d'autonomiser des matières de droit constitutionnel par rapport à ce dernier et à, ainsi, saucissonner cette discipline. De fait, l'ouvrage de Laurent Onyemba, *Les partis politiques et la construction d'un État de droit constitutionnel en République démocratique du Congo – Contribution à la théorie du multipartisme rationalisé en droit constitutionnel congolais*, a, comme l'une de ses trames, le lancement et la consolidation de l'idée d'un « droit constitutionnel des partis politiques », dont il fait l'apologie ou appelle à la concrétisation, en expliquant que la « constitutionnalisation » des partis politiques en a de toute évidence constitué un pas décisif.

On constate la même tendance en droit administratif, mais sans cette volonté affichée et affirmée d'autonomisation de ces questions en branches distinctes et différentes du droit administratif.

L'avènement frénétique de ces nouvelles « disciplines » fait courir le risque, au regard des grandes divisions traditionnelles, claires, logiques et commodes, des cours et enseignements du droit, avec leur logique, de voir ces dénominations, nomenclatures et divisions, sous les grosses masses de « droit constitutionnel », « droit administratif », « droit commercial », « droit pénal », « droit civil » et « droit international », etc., se retrouver sans plus de contenu matériel.

Certes, l'appellation « droit civil » a bien résisté à la vague. Non pas que ses principales questions n'aient pas fait l'objet de matières « individualisées » et faisant l'objet d'enseignements séparés, parce que, de fait, depuis très longtemps, on est habitué à des appellations du genre « droit civil des personnes », « … des biens », « … des successions », « … des voies d'exécution », « … de la preuve », etc., et leur appartenance à la famille « droit civil » n'a jamais été contestée et, apparemment, par bonheur, ce n'est pas le chemin actuellement pris.

En revanche, ce que je crains est déjà une réalité concernant le « droit international public », dont le contenu est réduit à la portion congrue. On en a détaché, pratiquement depuis le début, l'étude des organisations internationales, et à partir de certaines soi-disant réformes des programmes des études de droit, ce qu'on appelle aujourd'hui « cours de droit international public » est en fait amputé de presque tout son contenu. En effet, quand, aujourd'hui on parle encore d'un cours de DIP, comme on dit, on n'y trouve plus pratiquement que 1) les sujets (en fait, seulement l'État, parce que les organisations internationales sont depuis très longtemps une matière propre), 2) ce qu'erronément on appelle « sources » du droit international, en fait essentiellement les traités internationaux. Tout le reste, responsabilité internationale de l'État pour fait internationalement illicite, règlement pacifique des différends dont d'ailleurs on a détaché le « règlement judiciaire », notamment la CIJ, la sécurité collective, les « espaces publics », « droit de la mer » et tant d'autres, est objet aujourd'hui de matières distinctes de ce « DIP ». Parfois, ces nouvelles « matières » et ces nouveaux « cours » font l'objet d'option et, même, d'options facultatives. Bref, en tout état de cause, la formation des juristes, y compris ceux d'une même filière, devient diversifiée, plus ou moins complète, plus ou moins partielle, avec des connaissances déficitaires révélant de graves et terribles insuffisances.

Certes, il se fait sentir un besoin de spécialisation, parfois très pointue, mais on ne peut viser la spécialisation que pour des gens ayant reçu une base générale et fondamentale solide ainsi que ce sera répété ci-bas, force est de constater que tel n'est plus le cas.

Certes, il y a comme des exigences du fameux et mythique « système LMD », imposé irrationnellement par décision politique, où s'entrecoupent et s'entrecroisent, sans ordre ni logique, objectifs de formations spécialisées, liberté de l'apprenant dans le choix de son profil de formation, priorité au travail personnel de l'apprenant, accumulation des « crédits » dans le processus de formation de manière à atteindre un taux de réussite finale élevé sans doute visant les 100 %, dans la mesure où les échecs, donc les très mauvaises notes, n'entravent même pas la progression de l'apprenant dans le cursus. Ces éléments, considérés dans la conception théorique du système LMD comme des avantages et des progrès, s'avèrent être chez nous plutôt des tares, des difficultés ou des obstacles, parce que pas toujours atteignables ou réalisables en fait ; de sorte que tous ces éléments du système original font ressortir chez nous plus leurs inconvénients intrinsèques que les quelques avantages qu'on pourrait leur reconnaître.

Peut-être, enfin, ce mouvement est-il accéléré et amplifié par des raisons simplement empiriques et peu avouables. On pourrait parler, dans ce sens, de la volonté de « couper en quatre » une matière pour affirmer et s'assurer, pour soi, une « spécialité ». Certes, la dérive n'a pas encore atteint les sommets, il n'y a pas encore des batailles autour des appellations, pas encore de véritables querelles de clocher, chacun se battant pour sa « chapelle » ; mais il faut prendre conscience du risque, surtout en pensant à la qualité des enseignements et de la formation des apprenants, plutôt qu'au confort des professeurs.

Je me dois, à la vérité, de reconnaître que, mesuré, Laurent Onyemba ne semble pas engagé dans le combat pour l'autonomie à tout prix. Son projet me paraît limité pour l'heure à mettre en exergue le principal effet de la « constitutionnalisation » des partis politiques, avec l'apparition de ce que, d'ailleurs, il dénomme « droit constitutionnel des partis politiques », reconnaissant ainsi explicitement la filiation de cette matière que l'insertion dans la Constitution va développer à la « famille droit constitutionnel ». Du reste, je ne pense pas que cette filiation soit en réalité méconnue s'agissant du « droit des libertés publiques », du « droit électoral » ou du « droit des élections », aussi, ne serait-il pas si mauvais qu'elle soit explicitement assumée dans l'expression « droit constitutionnel des libertés publiques », « droit constitutionnel des élections » ou, même, pourquoi pas, « droit constitutionnel électoral », comme le fait Laurent Onyemba pour le « droit constitutionnel des partis politiques ». Je n'ai pas à argumenter encore plus en faveur d'une telle option, tellement le lien logique et matériel entre ces questions et le droit constitutionnel est évident, c'est dans le cadre des recherches et cours de droit constitutionnel qu'elles apparaissent et sont enseignées. À cet égard, il serait faux de prétendre qu'à l'époque où ces matières n'avaient pas encore été détachées du « droit constitutionnel », elles n'ont pas été enseignées et connues des apprenants, elles ont toujours été enseignées dans le cadre du « droit constitutionnel », au point qu'il est difficile de les imaginer autrement qu'à l'intérieur du droit constitutionnel ou que dans une relation avec le droit constitutionnel. Ce sont des questions de « droit constitutionnel ». Qui, par exemple, ayant étudié le « droit constitutionnel », n'y a pas vu les modes des scrutins, le calcul des résultats et l'attribution des sièges ainsi que la problématique du contentieux électoral ? Il en est de même des partis politiques et des systèmes des partis.

Il y a, certes, la concrétisation ou contextualisation de ces questions générales dans le droit constitutionnel congolais, avec la conséquence de l'abondance de la matière, de telle sorte que leur étude dans le seul cadre d'un cours de droit constitutionnel congolais, qui existe dans notre université, ne pourrait suffire. C'est là que, sur cette base explicite de la filiation incontournable de ces questions à la Constitution congolaise et au droit constitutionnel congolais, se justifie une fois de plus leur désignation comme « droit constitutionnel de… », leur substance principale étant réglée par la Constitution, tandis que les lois et règlements, qui font incontestablement partie de ce « droit » particulier, pris en application des dispositions de la Constitution, n'en réduisent pas pour autant la nature de questions constitutionnelles ni celle du cours comme relevant du « droit constitutionnel ». De même, là où certaines matières électorales semblent relever du droit administratif, par exemple, avec l'intervention du Conseil d'État et des

Chambres administratives des Cours d'appel dans le contentieux électoral sembleraient relever du droit administratif, ce qui ferait dire à certains que le « droit électoral » est à cheval entre droit constitutionnel et droit administratif, il s'agit d'options levées par le constituant pour distinguer certains aspects des élections « nationales » et des élections aux niveaux inférieurs, de telle sorte que, malgré cela, la matière relève fondamentalement et par nature de la Constitution et du droit constitutionnel. On comprendrait, dès lors, qu'en tout état de cause, présentées dans leurs problématiques et principes généraux dans le cours de « droit constitutionnel » de base, ces questions soient à considérer comme le contenu matériel de spécialisations respectives.

Enfin, avec comme unique objectif la qualité de la formation et l'intérêt bien réfléchi et compris des apprenants, mon souci, longuement éclairé ci-dessus, n'est pas d'enrayer le développement, le renouvellement ou la rénovation de la science juridique, ni encore moins ce qu'on nous présente comme la science juridique moderne ou révolutionnaire, mais j'ai exprès grossi certains traits pour réveiller les consciences et l'attention afin de sentir le besoin de garde-fous et de limites, juste de bon sens. De ce point de vue, l'ouvrage de Laurent Onyemba est à féliciter et je me dois d'en recommander la lecture de tous ceux qu'intéressent les différentes problématiques relatives aux partis politiques, enseignants-chercheurs, chercheurs, étudiants et acteurs politiques ; le professeur Onyemba y a abordé avec bonheur toutes ces questions, en plus du fait qu'il fournit une grande masse d'informations sur la vie politique au regard du système des partis et de la tenue des élections en République démocratique du Congo.

Bibliographie

I. TEXTES LÉGAUX

A. LES CONSTITUTIONS

« Constitution du 18 février 2006 telle que modifiée par la loi n° 11/002 du 20 janvier 2011 portant révision de certains articles de la Constitution de la République démocratique du Congo », in *JORDC,* numéro spécial, 52e année, Kinshasa, 5 février 2011.

« Constitution de transition du 4 avril 2003 », in *JORDC*, numéro spécial, Kinshasa, 5 avril 2003.

Décret-loi constitutionnel n° 003 du 27 mai 1997 relatif à l'organisation et à l'exercice du pouvoir en République démocratique du Congo.

« Constitution de la République démocratique du Congo du 24 juin 1967 », in *Moniteur congolais*, 8e année, Kinshasa, n° 14, 17 juillet 1967.

« Constitution de la République démocratique du Congo du 1er août 1964 », in *Moniteur congolais*, 5e année, Léopoldville, numéro spécial du 1er août 1964.

B. LES ACTES LÉGISLATIFS

« Loi organique n° 06/020 portant statut des magistrats telle que modifiée et complétée par la Loi organique n° 15/014 du 1er août 2015 », in *JORDC,* 56e année, n° spécial, Kinshasa, 5 août 2015.

« Loi organique n° 13/026 du 15 octobre 2013 portant organisation et fonctionnement de la Cour constitutionnelle », *Journal officiel de la RDC*, 59e année, numéro spécial du 7 juin 2018.

« Loi organique n° 16/027 du 15 octobre 2016 portant organisation, compétence et fonctionnement des juridictions de l'ordre administratif », *Journal officiel de la RDC*, 59e année, numéro spécial du 7 juin 2018.

« Loi organique n° 13/011-B du 11 avril 2013 portant organisation, fonctionnement et compétences des juridictions de l'ordre judiciaire », in *JORDC*, 54e année, numéro spécial, Kinshasa, 4 mai 2013.

« Loi organique n° 08/013 du 5 août 2008 portant organisation et fonctionnement du Conseil supérieur de la magistrature », in *JORDC*, 49e année, n° spécial, Kinshasa, 11 août 2008 ;

« Loi n° 22/029 du 29 juin 2022 modifiant et complétant la loi n° 06/006 du 9 mars 2006 portant organisation des élections présidentielle, législatives, provinciales, urbaines, municipales et locales telle que modifiée par la loi n° 11/003 du 25 juin 2011, la loi n° 15/001 du 12 février 2015 et la loi n° 17/013 du 24 décembre 2017 », in *JORDC,* 63e année, n° spécial, Kinshasa, 5 juillet 2022.

« Loi n° 87-010 du 1er août 1987 telle que modifiée et complétée par la loi n° 16/00 du 15 juillet 2016 portant Code de la famille », in *JORDC*, 57e année, n° spécial, Kinshasa, 12 août 2016.

« Décret du 6 août 1959 portant Code de procédure pénale entré en vigueur le 15 avril 1960 par l'arrêté royal du 15 mars 1960 tel que modifié par la loi n° 15/024 du 31 décembre 2015 », *in JORDC*, n° spécial, Kinshasa, 29 février 2016.

« Loi n° 07/008 du 4 décembre 2007 portant statut de l'opposition politique », in *JORDC*, 48e année, n° spécial, Kinshasa, 10 décembre 2007.

« Loi n° 04/002 du 15 mars 2004 portant organisation et fonctionnement des partis politiques », in *JORDC*, 45e année, n° spécial, Kinshasa, 18 mars 2004.

« Loi n° 001-2001 du 17 mai 2001 portant organisation et fonctionnement des partis et regroupements politiques », Kinshasa, *Larcier*, 17 mai 2001.

II. DOCTRINE

A. OUVRAGES GÉNÉRAUX

ACQUAVIVA, J.-C., *Droit constitutionnel et institutions politiques*, 3e éd., Paris, Gualino, 1996.

AKELE ADAU, P. (dir.), *Réforme du Code pénal congolais. Tome 2 : à la recherche des options axiologiques*, Kinshasa, Éd. CEPAS, 2008.

ARDANT, P. *et alii, Institutions politiques et droit constitutionnel*, 17e éd., Paris, LGDJ, 2005.

ARDANT, P. et MATTHIEU, B., *Droit constitutionnel et institutions politiques*, 27e édition, 2015-2016.

ARDENT, P., *Institutions politiques et droit constitutionnel*, 18e éd., Paris, LGDJ, 2006.

BASUE BABU KAZADI, G, *Introduction générale au droit public,* Kinshasa, 2011.

BEAU, O., *Droit constitutionnel et institutionnel,* Paris, LGDJ, 2002.

BENTHAM, J., *Déontologie ou science de la morale*, trad. franç. B. Laroche, Paris, Charpentier, 1834.

BOKOLOMBE BATULI, Y. S., *Réception du droit international pénal en droit congolais. Les lois d'adaptation du 31 décembre 2015 à l'aune de la question de l'intégration normative descendante*, Éd. Droit & Société, Kinshasa, 2020.

BONASSIERS, P. et SCAPEL, C., *Traité de droit maritime*, 2e éd., Paris, LGDJ/Lextenso, 2010.

BURDEAU, G., *Traité de science politique*, 2e éd., t. III, La Dynamique politique, Paris, LGDJ, 1968.

CARRÉ DE MALBERG, R., *Contribution à la théorie générale de l'État*, t. 1, 2e éd. Paris, Dalloz, 2004.

CARRÉ DE MALBERG, R., *Théorie générale de l'État*, tome I, Paris, Sirey, 1920.

CHAGNOLLAUD, D., *Droit constitutionnel contemporain,* 4e édition, Paris, Armand Colin, 2005.

CHAGNOLLAUD, D., *Droit constitutionnel contemporain*, tome 1, Paris, Armand Colin, 2003.

CHAMPAGNE, G., *L'essentiel du droit constitutionnel, 1. Théorie générale du droit.*

CHANTEBOUT, B., *Droit constitutionnel et science politique*, 18e éd., Paris, Armand Colin, 2011.

CHAPUS, *L'administration et son juge*, coll. « Doctrine juridique », Paris, PUF, 1999.

CHARLOT, J., *Théorie des partis politiques,* Bruxelles, Université de Liège, 1975.

Collection « Bibliothèque de droit africain », Academica, Bruylant, Bruxelles, 2004.

COLLIARD, C.-A., *Libertés publiques*, Paris, 7e édition, Dalloz, 1989.

CÔTÉ, P.-A. avec la collab. de BEAULAC, S. et DEVINAT, M., *Interprétation des lois,* 4e éd., Montréal, Thémis, 2009.

CUBERTABOND, B., *Le nouveau droit constitutionnel*, Paris, L'Harmattan, 2008.

DABIN, J., *Théorie générale du droit*, coll. « Philosophie du droit », Dalloz, Paris, 1969.

DE GUILLENCHMIDT, M., *Droit constitutionnel et institutions politiques*, Paris, Economica, 2005.

DEBBASCH, C. ; PONTIER, J.-M. ; BOURDON, J. ; RICCI, J.-C., *Droit constitutionnel et institutions politiques,* Paris, Economica, 4e édition, 2001.

DEBBASCH, C. *et alii*, *Droit constitutionnel et institutions politiques,* Paris, Economica, 1990.

DEBBASCH, C., *et alii*, *Droit constitutionnel et institutions politiques,* Paris, Economica, 1986.

DELPÉRÉE, F., *Le contentieux électoral*, Paris, PUF, 1988.

DJOLI ESENG'EKELI, J., *Droit constitutionnel. T. 1. Principes structuraux*, Kinshasa, EUA, 2010.

DJOLI ESENG'EKELI, J., *Droit constitutionnel : expérience congolaise (RDC)*, L'Harmattan/Comptes rendus, 2013.

DRAGO, G., *Le contentieux constitutionnel français,* Paris, PUF, 1998.

DUBOIS, L. et PEISER, G., *Droit public*, 16e édition, Paris, Dalloz, 2003.

DUVERGER, M., *Institutions politiques et droit constitutionnel*, Paris, PUF, 1970.
DUVERGER, M., *Institutions politiques et droit constitutionnel*, Paris, PUF, 1965.
DUVERGER, M., *Institutions politiques et droit constitutionnel*, tome 1, 16e éd., Paris, PUF, 1980.
DUVERGER, M., *Institutions politiques et droit constitutionnel. Les grands systèmes.*
ERGEC, R., *Introduction au droit public.* Bruxelles, Éd. Juridiques et fiscales, 1990.
ESAMBO KANGASHE, J.-L., *Droit électoral congolais*, Paris, Academia-L'Harmattan, 2014.
ESAMBO KANGASHE, J.-L., *Le droit constitutionnel*, Academia-L'Harmattan, Louvain-la-Neuve, 2013.
ESAMBO KANGASHE, J.-L., *Le droit électoral congolais*, 2e éd., Louvain-la-Neuve, Academia-L'Harmattan, 2020.
ESAMBO KANGASHE, J.-L., *Traité de droit constitutionnel congolais,* Paris, L'Harmattan, 2017.
FAVOREU, L., GAIAP *et alii.*, *Droit constitutionnel*, 17e éd, Paris, Dalloz, 2015.
FAVOREU, L. (dir.) ; GAIA, P. ; MESTRE, J.-L. *et alii.*, *Droit constitutionnel,* 21e édition, Paris, Dalloz, 2019.
FAVOREU, L. *et alii.*, *Droit constitutionnel*, Paris, Dalloz, 12e édition, 2009.
FAVOREU, L. *et alii.*, *Droit constitutionnel,* Paris, Dalloz, 8e édition, 2005.
FAVOREU, L. *et alii.*, *Droit des libertés fondamentales*, Paris, Dalloz, 2000.
GALLETTI, F., *Les transformations du droit public africain francophone. Entre étatisme et libéralisation*, Bruxelles, Bruylant, 2004.
GRAWITZ, M. et LEGA, J., *Traité des sciences politiques*, tome I, Paris, PUF, 1985.
HAMON, F. ; TROPER, M. et BURGEAU, G., *Droit constitutionnel,* Paris, 27e éd., LGDJ, 2001.
HAURIOU, M., *Précis de droit constitutionnel* (reproduction de la 2e édition de 1929).
HAURIOU, M., *Précis de droit constitutionnel,* 2e éd., Paris, Sirey, 1999.
KABUYA LUMUNA SANDO, C., *Manuel de sociologie politique*, Kinshasa, PUK, 2011.
KALEBA, R. de B., *Droit pénal général congolais. Manuel d'enseignement mis à jour*, 2e éd. revue et augmentée, Éd. Droit & Société, Kinshasa, 2023.
KALUBA DIBWA, D., *Éducation à la citoyenneté. Leçon inaugurale*, Kinshasa, Éditions Eucalyptus, janvier 2017.
KAMUKUNY MUKINAY, A., *Droit constitutionnel congolais*, Kinshasa, Éditions universitaires africaines.
LAMY, E., *Le droit privé. Introduction à l'étude du droit écrit et du droit coutumier zaïrois*, Kinshasa, PUZ, 1975.

LE POURHIET, A.-M., *Droit constitutionnel*, Paris, 2e éd., Paris, Economica, 2008.
LEBRETON, G., *Libertés publiques et les droits de l'homme,* 4e édition, Paris, Armand, Colin, 1999.
LEROY, J., *Procédure pénale*, Paris, LGDJ, 2e éd., 2011.
MASCLET, J.-C., *Droit électoral*, Paris, PUF, 1989.
MPONGO BOKAKO BAUTOLIGA, E., *Institutions politiques et droit constitutionnel, tome 1, Théorie générale des institutions de l'État*, Kinshasa, EUA, 2001.
MULUMBATI NGASHA, *Manuel de sociologie générale,* Lubumbashi, Éd. Africa, RDC, 1980.
NGONDANKOY NKOY-ea-LOONGYA, P.-G., *Droit congolais des droits de l'homme.*
NTUMBA LUABA, A.-D., *Droit constitutionnel général*, Kinshasa, EUA, 2005.
NYABIRUNGU mwene SONGA, BOKOLOMBE BATULI, Y. S., MANASI N'KUSU. Droit pénal général congolais. 2e éd. Kinshasa. Éditions Droit et Société, 2020.
ODIMULA LOFUNGUSO, L., *Manuel de science politique*, Paris, L'Harmattan, 2016.
OLIVA, E., *Droit constitutionnel*, Paris, Sirey, 2000.
PACTET, P., *Institutions politiques et droit constitutionne*l, 11e édition, Paris, Masson, 1992.
PACTET, P., *Institutions politiques et droit constitutionnel*, 13e éd., Paris, Masson, 1998.
PACTET, P., *Institutions politiques et droit constitutionnel*, Paris, 21e éd., Armand Colin, 2002.
PACTET, P., *Institutions politiques et droit constitutionnel*, Paris, Armand Colin, 22e édition, 2003.
PACTET, P., *Institutions politiques et droit constitutionnel,* 12e édition, Paris, Masson, 1969, 1993, 2008.
PARINI, P., *Les institutions politiques*, Paris, Armand Colin, 1954.
PAUVERT, B., *Élections et modes de scrutin*, 2e éd, Paris, L'Harmattan, 2006.
PRELOT, M., *Institutions politiques et droit constitutionnel,* 5e éd., Paris, Dalloz, 1972.
PRELOT, M., *Institutions politiques et droit constitutionnel,* 6e édition, Paris, Dalloz, 1975.
Recueil Sirey, présentée par Jacky HUMMEL, 2e édition, Paris, Dalloz, 2015.
ROULAND, P., *Anthropologie juridique*, Paris, PUF, 1988.
ROUSSEAU, C., *Droit international, t. III, Les compétences*, Paris, Sirey, 1977.
ROUSSEAU, D., *Droit du contentieux constitutionnel,* 12e édition, Paris, Montchrestien, 2020.
ROUSSEAU, D., *Le droit du contentieux constitutionnel,* 7e édition, Paris, Montchrestien, 2006.

TURPIN, D., *Droit constitutionnel*, Paris, PUF, 1997.
UYTTENDALE, M., *Trente leçons de droit constitutionnel*, Anthémis, Bruylant, 2014.
VERPEAUX, M., *Manuel de droit constitutionnel*, Paris, PUF, 2010.
VINCENT, J.-Y. et DE VILLIERS, M., *Code électoral commenté*, Lexis Litec, 8e éd., 2007.
VUNDUAWE te PEMAKO, F., *Traité de droit administratif,* Bruxelles, Afrique, Éd. Larcier, 2007.

B. OUVRAGES SPÉCIAUX

AUNDU MATSANZA, G., *État et partis au Congo-Kinshasa. L'ethnicité pour légitimité*, Paris, L'Harmattan, 2010.
BADET, G., *Cour constitutionnelle et régularité des élections au Bénin*, Cotonou, Friedrich Ebert Stiftung, 2000.
BANYAKU LUAPE EPOTU, E., *Quelques questionnements sur la procédure devant la Cour constitutionnelle : esquisse judiciaire ou délicatesse politique face aux besoins de justice des citoyens congolais. La vision d'un politologue*, Kinshasa, CEDIS, 2018.
BANYAKU LUAPE EPOTU, E., *Recueil de la loi sur l'organisation et le fonctionnement des partis politiques et de la loi sur le statut de l'opposition politique et de trois lois électorales*, Kinshasa, CEDIS, novembre 2020.
BARILARI, A., *L'État de droit : réflexion sur les limites du juridisme*, Paris, LGDJ, 2000.
BASTION, J.-C. et CHABANNIER, *Le droit des élections locales*, LGDJ, 2004, coll. « Systèmes ».
BEACHLER, J., *Démocratie*, Paris, Calmann-Lévy, 1985.
BIBOMBE MWAMBA, B., *Formes de l'État. Régimes politiques et systèmes électoraux.*
BOMANDEKE BONYEKE, *Le Parlement congolais sous le régime de la Loi fondamentale*, Kinshasa, PUZ, 1992.
BOSHAB, E., *Entre la révision de la Constitution et l'inanition de la nation*, Bruxelles, Larcier, 2013.
BOSHAB, E., *La République démocratique du Congo, entre les colombes et les faucons, où vont les partis politiques ?*, Kinshasa, PUC, 2001.
BRÉCHON, P., *Les Partis politiques*, Paris, Montchrestien, coll. « Clefs », 1999.
BULA BULA, S., *Le nouveau droit de la mer dans le contexte économique du Zaïre*, 2e éd., Kinshasa, NORAF, 1992.
CABANIS, A. et MARTIN, M.-L., *Les Constitutions d'Afrique francophone : évolution récente,* Paris, Karthala, 1999.
CHAGNOLLAUD DE SABOURET, D., *Introduction à la science politique*, 8e éd., Paris, Dalloz, 2018.
CHEUZEVILLE, H., *Chroniques africaines des guerres et d'espérances en RDC*, Ouganda, Rwanda, Burundi, Soudan, perçu 2006.

CHEVALLIER, J., *De l'État légal à l'État de droit : l'évolution des concepts de la doctrine publiciste française, 1879-1914*, Economica, Paris, 2000.
CHEVALLIER, J., *L'État de droit*, 51e éd., Paris, Montchrestien, 2010.
CHEVALLIER, J., *L'État de droit*, Paris, Montchrestien « Clefs », 1992.
COHENDET, M.-A., *Vers la constitutionnalisation des droits de l'Homme à un environnement sain et équilibré*, Paris, PLIM, 1999.
CONAC, G., *Dynamique et finalités des droits africains*, Paris, Economica, 1980.
DAHL, R., *De la démocratie pluraliste en Afrique où l'Afrique en transition vers le pluralisme politique. La vie du droit en Afrique,* Paris, Economica, 1993.
DARMON, M. et DERAI, Y., *Ruptures*, Éditions du Moment, 2007.
DJOLI ESENG'EKELI, J., *Droit et développement*, EDUPC, 2007.
DJOLI ESENG'EKELI, J., *Le constitutionnalisme africain, entre la gestion des héritages et l'invention du Futur*, Paris, Connaissances et Savoir, 2006.
Dossiers de droit constitutionnel et institutions politiques, Goma, ULPGL, 2002.
DU BOIS DE GAUDUSSON, J. ; CONAC, G. et DESOUCHE, Ch., *Les Constitutions africaines publiées en langue française. Tome 1,* Paris, La Documentation française, 1997.
DU BOIS DE GAUDUSSON, J. ; CONAC, G. et DESOUCHES, Christine, *Les Constitutions africaines publiées en langue française,* Tome 2, Paris, La Documentation française, 1998.
DUVERGER, M., *Les partis politiques*, Paris, Armand Colin, 1968.
EISENMANN, C., *La justice constitutionnelle et la Haute Cour constitutionnelle,* Paris et Aix-en-Provence, Economica et PUAM, 1986 (réédition).
El Hadj OMAR DIOP, *Partis politiques et processus de transition démocratique en Afrique noire. Recherche sur les enjeux juridiques et sociologiques du multipartisme dans quelques pays de l'espace francophones,* Éd. Publibook, Paris, 2006.
ESAMBO KANGASHE, J.-L., *La Constitution congolaise du 18 février 2006 à l'épreuve du constitutionnalisme. Contraintes, pratiques et perspectives,* Louvain-la-Neuve, Bruylant-Academia s.a, 2010.
FAVOREU, L. et WANDA MASTOR, *Les cours constitutionnelles*, 2e édition, Paris, Dalloz, 2016.
FAVOREU, L. et PHILIP, L., *Les grandes décisions du Conseil constitutionnel*, Paris, Dalloz, 2018.
FAVOREU, L., *La politique saisie par le droit, alternance, cohabitation et conseil.*
FROMONT, M., *La justice constitutionnelle dans le monde*, Paris, Dalloz, coll. « Connaissance du droit public », 1996.
GISCARD D'ESTAING, V., *Démocratie française*, Paris, Fayard, 1976.
GOUGOU, Fl., *Comprendre les mutations du vote des ouvriers : Vote de classe, transformation des clivages et changement électoral en France et en*

Allemagne depuis 1945, Science politique, « Sciences Po », Paris, 2012.

GUINCHARD, S. ; MONTAGNER, G. et VIRINARD, A., *Institutions juridictionnelles*, 9e éd, Paris, Dalloz, 2007.

HALLOWELL, J., *Les fondements de la démocratie*, Paris, Éd. Nouveaux horizons, 1997.

HÉRODOTE, *L'enquête*, trad. A. BARGUET, Paris, Gallimard, Bibliothèque de la Pléiade.

INGLEHART R., *The Silent Revolution: Changing Values and Political Styles among Western*, 2013.

KABUYA LUMUNA, C., *Histoire du Congo. Les quatre premiers présidents*, Kinshasa, Éd. Secco et Cedi, 2002.

KALUBA DIBWA, D., *La justice constitutionnelle en République démocratique du Congo*, Louvain-la-Neuve, Academia-L'Harmattan s.a., 2013.

KALUBA DIBWA, D., *La saisine du juge constitutionnel et du juge administratif suprême en droit public congolais : lecture critique de certaines décisions de la Cour suprême de justice avant la Constitution du 18 février 2006*, Kinshasa, Eucalyptus, 2006.

KAMTO, M., *L'urgence de la pensée*, Yaoundé, Mandara, 1989.

KAMTO, M., *Pouvoir et droit en Afrique, essai sur les fondements du constitutionnalisme dans les États d'Afrique noire francophone*, Paris, LGDJ, 1987.

KATUALA KABA KASHALA, *La jurisprudence électorale congolaise commentée*, Kinshasa, The Carter Center, 2007.

KELSEN, H., *La démocratie. Sa nature, sa valeur*, Paris, Economica, 1988.

KITENGE MPANGE, D., *Le double agenda de la RD Congo : tribus ou Nations ?*, Paris, L'Harmattan, 2007.

LAPALOMBARA, J. et WEINER, M., *Political Parties and Political Development*, PUP, 1966.

LAVROFF, D.-G., *Les partis politiques en Afrique noire*, Paris, 1970.

LAVROFF, D.-G., *Les grandes étapes de la pensée politique*, Paris, Dalloz, 1993.

LIPSERT, S.-M., *L'homme et la politique*, Paris, Seuil, 1962.

LOKA-NE-KONGO, *Lutte de libération et piège de l'illusion. Multipartisme intégral et dérive de l'opposition au Zaïre (1990-1997)*, Kinshasa, PUC, 2001.

MABIALA MANTUBA-NGOMA, P. (dir.), *Organisation et fonctionnement des partis,* Kinshasa, Konrad Adenauer Stitung, 2009.

MACHIAVEL, N., *Le Prince et textes (1513)*, Éditions Gallimard, 1952.

MAKENGO NKUTU, A., *L'évolution des partis politiques de la République démocratique du Congo belge à la Deuxième République*, Paris, L'Harmattan, 2015.

MAKIASHI, W., *Réfonder l'État en Afrique, en République démocratique du Congo*, Louvain-la-Neuve, Academia-L'Harmattan s.a, 2018.

MAKWALA MA MAVAMBU YE BEDA (dir.), *Les partis politiques et la promotion des libertés associatives*, Kinshasa, Konrad Adenauer Stiftung, 2009.

MALIGNER, B., *Nature et limites de fonctions contentieuses du contentieux du Conseil.*

MAULIN, E., *La théorie de l'État de Carré de Malberg*, Paris, PUF, 2003.

MBATA BETUKUMESU MANGU, A., *Abolition de la peine de mort et constitutionnalisme en Afrique*, Paris, L'Harmattan, 2011.

MBORANTSUO, M.-M., *La contribution des Cours constitutionnelles à l'État de droit en Afrique*, Paris, Economica, 2007.

MICHELS, R., *Les partis politiques*, Flammarion, Paris, 1971.

MORET-BAILLY, J. et TRUCHET, D., *Droit des déontologies*, Paris, PUF, 2016.

MUNTUMBI MWASHAL, J., *Justice électorale congolaise. Tome 1, Code électoral annoté*, Kinshasa, Éditions du centre de recherche sur le procès et la justice (CRPJ), 2018.

NDJONDJO NDJULA K'ASHA, M., *Le droit au service de la paix. Contribution d'un monde juste.*

NGOMA BINDA, E., *La participation politique. Éthique civique et politique pour une culture de paix, de démocratie et de bonne gouvernance,* Kinshasa, IFEP, 2005.

NGOMA BINDA, E., *Une démocratie libérale communautaire pour la RD Congo et l'Afrique*, Paris, L'Harmattan, 2001.

NIEMA SOUGA, J., *État de droit démocratique fédéral au Congo-Kinshasa, sources de stabilité réelle en Afrique Centrale*, Paris, L'Harmattan, 2004.

NIKLAS ENGELS, J. *et alii*, *Le fonctionnement des partis politiques au Bénin,* Éditions Friedrich Ebert.

NYABIRUNGU mwene SONGA, *L'interprétation en droit*, Kinshasa, 2013.

OFFERLE, M., *Les partis politiques*, Paris, PUF, 1987.

ONAOTSHO KAWENDE, J., *Démocratie, Technoscience et Écologie. Champs pragmatiques de la rationalité pluraliste*, Louvain-la-Neuve, Academia-L'Harmattan, 2016.

OPANGA, E.V., *Démocratie et développement socio-économique de la RDC*, Kinshasa, Konrad Adenauer, 2003.

OSTROGORSKI, M., *La démocratie et les partis politiques*, Fayard, Paris, 1993.

POIRMEUR, Y. (dir.), *La régulation des partis politiques*, Paris, LGDJ/Lextenso, 2019.

POIRMEUR, Y. et ROSENBERG, D., *Droit des partis politiques*, Paris, Ellipses, 2008.

PROUDHON, *De la justice dans la Révolution et dans l'Église*, Bruxelles, Nouvelle édition, 1868.

QUERMONE, J.-L., *L'alternance au pouvoir*, 2e éd. Paris, Montchrestien, PUF, 2003.

RAWLS, J., *La théorie de la justice*, trad. fr., Catherine Audard, Paris, Seuil, 1999.

REUTER, P. et COMBACAU, J., *Institutions et relations internationales*, Paris, PUF, 1988.

RIHOUX, B., *Les partis politiques : organisation en changement. Le test des écologistes*, Paris, L'Harmattan, 2001.

RUBBENS, A., *Instruction criminelle et procédure pénale,* Léopoldville, Université de Lovanium, 1965.

SEILER, D.-L., *Les partis politiques*, Paris, Armand Colin, 1993.

SERRAND, *L'irréductible acte de gouvernement*, Paris, Dalloz, 2000.

TSHISWAKA MASOKA, H., *Société civile, partis politiques, gouvernement et l'édification de la démocratie en RDC*, Lubumbashi, TCCT, 2018.

V. O. KEY, Jr., *Politics, Parties, and Pressure Groups,* Textbook Binding, 1964.

VISSCHER, C., *Théories et réalités en droit international public*, Paris, Redonne, 1970.

WETSH'OKONDA KOSO SENGA, M., *La définition des actes législatifs dans l'arrêt de la Cour suprême de justice n° R. CONST. 51/TSR du 31 juillet 2007 à l'épreuve de la Constitution du 18 février,* Kinshasa, CDHC, 2006.

WINKIN, Y., *Erving Goffman. Les moments et leurs hommes*, Paris, Seuil et Minuit, 1988.

YAMB G.-D., *Droits humains, démocratie, État de droit, chez Rawls, Habermas et Eboussi Boulaga*, Paris, L'Harmattan, 2009.

C. OUVRAGES DE MÉTHODOLOGIE

CHEROT, Y., *Livre blanc sur la recherche juridique*, Paris, LGDJ, 1996.

COHENDET, M.-A., *Droit public. Méthodes de travail,* 3e éd., Paris, Montchrestien, 1998.

COMAN, R. ; CRESPY, A. ; LOUAULT, F. ; MORIN J.-F. ; PILET, J.-B. ; HAUTE, É. V., COOP DROIT, *Méthodes de la science politique*, Montréal, Hiver, 2019.

DELNOY, P., *Éléments de méthodologie juridique : méthodologie de l'interprétation juridique et méthodologie de l'application du droit*, 3e édition, Bruxelles, Larcier, 2008.

DENIS, J. ; GUILLEMETTE, F. ; LUCKERHOFF, J. ; « Introduction : les approches inductives dans la collecte et l'analyse des données », in *Approches inductives*, vol. 6, n° 1, Université du Québec à Trois-Rivières, 2019.

DJEDI DJONGAMBOLO OHONGE, D., *Séminaire de recherches et rédaction*, DRT 3910, écoles et renouvellement des questions, *in* LALLEMENT, M. ; SPURK, J. (dir.), *Stratégies de la comparaison internationale*, Paris, CNRS éditions, 2003.

GIRAUD, O., « Le comparatisme contemporain en science politique : entrée en dialogue des écoles et renouvellement des questions », *in*

LALLEMENT, M. ; SPURK, J. (dir.), *Stratégies de la comparaison internationale*, Paris, CNRS éditions, 2003, pp. 87-106.

KISSINGER, H., *La Nouvelle Puissance américaine,* Paris, 2003.

MBOKO DJ'ANDIMA, *Principes et usages en matière de rédaction d'un travail universitaire*, Kinshasa, CADICEC-UNIAPAC/CONGO, 2004.

Méthodes de la science politique. De la question de départ à l'analyse des données, coll. « Méthodes en sciences humaines », Louvain-la-Neuve, Éd. De Boeck Supérieur, 2016.

MINGASHANG, I. et ZEGBE ZEG'S, F. (dir.), *Méthodologie de la recherche et de la rédaction en droit. T. 1. Introduction générale. Éléments d'initiation à l'intention des chercheurs en République démocratique du Congo*, Bruxelles, Bruylant, 2022.

PINTO, R. et GRAWITZ, M., *Méthodes des sciences sociales*, 4e éd., Paris, Dalloz, 1971.

RONGÈRE, P., *Méthodes des sciences sociales*, Paris, Dalloz, 1971.

SEIGNOBOS, Ch., *La méthode historique appliquée aux sciences sociales*, Lyon, ENS éditions, 2014.

SHOMBA KINYAMBA, S., *Méthodologie de la recherche scientifique, les ficelles de captage et les logiques d'analyse des données*, Kinshasa, PUK, 2010.

SHOMBA KINYAMBA, S., *Méthodologie de la recherche scientifique. Parcours et les sociales*, Montréal, Éd. HRW Ltée, 1977, traduit par BÉLANGER, D.

D. DICTIONNAIRES ET LEXIQUES

ANONYME, *Dictionnaire encyclopédique*, Paris, Éd. Philippe ANZOU, 2004.

CORNU, G., *Vocabulaire juridique*, Paris, PUF, 2014.

CORNU, G., *Vocabulaire juridique*, Paris, PUF, 12e éd., 2018.

DE VILLIERS, M., *Dictionnaire du droit constitutionnel,* 4e éd., Paris, Armand Colin, 2003.

DEBBASCH, C. ; BOURDON, J. ; PONTIER, J.-M., *Lexique de politique*, 7e édition, Paris, Dalloz, 2001.

DUHAMEL, O. et MENY, Y., *Dictionnaire de droit constitutionnel*, Paris, PUF, 1992.

GUILLIEN, R. et VINCENT, R. (sous la direction de), *Lexique des termes juridiques*, Paris, Dalloz, 1985.

GUILLIEN, R. et VINCENT, J., *Lexique des termes juridiques*, Paris, Dalloz, 13e éd., 2001.

HERMET, G. *et alii.*, *Dictionnaire de la science politique et des institutions politiques,* 5e éd., Paris, Armand Colin, 2001.

LALANDE, A., *Vocabulaire technique et critique de la philosophie*, Paris, PUF, 9e éd., 1962.

MINAKU NDJALANDJOKO, A. et BOKONA WIPA BONDJALI, F., *Lexique des assemblées délibérantes*, Louvain-la-Neuve, Academia-L'Harmattan, 2013.

E. CHAPITRES D'OUVRAGES

BAKANDEJA wa MPUNGU, G., « Pour l'épanouissement juridique congolais : institution de l'État de droit et démocratie en Afrique : expérience congolaise », in *Liber amicorum*, Antoine Lihau, PUK, Kinshasa, 2006.

BOLA, A., « De l'avenir des partis politiques : libéralisation, création et financement », in *Démocratie et développement socio-économique de la RDC, Kinshasa*, Konrad Adenauer, FCK, 2003.

BOLLE, S., « Les révisions dangereuses sur l'insécurité constitutionnelle en Afrique », in *Constitution et Risques, 2010.*

BULA-BULA, S., « Pour l'épanouissement de la pensée juridique congolaise : Esquisse sur le concept "État de droit" », in *Liber amicum*, Marcel Lihau, PUK, Kinshasa, 2006.

DJOLI ESENG'EKELI, J., « Problématique de l'opposition politique en Afrique noire.

EISENMANN, C., « L'esprit des lois et la séparation des pouvoirs », in *Mélanges Raymond Carré de Malberg,* Paris, Sirey, 1933.

KABAMBA MBIKAY, A., « Les intellectuels face à la crise de développement du Congo, un questionnement d'internautes », in *Les intellectuels congolais face à leurs responsabilités devant la nation. Mélanges en mémoire du Professeur A. R. ILUNGA KABONGO*, ICREDES, Kinshasa-Montréal-Washington, 2007.

LACROIX, B., « Les fonctions symboliques des Constitutions », *in* SEURIN, J.-L. (dir.), *Le constitutionnalisme aujourd'hui*, Paris, Economica, 1984.

LOFOLI, J.-P., « Média, instance de régulation et élection en République démocratique du Congo », *in* M'BOKOLO, E. (dir.), *Élections démocratiques en République démocratique du Congo. Dynamiques et perspectives*, Kinshasa, AGB, 2010.

MABAKA, P. (dir.), *Constitution et Risque(s),* Paris, L'Harmattan, 2010.

MBWEBWA Kalala, J.-P., « De la légitimité des dirigeants politiques en République démocratique du Congo », in *Démocratie et développement de la RDC*, Kinshasa, Konrad Adenauer Stiftung, 2003.

MPONGO BOKAKO BAUTOLINGA, E., « Stratégies de conquêtes du pouvoir », in *Organisation et fonctionnement des partis politique en RDC*, Kinshasa, Konrad Adenauer, 2004.

POIRMEUR, Y. et ROSENBERG, D., « La doctrine constitutionnelle et le constitutionnalisme français », in CURAP, *Les usages sociaux du droit*, Paris, PUF, 1989.

PONTIER, J.-M., « La problématique du territoire et du droit », *in* DOAT, M. LE GOFF, J. et PEDROT, Ph. (dir.), *Droit et complexité, pour une nouvelle*

intelligence du droit vivant, Rennes, Presses universitaires de Rennes, 2007.
« Postcoloniale : cas de la RDC », in *Participation et responsabilité des acteurs dans un contexte d'émergence démocratique en RDC*, Kinshasa, PUK, 2007.

F. ARTICLES DE REVUE

BAKO ARIFARI, « Démocratie et logiques du terroir au Bénin », in *Politique africaine*, 1995.

BOSHAB MABUDJ, E., « Chronique de la déconstruction d'un État (24 avril 1990-24 avril 1995) », in *Le Potentiel* n° 613.

BOSHAB MABUDJ, E., « Les dispositions constitutionnelles transitoires relatives à la Cour constitutionnelle de la République démocratique du Congo », in *Fédéralisme et régionalisme*, vol. 7, n° 1er, Premiers scrutins et contrôle de constitutionnalité en République démocratique du Congo, Liège, 2007.

BOUILLAUD, Ch., « Droite/gauche, un clivage encore pertinent ? », in *Les grandes idées politiques*, 2017.

BIYOYA MAKUTU, Ph. et TSHIMANGA MUKENDI, R., « Alliances et coalitions de partis politiques en République démocratique du Congo. Causes et conséquences », in *Journal of African Elections*, vol. 13, n° 1, 2014.

BRÉCHON, P., « Les partis politiques dans l'expression du suffrage », in *Pouvoirs*, Le Seuil, 2007/1, n° 120.

CUSTOS, D. *et alii*, « Les partis politiques », *Cahiers de la recherche sur les droits fondamentaux*, Éditorial, 2018, n° 16.

DJOLI ESENG'EKELI, J., « Les partis politiques dans l'évolution politique et constitutionnelle congolaise de 1960 à 2010. Au cœur de la crise existentielle de l'État », in *Congo-Afrique*, septembre 2010, n° 447.

DJOLI ESENG'EKELI, J., « Problématique de l'opposition politique en Afrique postcoloniale : cas de la République démocratique du Congo : mythe ou réalité », in BAKANDEJA WA MPUNGU, G. ; MBATA BETUKUMESU MANGU, A. et KIENGE-KIENGE INTUDI, R. (dir.), *Participation et responsabilité des acteurs dans un contexte d'émergence démocratique en République démocratique du Congo*, Kinshasa, Presses de l'Université de Kinshasa, 2007, pp. 83-102.

DU BOIS DE GAUDUSSON, J., « Défense et illustration du constitutionnalisme en Afrique après quinze ans de pratique du pouvoir », in *Renouveau du droit constitutionnel*, Mélanges en l'honneur de Louis FAVOREU, Dalloz, 2007.

ERCOLESSI, M.-C., "Stato-partito del MPLA e nomenklatura nell'Angola degli anni '90", et M. ZAMPONI, "Zimbabwe : nazionalismo, patriottismo e anti-imperialismo nella strategia della ZANU-PF (2000-2005)", *Afriche e Orienti*, vol. 8, n° 1, 2006.

ESAMBO KANGASHE, J.-L., « Le cadre juridique sur l'exercice des activités des partis et regroupements politiques en République démocratique du Congo », *Les partis politiques et la promotion de la liberté partisane*, Kinshasa, Fondation Konrad Adenauer, 2009, pp. 13-24.

GENEVOIS, B., « Le nouveau rôle du juge de l'élection », *Pouvoirs* n° 70, sept. 1994.

GOYARD, C., « État de droit et démocratie », in *Droit administratif,* Mélanges Réne Chapus, Paris, Montchrestien, 1992.

HOLO, T., « Émergence de la justice constitutionnelle », in *La démocratie en Afrique*, *Pouvoirs* n° 129, Paris, Seuil, 2009.

KALUBA DIBWA, D., « Le constitutionnalisme congolais. De la démocratie électorale à la démocratie constitutionnelle », in *Cahiers africains des droits de l'homme et de la Démocratie*, 16e année, n° 037, vol. II, CRIDHAC, octobre-décembre, 2012.

KAPINGA, S., « Autres compétences de la Cour constitutionnelle », in *Annuaire congolais de justice constitutionnelle : Doctrine, jurisprudence*, textes juridiques, vol. 1, Kinshasa, CREDDA, Médiaspaul, 2016.

KASONGO MUIDINGE, P.-C., « La place des coutumes dans le nouveau Droit pénal congolais », in *AKELE ADAU P.(dir.), Réforme du Code pénal congolais. Tome 2 : à la recherche des options axiologiques*, Kinshasa, Éd. CEPAS, 2008.

KERLÉO, J.-F., « Archéologie des rapports entre le droit et la déontologie en France », in *Revue d'études benthamiennes*, 13/2014, *Droit international* n° 1&2.

KELSEN, H., « Justice constitutionnelle », in *Revue du droit public et de la science politique en France et à l'étranger*, 1928.

KELSEN, H., « La garantie de la Constitution (la justice constitutionnelle) », in *Revue de droit public* n° 5, 1928.

LAURENT LEVY, « L'organisation de la politique et la forme-parti », in *Politique hors-Champ*, 2012.

LWAMBA BINDU, B., « L'État de droit et l'exécution des décisions de justice », in *Bulletin des arrêts de la Cour suprême de justice*, tome I, Service de documentations et d'études du ministère de la Justice, Kinshasa, 2010.

MABIALA MANTUBA-NGOMA, « La conduite d'une campagne électorale (Petit Guine 1972 :21) », *in* MABIALA MANTUBA-NGOMA (dir.), *Organisation et fonctionnement des partis politiques en RDC*, Kinshasa, Konrad Adenauer, 2004.

MALUMALU MUHOLONGU, A., « Le rôle des partis politiques dans le processus électoral », *Congo-Afrique* n° 454, 2011, pp. 287-302.

MBWEBWA KALALA, J.-P., « La dynamique des partis politiques congolais face aux enjeux électoraux », in *Les élections libres, démocratiques et transparentes en RDC : menaces ou opportunités*, Kinshasa, facultés catholiques de Kinshasa, 2004, pp. 127-149.

MINGASHANG, I., « Des ombres et lumières autour du débat méthodologique en science du droit », *in* MINGASHANG, I. et ZEGBE ZEG'S, F. *(dir.), Méthodologie de la recherche et de la rédaction en droit. T. 1. Introduction générale. Éléments d'initiation à l'intention des chercheurs en République démocratique du Congo*, Bruxelles, Bruylant, 2022.

MAZOUZ, S., « Politiques de la délégitimation : de la remise en cause de la double nationalité au projet d'extension de la déchéance de nationalité », *Mouvements*, La Découverte, n° 88, avril 2016.

MBODJ, E.-H., « Statut de l'opposition et financement des partis politiques », in *Rapport au président de la République du Sénégal*, 1999.

METENA, M., « Après les élections = avant les élections. Les dernières élections politiques congolaises auraient-elles déçu », in *Congo-Afrique*, XLVIIIe année (avril 2008) n° 424.

MICHEL OFFERLÉ, « La construction des organisations partisanes », in *Les partis politiques* (2012).

NABLI, B., « L'opposition parlementaire : un contre-pouvoir saisi par le droit », in *Pouvoirs* n° 133, Paris, Seuil, 2010.

ODIMULA, L., « Quels systèmes de partis politiques pour la Troisième République congolaise ? », in *Annales de la faculté de droit*, Kinshasa, UNIKIN, PUK, 2004.

OMAR DIOP, E. H., « Le statut de l'opposition dans les démocraties africaines », in *Revue de droit africain* n° 40, Bruxelles, 2006.

ONYEMBA DJONGANDEKE, L., « La promotion du constitutionnalisme par le pouvoir judiciaire sous la Constitution du 18 février 2006 telle que révisée à ce jour en République démocratique du Congo : ce que la société démocratique veut de nos juges », in *Cahiers africains des droits de l'homme et de la démocratie ainsi que du développement durable*, *Revue africaine interdisciplinaire*, 26e année, n° 76, volume 4, Kinshasa, juillet-septembre 2022, pp. 65-88.

ONYEMBA DJONGANDEKE, L., « Partis politiques et État de droit démocratique en République démocratique du Congo », in *Revue du Centre de recherche interdisciplinaire pour la promotion et la protection des droits de l'homme en Afrique centrale (CRIDHAC)*, 16e année, n° 37, vol. II, octobre-décembre 2012, pp. 211-229.

PERRINEAU, P., « Les renouveaux de l'action politique », in *Vingtième siècle* n° 60, 1998.

POIRIER, D., « Quelques éléments d'une méthodologie juridique scientifique », in *RDUS* n° 15, 1984.

POLLET-PANOUSSIS, D., « La Constitution congolaise de 2006 : petite sœur africaine de la Constitution française », in *Revue française de droit constitutionnel*, 2008/3 (n° 75).

RAMACHANDRA GUHA, « Les idéologies de l'écologisme », *Mouvements*, La Découverte, janvier 2014, n° 77.

TSHIKOJI, S., « De l'alternance politique au Congo-Zaïre : difficultés et perspectives », *Pensée agissante*, n° 10, Kinshasa, février 2001.

VEDEL, G., « Le Conseil constitutionnel, gardien du droit positif ou défenseur de la transcendance des droits de l'homme ? », in *Pouvoirs* n° 45, 1988.

WODIE, F., « L'hommage de la communauté universitaire », in *La Constitution béninoise du 11 décembre 1990. Un modèle pour l'Afrique ?* Mélange en l'honneur de Maurice AHANHANZO-GLETE.

RIVERO, J., « La fin de l'absolutisme », in *Le Conseil constitutionnel et les libertés*, Paris, Economica, 1987.

TREMBLAY, B. L., « L'interprétation téléologique des droits constitutionnels », in *RJT* n° 29, 1995, pp. 459, 462.

ZEGBE ZEGS, F. « Immersion et aperçu transversal des problèmes de méthodologie de recherche en droit », *in* MINGASHANG, I. et ZAGBE ZEGS, F. (dir.).

G. THÈSES ET MÉMOIRES ET COURS

BASUE BABU KAZADI, G., « Cours d'introduction générale à l'étude du droit. Partie : Droit public », faculté de droit, Université de Mbandaka, 2008-2009.

DIANE MANDENG, « La procédure contentieuse en matière électorale : recherches sur le contentieux des élections au Cameroun ». Thèse en droit public. Poitiers : Université de Poitiers, 2017.

DJELO EMPENGE OSAKO, « Contribution à l'étude des tendances fédéralistes dans l'évolution politique et contemporaine du Zaïre », thèse de doctorat en droit public, Université de Liège, année académique 1973-1974.

DJOLI ESENG'EKELI, « Le constitutionnalisme africain entre la gestion de l'héritage du passé et l'invention du futur. L'exemple congolais », thèse de doctorat d'État en droit public, Université Paris-I-Panthéon-Sorbonne.

ETEKOU BEDI, Y.-S., « L'alternance démocratique dans les États d'Afrique francophone », thèse pour le doctorat d'État, ABIDJAN, Université de Cocody Abidjan, 2013.

ISSAKA SOUARÉ, « Les partis politiques de l'opposition en Afrique de l'Ouest et leur quête pour le pouvoir d'État : les cas du Bénin, du Ghana et de la Guinée », thèse présentée comme exigence partielle du doctorat en science politique, Université du Québec, 2010, inédit.

KALUBA DIBWA, D., « Du contentieux constitutionnel en République démocratique du Congo. Contribution à l'étude des fondements et de modalité d'exercice de la justice constitutionnelle », thèse de doctorat en droit public, UNIKIN, 2010.

KIENGE-KIENGE INTUDI, R., « Cours d'initiation à la recherche scientifique », deuxième année de graduat, faculté de droit, UNIKIN, 2009-2010, p. 13. Inédit.

KITETE KEKUMBA OMIMBO, A., « Cours de droit constitutionnel et institutions politiques », *notes polycopiées*, G1 Droit, UNIKIN, 1987-1988.

LAFOND PIERRE-CLAUDE, « Recueil du cours DRT 3910 » (Séminaire de recherche et de rédaction), Montréal, Coop Droit, 2015.

MANASI N'KUSU-KALEBA, R. de B., « Étude critique du système congolais de répression de la cybercriminalité au regard du droit comparé », thèse de doctorat, Université de Kinshasa, 18 févr. 2012, publiée aux Éditions Droit et Société, Kinshasa, juin 2020.

MBOKO DJ'ANDIMA, J.-M., « État de droit constitutionnel en République démocratique du Congo. Contribution à l'étude de ses fondements et conditions de réalisation », mémoire de IIIe cycle en droit public, Université de Kinshasa, 2003-2005.

MULUMBATI NGASHA, *Introduction à la science politique*, Kinshasa-Lubumbashi, Africa, 1977.

MWANZO idin'AMINYE E., « Cours d'initiation à la recherche scientifique », deuxième année de graduat, faculté de droit, UNIKIN, 2012. Inédit.

MWANZO idin'AMINYE, E., « Droit international privé », Cours polycopié de la deuxième année de licence, faculté de droit, UNIKIN, 2012-2013.

NGONDANKOY KOY-ea-LOONGYA, P.-G., « Le contrôle de constitutionnalité en République démocratique du Congo : étude critique d'un système de justice constitutionnelle dans un État à forte tradition autocratique », thèse de doctorat en droit, Université catholique de Louvain, 2007-2008.

ODIMULA LOFUNGOSO, L., « Manuel d'introduction à la science politique, notes polycopiées », UNIKIN, faculté de droit, année académique 2014-2015.

ODIMULA LOFUNGUSO KOS'ONGENYI, L., « La justice constitutionnelle à l'épreuve de la juridicisation de la vie politique en droit positif congolais », thèse de doctorat en droit public, UNIKIN, 2013.

OMEONGA TONGOMO, B., *Institutions politiques et droit constitutionnel,* Notes de cours à l'intention des étudiants de premier graduat des universités du Congo, Kinshasa, 2015.

OMEONGA TONGOMO, B., « Le contrôle juridictionnel de l'administration et l'État de droit en République démocratique du Congo. Bilan et perspectives d'une justice en mutation, thèse de doctorat en droit public », Université de Kinshasa et Université de Liège, 2012.

ONYEMBA DJONGANDEKE, L., « Partis politiques et État de droit constitutionnel : dialectique de l'émergence de la démocratie en RDC », mémoire de DES, Université de Kinshasa, 2019, inédit.

PINDI MBENSA KIFU, « Cours d'introduction générale à l'étude du droit », 1er graduat, 1984-1985.

YAYA NIANG, « Le contrôle juridictionnel du processus électoral en Afrique noire francophone : les exemples du Sénégal et du Bénin », thèse de doctorat, Université de Bordeaux et Université Gaston de Berger, 2018.

H. AUTRES DOCUMENTS

EL HADJ M'BODJ, « Statut de l'opposition politique et financement des partis politiques », Rapport au président de la République sénégalaise, 1999, Strasbourg, 25 octobre 2010, Étude n° 595/2010.

VAN DER LINDEN, R. (président de l'Assemblée parlementaire du Conseil de l'Europe), Discours prononcé à l'occasion du forum pour la démocratie, Session 2006 sur le thème : « Rôle des partis politiques dans la construction de la démocratie », Conseil de l'Europe, septembre 2007.

I. COMMUNICATIONS

DJOLI ESENG'EKELI, J., « La Constitution du 18 février 2006 dix ans après : Chronique d'une guerre permanente entre *Éros* et *Thanatos* », Conférence sur les dix ans de la Constitution du 18 février 2006 organisée par l'IDGPA du 18 au 25 février 2016.

KAYEMBA N'TUMBA, M., « L'autorégulation sous l'Afrique noire postcoloniale. Impuissance du droit, primauté de la parenté et de la mysticité », Communication au colloque « Droit et développement », in *Faculté de droit de l'Université de Kinshasa,* 1981.

J. JURISPRUDENCE

C. E., 27 mars 2019, REA 002, Aff. Regroupement politique Alliance politique CCU et alliés contre Mukumadi Joseph Stéphane.

C. E., Arrêt, RE 026 du 28 février 2019, Aff. Regroupement politique Alliance politique CCU et alliés contre Mukumadi Joseph Stéphane.

C. A. Kin/Matete, RCE 005 du 6 août 2018 Aff.UDPS c/ CENI, *Guide électoral,* Tome III, Référencement jurisprudentiel.

CSJ RDC 003/ Kin du 13 avril 2006, Aff. MSD c/ CEI.

CSJ RCDC 065/Kin, Aff. Mambeta Pierre c/Cei. Cf. Guide électoral, Tome III, Référencement jurisprudentiel, 2006-2018.

CSJ, RCDC 106/Kin du 26 avril 2006, Aff Ngandu Twavuidi c/ la Cei, B.A, n° spécial, 2006-2007.

CSJ, RCE 074/221 du 8 février 2007, Aff. Kaswende Batuanini et Mouvement de la solidarité pour la démocratie et le développement, MSDD c/ CEI, B. A., *op. cit.*, p. 221.

CSJ, RCE 657/DN de 25 avril 2012, Aff. RDC/KML c/ Mr Jérôme Kmeaze Lukundu et la CENI.

CSJ, RCE /347 du 23 octobre 2006, Aff. Démocratie chrétienne fédéraliste-Convention de fédéralistes pour la démocratie chrétienne DCF COFEDEC c/ CEI, B. A.

CSJ, RCE/DN/KN 014 du 20 octobre 2006, Aff. Ngoy Munoko Mashidiko c/ CEI.
CSJ, RCE/DN/KN 067 du 31 octobre 2006, Aff. Makoko Kiese Narcisse c/ CEI, B. A.
CSJ/094 du 3 octobre 2006, Aff. Mutshenga Matesu Élysée c/ CEI, B. A.
Décision EL 99-143 du 21 juillet 1999 ; EL-P 01-025 du 24 février 2001.

K. PRINCIPAUX SITES CONSULTÉS

https://.www.cairn.info/
https://.www.tel-archivesouvertes/
https://.www.droitcongolais.info/

Index alphabétique

Table des matières

Structures éditoriales du groupe L'Harmattan

L'Harmattan Italie
Via degli Artisti, 15
10124 Torino
harmattan.italia@gmail.com

L'Harmattan Hongrie
Kossuth l. u. 14-16.
1053 Budapest
harmattan@harmattan.hu

L'Harmattan Sénégal
10 VDN SICAP AMITIE 3
BP 45034 Dakar-Fann
direction@senharmattan.com

L'Harmattan Cameroun
Tsinga/Derrière polyclinique FECAFOOT
BP 11486 Yaoundé
Jacques.koukam@harmattan.fr

L'Harmattan Burkina Faso
Villa 281, secteur 23 623, rue 14.32
Ouagadougou
zagbie@outlook.fr

L'Harmattan Guinée
Almamya, rue KA 028 OKB Agency
BP 3470 Conakry
harmattanguinee@yahoo.fr

L'Harmattan RDC
185, avenue Nyangwe
Commune de Lingwala - Kinshasa
matangilamusadila@yahoo.fr

L'Harmattan Congo
219, avenue Nelson Mandela
BP 2874 Brazzaville
deunovmikhael@gmail.com

L'Harmattan Mali
Immeuble Mgr Jean Marie Cissé
Aci Hamadallaye
BP 145 Bamako
syllaka@yahoo.fr

L'Harmattan Togo
Djidjole - Maison Amela
face EPP BATOME
02 BP 20680 Lomé
didieramela11@gmail.com

L'Harmattan Côte d'Ivoire
Résidence Karl - Cité des Arts
Abidjan-Cocody
03 BP 1588 Abidjan
harmattan.ivoire@gmail.com

L'Harmattan Bénin
Rue 604, (Immeuble à l'entrée
de la rue UCAO- Cite de Saint-Jean)
Cotonou
stepcorpus@gmail.com

Nos librairies en France

Librairie internationale
16, rue des Écoles
75005 Paris
librairie.internationale@harmattan.fr
01 40 46 79 11
www.librairieharmattan.com

Librairie des savoirs
21, rue des Écoles
75005 Paris
librairie.sh@harmattan.fr
01 46 34 13 71
www.librairieharmattansh.com

www.ingramcontent.com/pod-product-compliance
Lightning Source LLC
LaVergne TN
LVHW011155061026
849535LV00003B/735